Jetzt auch im Abo!
Preussischer Anzeiger
... bleibt bei der Wahrheit !
NATIONEN FLAMMEN
EUROPA
Erscheinungsweise
vierteljährlich

Die Göttin, ihr Allahältestes Testament und andere Geschichten

Erschienen im ROMOWE-Verlag 2017

Eine Satire Sammlung

Anmerkung des Autors:

Zur Absicherungs: Die beschriebenen Figuren, Unternehmen, Dialoge, Begebenheiten, Gedanken und Ereignisse dieses Romans sind fiktiv, obwohl realistische Abläufe thematisiert werden, die es so oder so ähnlich gegeben haben könnte. Jede Ähnlichkeit mit echten Personen ist rein zufällig und nicht beabsichtigt. Über die Sittenfreiheit des gemeingefährlichen Zufalls hab ich mich bereits ergossen. Alle angegebenen Seitenzahlen entsprechen dem nicht überarbeiteten Original.

Anmerkung des Verlages:
Dieses Werk sollte als Kunst verstanden werden
und gilt als Gesamtkunstwerk
inklusive der Wort- und Werteerfindungen.

Alle Situationen, Personen und Begebenheiten sind frei erfunden und entspringen der Phantasie des Autors.

Wichtiger Hinweis: Langsam lesen. Nach jedem Kapitel Pause.

Zum Werk: Wegen der starken Nachfrage *(schon über 20 mal verkauft)*, nach den Auswürfen des Meisters, sah ich mich genötigt, meine Stücke „Die „Allahneueste" Bibel - reloaded" und „Die Irisch-Emiratischen Kriege - Ein Gedicht zur deutschen Asylpolitik" zusammenzuwürfeln und den Markt erneut zu belästigen *(nur 80 Seiten mehr, als die ursprüngliche „Putin Bibel")*.

Der Hauptgrund is natürlich, dass es einem Typen *(einer Institution)* gelang, meine Werke als E-Book sperren zu lassen. Scheint also doch halbbrisant zu sein, das Ding. Nach meinem gewaltsamen Tod, verkauft sich`s garantiert gut.

Neues kann ich nich mehr, da mir dafür die Zeit fehlt.

Stehe haarscharf davor, die letzte Neunfachurenkelin des Französischen Kaisers endlich zu finden und das kostet mich alle Zeit, die ich besitze. Es ist die Jagd nach dem „Bis-du-Ahn-Pokal", die mein Handeln bestimmt.
Laut aktuellem Erkenntnisstand *(es hat mich einiges an Zeit und Geld gekostet, das 'rauszufinden)*, läuft sie mit einem digitalunterstützten Namen, der Sindy Sindy Bill ähnelt, durch das Gesichtsbuch.

Das beinhaltet Fragen, die zu klären sind: Warum Sünde? Warum Doppelsünde? Und vor allen Dingen, welche Rechnung tut sich, nach ihrer Entdeckung, auf?

Ist sie wirklich so teuer und ist sie das Geld wert?
(Sin und bill stehen im englischen für Sünde und Rechnung)

Diese Putin Bibel wird also nur als Buch zu haben sein. Als einziger Zusatz, zu bereits erschienenen (bzw. gesperrten) Stücken, ist die Erfindung der Zitronenbopsrüstung angehängt. Ein Kapitel, das ja schon fertig war, ich jedoch streichen musste, da es sonst der Verleger getan hätte.

(„Luzifer und Mohammed“ ist auch neu - also der c-Seiten-Anhang)

Hier also meine Verbeugung: Ich danke euch.

Merci.

Erläuterungsbibliothek:

- Erläuterungs für Mädchen, die sich mit Humor schwer tun:

Ihr seid gar nicht so böse. Ihr seid nur dumm und werdet im Volksmund einfach nur Morallappen oder Moralfotze genannt.

- Erläuterungs für Jungs, die sich mit Humor schwer tun:

Ihr seid gar nicht so böse. Ihr seid nur dumm und werdet im Volksmund einfach nur Mädchen, die einer Moralfotze gleichen oder Moralapostel genannt.

- Erläuterungs für „Brüder der IS-Zusammenkunft", die sich überhaupt schwer tun:

Ihr seid böse. Wirklich böse und dumm und werdet im Volksmund einfach nur geisteskranke Untermenschen genannt.

- Und natürlich noch eine Erläuterungs für Menschen jeglicher Glaubensrichtung, die diese Sache als Blasphemie bezeichnen würden:

Lehnt euch mal eine Woche zurück, lest es erneut und versucht es zu verstehen. Dann stellt euch die Frage: Warum hat Gott, den es gibt und an den ich fest glaube, es zugelassen?

- Und ihr werdet zu des Rätsels Lösung gelangen:

Er ist nicht dagegen, da es rein aus Wahrheiten und erkennbaren, unausweichlichen Erfindungen besteht.

Abgesehen davon, will er, dass sich die Deutschen irgendwie retten.

Soviel steht mal zweifellos fest.

<u>Allerwichtigster Hinweis:</u>
Dies Ding is wirklich schwer zu lesen und zu verstehen. Zum Lachen sind es 512 Seiten, aber zum Verstehen benötigst du einen Intelligenzquotienten von mindestens 106,7. Falls du den nicht besitzt (oder Grünwähler bist), einfach ungelesen zurückgeben. Könnte klappen (lol).

Die Göttin, ihr Allahältestes Testament und andere Geschichten

(Die **„Allahneueste“** Bibel Re-Reloaded)

- Das satirische Meisterwerk zur ewas über halbrassistischen Göttin -

(das Lebenswerk des Ahnenforschers schlechthin)
- EBookbar -

Prof. Dr. Dr. Hans Adolf „Lone Wulf“ Fluchthasser ©

Die **„Allahneueste“** Bibel - in memoriam **„Charlie Hebdo“**

Inhaltsangabe:

Vorwort:

Wie bei jedem, der versucht ein Buch an den Mann zu bringen, ist es auch bei mir so, dass ich damit beginne, mich zu bedanken: also eigentlich nur bei Ihm *(nachdem Er wieder da und auch ein Mann ist, geht das ja auch)*.

Dafür, dass Er dieses Leben so wunderschön gemacht hat und uns die Kraft gibt, immer weiter zu kämpfen, auch wenn Polen schon verloren scheint.

Dafür, dass Er mich in der besten Familie der Welt hat aufwachsen lassen, mit drei Brüdern, von denen einer besser ist, als der andere. Mit einer Erziehung, wie man sie sich wünscht und mit Kindern, die mich glücklich machen *(oder es zumindest teilweise versuchen, aber da geht's mir nicht anders, als anderen Vätern)*.

Und: danke Mama, danke SS-Obersturmbannführer Opsili *(Muttern ist leider bereits verstorben und SS-Obersturmbannführer Vater nenne ich so, seit er Opa wurde)*.

Dann naturalmente noch zu meinem Pseudonym: „Lone Wulf" Fluchthasser klingt natürlich nach dem Sohn eines Apachenhäuptlingsururenkels, der als Scout für die US-Truppen, den 2. Weltkrieg in Deutschland beendete und als Besatzungsmachtmitglied beim Shoppen Frau Tatjana Fluchthasser kennenlernte, sie mit einem Irokesenzauber, mit einem gestohlenen Irokesenzauber *(vermutlich wurde sein herausragend gutes Apachenblut durch irgendeinen dahergelaufenen Franzosen verunreinigt)*, verliebt machte *(die Apachenzauber taugten dafür nicht)*, sie schwängerte und sich im Anschluss wieder in die Prärie verzog, ohne sie zu heiraten, um seine Jugendliebe, die Squaw „Räudiger Straßenbiber" zu ehifizieren.

Dabei handelt es sich allerdings nur um einen Täuschungsversuch meinerseits. In Wahrheit bin ich ein Oberbayer, der in den Nachwirren des Krieges, um den US-Juden zu entkommen, mit seinen Eltern *(wobei die abhauen mussten – ich war ja noch zu klein)*, 1949, ins britisch besetzte Berlin floh und da seit mehr als 30 Jahren versucht, den Menschen trinken aus einem Literbehälter beizubringen. Ohne Erfolg. Da wünsch ich viel Spaß beim Austüfteln. Zumindest den etwa 0,27 Millionen Deutschen, die mich laut Berechnungen meines Geheimdienstes, nach meinem Nachwort, „töten wollen" werden.

Zusätzlich bedanke ich mich selbstredend bei den exakt 32.471,41 Menschen, die sich mein Buch kaufen müssen. Wenn ich genau eine Mark pro verkauftes Buch bekomme, könnt ich damit meine Schulden tilgen.

Ich spreche diesbezüglich von den neuen, den europäischen Mark, wenn ich über Geld rede. Wahrscheinlich krieg ich aber nicht so viel. Bei 20 Pfennigen müsst ich mich also bei rund 162.357,05 Leuten bedanken.

Das wird schwierig, aber die Zeit nehm ich mir:

D A N K E

Post Scriptum: Eigentlich reicht es mir bereits, wenn das Stück von den 3 Männern gekauft wird, die den Literaturnobelpreis vergeben und es ihnen gefällt.

Wahrscheinlich müssen sie es sogar gar nicht kaufen und ich würde mit 0 verkauften Exemplaren Nobelpreisträger.

Dann könnt ich mich mit etwa 1,2 Millionen Mark zur Ruhe setzen und wäre glücklich.

Das hätt ich allerdings auch verdient.

Das Steinalte Testament

Von Prof. Dr. Dr. „Lone Wulf" Fluchthasser ©

1. Kapitel: Der Anfang (der Anfang von was?)

Wir schreiben ungefähr den 17. Mai des Jahres 0. Also 0 vor und 0 nach der Ewigkeit. Es war etwa 21:47 Uhr und 23 Sekunden. Zeit gab es damals allerdings noch nicht und die Göttin saß auf dem Thron, den sie einige unbestimmte Zeiträume vorher erfunden hatte.

Um sie herum spielten Engel und frohlockten ihr zu. Das ging nun schon seit ca. 73,4 Billionen Jahren so und langsam langweilte sie sich.

Na gut, sie stellte die Psalmenreihenfolge in allen erdenklichen Formen um, benutzte manchmal mehr Bass in ihren Lautsprechern, aber die erdenklichen Formen waren irgendwann aus, während so eine Ewigkeit ganz schön dauert. Teilweise sogar zu lang ist. Das ging ihr ganz schön auf den Sack, obwohl sie eigentlich, theoretisch wie praktisch, gar keinen hatte. Da kam ihr die Idee, einen klitzekleinen Materieball, den man eigentlich gar nicht sehen kann, wenn man nicht die lupenunterstützten Adleraugen einer Göttin besitzt, explodieren zu lassen, der gerade durch den Himmel hüpfte und nichts böses ahnte.

Er war im Übrigen etliche Millionen von Oktotrigintilliarden *(siehe Begriffsbestimmung – SB)* Zettatonnen zu schwer, um sich beim hüpfen leicht zu tun und gerade als er sich auf den nächsten Sprung konzentrierte, unser kleiner dicker Freund, platzte er. Sie wollte sehn, was dann passiert und wie sich das leicht halbgrüne Universum *(ach ja, Farben gab´s damals natürlich auch noch nicht)* verändert. Es handelte sich um den Urknall vor etwa 20 Milliarden Jahren und ab da, gab es sowas wie Zeit *(zumindest für uns Sterbliche)*. Leider passierte ungefähr gar nix, was unsere Göttin auch nur im Entferntesten in Unruhe hätte versetzen können und die Langeweile ging noch eine halbe Ewigkeit (SB) weiter *(eine halbe Ewigkeit fühlt sich vermutlich so an, wie eine ganze, wenn man so rumsitzt)*. Wobei mir der Unterschied zwischen einer halben und einer ganzen Ewigkeit nicht unbedingt bekannt ist. Müssen aber ganz schön viele Jahre sein.

Vor rundlich 4 Milliarden Jahren, hatte sie den Einfall, einfach Leben zu erschaffen, um zumindest beobachten zu können. Nach grob geschätzten 18,24 Trilliarden Jahren rumsitzen, war das auch nötig. Das Spannen ist also eine göttliche Erfindung *(na gut, so wie eigentlich alles)*. Es lief relativ gut. Das Leben wuchs und gedieh auf Erden, aber nichts formte sich, das gut genug gewesen wäre, die Göttin anzubeten und sie zu lobpreisen, vielleicht den einen oder anderen Psalm anzustimmen, oder zu erfinden. Die Göttin war also gezwungen, ihr Ebenbild zu schaffen. Nachdem Eva fast fertig war, ging es nur noch darum, welches Hinterteil sie bekommen sollte. Es sollte göttlich sein, ihr Ärschchen, allerdings nicht so alles überragend, wie der, der Göttin selbst.

Nach zahllosen Fehlversuchen und es waren wirklich viele, reichte ihr Erzengel Luzifer eine Blaupause ein, von der selbst die Göttin sagen musste: „Der ist ja mal wirklich schön“. Nachdem Eva fertig war, wusste sie natürlich, dass Eva einen Sklaven brauchte. Jemanden, der sie anhimmeln konnte und ihr das Leben auf Erden, wie im Paradies erscheinen ließe und so schuf sie zunächst einen Mann namens Adam.

Adam war eine Kopie von Luzifer, denn Luzifer war der einzige Mann in der himmlischen Führungsriege. Natürlich mit Ausnahme des Heiligen Geistes, des Geistes der Göttin. Ansonsten hatte sie nur weibliche Erzengel. Michaela, Gabriella, Uriella und Raphaela. Engel waren aus Prinzip Mädchen. Und Luzifer hatte auch als einziger ein relativ schneidiges Gerät.Ein Schwert *(wofür is unbekannt, aber das wird nochmal wichtig)*.

Als sie den Garten Eden schuf, etwa in der Mitte des Urkontinents Pangäa, brachte sie ihre Schöpfungen dort unter und erhielt natürlich von allen Seiten Lob und Gratulationen für den Körper von Eva, vor allen Dingen für ihr Hintertürchen. Sie war allerdings vertraglich gezwungen *(da hatte sie Luzifer festgezwirbelt)*, immer wieder zu erwähnen, dass dieser Arsch nicht im Geringsten eine Eigenkomposition war, sondern eine Idee ihres Erzengels Luzifer. Sogar der Wortlaut war vertraglich festgelegt: „Vielen herzlichen Dank, aber der ist nicht von mir, so was Schönes kann ich gar nicht, der ist von meinem Lieblingserzengel Luzifer entworfen worden. Das hat er gut gemacht, mein kleiner Racker". Das ging ihr so richtig auf den, wie du bereits weißt, nicht vorhandenen Sack. Sie wünschte sich demzufolge, mal einen zu haben, auf den ihr sowas gehen könnte.

Dieser Garten Eden befand sich also, nach dem Auseinanderdriften von Pangäa *(mein Freund, von dem später noch die Rede sein wird, stammt aus dem Dorf Pang, das nicht nur zufällig so ähnlich wie der Urkontinent heißt, sondern, das immer noch das Zentrum der Erde sein dürfte, da man, egal in welche Richtung man geht, immer nach 40.000 km wieder in Pang ist. Das kann kein Zufall sein. Ich wollte es zunächst aber auch nicht glauben und kaufte mir einen Globus, um den ich, von Pang ausgehend, eine Schnur legte und abschnitt. Egal aus welcher Richtung die Schnur Pang verlies, sie endete immer wieder in Pang. Das war der Beweis, doch was hat das zu bedeuten und ist Pangratz dadurch der zentrale Name des Universums und wie berechnet man das? Das überfordert mich. Ich gebe auf)*, in die Kontinente Antarktis, Eurasien, Australien, Amerika und Afrika, auf der Höhe von Ägypten, weshalb Pangläontologen *(glaub, das hab ich jetz falsch geschrieben)* heute zu der Erkenntnis gelangten, der erste Mensch wäre ein Farbiger gewesen. Dies scheint jedoch völlig unmöglich, da Weiß ja die göttliche Farbe ist (im schlimmsten Falle Halbgrün) und es sich bei Luzifer um einen reinrassigen Arier handelte. Blond, blauäugig, groß, schlank und mit Schwert *(ein eindeutigeres Indiz, einen genaueren Beweis kann es nicht geben)*.

Wie bereits aus dem Alten Testament bekannt, ging es ihnen da hervorragend und sie zeugten 12 Kinder. Der Mann konnte nämlich und die Frau wollte immer *(was im Moment mein Problem ist, aber das ist eine andere Geschichte). Ihre Söhne waren Kain und Abel, ihre Töchter hießen Dana, Julia, Carry, Lilly, Esther, Maria, Sandy, Sahira und 2 weitere Namen, die ich trotz Fotos vom Steinalten Testament nicht entziffern konnte.)* Die Göttin lehrte ihnen Schreiben, also das einhacken von Runen in Steinplatten und gab ihnen 12 Gebote. Adam war also dazu in der Lage, das Steinalte Testament einzumeißeln. Das Steinalte Testament wurde allerdings über die Jahrhunderte gnadenlos von der Kirche verleugnet *(im Mittelalter wurden Verfechter des Steinalten Testaments als Ketzer verbrannt)*, denn es zeigte auch die menschlichen Seiten der Göttin. Nach einer mir vorliegenden Kopie *(habe 3 Jungs von meinem Geheimdienst „den Allesrausfinders" (SB) verloren, beim Versuch an Fotos in der streng bewachten Asservatenkammer des Vatikan zu gelangen, aber es glückte mir)*, ergab sich in etwa folgendes:

Die Gebote des Steinalten Testaments lauteten:

1. Du sollst alle Frauen des Planeten schwängern, außer denen deiner Brüder und Väter und Söhne. (Dieser Zusatz gilt erst nach ca. 200 Jahren wenn nicht mehr jeder Mann dein Vater, Sohn oder Bruder ist).

2. deleted

3. del.

4. del.

5. del.

6. Du sollst nur die Wahrheit kundtun. Es sei denn, es handelt sich um erkennbaren Unfug.

7. Tritt keine Frau und keinen Mann, die vor dir am Boden liegen.

8. del.

9. Tue Gutes, wider deiner Nächsten.

10. Gründe Hilfsvereinigungen für Schrittbereiche.

11. del.

12. Bring Menschen zum lachen, denn das Leben ist grausam zu Menschen die nicht lachen können.

Die Gebote 2 bis 5, 8 und 11 wurden während einer Sitzung des „Himmlischen Menschenrechtsbeirates" verboten und durch einen unachtsamen Verwaltungsengel einfach in den Steinhexler (Steinhexler werden zurzeit kaum noch hergestellt) gedrückt, ohne dass heute noch irgendjemand wüsste, was sie beinhalteten. Nur Gott weiß noch, aber er macht daraus ein Geheimnis.

Etwa genau 18461,4 Jahre später, als es mehr Frauen gab, als ein einzelner Mann überhaupt hätte schwängern können, fiel das Gebot Nummer Eins durch die „Allgegenwärtige Isüberhauptsmöglitschverzweigungs" (von einem tschechischen Engelstechniker gebaut und benannt - SB) und wurde ersetzt durch:

Schwängere die Frau, die deiner Liebe wert wäre, es sei denn, sie wäre die Frau deines Vaters, Bruders oder Sohnes.

Amen.

Auf jeden Fall stehen darin jede Menge Geschichten darüber, wie gut es der Göttin ging, diesen hilflosen Erdbewohnern über die Runden helfen zu können. Da ist zum einen, die Geschichte über die Erfindung der Kälte.

Kälte gab und gibt es nämlich nicht. Erfunden wurde sie am 12. August des Jahres 3654 vor Christi Geburt, um etwa 23.57 Uhr mitteleuropäischer Sommerzeit. So genau festlegen kann man den Zeitpunkt, da dabei eine Sonnenfinsternis eine Rolle spielte und die kann man ja über tausende von Jahren zurückberechnen. Auf alle Fälle legte sich eine Maya-Feldarbeiterin nach getaner Arbeit im Amazonasdelta zum Sonnen, als sich plötzlich der Himmel verfinsterte. Sie dachte, die Welt ginge unter und sie müsste sterben. Sie begann also zu beten. Natürlich nur zu ihrem Gott, aber es ist der Göttin definitiv egal, wie man sie nennt

(Jahwe, Allah, Zeus, Jehova oder Manitu). Hauptsache, man glaubt an sie und ist gut *(das ist übrigens etwas, dass die Organisatoren des Islamischer-Staat Krieges eigentlich einsehen müssten, vielleicht sogar einsehen – wir glauben alle an denselben Gott. Ihnen geht es also auf keinen Fall um Allah – es geht ihnen um ihre persönliche Macht. Verlieren werden sie diesen Krieg immer. Die Frage ist nur, wieviele Menschen noch dafür sterben müssen – So dumm können sie eigentlich gar nicht sein. Oder? Ein Mann, den ich sehr verehre, der Volljude und Viertelphysikgott Albert Einstein, sagte mal: „In unserer Welt sind nur 2 Dinge unendlich. Das Universum und die Dummheit der Menschen. Wobei ich mir beim Universum nicht sicher bin.")*.

Und fluchs kam ein Inka-Prinz an ihr vorbeigeritten. Natürlich auf einem Lama, denn Pferde gab es in Amerika erst nach der Einfuhr durch die Europäer, 5000 Jahre später. Sie sah diese Sonnenfinsternis also als ein Zeichen ihres Gottes, der sie aus ihrem Arbeiterdasein erlösen und zur Prinzessin machen wollte. Ihr musste nur schnell was einfallen, womit sie sich an den Prinzen ranmachen konnte.

Da erfand sie einfach die Kälte.
„Großer Krieger, bitte lass mich, mich an deiner heldenhaften Brust warmreiben. Es is furchtbar komisch, mich friert. Ich denke, wir sollten das Kälte nennen". Auch der Inka-Prinz erkannte die Situation. Es musste sich um ein Wunder handeln, denn er wohnte und ritt eigentlich ganz wo anders durch die Gegend. Auch er war nicht dümmlich, konnte kaum mayanesisch und sprach: „kanns du machen wie willst, hab aber auch für Hals- und Rachenbereich dabei Wärmstange". So wurde also an diesem 12. August nicht nur die Kälte, sondern auch Fellatio erfunden.

Ein guter Tag für uns Männer, er sollte zum Feiertag ernannt werden.

Eingehackt wurden allerdings auch Geschichten von Heldentaten der Göttin in der Zukunft, denn sie konnte in dieser Zeit noch in die Zukunft gucken. Das konnte sie nur nicht mehr, seit der Kaiserkrönung nach der Siegesfeier von Wilhelm I. Jetzt kann er es natürlich wieder. Ging nur unter Alkoholeinfluß nicht.

Dieses Fest fand im besiegten Frankreich statt und vermutlich hatte sie da zu viel von dem schlechten Sekt aus der Champagne getrunken, der heute für viel Geld als Nobelmarke gehandelt wird.

Sie erzählte Adam von den Grimms-Brothers, die Deutschen mochte sie eh immer schon besonders gern, weil sie ihrem ehemaligen Erzengel Luzifer am ähnlichsten waren *(kann man auch an dem gnadenlosen 7:1 gegen Brasilien bei der WM erkennen)*.

Nachdem Adam aus dem Garten Eden ausziehen musste, da er sich weigerte, täglich zu lobpreisen, zu huldigen und Psalmen anzustimmen, suchte er sich sein eigenes Paradies und fand schließlich Bayern. Der Ursprung der Menschheit liegt also in Deutschland. Esta bien, Halbdeutschland – eigentlich Bayern.

Die Grimms-Brothers mussten nach der verheerenden Niederlage des gefürchteten Heckerzuges während der Deutschen Revolutionsjahre 1848/49 mit Karl Schurz in die USA fliehen. Während Schurz Farmer zu Illinois und nach seinem Einsatz als Oberst im Sezessionskrieg gegen die Südstaaten, US-Außenminister wurde, vertrieben sich die Grimms-Brothers als schwerstbewaffnete Grimms-Brothers Gang mit Banküberfällen die Zeit.

Da es überall krachte – also „Bäng" *(englisch: bang)* machte, wo sie auftauchten, wurde der Ausdruck „Grimms-Brothers Gang-Bang" zu einem feststehenden Begriff im mittleren Westen. Bis sie ungefähr 50 wurden, verhalf ihnen die Göttin, schneller zu ziehn als ihr gegenüber und sie gab ihnen dann die Eingebung, sich auf ihr Altenteil ins Delta des Rio Grande zurückzuziehen, um eine Schweinefarm zu gründen. Da hatte Bernd *(genannt „das Brot")*, der ältere der Jungs, den hervorragenden Einfall (den göttlich gegebenen Einfall), Märchensuchschweine zu züchten.

Sie flogen dafür extra Trüffelschweine aus Frankreich ein (mit den frisch erfundenen Luftschiffen, den Zeppelinen – für die Eingebung dieser Erfindung zeichnete sich Michaela verantwortlich, denn die Göttin hatte anscheinend keine Zeit.

Warum, hätte sie schauen können, aber obwohl sie nunmal weiblich war *(und damit neugierig), verzichtete sie darauf. Sie war also auf dem besten Weg, das zu berichtigen)* und kreuzten sie mit germanischen Märchenbüchern, um sich nach Dakota, den Bundesstaat, in dem Märchenräuber traditionell ihre geraubten Stücke vergruben, um sie für die Nachwelt unlesbar zu machen, zu begeben, um alte verschollene deutsche Märchen auszugraben.

Es dauerte 2 Jahre, bis sich endlich eins ihrer Ferkel in ein Märchenbuch verliebte und mit ihm Kinder zeugte, aber als ihre Suchschweinchen groß genug waren, machten sie sich mit 4 Such- und 12 Trageschweinchen (eine Kreuzung aus Sau und Lama, ebenfalls ein Meisterstück der Grimms-Brothers, wo sie einfach Lamaweibchen an den Weidezaun fesselten, um sie von deutschen Waldebern gewaltsam nehmen zu lassen) auf den Weg.

Sie wurden fast erschlagen von den Ausgrabungen ihrer Märchensuchschweine, was hauptsächlich an ihrem „Rutengängerschwein" lag. Ich habe natürlich eine Theorie, wie sie das entwickelt haben, die ich allerdings für mich behalten werde *(kann ich ja noch Geld damit machen)*.

Nach 3 Tagen, als ihre Trageschweinchen voll beladen waren, fand ihre Leitsuchsau, Miss Pöggy, letztenendes ein gewaltiges 4000 Seiten starkes Sammelmärchen mit dem Namen: „Schneeflittchen und der Arschpott“ *(ein Märchen für Erwachsene)*. Die Brüder teilten das Märchen gerecht auf. Da ihre Trageschweinchen während der Reise 2 Junge bekamen und die noch zu klein waren, das ganze Märchen die 7000 Kilometer nach Hause zu bringen, trug jedes die Hälfte. Die Märchen „der Arschpott“ und “Schneeflittchen“ wurden gegen Ende des 1. Weltkriegs, durch Wortverballhornungen zu „Schneewittchen“ und „Aschenputtel“.

In der Originalgeschichte von „der Arschpott“, geht es um die Story des Emirs zu Bernried, einem Ort am Starnberger See, der ähnlich wie ich auf der Suche nach der Frau des Lebens war und deshalb die Noblen, Reichen und Gebildeten des Landes zu einer Krisensitzung zusammenrief, um zu beratschlagen. Da hatte einer der Toilettenherstellungsfabrikanten die rettende Idee: lasst uns einen güldenen Pott bauen, auf den nur das Hinterteil der künftigen Emiröse passen würde.

Gesagt, getan und so wurde eine güldene Schüssel zubereitet, auf der nur ein überirdisch schöner Bops würde sitzen können. Der Bau verschlang das gesamte Inlandsbruttosozialprodukt Bernriedistans. Der Finanzminister muckte auf, woraufhin ihn der Emir einfach von einem Kreuzzug überrollen lies. Die Zeiten haben sich nicht geändert. Der Name des Ministers war Wolfgang Ildams und er hatte Pech, da ihn der 7., der Kinderkreuzzug überrollte und dieser nicht so schwer war, woraufhin er noch 2 Wochen in seinem Sterbebett verbrachte, bevor er seinen Verletzungen erlag. Er heiratete in dieser Zeit noch seine langjährige Freundin Brigitte Ohntag. Sie entschieden sich für den Doppelnamen Ildams-Ohntag.

Als er ihr, auf dem Sterbebett, von den Anschlagsvermutungen, durch den Emir erzählte, gründete sie nach seinem Tod eine Zeitung, die hauptsächlich durch Schundmeldungen und Nacktzeichnungen von B-Klasse Promis, zu Berühmtheit gelangte: die B. Ildams-Ohntag.

Die kleine Sundy Sundy Bell, ein Waisenkind aus Irland, das „Without Underwear" *(englisch für „ohne Unterbux")* genannt wurde, wusste, dass ihr Hintern passen würde, doch ihre Stiefschwestern hatten keine Zweifel: sie würden sich draufsetzen und es würde passen *(sie würden Emirösen)*. In die Hände des Emirats fiel Sundy am Ende des 2. Irisch-Emiratischen Krieges, als sie von den ansonsten kaltherzigen Knechten des Emirs mitgenommen wurde, da sie eh keine Mutter und noch nicht mal ein Höschen hatte.

Irland wäre damals beinahe vom Emirat eingenommen worden. Als jedoch die Entscheidungsschlacht um Dublin unentschieden endete, einigten sich die Heerführer darauf, diese Sache, durch ihre jeweils stärksten Trinker, innerhalb eines irischen Pubs, herbeizusaufen. Natürlich wären kleinwüchsige Iren, für die Schwerstalkoholiker aus Bayern keine Herausforderung gewesen. Allerdings kippte der Irische Spielführer einfach 3 Liter Whiskey in das Bierfass der Bajuwaren, während sie nicht aufpassten. Da diese natürlich nicht wussten, wie Ale so schmeckt, wurden sie unter den Tisch gesoffen und Irland blieb frei.

Zurück im Emirat, wurde Sundy von der bösen Thekla adoptiert, die sie eigentlich nur als Putzhilfe für ihre eigenen, unwahrscheinlich verzogenen Töchter benötigte. Diesen erzählte sie immer, um wieviel sämiger ihr Hintern werden würde, mit jedem zusätzlich eingeworfenen Schokoladengebäck. Und zwar so lange, bis ihre Töchter ihr das glaubten und täglich jeweils 2 Schokotorten benötigten, um satt zu werden.

Auch die böse Thekla kaufte Sundy niemals ein Höschen, was ihren Spitznamen eigentlich erklären dürfte. Zur Witwe und dadurch noch böser, wurde Thekla erst 24 Jahre später. Kurz nach Abzug der Emiratischen Verbände, wurde, über eine Volksbefragung, beschlossen, einen Rachefeldzug zu starten.

Der Plan war, die Bernriedistanische Flotte, noch geankert, im Hafen, zu versenken und durch die erhaltene Seeüberlegenheit, im Starnberger See, die Nachschubwege des Emirats zu unterbinden, den Gegner damit auszuhungern und zu einer bedingungslosen Kapitulation zu zwingen. Die Aussicht, bei späteren Verhandlungen mit dem Englischen Kronprinzen, als „König von Irland und Emir von Bernriedistan" auftreten zu können, hatte etwas überragendes.

Die Irische Flotte segelte schnell und erreichte nach 2 Wochen die Mündung des Rheins. Um nach Süden zu gelangen, brauchten sie allerdings jetzt ein Wunder. Oder aber den Einfall ihres Expeditionsleiters Käptn Don Fickduse den Sevillja *(ein Portugieser Haudegen, Playboy und Lebemann, der nach fragwürdigen Entscheidungen des Portugiesischen Königs (beispielsweise eine Seeschlacht, zur Rückeroberung des Kaiserreiches Brasilien gegen Pedro de Alcântara João Carlos Leopoldo Salvador Bibiano Francisco Xavier de Paula Leocádio Miguel Gabriel Rafael Gonzaga de Bragança e Habsburgo (*der Brasilianische Kaiser war erst 5 und brauchte so viele Namen, um ernst genommen zu werden – seine Kindergartenfreunde nannten ihn nur Pedro de Alcântara, kurz Alkipit*)), die Fronten wechselte und für die Iren in See stach)*. - Das beweist natürlich, dass dies Märchen tatsächlich, einen historischen Hintergrund hatte. -

Dass er sich zum Führen einer Flotte eignet, bewies er 3 Jahre vorher, bei einer Seeschlacht mit den überlegenen Spaniern. Nachdem die Iberischen Schiffe Position einnahmen, fuhr er, als asylbeantragender

Käptn, mit 3 Fischkuttern, die als Seenotrettungsboote verkleidet waren, einen Scheinangriff auf die rechte Flanke der Spanier. Als diese ihn bemerkten und den Seek-and-destroy-Reigen anposaunten, lies er die International anerkannte „Oh mein Gott, sie haben uns entdeckt. Wir hauen lieber ab - Flagge" *(die, laut damaligem, verbindlichen Völkerrechts, eine Verfolgung auslöste)* hissen und verdrückte sich mit seinen Kuttern in Richtung eines, für Schlachtschiffe, brandgefährlichen Riffes. Als sie durch waren, konnten sie sich beruhigt umdrehen und der, ihnen nachsetzenden, Spanischen Armada, beim Untergehen zuschaun.

Im Anschluss wurde er, von der Irischen Königin, die ihn erst ausprobierte *(ihr Mann war grade nicht da)*, zum „Asylbeantragenden Flottillenadmiral, der sich Käptn nennen darf" *(ein Rang, den nur die irische Flotte besaß)* ernannt.

Links und Rechts der Rheinmündung, wurden Bodentruppen an Land gesetzt, die jeweils 500 Zugochsen erbeuten sollten, um diese dann an ein Seil zu binden, um das andere Ende, am Irischen Flagschiff, dem Steinflug- schleuderzeugträger „Proud of Eire" zu befestigen, an dem die gesamte Flotte *(42 Schiffe hoch)* hing, um sich gegen die Flussrichtung ziehen zu lassen.

Bei orkanartigem Rückenwind wurde, vollaufgetakelt, die Einfahrt riskiert und glückte. Doch es war mühsames Vorankommen. Bei Gegenwind mussten die Segel gelichtet und die Flotte festgebunden werden. Nach etwa 32 Monaten, wurde der Rhein allerdings zu eng, weshalb eine Gruppe Späher entsandt wurde, um einen Seeweg nach Bernriedistan zu erkunden.

Als diese den Starnberger See erreichten, hatte einer ihrer Träger die richtige Idee. Er hatte einen etwa 6.000 Seemeilen langen, reisssicheren, leuchtenden

Faden dabei, den er über ein Rettungsboot, hinter sich herzog.

„Wir bauen in das Boot einen Garten, setzen einige Leuchtkäfer rein und ummanteln ihn mit Glas, abgedeckt mit Tuch, um Regenwasser und Frischluft eindringen zu lassen. Dann wassern wir das Schiff am Abflussfluss des Sees und befestigen daran den Faden. Da die Käfer innerhalb ihres Schiffes keinerlei natürliche Feinde haben, können sie sich ungehindert fortpflanzen und sobald diese Boje von einem unserer Jungs gesichtet wird, folgen wir einfach dem Faden und erreichen Bernriedistan."

Dieser Einfall, war sowas von gut, er hätte von mir sein können und so wurde es dann auch gemacht. Zur Sicherheit wurde noch ein Brief beigefügt, der von einer unglaublichen Prämie sprach, wenn man das Boot finden und dem Irischen König Meldung erstatten würde. Als die Späher zurück waren, war auch die Flotte bereits gedreht und die Rückreise war um einiges einfacher.

Davon zu sprechen, dass Iren richtige Glücksschweinchen sind, wäre auf keinen Fall übertrieben, da das Boot etwa 17 Jahre später, direkt in einem Irischen Hafen andockte und sich der König dadurch die besagte Prämie sparen konnte. Die Anreise war relativ unspektakulär. Bis auf einmal „Sud gehabt", als es im Mittelmeer an ein Piratenschiff geriet, das sich allerdings verdrückte, weil das Ding so gespenstisch leuchtete, is nix erwähnenswertes passiert. Oder? Als es endlich im Atlantik einlief, wurde es von einem Blauwal geschluckt, der sich auf dem Weg nach Grönland befand, um Seerobben zu vertilgen. Als kurz vor Grönland der Faden spannte *(er war bei Bernriedistan an einem Felsen festgemacht und der Wal schwamm den Umweg um Island, da er verabredet war)*, dachte er, er hinge an einer Angel und hat das Ganze einfach ausgespuckt.

Erneut wurde die Irische Flotte in Bewegung gesetzt und so erreichten sie, ca. 24 Jahre nach dem Trinkgefecht von Dublin, den Starnberger See. Diesmal unter Führung der Russischen Konteradmiralin Olga Machslochov. Sie verlor ihre Flotte, inklusive Mannschaft, im Gelben Meer, beim Würfeln, an Japanische Fischer und brauchte, nach Entlassung durch den Zaren, einen neuen Job.

Da allerdings auch die Emiratische Führung seit langem wusste, das der Verlust der Seehoheit, einer Niederlage des Emirates gleichkommen würde, bildeten sie Kampftauchereinheiten aus, die etwa 8 Minuten die Luft anhalten und mit einem Handbohrer bewaffnet, Löcher in feindliche Schiffe bohren konnten, um diese dem Untergang zu übereignen.

Als in einer Nacht- und Nebelaktion, blitzkriegartig, die Emiratische Flotte versenkt wurde, brachte der Emir am nächsten Abend seine Kampftaucher an den Start, von denen einer Willi, der Ehemann von Thekla, war.

Er war zwar bereits 53 und schon lange in Pension, wollte sich aber, wegen seiner Liebe zum Emirat, nicht davon abhalten lassen, mitzutauchen und den Tod, unter den „irischen Schweinen" zu verbreiten.

Ähnlich blitzkriegartig, wurde an diesem Abend also auch die Irische Flotte dem Untergang geweiht und Willi war der einzige, der Taucher des Emirs, der nicht mehr hochkam, nachdem er ein gegnerisches Schiff anbohrte. Er war wohl doch bereits zu alt, um Krieg zu spielen.

Während der anschließenden Friedensverhandlungen, wurde eine „Ewige Freundschaft mit Schüleraustausch" vereinbart, die bis heute nicht gebrochen wurde. Es hat allerdings auch nie ein Schüleraustausch stattgefunden. Vermutlich, da die Anreise zu kostspielig war und man das Geld dafür, lieber ins Militär steckte. Theklas Töchter befanden sich also wirklich in einem übergewichtigen Zustand, als bekannt gegeben wurde, dass einzig ein wundervoller Zwergenhintern, also ein „Fund mik de dwarf", die Stelle als Emiröse erhalten sollte.

Also schnitten sie sich ihre Hintern zurecht.

Doch der findige Fabrikant hatte eine Sicherung eingebaut und zwar zwei ferngesteuerte Kunststoffmitangeklebtenflügelntauben, die über der Schüssel kreisten und sangen: Rukedigott, rukedigott, Blut ist am Pott. Und so wurden die Schwestern überführt und klein „Without Underwear" kam zu ihrer Krone und der Emir zu seiner Emirmöse (SB).

Romantisch, nicht wahr?

Durch diese Unterstützung der Göttin, wurden die Grimms-Brothers als Märchensammler weltberühmt.

Anhang:

Selbstverständlich setzte die Göttin nicht nur auf ein Pferd, sondern erschuf mit dem Urknall 7 Dimensionen. In den anderen Dimensionen entwickelten sich selbständig, nach dem Einhauchen von Leben, Kreaturen, die die Göttin anbeten konnten. Sie waren ihr allerdings zu hässlich, um ihre Gebete ernst zu nehmen, oder irgendwelchen Kontakt zu erzeugen.

Natürlich gibt es auch Verbindungen der Dimensionen untereinander, sogenannte Wurmlöcher. Jede Dimension hatte ursprünglich 12 davon. Einen Wurmlocheingang, der alles in sich aufsaugt, was sich bis auf ein halbes Lichtjahr an ihn heranwagt und einen

Wurmlochausgang am anderen Ende, der das Aufgesaugte entsorgt. Wir haben jetz das Pech, das wir die dümmsten der insgesamt 42 Wurmlöcher erwischten. Sie wollten ihre Köpfe bei der Erschaffung nicht voneinander trennen, weshalb wir nur 12 Eingänge haben.

Das bedeutet ungefähr: wir können in die anderen Dimensionen vordringen, während es den grünen Männchen in Paralleldimensionen verwehrt bleibt, uns zu besuchen. Vielleicht auch ganz gut so, denn unter Umständen, sind die böse und mögen gottesgleiche Geschöpfe nicht.

Wurmlöcher entstehen natürlich ständig frische, wenn zuviel Masse aufeinandertrifft. Es werden allerdings immer nur Eingänge sein die entstehen, die dann ganz verwirrt einfach nur in das noch immer halbgrüne Restuniversum spucken.

Es wird also die zukünftige Aufgabe unserer Gelehrten sein, rauszufinden, welche der abertausend vorhandenen Wurmlöcher seit Beginn der Zeit da waren und welche neu entstanden sind, um vielleicht doch irgendwann außerirdischen Kontakt zu erzeugen (wobei das Zurückkommen schwierig wird).

2. Kapitel: Der Zeitgewaltenrückverzögerungskonverter (SB)

Nunmal wirklich alles in den sieben Universen ist einfach relativ. Also alles, bis auf die Geschwindigkeit von Licht (diese Aussage is jetzt nicht von mir, sondern von einem Physiker, namens Einstein und ist unumstritten.

Wobei mir persönlich eine Geschwindigkeit von über einer Milliarde km/h doch auch relativ hoch vorkommt. Also doch relativ – wahrscheinlich täusche ich mich da).

Also ist auch die Zeit relativ und verläuft in der Nähe von Masse anders, als im materielosen Raum. Dass dem so ist, war von der Göttin nicht geplant. Der platzende Materieball, war allerdings befallen, von mehreren Milliarden Zeitverschleppungsbazillen.

Ein Bazillus allein, wog bereits viele Trilliarden Megatonnen, was allerdings beim Gesamtgewicht des Bällchens nicht die geringste Rolle spielte, da sie vergleichsweise nur das Gesamtgewicht eines Atoms (also eines mehrere Dutzend Male geteilten Atoms) bei einem 200 kg schweren Mann hatten. Es waren ganz üble Zeitgenossen, denen es stank, dass es Zeit eigentlich gar nicht gab. Sie waren darauf ausgerichtet, Zeit, wo immer sie sie treffen würden, gnadenlos zu verschleppen.

Die Göttin war leicht überrascht, wollte das allerdings nicht ändern und sich dieser Herausforderung stellen. Was sie also benötigte, war ein Zeitgewaltenrückverzögerungskonverter.

Diese Maschine hatte 6 erstklassige und 6 zweitklassige Sitzplätze (natürlich gab es auch im Himmel Schönheitsprinzipien
– die schlankeren Engel erhielten die besseren Sitzplätze
- die allerdings einem Gerippe (also dem Boandljaga
- da komm ich noch drauf) ähnlichen Engel wurden als „krank“ bezeichnet und durften gar nicht mitfliegen).

Sie konnte also bis zu 11 Engel mitnehmen, wenn es zu Streitereien wegen der Vergangenheit (also eine Engelsgedächtnis übersteigende Vergangenheit) oder Wetten, wegen der Zukunft gab *(beispielsweise die Gebirgsentwicklung auf Planeten – das waren Wetten, die oft mehrere Millionen Erdenjahre überschritten und so lang wollten sie dann auch nicht warten).*

Die Hauptaufgabe des Zeitgewaltenrückverzögerungskonverters war natürlich, die genau 923,4 Milliarden möglichen Zeiten auf einen Nenner zu bringen, also zusammenzuklöten, da jedes einzelne Zeitverschleppungsbazillus *(und davon gab es relativ exakt 923,4 Milliarden – also ungefähr genau, da es immer ein paar Zerquetschte gibt, die man bei so einer Anzahl problemfrei unter den Teppich kehren kann, ohne, dass das irgendjemandem auffällt)* die Zeit irgendwie anders verschleppte. Was damit zusammenhängt, dass jedes davon ein geringfügig anderes Gewicht als die anderen hatte und deshalb die Zeit einfach mehr bzw. weniger verschleppen konnte.

Also: schwereres Bazillus, mächtigere Verschleppung. Das „zusammenzuklöten" ist der himmlische Spezialausdruck dafür, verschiedenste Zeiten auf eine Wellenlänge zu schalten, also einen Zeitgleichlauf zu erstellen. Da Leben von der Göttin anfangs auf etwas mehr, als 3000 Planeten der jeweiligen Dimension eingehaucht wurde, war dieses Stück Erfindung also dafür geeignet, 21.007 verschiedene Zeiten gleichlaufen lassen zu können, falls es irgendwann zu einer Konferenzschaltung kommen sollte.

Dafür wurden diese Zeiten einfach in die Zeitgewaltenrückverzögerungskonverterröhre gesteckt und kamen, wie durch ein Wunder, völlig gleichlaufend wieder heraus. Da seine Röhre auf die Zusammenzuverklötung von bis zu einer Billion Zeiten konzipiert war, stellte diese Sache also kein Problem dar.

Als sie Adam davon erzählte, deuten mehr als 200 aufgemörtelte Steinplatten, im Steinalten Testament, auf die Gewaltigkeit der Erfindung hin. In etwa funktionierte sie, wie das heute ein Videorekorder tut. Eine Vorlauftaste, eine Rücklauftaste eine Zeitstopptaste und eine partielle Rücklauftaste für einzelne Spezies *(die Grundeinstellung, dieser erst im Jahre der Herrin 7.493 ante Eva (also vor Schaffung der Zitronenbopsstute Eva) gebauten Taste, war glücklicherweise auf Dinosaurier gestellt).*

Was von einem Videorekorder abweicht, war letztenendes die monströse Zeitgewaltenrückverzögerungskonverterröhre. Also beide. Die rechts an der Maschine angebrachte Röhre, war die sich im Betrieb befindliche. Die Linke wurde rein zur Vorsicht mitgenommen, falls es auf der Rechten Seite zu Problemen kommen würde und gerade kein Technikengel zur Verfügung stünde.

Rechts ist also auch im Himmel die bessere Seite *(habt ihr euch schon mal Gedanken gemacht, warum Rechts einen guten (Gerechtigkeit, rechte Gesinnung, Rechtsstaat) und Links einen faden (linker Säger, Rechtsüberholer, linke Tour, linke Spur Fahrer, Warmduscher, linker Politiker, Frauenversteher – wobei man Warmduscher, Frauenversteher und Rechtsüberholer selbsterörternd richtig betonen muss, um den linken Anteil raushören zu können) Beigeschmack hat – das war also, so wie es aussieht, von der Göttin geplant).*

Während eines Firmenausflugs auf Pantahara IV, einem der äußeren Planeten eines der mittleren Sonnensysteme des neunzehnkommavierundzwanzigsten Spiralarms *(im Urzeigersinn gezählt, also des Spiralarms auf 19:24 Uhr)* der Galaxie Vandangonebel, spielten die zuhause gebliebenen kleineren, unerfahreneren Engel einfach an der Maschine und einer von ihnen drückte an der partiellen Rücklauftaste.

Als der Ausflug nach knapp 100 Jahren endete, waren die Dinosaurier plötzlich ausgestorben und die Göttin schimpfte fürchterlich. Dass sich die Dinosaurier wieder zu ihren eigenen Eiern zurückentwickelten, wunderte sie allerdings nicht ungemein, da ihre Gehirne für so komplexe Denkaufgaben nicht ausgerichtet waren. Sie konnten wirklich nur an Dinge mit f denken *(**also:** fressen, ficken, fortlaufen*

– ferdammt gut aussehn und filosofieren gehören da nicht zu, werden ja eigentlich auch mit v bzw. ph geschrieben

– im Übrigen sind ja alle Worte, die mit einem ver- versehen sind negativ: versehen, verdorben, verdurstet, versagt, vergammelt, verheiratet...

– allgemein bekannt, bildet „verliebt" davon die Ausnahme. Dieses Wort entstand also gewiss auf einer Fähre. Die Frau, die den Fährmann liebte, war also fährliebt und das wurde ursprünglich mit f geschrieben).

Selbstverständlich gab es auch mutierte Saurier, sogenannte Mutantosaurier. Sie wussten nicht, wie es geschrieben wird und hatten kein Problem damit, ferdammt gut aussehen zu wollen. Sobald sie jedoch begannen, statt einfach fortzulaufen, geschmeidig mit dem Tyrannosaurus zu filosofieren, wurden sie gefressen.

Die Göttin war, schon fast übertrieben, stinksauer und ließ, in ihrer Wut, letztenendes einen überdimensionalen Meteoriten in die Erde einschlagen, was die Dinosaurier ebenfalls nicht überlebt hätten, da „verdammt schnell einem x-beliebigen Meteoriten ausweichen, indem ich mich in die Stratosphäre begebe und mal abwarte, was passiert", auch nirgendwo mit f geschrieben wird.

Na, so zwei oder drei dieser Mutantosaurier dachten sicher Stratosfäre würde mit f geschrieben werden und hätten das auch gemacht. Sie wären dann allerdings, beim warten was passiert, verhungert.

Die Scheune, in die sie die Maschine danach steckte, bestrich sie sorgfältig mit gottesausbruchsicherer, pechschwarzer Stahlfarbe und zwar von außen, sodass niemand mehr rein konnte, um das Gerät zu benutzen.

Solche unüberlegten Überreaktionen der Göttin waren es, die mit zum Verschwinden des Steinalten Testaments beigetragen haben.

Post Scriptum: Dieser Engländer ist uns diesbezüglich im Vorteil. In seiner Sprache steht „right" für „rechts" und für „richtig". Wir kennen das, aus Monty Pythons „Allways look on the right side of life". Ob der Künstler dabei „rechts" oder „richtig" meinte bleibt uns vorenthalten. Spielt auch keine Rolle, da „rechts" ja mit „richtig" gleichzusetzen ist.

3. Kapitel: Erste Zweifel

Nach etwa 12 Trigintillionen Zeiträumen, einer Zeit, die es sowieso nicht gab, kamen der Göttin die ersten Zweifel, ob sie tatsächlich dem richtigen Geschlecht angehörte. Liebe machen war nämlich auch im Himmel ein gern getaner Zeitvertreib ihrer Engel und am meisten Spaß hatten sie, beim Aufeinanderliegen mit Luzifer, ihrem einzigen männlichen Engel.

Am Ende der „12-Trigintillionen-Zeiträume-Göttin" Feierlichkeiten kam es nämlich zu den ersten Annäherungen der Göttin und ihrer Erzengelin Michaela.

Zu dieser Festlichkeit kam es, da sie während einer „himmlischen Führungssitzung" *(also der Zusammenkunft der Göttin mit ihren Erzengeln)*, die traditionell

„irgendwann", also nach dem Ablauf einer unbestimmten Zahl von unbestimmten Zeiträumen, stattfand, beschlossen wurde, um den Engeln ein wenig Abwechslung vom täglichen Lobpreisen zu gewähren.

Und sie tranken nicht schlecht, diese Engels. Vor allen Dingen Luzifer zeichnete sich durch ein gewaltiges Pensum aus. Nach 3 schlaflos durchzechten Zeiträumen forderte er den Rest der Erzengel zu einem Wettsaufen auf. Dafür sollten die himmlischen Hallenbäder (von der Größe des Mittelmeeres) mit 40 %igem Flüssigmanna *(es ging natürlich um einen Alkoholgehalt von 40 %)* gefüllt werden. Aus einem trank dann Luzifer, aus dem anderen seine Konkurrentinnen Michaela, Uriella, Raphaela und Gabriella.

Die Göttin selbst, verweigerte den Alkohol strickt, also zumindest bis zur Siegesfeier von Kaiser Wilhelm I. und das tat sie zurecht. Die Ränge in den Stadien waren prall gefüllt, als der Startschuss ertönte und etwa 98,7 % der Fanengel waren auf Seite Luzifers (denn er konnte, auch volltrunken, so toll Liebe machen) und nur die etwa 1,3 % der Engel, die lespös veranlagt waren, waren für die Hühner.

Da es Zeit damals glücklicherweise bereits gab und das Austrinken eines himmlischen Hallenbades auch für einen Erzengel kaum unter 3 Jahren zu schaffen war, also umgerechnet etwa 272 unbestimmte Zeiträume (wenn kein unbestimmter Schaltzeitraum dazwischen war), konnte die Sache dauern. Aber Zeit hatten sie ja genug.

Die weiblichen Erzengel waren sich ihrer Sache zu sicher und begannen, nach dem Startschuss, zunächst mit einem Frauentratsch von knappen 4 Wochen. Immer, wenn eine der Freundinnen anfangen wollte, zu trinken, wurde sie von der etwas gewölbteren Uriella zurückgehalten. „Diesen Affen, schaffen wir mit links" frohlockte sie. Da der Inhalt des Mittelmeeres etwa dem 90.000-fachen Inhalt des Bodensees entspricht und man so gesehen täglich ca. 86 Bodenseeaustrinkungen hinbekommen müsste, um in 3 Jahren fertig zu werden, staunte sie nach der „Mädchenbesprechung" nicht schlecht, als Luzifer bereits bei knappen 7.000 Bodenseeeinheiten war. „Der kann ja doch was, Mädels. Wir sollten angreifen".

Also begann die Aufholjagd und es sah zunächst nicht schlecht aus. Nach knapp einem Jahr war der Rückstand aufgeholt. Es zeigten sich jetzt jedoch einige Ausfallerscheinungen des Quartetts. Michaela, die Zarte, die Amazonenerzengelin, machte jetz des öfteren Pause, während Raphaela und Gabriella ständig aufs Klo mussten, oder einfach mal aussetzten, um einen Mädchentratsch zu halten. Einzig die Frauenrechtlerin Uriella stoppte kein einzig mal, was sich rächen sollte.

Das Schwimmbad war etwa zur Hälfte ausgetrunken, als sich Raphi und Gabi mal wieder zurücklehnten und diskutierten.

„Wofür machen wir diesen „hicks" Schachsinn eigentlich? Ist es „hicks" wirklich so wichtig gegen Luzi zu „rülps" gewinnen?", fragte Raphaela.

„Es geht uns „hicks" nicht darum, zu gewinnen, aber schau dir bitte Uriella „hicks" an. Unserer Dame für Frauenrechte, geht es darum, es den Männern „hicks" zu zeigen", lautete die Antwort von Gabi.

„Wir tun das „rülps" für Uri".

Das leuchtete Raphaela ein und so dauerte ihre Mädchenunterhaltung diesmal nur 4 Stunden *(auch nur so lang, da sie für vernünftige Sätze zu betrunken waren)*, bevor sie sich wieder ans Werk machten, um Uriella zu helfen, es Luzifer zeigen zu können. Da der Julianische Kalender, bereits im Vorgriff, im Himmel übernommen wurde und so auch dort Sonntag, der Tag der Göttin war, wurden die Hallenbäder am Sonntag geschlossen, da die Engel, auch die fanatischen Fanengel, an diesem Tag die Göttin anbeten durften.

Einzig die 5 waren davon ausgenommen. Die Göttin hätte zwar spielend vorausschauen können, wer gewinnt, verzichtete allerdings darauf, da sie selbst ganz mitgenommen war, von dem beherzten Wettsaufen und sich eine Lieblingswettsäuferin aussuchte. Es war Michaela, die zarte „Amazonenerzengelin". Nach etwa 34 Monaten des Durchzechens, zeichnete sich endlich ein Ende des Wetttrinkens ab. Die Mädels hielten beständig einen Vorsprung von knapp 3 Bodenseeeinheiten, als sich Uriella plötzlich übergeben musste.

Hätt ich doch lieber irgendwann eine Pause gemacht, dachte sie so, als sie 2 Bodenseeeinheiten zurückspie und sich mit Atemnot zur Seite legte. Gabriella und Raphaela legten sofort ihre Hände und Münder zur Wiederbelebung Uriellas an. Nur Michaela, die Favoritin der Göttin, trank weiter. Sie sah kurz vor dem Ende eine Niederlage auf das Quartett zukommen und machte urplötzlich den gewaltigsten Schluck, den je ein Engel machte und sog den letzten Tropfen Manna aus dem Becken *(böse Zungen behaupteten hinterher, die Göttin hätte ihr diese Kraft gegeben, was allerdings edelunwahrscheinlich ist)*. Damit war Luzifer besiegt. Michaela war jedoch komplett am Ende und legte sich zu Füßen der Göttin hin, um zu schlafen.

Liebe war ja ein gewöhnliches Gefühl für die Göttin, aber was war das? Sie hatte dieses unbändige Verlangen, sich noch vorn zu beugen und Michaela zu küssen. Inbrünstig, mit Zunge und genau, als sie das machte, schlug Michaela die Augen auf. Die Göttin schreckte zurück und sie sahen sich an. „Eure Göttlichkeit, was bitte, war das"? „Ich liebe dich und möchte mit dir alleine sein, Michaela".

Sie zogen sich in die Schlafgemächer der Göttin zurück und wurden 3 Wochen nicht gesehn. Was da passierte, war anscheinend für das Steinalte Testament nicht jugendfrei genug, aber das können wir uns denken. Als sie wieder das Tageslicht erblickten, sah zumindest die Göttin halbunglücklich aus. Dass das daran gelegen haben kann, dass sie kein Mann war, ist reine Spekulation. Aber gute Spekulation. So wie es aussah, hatte sie zum ersten Mal wirkliche Zweifel an ihrer Geschlechtswahl.

Viel, viel später kamen erneut diese Zweifel auf, als sie sich unbedingt eine Tochter auf Erden wünschte und nunmal nur Frauen dazu in der Lage sind, Kinder zu bekommen. Sie konnte also keinen Mann schwängern. Deshalb gab sie ihrem Geist (dem Heiligen Geist) den Auftrag nach Bethlehem zu reisen und ein Kind zu zeugen. Er allerdings, hielt die Männerzahl auf Himmel für zu niedrig und zeugte einen Sohn, weshalb er im Anschluss 2 Wochen „Ecke stehen“ musste. Also eigentlich stand damals bereits fest, dass sie lieber ein Mann gewesen wäre.

Anhang:

Nach genauer Betrachtung der Fotos, von den Platten, auf denen das Steinalte Testament eingehauen wurde, fiel mir diese unförmige Umrandung ins Auge. Während meines 3 jährigen Ägyptologiestudiums in den peruanischen Anden, hatte ich sehr viel mit den Hyroglyphen zu schaffen und diese Umrandung ähnelte ihnen. Da der Garten Eden ja in Ägypten war, könnten sich damals auch schon diese Zeichen entwickelt haben und ich beschäftigte mich mit der Dechiffrierung des Rätsels.

Als ich damit fertig war, wurde mir klar, dass sie vermutlich von Michaela eingehämmert wurden, im

Anschluss, an die „12 Dingsbumsillionen Zeiträume Göttin“ Feier. Den beschrieben wurden Teile der 3 Wochen, in denen Michaela mit der Göttin alleine war. In einer Sequenz geht es darum, dass die Göttin bei ihr, in Ermangelung eines Penises, die original „Kamasutra-3-Finger-Vorbefeuchtungstechnik“ anwendete. Es kam Michaela so vor, als würde der Niagarafall aus ihr entspringen und sie könnte, falls die Göttin zu aufdringlich werden würde, ihr jederzeit davonschwimmen. Und ich spreche wirklich vom Original, also inklusive des Klammer-, des Halte- und des Reibefingers, für den nach Wunsch, bzw. Geschmacksrichtung der Dame, auch die Zunge verwendet werden darf, oder besser sollte.

4. Kapitel: Der Machtwechsel

Diese Feierlichkeit lag nun schon einige Jahrtausende zurück *(Zeit gab es ja jetz endlich)*, als der Tag gekommen war, an dem sich der Preussische König Wilhelm zum Deutschen Kaiser ausrufen lies.

Der letzte französische Kaiser Napoleon III. sollte als Gefangener nach Preussen gebracht werden, bevor er in Baden Württemberg noch schnell eine seiner Wärterinnen schwängerte und sich absetzte.

Vermutlich als Großscheich Saud verkleidet, der sich in die ölreichen Gebiete des Nahen Ostens verkrümelte, um dort von seinen Kindeskindeskindern eben Saudi Arabien gründen zu lassen.

Falls du dich also seit längerem fragst, warum du französisch so gerne hast, obwohl du es eigentlich gar nicht sprichst, aber dein Mund für französisch wie geschaffen scheint, bist du wahrscheinlich die seit langem gesuchte, letzte europäische Neunfachurenkelin des französischen Kaisers. Bitte melde dich bei mir, da ich eigentlich kein Schriftsteller, sondern ein begnadeter Ahnenforscher bin, der dadurch gute Chancen auf den „Bis-du-Ahn-Pokal" *(vergleichbar mit dem Filmoskar)* hätte und sich wahnsinnig drüber freuen würde. Abgesehen davon, könnten wir sehr gut französisch üben. Das ist nämlich etwas, das ich kann und auch genieße.

Es war der 18. Januar 1871 in irgendeinem französischen Schloss. Nach den Verhandlungen mit den deutschen Königen und freien Städten, traten rund 2000 deutsche Offiziere, hohe Beamte und Geistliche vor den König und übergaben ihm die Kaiserwürde. Da war sie auch dabei, unsere Göttin (sie fuhr in die Konkubine des „Eisernen Kanzlers" Bismarck ein) und trank zum ersten Mal, nach einer gefühlten, wie tatsächlichen Ewigkeit Alkohol.

Leider erwischte sie diese Plörre aus der Champagne und da sie keine Ahnung hatte, wie Alkohol zu schmecken hat, trank sie davon entschieden zu viel und viel zu lange, bis zum 20. April. Da diese Siegesfeier allerdings von Frankreich bezahlt werden musste, konnte gar nicht zuviel Alkohol vernichtet werden.

Nach ihrer Rückkehr in den Himmel, war sie sturzbetrunken und verlor ihre Fähigkeit, in die Zukunft sehen zu können. Sie ließ sich auf ein Streitgespräch mit Luzifer ein, der steif und fest behauptete, sie könne nicht alles.

Sich beispielsweise aus einem selbstgebauten, gottesausbruchssicheren Gefängnis befreien. Das machte die Göttin rasend und plötzlich fiel ihr, ihr Vertrag mit Luzifer wieder ein, der sie zwang, immer zu erwähnen, dass der Zitronenbops *(so hieß er im Fachjargon, wegen seiner länglich, schlanken Saftigkeit (er lies einem das Wasser im Mund zusammenlaufen) und seines zitronensauren Nachgeschmacks, während der Probierphase)* von Eva eigentlich sein Einfall war.

Da die Menschheit ohnehin etwas benötigte, das sie enger an die Göttin binden würde, erschuf sie kurzerhand die Hölle. Ein etwa 6 Quadratmeter großes, ewig heißes Wohnzimmer, mit nur einem Fernseher *(sie wusste ja, dass der bald erfunden werden würde)* in das sie Luzifer schupste und ihn zur Ausgeburt des Bösen, zum Teufel machte. Der Geburtstag des Satanas war also der 20.04.1871. Dabei fiel ihr ein, dass sie das schon lang hätte machen sollen, da sie ihren Sohn, damals, ständig davon reden lies. Luzifer verlor während des Zurückstürzens in die Hölle sein Schwert, konnte aber nicht zurück, um es zu holen, da ihm die betrunkene Göttin verbot, unter Strafandrohung, es zu verlassen.

„Was bist du für ein Trottel, Luzi. Dir werd ich es schon zeigen" und erschuf im selben Atemzug einen Kerker mit Schnappschloss. Da war sie wieder mal eine typische Frau. Wollte es allen beweisen und machte Unsinn. Trotz eines Alkoholgehalts ihres Blutes von genau 23,6 Promille, vergaß sie nicht, da sie doch noch mal kurz darüber nachdachte *(also schon wieder nicht typisch für eine Frau)*, den Schlüssel für das Schloss in ihren Thron einzumauern, die Innenwände des Kerkers mit gottesausbruchssicherer Stahlfarbe zu bestreichen und dem Universum den Auftrag zu erteilen, den Menschen zu helfen, die glauben. Denn Glauben ist Macht, nichts glauben macht nichts – jedenfalls noch nichts. Daraufhin ging sie rein, schloss das Tor und legte sich auf ihre Gefängnismatratze, um ihren Rausch auszuschlafen.

Michaela, die kriegerischste unter den Mädchen, die „Amazonenerzengelin", war die Erste, die am nächsten Morgen den Thronsaal betrat. Sie sah das Schwert Luzifers und hob es auf. Sie spiegelte damit in ihrem Auge und sprach:

„Dich wollt ich ja schon immer. Warum hat Luzi dich weggeworfen?“. Das war eine relativ dumme Frage, denn Schwerter können in der Regel nicht antworten. Dieses konnte es auf alle Fälle nicht. Als der Rest des Quartetts eintraf, hielten sie von dem in der Mitte des Thronsaales stehenden Quader *(dem aktuellen Wohnzimmer des Teufels)* abstand, da er ihnen zu heiß war. Seine Wände glühten bereits.

Der Bau neben dem Thron, also der Kerker der Göttin, lies sich nicht von ihnen öffnen, weshalb sie schließlich aus vollen Hälsen nach ihrer Göttin schrien. Die gottesausbruchsichere Stahlfarbe hatte allerdings schalldämmende Wirkung und war zusätzlich mit einem Anti-Zukunfts-Seh-Schirm ausgestattet. Was die Göttin später noch ärgern sollte, war, so etwas Gewaltiges geschaffen zu haben. Vor allen Dingen, die „Nicht mal von einer Göttin Wegmachbarkeit“, war des Guten zuviel.

Sie hatte diese gottesausbruchsichere Stahlfarbe damals gemacht, falls vielleicht doch irgendwann diese griechischen Götter auftauchen würden und sie sie hätte wegsperren müssen.

Gottesausbruchsichere Stahlfarbe wird größtenteils aus Tütennonatium *(TNT)* hergestellt. TNT ist das häufigste Element der Galaxis. Da es allerdings etwa 17,42 Trilliarden mal kleiner ist, als ein Elektron, das so um einen Atomkern kreist, wurde es bisher noch nicht entdeckt. TNT hat keine Elektronen und is komplett bewegungshilflos. Tausende von ihnen kleben an jeder Atomkernhülle, die es so gibt und neunmal mehr davon, an Atomen, die Frauenbrüste, also Tüten bilden.

Daher auch der Name. Dafür gibt man einfach 10 Liter dieser unglaublich bewegungsfaulen Elemente in einen Kübel, vermischt sie mit einigen Farbatomen (also Blau für Götter und Rosa für Göttinnen und natürlich noch Schwarz für Zeitgewaltenrückverzögerungskonverter – wobei Schwarz, physikalisch gesehen, gar keine Farbe ist. Aber das spielt keine Rolle, da es im Himmel eine Farbe sein tut. Da ist Halbgrün keine offizielle Farbe) und behaftet sie mit den Wundern „todsichere Gottesausbruchssicherheit", „absolute Schalldämmung", „herausragender Zukunftssehschutz" und „noch nicht mal von einer Göttin Wegmachbarkeit" und schon ist sie fertig.

Sollte man allerdings einfach nur gewöhnliche, relativ billige Wandfarbe von Aldi zur Verfügung haben und sie mit denselben Wundern belegen, käme das aufs Gleiche raus. Da sich „gottesausbruchssichere Stahlfarbe" allerdings wesentlich besser anhört, als „gottesausbruchssichere relativ billige Wandfarbe von Aldi", entschied sich die Göttin für diese Zubereitungsart.

Nachdem die Göttin nicht zu finden war, bildeten sie einen Kreis und begannen zu beten und zu singen. Luzifer hörte indes in seiner Hölle die Rufe um die Göttin, traute sich aber nicht heraus, da er mit einer noch schlimmeren Bestrafung rechnen musste, sollte er sein Köpfchen aus der Tür strecken. Außerdem schämte er sich ein wenig, denn als die Göttin ihn in die Hölle warf, fielen ihm alle Haare vom Kopf und ein Bein faulte ihm ab. Stattdessen wuchsen ihm 3 goldene Haare aus der Stirn, als Bein bildete sich ein Ziegenfuß und ihm entstanden Teufelshörner.

Und so endete der Tag, an dem die Macht der Göttin einschlief.

Als alles beten und hoffen nichts half und 3 Wochen ins Land gingen, beschlossen die 4 eine Präventivgöttin *(zur Vorsorge, falls die Richtige nicht mehr käme)* zu bestimmen und eine Vermisstenanzeige an der Engelspolizeistation III Süd-Ost-München abzugeben. Dieser Hang zu bayrischem, der einst auch Adam in seinen Bann zog, setzte sich auch im Himmel fort, weshalb der Himmel in die 3 original-bayrischen Königreiche aufgeteilt und mit bayrischen Ortsnamen versehen wurde.

Dies betraf allerdings nur den Teil des Himmels, der für die Seelen der Sterblichen erschaffen wurde. Nach seinem Tod wird also jeder mal Bayer und ich meine wirklich jeder *(na gut, mit Ausnahme von weiblichen Kleinkindern, die werden sofort Engel)*, denn in den Himmel kommen wir alle. Allein schon, da die Hölle viel zu klein ist, um mehr Seelen aufzunehmen, als Luzifer Platz hätte und weil Gott uns alle liebt.

Da sind wir beim Punkt. Weil schon Jesus immer vom Teufel und der Hölle sprach, ohne zu wissen, wie klein sie werden würde, nutzte das die Kirche, um Ablässe zu verkaufen und reicher und reicher zu werden. Ohne zu teilen. Aber wo wir schon bei Jesus sind: natürlich nannte er die Göttin „Vater“, da ihr Heiliger Geist ja seine Mutter Maria schwängerte.

Wie hätte er sie sonst nennen sollen? Mutter 2?

Doch zurück zur Geschichte: Sie warteten, bis sie alle ihre Regel hatten und beschlossen: „etwas Ausgemachtes, gilt während der Regel immer“ *(daraus wurde im Lauf der Zeit: „etwas Ausgemachtes, gilt in der Regel immer“, was mit der ursprünglichen Entstehung der Sache nix zu tun hat)*.

Warum Engel überhaupt eine Regel hatten, weiß kein Mensch und auch kein Engel, wegen der Halbwertzeit ihres Gedächtnisses. Es weiß also nur Gott und er wird es nicht sagen, da ihn keiner danach Fragen wird, da es einen „Unnötigzuwissen Faktor“ von über 11,7 darstellt und die „Nichtinteressanttangente“ mehrfach durchschlägt. So machten sie aus, dass immer zum Monatsersten ein Wettschwimmen stattfinden sollte und die Siegerin zur Wartegöttin ernannt wird und die Regentschaft übernimmt. Bis zum nächsten Wettschwimmen, oder der Rückkehr der Göttin.

Die Sache wurde demokratisch entschieden und setzte sich, trotz der vehementen Widersprüche unserer etwas dicklicheren Uriella, durch.

Diese Wettschwimmen hatten immer denselben Ablauf: der Startrülps ertönte. Er wurde immer von Uriella gemacht, die vor dem anstrengenden Schwimmen, noch ein paar Kilo Manna einwerfen musste und Manna ist ja bekanntermaßen rülpsfördernd.

Dieses Hallenbad war ja nicht gerade klein und wurde nur an der kürzesten Stelle durchschwommen. Die schnellste Schwimmerin der 4 war Uriella selbst, da sie allerdings zu schwer zum fliegen war, waren ihre Flügel mit Edelstahlzusätzen bestückt, um dies gewaltig Gewicht in die Höhe zu bringen.

Beim Schwimmen war das eher von Nachteil. Sie sackte bei jedem Startsprung sofort auf den Grund des Beckens und musste die U-Boot-Variante wählen, um mitschwimmen zu können.

Leider war sie sehr kurzatmig, was dazu führte, dass sie nach allen 20 Sekunden nach oben schwimmen musste, um Luft zu holen. Sie sauste mit ihren Stahlunterstützten Flügeln wie ein Torpedo durchs Wasser, verlor allerdings die herausgetauchte Zeit bei ihren Versuchen, die 200 Höhenmeter des Beckens nach oben zu gelangen, um zu atmen. Also siegte immer Michaela. So gingen mehrere Jahre ins Land, in denen Michaela unsere Göttin war *(wie bereits erwähnt, half sie ja, den Zeppelin zu erfinden)*.

Nach 8 Jahren Regentschaft bekam auch Michaela das Gefühl lieber ein Mann sein zu wollen, was damit zusammenhängt, dass man als Mann Macht haben möchte. Da selbst die Göttin diese Kraft nicht kannte, musste sie leicht älter als die Ewigkeit sein. Also grob geschätzt: eine Ewigkeit und eine Halbe. Bei Ewigkeit haben wir eh Schwierigkeiten, sie uns vorzustellen, aber ich kann dir sagen: die 10 Minuten warten, an einer überfüllten Edekakasse, sind, obwohl so gefühlt, keine.

Ganz gewiss nicht.

5. Kapitel: Die Zusatzrechtsvereinigung und der Boandljaga (altbayrisch für Gebeinejäger).

Nach Schöpfung des Universums wusste die Göttin bereits, dass sich dieser Urknall nicht ewig fortsetzen würde. Es wird noch ca. eine Milliarde Jahre dauern, bis er stoppt und sich die Sterne wieder zusammenziehen werden (aus gravitationstechnischen Gründen – diese komische Anziehung von Masse ist schuld).

Auch die Zeit wird dann rückwärts laufen. Welche Auswirkungen das für einen Brezenkauf bei Aldi oder unsere, bis dahin sicher vorhandene, Außenstelle Jupiter haben wird, vermag ich nicht zu sagen. Da allerdings ein Ende absehbar war, wurde von ihr auch der Tod, als Teil des Lebens, eingeführt.

Sie brauchte jemanden, der die Seelen ihrer Geschöpfe in den Himmel brachte.

Allerdings nicht die Seelen aller Geschöpfe, weshalb ein kleines Mädchen durchaus noch weinen darf, wenn ihr Hamster stirbt, weil er im Himmel nicht mehr da sein wird.

Aber das sollten wir ihr besser nicht sagen. „Er wartet im Himmel auf dich, Schatz", wär da die bessere Variante, da es sich dabei um eine Notlüge handeln würde. Doch dazu komme ich später. Einzig die Seelen der Geschöpfe, die ihr ähnelten, also der Menschen, sollten in den Himmel gelangen. Ihre Schöpfung dafür: der Boandljaga.

Da im Himmelreich alle Mädchen waren, mit Ausnahme vom Heiligen Geist und Luzifer, bekam auch er männliche Attribute. War allerdings abgrundtief hässlich, was liebemachen mit den Engels ausschloss. Denn auch Engels hatten Prinzipien.

Da er in den ersten 100 Jahren seines Daseins eigentlich kaum zu tun hatte, also 2 bis 3 Einsätze im Jahr, versuchte er sich als Dichter. Er durfte damals zu jeder Neujahrfeier eins davon vortragen, bis es der Göttin zu bunt wurde.

Das Beste seiner Gedichte, das sich wenigstens halbwegs reimte war:

Bald werd ich dich schnappen, Seele.
Warte nur ne kleine Weele.
Wenn er dich erst haben tut.
Ist´s vorbei mit Übermut.
Dann musst du dich vor ihn knieen.
Und ihm eine Weile dienen.
Bis er sich ergießen werde.
Vorbei dein Leben auf der Erde.
Dann erst wirst du es begreifen.
Ich trage nicht umsonst 3 Streifen.

Wie er auf 3 Streifen kam ist unbekannt, hat auf alle Fälle nix mit Adidas zu tun.

Zumindest höchstwahrscheinlich nicht.

Und das war wirklich sein Bestes. Ich weigere mich,

die restlichen niederzuschreiben. Definitiv. Überragend sicher nicht. – Da beißt nix ab, keine Maus, keinen Faden. Ein kleines Zusatzproblem der Göttin war die vor einigen Zeiträumen gegründete „Völlig überflüssige Engelszusatzrechtsvereinigung e.V." (**VüE e.V.**). Sie forderte seit ihrer Gründung das völlig überflüssige Recht, ein stimmberechtigtes Mitglied, während der himmlischen Führungssitzungen zu haben.

Doch die Göttin wusste, einer ihrer Erdenbürger würde es aus dem Himmel der Sterblichen zur Wahl zum Engel und schließlich in die Führungsriege schaffen. Wahrscheinlich meinte sie einen Bekannten von mir, aber dazu später.

Zurück zum Boandljaga. Ab dem 15. Jahrtausend, vor der Geburt des Sohnes der Göttin, erhielt der Boandljaga ein eigenes Ministerium, mit jeder Menge Mitarbeitern, da er aus lauter Langeweile selbst für Tote sorgen musste.

Im Jahre der Herrin 14.983 ante Christi überlistete er eine Jägergruppe, die zu einer Nachtjagd in den Bayrischen Wald aufbrach. Der Leiter der Gruppe war der Nacht- und Farbenblinde Ernst-August. Ein Besserer wurde nicht gefunden.

Es ging darum, Waldeber für das Überleben der Schwaben zu finden und zu erlegen. Da der Bayrische Wald zu dieser Zeit noch eine Stelle hatte, die dem Grand Canyon glich, legte sich der Boandljaga einfach hinter ein Gebüsch in dessen Nähe und imitierte Schweinegrunzgeräusche.

Ernst-August war dienstbeflissen, wollte den gewaltigsten Waldeber aller Zeiten erlegen, um sich in die „Adams Steinplatten der Weltrekorde" einmeißeln lassen zu können. – Im Prinzip dieselbe Idee, die Jahrtausende später ein gewisser Guiness hatte. Als die Jägergruppe sich diesem Graben näherte, wurden die Grunzgeräusche des Boandljagas immer lauter. Er änderte sie jetzt in die Geräusche eines brünftigen Waldebers, da er wusste, die Gruppe würde wissen, dass brünftige Waldeber am leichtesten zu erlegen sind.

Sobald Ernst-August dies überriss, blies er zum Angriff. Die Jägergruppe, 12 Mann hoch, bewegte sich in Richtung des vermeintlichen Ebers und stürzte fast vollständig ab. Mit Ausnahme von Ernst-August. Wegen seiner Nachtsichtschwäche rannte er beim Ansturm gegen eine Eiche und wurde ohnmächtig. Der Seelenjäger hingegen war glücklich. Er hatte 11 Mann erwischt und rieb sich die Hände.

Allerdings nicht besonders lang.

Als er seine „Beute“ in einem Triumphzug in den Himmel brachte, musste er zum Rapport bei der Göttin antanzen und ihm wurde unmissverständlich klargemacht, dass es so ein ungezogenes Verhalten auf gar keinen Fall mehr geben dürfe und er um seinen Job fürchten müsse, sollte er, so wie es aussah, verurteilt werden.

– Es kam also zum Prozess gegen den Boandljaga.

Da er jedoch wichtige Freundinnen *(also eher: halbgute Bekannte)* in der VüE e.V. hatte, stellte ihm diese Vereinigung einen Staranwalt *(besser gesagt eine Staranwältin – also einen seit Ewigkeiten rechtsgelehrten Engel, der mit allen Wassern gewaschen war)*, der ihm eben, in einem mehr als 6 Jahre dauernden Prozess, dies Ministerium rausschlug, um ihn mehr mit administrativen Dingen zu beschäftigen und ihn so vom Morden abzuhalten.

Ihr hättet das Gesicht des Boandljagas sehen sollen, als er für unschuldig erklärt wurde und weiterarbeiten durfte. Dass er für seinen Freispruch mehrere Notlügen anwenden musste *(beispielsweise: er könne doch nichts dafür, dass sich seine Schnarchgeräusche wie ein brünftiges Wildschwein anhören)*, bemerkte die Göttin zwar, schritt aber nicht ein.

Vielleicht hatte er allerdings nur Glücks, da seine Anwältin mit diesem „Verfahrensfehlerding" durchkam und die unerfahrene Engelsrichterin *(es war seit Ewigkeiten der erst Prozess auf Himmel)* diese Sache, nach über 78 Monaten, genervt abbrach *(die Göttin hat diesen Verfahrensfehlerschwachsinn übrigens, sofort nach Prozess, abgeschafft)*.

5.1. Zwischenkapitel: Der Himmel der Sterblichen

Dieser Himmel für Seelen war zunächst ein trostlos langweiliger Ort. Jahrelang wurde er nur von Abel bewohnt und er hatte quasi nichts anderes zu tun, als *(insgeheim)* Kain zu verfluchen und zu beten. Die Göttin, die seine Gedanken lesen konnte, lies ihn aber weiterhin schmollen, da auch sie der Meinung war, das Vergewaltiger und Mörder ihr Grundrecht auf Glück verwirkten.

Es dauerte Jahrhunderte, bis auch für diesen Teil des Himmels eine Struktur her musste. Da der Himmel eine weibliche Sache war, wurde natürlich auch der Seelenhimmel von einer Frau regiert *(ob Gott das geändert hat, als er ein Mann wurde, weiß ich natürlich nicht, jedoch liegt die Wahrscheinlichkeit, für diesen Prozess, in einem Prozentbereich, der die 98,7 locker übersteigt – eigentlich sogar darüber lachen wird)*.

Richtig viel los, wurde im Seelenhimmel allerdings erst, nachdem im Jahre der Herrin 95.283 vor Christi Geburt in der Nähe von Uganda ein Regenwald niederbrannte und etwa 2 Millionen Affen plötzlich keine Bäume mehr hatten, sich auf ihren 2 Beinen fortbewegen mussten und sich letztenendes zu Neandertalern entwickelten.

Die stockende Bevölkerungsentwicklung aus der Linie Eva-Adam bekam so neuen Schwung, als Evas Nachfahren die ersten Safaris unternahmen und auf diese Wesen stießen. Du wirst im Himmel jetzt keine Neandertaler treffen, da einzig Kreuzungen aus gottesgleichen Geschöpfen und Neandertalern auffuhren.

Nach Teilung des Seelenhimmels in die Bayrischen Königreiche, wurde jedes einzelne von einer Königin regiert, die unter allen Seelen frei gewählt wurde und ungefähr 5 Jahre im Dienst blieb ***(also genau 432 unbestimmte Zeiträume, da sich die Göttin nicht von ihrer Zahl 12 trennen wollte, sie im Quadrat dazumogelte und die Sache mit 3 (****Einfluss der Römischen Kirche – Mutter, Sohn, Heiliger Geist-Geschichte****) multiplizierte, bevor Neuwahlen stattfanden. Aktives Wahlrecht hatte jede Seele, deren Schlechtigkeitsquersumme die 120 kaum (bis 10 % lag im Ermessen Gottes)*** überschritt.

Gewählt werden durften nur Frauenseelen, bei denen sie nicht höher als 96 *(hier gewährte sich Gott keinerlei Ermessensspielraum)* war.

Himmlischer Berechnungsanhang:

Die mit (X) versehenen Vergehen fließen, wenn provoziert, nicht in die Schlechtigkeitsgesamtberechnung mit ein. Falls das Vergehen, wegen fehlender Intelligenz oder Einsicht, nicht als Vergehen erkannt wird, hilft das der Seele allerdings nix.

Schlechtigkeitsquersummenberechnungstabelle:

Vergehen	Inländer	Ausländer
Kind begründet geschlagen eigenes/fremdes	0/0	0/0
Kind unbegründet geschlagen eigenes/fremdes	1/2	1/2
Kind grob verprügelt eigenes/fremdes	3/6	3/6
Steuerhinterziehung leicht/schwer	1/4	3/12
Sozialbetrug leicht/schwer	1/4	3/12
Körperverletzung leicht/schwer (X)	2/8	2/8
Lüge	0,0001	0,0001
Seelische Grausamkeit	0,2	0,2
Vergewaltigung (X)	48	48
Unnötige Tötung Notwehr/geplant	0/120	0/120
Nötige Tötung Notwehr/geplant	0/0	0/0

Für jede gute Tat oder Hilfsaktion werden 0,1 Schlechtigkeitspunkte abgezogen, für wahres Bereuen einer Missetat, die Hälfte ihres Wertes. Beten (ob mit oder ohne Kirche) wird mit einer Gutschrift von 0,01, für alle angefangenen 5 Minuten, entlohnt.

Auch der Kommunismus hatte natürlich im Himmel was zu tun. Es wurden Gebetskolchosen gegründet. Die Rosenkranzkolchose, die Wiederauferstehungskolchose und die Marathongebetskolchose *(für die Seelen der Menschen, die auch zu Lebzeiten kaum aus der Kirche gingen)*. Jede Seele durfte sich die Zugehörigkeit aussuchen.

6. Kapitel (eher Kurzkapitel): Wieso wurde das Steinalte Testament verboten?

Da es sich bei diesem Werk definitiv um schwere Lektüre handelt, gewähre ich dem verehrten Leser eine kurze Pause, mit Erläuterung, warum das Steinalte Testament von der Bildfläche verschwand. Natürlich war das Steinalte Testament im Vatikan bekannt. Da liegen die Platten ja noch heute. Aus diesem Grund, weil die Gottesmänner ja wussten, wie es auf Himmel zugeht, war der ganze Vatikan ein einziges Bordell.

Da sich allerdings auf Erden eine Vormachtstellung der Männer abzeichnete, war Papst Urban II. gezwungen, Gott zu einem Mann zu machen. Wie hätte er sonst bei seinem Aufruf zum 1. Kreuzzug, am 27.11.1092 an der Kathedrale zu Clermont, die Ritter Europas dazu bringen sollen, 300 Tagesritte auf sich zu nehmen, um ein paar Seldschuken zu verprügeln und Jerusalem einzunehmen. Für eine Frau?

Niemals !

Gott musste ein Mann sein, ein gewaltliebender Mann. Aus diesem einen, wirklich guten Grund, lies er das Steinalte Testament wegsperren und änderte das Alte und das Neue Testament dementsprechend, dass Gott ein Mann war. Sein Bluff funktionierte ausgezeichnet. Unter dem Leitspruch „Deus lo vult“ (Gott will es) schickten die Europäischen Herrscher, fast 200 Jahre, Männer und Waffen in eine Gegend, die juristisch gesehen, eigentlich den Asiaten gehört.

Garantiert wird jetz der eine oder andere Historiker unter euch aufschreien. Diese Rede war 1095. Das is allerdings nur halbrichtig. Jesus kam nämlich am 24. Dezember des Jahres 3 vor Christus zur Welt. Damals war es natürlich noch das Jahr 0. Da allerdings im Jahre der Herrin 996 der kränkliche Otto III. Kaiser des Heiligen Römischen Reichs Deutscher Nation wurde und er unbedingt als Kaiser der Jahrtausendwende in den Geschichtsbüchern stehen wollte, da er sich davon irgendwas versprach, lies er 997 einfach drei Jahre aus, um das zu schaffen.

Der logistische Aufwand für so eine Sache und dann auch noch im tiefsten Mittelalter ist heute eigentlich gar nicht mehr vorstellbar. Aber er hat es geschafft. Da er im Jahr 1002 (also eigentlich 999) schließlich starb, war diese Entscheidung weise. Er wurde zum alles überragenden Kaiser der Wende der Jahrtausende. Alle weiteren benutzten Jahreszahlen sind allerdings nicht berichtigt.

Ganz so unvorstellbar ist es dann doch nicht.

Es musste ja nur die christliche Welt informiert werden und so groß war die damals noch nicht und das Heilige Römische Reich ein unglaubliches Machtzentrum davon. Dass Priester und sogar Päpste keusch leben mussten, wurde erst auf dem zweiten Laterankonzil anno Domini 1139 beschlossen, wobei sich Päpste der alten Schule bestimmt nicht dran gehalten haben, da die Wahrheit über unsere Göttin und die Verhältnisse auf Himmel, sich bestimmt noch ein paar hundert Jahre aufrecht erhielten und sich die Priester der heutigen Zeit ja auch fragen, warum sie keine Männer mehr sein dürfen. Zumindest, wenn sie, auch nur im Geringsten, darüber nachdenken, sollten sie sich diese Frage stellen.

7. Kapitel: Die Rückkehr des Luzifer

Während eines „himmlischen Mädelstratschs", die „himmlische Führungssitzung" wurde einstimmig umbenannt, kam dieser glühende Quader zur Sprache. Michaela wollte so etwas Komisches nicht in „ihrem" Thronsaal haben und befahl die Entsorgung. Uriella, der Schwerlasthubschrauber der Erzengel, bekam den Auftrag.

„Bevor ich ihn wirklich entsorge, sollten wir vielleicht doch mal reinsehn. Unter Umständen ist unsere Göttin drin und wir könnten helfen".

Diese Anmerkung hatte etwas, aber wer hält diese Hitze aus? Na, zumindest sollte jemand rein, den Lava nicht noch hässlicher machen konnte und so fiel die Entscheidung auf den Boandljaga.

Der Boandljaga ging in seinem Ministerium förmlich auf. Trotz seiner abenteuerlichen Hässlichkeit strahlte er von Früh bis Abend. Die Anweisung des „himmlischen Mädchentratschs" gefiel ihm gar nicht. Wer sollte während seiner Abwesenheit die ca. 20.000 täglichen Abholaufträge für seine Mitarbeiter schreiben, diese bei der Ausführung überwachen?

Nach einer ca. 4 wöchigen Sitzung des „himmlischen Mädchentratschs", mit jeder Menge Pro und Kontra, wurde letztenendes ausgelost – und es traf Gabriella, die Scharfe, die Cleopatra unter den Erzengeln.

Genau am 01.01.1889, nach dem Ende der Jahresabschlussfeier *(das Wettschwimmen für die Göttinnenstelle Januar wurde bereits vor der Festlichkeit durchgeführt),* öffnete der Boandljaga die Tür zur Hölle und betrat diese. Luzifer, oder besser Satanas, saß in einer Ecke des Raums und heulte mal wieder. Wenn man das überhaupt heulen nennen kann, denn die Tränen von Satan verdampften ja bereits während ihrer Entstehung in seinem Auge.

Es war einfach nur einsam auf Hölle und als er Boandljaga sah, begann er zu lächeln.

Und es kam zu folgendem Dialog:

„Schön, dich zu sehen, mein Freund", rief er überglücklich. Er nannte ihn mal lieber gleich Freund, um ihn ein wenig bei sich zu behalten und unter Umständen zu erneuten Besuchen überreden zu können. „Was führt dich zu mir, mein bester Freund *(jetzt übertrieb er langsam).*"

„Dieser scheiß heiße Kasten soll aus dem Thronsaal. Aber dass mit dem besten Freund überdenken wir erst nochmal. Wer bist du überhaupt? Du scheinst tatsächlich schlimmer auszusehn als ich, Komischer".

„Du erkennst mich nicht wieder, Boandl? Dein ehemaliger Vorgesetzter Luzifer."

„Oh, du meine Göttin. Aus welchen beiden wirklich übertrieben guten Gründen, treibst du dich in einer solchen Misthütte rum?"

„Das weiß ich doch selber nicht. Vielleicht sollten wir Kartenspielen und saufen".

„Kartenspielen ist eine gute Idee, aber zum saufen müssten wir uns schon einen Ort suchen, wo uns die Getränke überhaupt die Möglichkeit geben, getrunken zu werden, bevor sie verdampfen, Luzi“.

„Klingt erstmal vernünftig, aber die Göttin hat mir verboten, diesen Raum zu verlassen. Es ist verdammt einsam hier, aber jetz hab ich ja dich. Mein Freund?“

„Schön, dass du mich Freund nennst. Das habe ich schon lange nicht mehr, bzw. noch nie gehört. Die Göttin wird übrigens seit fast 18 Jahren vermisst. Weißt du, wo sie ist und wie ich einen Engel dazu bringe, mit mir Liebe zu machen?“

Als Luzifer das hörte, gab es kein Halten mehr. „Schreib irgendein Buch, um sie gewaltig vorzubefeuchten“. Weiter beantwortete er die Frage nach der Engelsbesteigung nicht, sprang zur Tür und verschlang Frischluft, als hätte er noch nie geatmet. Die Jahrelange Hitzeeinwirkung hatte ihn am ganzen Körper feuerrot werden lassen. Er war nicht mehr wiederzuerkennen. Nur seine Augen waren noch die des Erzengels Luzifer. Der Rest war der Teufel. Diese 18 Jahre Einsamkeit haben ihn böse, teuflisch gemacht.

Als die 3 ihn sahen, erkannten sie ihn an seinen Augen wieder und bemerkten verschämt, dass sie ihn gar nicht vermissten, noch nicht mal eine Suchanzeige für ihn aufgaben.

Das haben sie ihm lieber nicht gesagt.

„Mensch, Luzi, wo warst du denn die ganze Zeit. Wir haben dich überall gesucht. Jede Polizeisuchtruppe des Himmels war Monate mit der Suche nach dir beschäftigt“, begann Raphaela mit dieser Lüge.

Natürlich galten die Gebote des Steinalten Testaments auch oder gerade für Engel, jedoch hielt Raphaela die Sache trotz des Verstoßes gegen Gebot Nr. 6 *(irgendwo auf Seite 6 bis 9)* für erkennbaren Unfug. Also für straffrei. Die Sache kam im nächsten

Mädchentratsch *(wo Luzifer und Gabriella (wegen ihrer Tätigkeit im Ministerium) natürlich nicht dabei waren)* zur Sprache.

Er wurde sofort nach dem Verschwinden Luzifers einberufen. Den anderen beiden war die Erkennbarkeit dieses Dünnpfiffs nicht so ganz klar, weshalb eine Erweiterung des Gebotes beschlossen wurde:

Lügen gelten als Notlügen, wenn durch sie großes Unheil oder unnötiger Schmerz abgewendet oder Frieden gestiftet werden kann und sind explizit erlaubt.

Ein „himmlischer Mädchentratsch" war immer Beschlussfähig, wenn nur eine Stimme fehlte und die anderen 3 einer Meinung waren. Dumm waren sie also nicht, diese Erzengels.

Luzifer sprach auf alle Fälle kein Wort mit den Mädchen und verzog sich auf sein Zimmer, um einen teuflischen Plan zu entwerfen, die Macht an sich reißen zu können. Als er seinen Raum betrag, wollte er sich noch kurz säubern und schaute in den Spiegel. Das Rot steht mir ja gar nicht so schlecht, dachte er.

Da er in seinen 18 Jahren Hölle eine Aversie gegen Wasser entwickelte, spuckte er sich einen Tropfen Feuer in die Hände, verrieb ihn und reinigte sich.

Er war also böse geworden, wirklich böse und da er ja wusste, dass der Kerker neben dem Thron das Ewige Verlies der Göttin war und sie niemals mehr zurückkehren würde. Jedenfalls hoffte er, das zu wissen. „Die verträgt ja wirklich gar nichts, dieses kleine Miststück und leicht dümmlich ist sie zusätzlich", dachte er so bei sich.

Bei dem ersten Ding setzte er sich problemfrei durch: „das Treffen darf auf keinen Fall mehr „himmlischer

Mädchentratsch" heißen. Ich bin nun mal kein Mädchen und habe ein göttinnengegebenes Recht auf die Teilnahme."

Bei der zweiten Sache hatte er größere Schwierigkeiten. Er durfte natürlich auch am Wettschwimmen um die Regentschaft teilnehmen, hatte jedoch, weil kein Außenbordmotor, seine Flügel sind ihm schon in der ersten Woche Hölle verbrannt, nicht die geringste Chance.

Nach der Niederlage beim Wettschwimmen am 01. Februar, das erneut Michaela gewann, stellte er am 21.02.1889 den Antrag, die Wettkämpfe zu modifizieren. Er schlug vor, die Gottesstelle in einem Kampf „jeder gegen jeden" in der Himmlischen Boxhalle auszutragen. „So, wie wir im Moment sind" lautete der Zusatz. Es kam zur Abstimmung.

Uriella schmeckte das Wettschwimmen von Anfang an nicht. Sie dachte, mit ihrer Masse alles plattmachen zu können und war für Luzifers Vorschlag. 2:0 für die Änderung. Raphaela und Gabriella, die Mädchenhaften, waren entschieden dagegen.

„Gewalt ist niemals der Weg, eine Entscheidung herbeizuführen", kam aus ihren Mündern. Es kam also auf die Stimme der Vertretungsgöttin Michaela an. Sie überlegte lange, dachte dabei an Luzifers Schwert, das sie in ihren Flügeln versteckt hielt und sagte letztenendes zu. Der kleine Zusatz: „so, wie wir im Moment sind", gab den Ausschlag. Waffen hatte außer ihr, hoffentlich keiner dabei.

Und so kam der 01.03., der „Judgement Day", der Tag der Entscheidung. Luzifer war klar, dass die Hühner zuerst ihn, den Arier, angreifen würden, um ihn aus dem Rennen zu haben. Da auch Boxringe im Himmel nur 4 Ecken hatten, musste ein Kämpfer in die Mitte, worüber natürlich abgestimmt wurde.

Wie er erwartet hatte, wurde mit 4:1 beschlossen, ihn in die Mitte zu stellen. Er stellte sich so in den Ring, dass links und rechts von ihm Raphi und Gabi standen, seine Front war Uri zugewandt, während er Micha im Rücken hatte.

Sein verwegener Plan: die anstürmenden Raphi und Gabi in den Schwitzkasten nehmen, die herbeieilende Dicke wegkicken, sich zu überschlagen und mit dem Zusammenschleudern von Raphi und Gabi, in seinem Rücken, Michaela zu zermalmen.

Als der Startrülps ertönte (wer ihn machte, wisst ihr ja bereits), lief zunächst alles wie geplant.

Er nahm die beiden Mädels, die ja schneller waren, als die leicht Angefettete in den Schwitzkasten, zog sich an ihren Nacken nach oben, um Uriella ins übertrieben dicke Gesicht zu treten, die daraufhin sofort ihre Besinnung verlor. Er überschlug sich, mit den beiden Mädchen in der Achsel und klatschte sie, in seinem Rücken, zusammen.

So weit so gut, aber er traf Michaela gar nicht, da sie sich keinen Schritt bewegt hatte. Sie stand noch in ihrer Ecke und beobachtete.

Luzi lies die beiden benommenen Mädchen fallen.

„Lauf endlich ein, Schlampe“ war die wenig süße Bemerkung von ihm in dieser Sekunde. Michaela war zwar die schnellste, aber allein auf keinen Fall gefährlich für ihn.

Das lies sich die „Schlampe“ allerdings nicht zweimal sagen. Sie machte 2 Schritte Richtung Luzifer, zog ihr Schwert aus ihrem Flügel und hieb ihm den Kopf ab.

Ergo: sie blieb einen weiteren Monat die Ersatzgöttin.

8. Kapitel: Ernst-August

Wieder einmal, verehrter Leser, erhalten sie eine kurze Verschnaufpause vom nicht einfacher werdenden Tatsachenbericht. Und erneut gönne auch ich mir eine kurze Innehaltung.

Der erfahrene Leser wird wissen, dass so ein Zwischenkapitel nur dafür gut ist, die für einen Roman nötigen 200 Seiten voll zu bekommen und da ich mich erst bei ca. 50 Seiten befinde *(reine Raterei, das Buch ist ja noch nicht gedruckt)*, muss ein Zusatzkapitel her.

Es hat also überhaupt nix mit dem Hauptwerk zu tun und ist frei erfunden. Da ich vor 4 Tagen erst mit dem Stück begann und mir eine Frist von 3 Wochen setzte, einen Verleger zu finden *(trotz der Vorkenntnis, dass ein guter Roman ein Jahr zu dauern hat – weshalb ich mit meiner Fähigkeit die Gegenlogik einzuschalten darauf kam, dass ein sehr guter Roman in etwa 3 Wochen fertig sein müsste)*.

Das mit diesem einen Jahr muss eh noch aus dem vorigen Jahrtausend stammen, als man die Hintergründe und Daten für sein Stück überall zeitraubend zusammensuchen musste.

Heute, wo jede Toilette mit Internet bestückt ist *(übrigens eine Erfindung aus der Regierungszeit des Teufels)*, kann man mit einem sogenannten „Ratz-Fatz-Move“ jede Information des Planeten sekundenbruchteilschnell auf seinen Bildschirm zaubern, geht das entschieden schneller.

Dass es sich um ein frei erfundenes Kapitel handelt, wirst du hoffentlich an meinem Schreibstil erkennen können. Kann nämlich spielend auf sinnfreie Unterhaltung umstellen.

Ernst-August war der Enkel des Niederbayrischen

Königs und gab bereits im Kindergarten (so fortschrittlich waren wir Bayern also damals schon) und später in seiner Jägergruppe, damit an, ein direkter Nachkomme der göttinnengleichen Eva zu sein. Damit machte er natürlich nur in seiner schwäbischen Jägergruppe Punkte und wurde von ihnen zu ihrem Anführer gewählt *(also nicht, wegen seiner königlichen Herkunft. Er wurde von seinem Opa verstoßen und wusste es selbst nicht)*.

Ein Oberbayer hätte darüber nur müde lächeln können, da ihm klar gewesen wäre, dass jeder Mensch des Planeten ein direkter Nachkomme Evas sein musste. Aber so rückständig waren sie nunmal, die Schwaben, die damals wie heute nur Woidla *(Männer aus dem Wald)* genannt wurden. Tschuldigung: es sind natürlich die Niederbayern, die so genannt werden. Die Schwaben waren und sind die Kas-fias *(Käsefüße)*.

Nachdem er die Schule nach der 3. Klasse verlassen musste, da er sein Pipi nicht halten konnte *(die Schule dauerte damals nur 4 Jahre)*, schien sein Leben verpfuscht. Eigentlich wollte er General für die Kriege gegen befreundete Feindesländer werden.

Aber dafür brauchte man einen Schulabschluss. Im Alter von 16 Jahren schloss er sich allerdings der Nachtjagdgruppe 71 des Schwäbischen Königs an, die Raubjagten im Bayrischen Wald unternahmen, also im befreundeten Feindesland.

Prinzipiell war er für die Nachtjagd kein Stück geeignet, da er aus einem Inzestverhältnis seiner Mutter mit deren Bruder entstand *(weshalb ihn Opa auch aussetzte)* und er daher auch seine Nachtblindheit hatte.

Als er zu seinem 18. Geburtstag von seiner Gruppe, die ihn zuvor wegen seiner eitlen Angebereien zu ihrem Anführer wählte, einen Krümel von einer Kante einer original „Adams Steinplatten der Weltrekorde"-Steinplatte erhielt, fasste er den Entschluss selbst darin eingemeißelt zu werden. Eine schwäbische Fernspäheinheit konnte damals am Rande des Bayrischen Waldes die größten Waldeber der damaligen Zeit orten und erstattete Bericht. Ernst-August war ganz außer sich vor Freude und ersuchte beim Schwäbischen König um die Erlaubnis, seine Nachtjagdgruppe ins befreundete Feindesland führen zu dürfen, um Fleischvorräte für den bevorstehenden Winter nach Schwaben zu bringen.

Befreundete Feindesländer gab es damals eigentlich nur 2, Nieder- und Oberbayern, denn das Großkaiserreich Bayern, das kaiserlose Großkaiserreich, bestand nur aus 3 Königreichen, eben Oberbayern, Niederbayern und Schwaben.

Die als sogenannte „Beutebayern" bezeichneten Franken und Oberpfälzer wurden erst viel später, durch Napoleon I., dem heutigen Bayern zugesprochen. Dass das keine richtigen Bayern sind, kann man durchaus auch aus den Tabellenständen der Fußballligen erkennen.

Nach der Genehmigung der Expedition durch den König, führte Ernst-August seine Truppe im Eilmarsch in den Bayrischen Wald.

Was da geschah, wisst ihr bereits und entspricht ja den Tatsachen und hat deshalb in einem erfundenen Kapitel nix zu suchen.

Das folgende schon wieder: nachdem Ernst-August am nächsten Morgen erwachte, blickte er in den Graben im Bayrischen Wald. Am Boden des Grabens erkannte er die 11 Leichen seiner Jagdgefährten. Da er zu seiner Nachtblindheit so gut wie kein Gedächtnis hatte, also leicht gedächtnisanbehindert war, wurde ihm schwummrig. Was war passiert?

Auf seinem Nachhauseweg wurde es ihm immer klarer. Sie mussten das Opfer eines französischen Hinterhalts geworden sein, der an Niederträchtigkeit kaum zu überbieten gewesen sein dürfte. Er konnte sich ja nicht erinnern und als er diese Erkenntnis dem König überreichte, war der Grundstein für die deutsch-französische Erbfeindschaft gelegt.

Falls der eine oder andere jetzt denkt, ich wäre ausländerfeindlich, liegt er falsch. Es ist einzig der Franzose, den ich nicht leiden mag. Aber das wird er überleben.

Während ich französisch eigentlich schon mag, allerdings in einer anderen Beziehung.

9. Kapitel: Die Machtergreifung Satans

Es dauerte knapp 3 Tage, bis der Kopf Luzifers wieder fest angewachsen war, was nicht den Willen des Teufels brach, Gott zu werden. Also musste ein verbesserter Plan her. Da die Kampfstartpositionen der einzelnen Erzengel ja bereits bestimmt wurden, war eigentlich klar, dass er nur Michaela zu Fall bringen musste, um ihr das Schwert zu entwenden und die anderen abzuschlachten. Sie würden diesmal vorsichtiger angreifen, um ihn des Überraschungsmoves des Vormonats zu berauben.

Er wandte also eine Technik an, die auch im letzten deutsch-deutschen Krieg der Neuzeit, 1866 bei Königgrätz, zum Erfolg Preussens, gegen die österreichischen und sächsischen Verbände führte. Und zwar wurden da tausende von Bananenschalen ausgelegt, um die Afrikaunerfahrenen österreichischen

Truppen auf die Sachsen stürzen zu lassen und über die hingefallenen Verbände herzureiten.

Grob geschätzt, befanden sich die bayrischen Einheiten auf Seiten der Preussen (kann aber auch anders gewesen sein). Der Nächste allerdings, der diese Technik anwandte, war Luzifer.

Er bestrich seine Schalen vor Kampfbeginn in der Untergrundfarbe des Ringbodens und verteilte sie exakt 2m vor der Ecke von Uri und 20cm vor der von Michaela. Bei den beiden Kleineren hatte er keinerlei Befürchtung, sie könnten entscheidend in den Kampf eingreifen. Er persönlich stellte sich bei Kampfbeginn etwas näher in die Ecke von Michaela, um sie relativ schnell zum Eingreifen zwingen zu können.

Dank dieser taktischen Meisterleistung, dieses teuflischen Plans, lief der Kampf Anfang April, ganz so, wie von Luzi geplant. Beim Startrülps drehte er sich zu Michaela und ging auf sie zu. Diese zog ihr Schwert und machte den Schritt nach vorn, der das Duell schnell hätte beenden sollen – und rutschte aus. Das Schwert, das sie während des Sturzes verlor, fing Luzifer und stach ihr in den Rücken. Als er sich umdrehte, war die Gewölbte bereits gefallen und versuchte sich hochzukämpfen, während die Mädels zitternd in ihren Ecken standen und fassungslos dreinblickten. Er trieb die 3 in eine Ecke und erschlug sie der Reihe nach, trotz ihres Flehens um Zurückhaltung. Er war nunmal böse.

Es war vollbracht. Er streckte das Schwert in die Höhe und schrie: „Luzifer – ewig Gott“. Er wusste, dass er die Erdwürmer dazu bringen konnte, nur noch an sich selbst zu denken und andere zu vergessen, so wie er von der Göttin vergessen wurde. Fast 18 Jahre lang.

Als amtierender Übergangsgott lies es sich Luzifer nicht nehmen, die Wer-wird-Gott-Wettkämpfe einfach ersatzlos zu streichen. Er verlangte von den vieren „ewige Treueschwüre". Das mussten sie bei der Göttin nie machen. Jedenfalls konnten sie sich nicht erinnern. Da das durchschnittliche Engelsgedächtnis allerdings nur auf eine Halbwertzeit von ca. 684,2 Octotrigintillionen (eine 10 mit knapp 117 Nullen) Jahre ausgelegt war und 684,2 Octotrigintillionen Jahre nur ein Klacks für die Ewigkeit sind, war das auch nicht verwunderlich.

Nun war er der Herrscher, er war „Gott". Jedenfalls fühlte er sich so und lies es jeden spüren. Als sein „Freund", der Boandljaga an seinen Thron kam, um ihm zu gratulieren, spuckte er ihm Feuer ins Gesicht und trat ihn aus dem Thronsaal.

Am 05.04.1889 löste er die Engelstechnikerabteilung ersatzfrei auf und jeder musste sich einen neuen Job suchen, da in den letzten 15 Jahren niemand zu ihm nach Hölle kam, um seinen Fernseher zu reparieren, den die Göttin bei seiner Schaffung mit dem kommenden Sendestörsignalbild des Bayrischen Rundfunks belegte, dieser allerdings nach 3 Jahren kaputt ging und es dadurch noch einsamer für Luzifer wurde.

Ganz zufrieden war er dann doch noch nicht, aber zunächst musste seine Krönung gefeiert werden. Er wollte die Feier am 20. April 1889, zu seinem 18. Geburtstag als Satan steigen lassen und fuhr an diesem Morgen auf die Erde herab, um Böses zu tun, ins Land „seiner Enkel", Bayern. Er landete allerdings leicht neben Bayern in einem Städtchen namens Braunau, das eigentlich zu Österreich gehörte. Aber was war schon Österreich? 1000 Jahre Deutsch, wie Südtirol.

An einem Bauernhof sah er eine gewisse Anna Schicklgruber mit einem Eimer Wasser in eine Scheune laufen und er folgte ihr. In der Scheune lag Klara Schicklgruber in ihren Wehen und bekam einen Sohn: Adolf

Schicklgruber, der spätere Hitler. Eigentlich wollte der Teufel den Menschen etwas antun, aber die Augen dieses Kindes waren so böse, dass er das nicht konnte. Er beugte sich über ihn, küsste ihn, hauchte ihm die Todbringung ein und flüsterte in sein Ohr: „Wir werden es machen, kleiner Mann, das ewige Reich".

Das schien sich Adolf gemerkt zu haben, auch wenn seines nur 1000 Jahre hätte überdauern sollen.

Nach seiner Rückkehr in den Himmel, hatten seine Sklavenerzengel alles für die Krönungsfeierlichkeiten zubereitet und das „Fest" konnte beginnen.

„Fest" war auch eher der nicht zutreffende Ausdruck. Wann er konnte, legte er einem Engel das Bein, schrie und schlug um sich und legte im Himmel der Seelen ein Feuer, um sie genau so zu quälen, wie er selbst von der Göttin gequält wurde.

Was ihm, dem unsagbar Bösen noch wehtat: er war nicht mal im Ansatz so mächtig, wie die Göttin selbst. Er war nicht dazu in der Lage, in die Zukunft zu sehen und konnte nur in männliche Seelen steigen.

Als er einmal versuchte, den Körper der Englischen Königin zu übernehmen (ohne dafür eine Einfahrkarte zu benutzen – das konnte er nur für Männer), wurde dieser schlecht und sie spie ihn in die Toilette, die vorher von ihrem Mann benutzt wurde, der zu spülen vergaß. Mit dem Gesicht voll Exkrementen, musste er sich auf Himmel zurückziehen um sich sauberbrennen zu lassen.

Wasser verabscheute er ja.

Was er also brauchte, um glücklich zu werden, war eine magische Maschine, die dazu in der Lage gewesen wäre, in den Kerker der Göttin einzubrechen, ihr die Gotteskraft zu entziehen, wieder zu verschwinden, bevor sie aufwachte und ihm diese Kraft zu übereignen.

In eine gottesausbruchssichere Wand einzudringen, war nicht das Problem, das anschließende wieder rauskommen schon.

Laut den schließlich gefertigten Satanischen Plänen, benötigte er dafür die Gedankenkraft von genau 1,245128356 Milliarden Seelen, von lebenden Seelen *(also die Gedankenkraft der Personen)*.

Er musste also die Welt unterwerfen.

Da es ihm nicht möglich war, auf der Erde selbst zu erscheinen und die Macht an sich zu reißen. Das lag an einer „Schutz vor Macht aus dem Himmel mit anschließender Machtübernahme Einrichtung", die die Göttin mit Eva zur Erde sandte, musste er also in einen Erdenbürger einfahren und ihn lenken, alles an sich zu reißen.

Warum die Göttin diesen Schutzschild einbaute, weiß ich nicht. Es war allerdings eine gute Idee.

10. Kapitel: Das Einfahren in Personen

Ein Recht, das nur der himmlischen Führungsriege zugesprochen wurde, war das Einfahren in Personen, um sie zu lenken. Zusätzlich konnte jeder nur in sein eigenes Geschlecht eindringen *(natürlich außer der Göttin)* und sich halten. Sobald die Person übernommen war, wurde sie vom jeweiligen Erzengel gelenkt, hatte allerdings immer das Gefühl, das eigentlich selbst so gewollt zu haben.

Als kleine Zusatzschwierigkeit der Einfahrung, hatte jeder Erzengel nur 3 Einfahrkarten pro jeweiligem Jahrhundert *(im Himmel wurde übrigens anders gerechnet - das 20. Jahrhundert ging von 1900 bis 1999)*, die vor jeder Einfahrt abgestempelt werden mussten. Wenn eine Person abgestempelt war, konnte der Erzengel allerdings so oft er wollte in sie ein bzw. ausfahren.

Der Teufel hatte seine erste Einfahrtskarte in diesem Jahrhundert bereits für Putin benutzt und ihm wurden die beiden restlichen entzogen, nachdem seine Macht endete.

Lieber wäre ihm natürlich der amerikanische Präsident gewesen, wobei er in den USA die nächsten freien Wahlen nicht überstanden hätte, während bei Wahlen in Russland natürlich Putin bestimmt, wie sie ausgehen.

Der Bursche aus Nordkorea, Kim Yong-Il, wär auch in Frage gekommen, aber der Teufel wusste aus bitterer Erfahrung, dass es nix nützt, in „Bratwürste" einzufahren.

Fertig *(jetz hab ich meinen eigenen Eintrag im Guinessbuch: Das kürzeste Kapitel der Literaturgeschichte - war ja relativ einfach. Bravo, „Lone Wulf")*.

11. Kapitel: Die ersten Jahre der Herrschaft

Da der Teufel geistig Behinderten und Kleinkindern keine Gedanken vorgeben lassen konnte, war die Weltbevölkerungszahl für seine Maschine, die er während seiner 3 monatigen Geburtstagsparty entwickelte, noch nicht ausreichend. Er kam also im Vollsuff nach der Feier auf die Schnapsidee, einfach selbst bei der Erhöhung mitzuhelfen.

Dafür suchte er sich die drei schönsten New Yorker Gigolos aus, die zu finden waren und stempelte sie ab. Sie waren alle 3 verheiratet, aber richtige Aufreisser. Wie schwachsinnig diese Idee war, wurde ihm nach seiner Ausnüchterung klar, aber es machte ihm dennoch Spaß, mal keinen Engel mit Gewalt zu nehmen, sondern eine Frau mit seinem Charme zu erbeuten und so verbrachte er viel Zeit in den 3 Burschen.

Bei einem wurde er Mitglied in einem Dackelverein und mit den beiden anderen im New Yorker Tennisclub. Er wusste natürlich, dass Hundebesitzerinnen und Tennisspielerinnen die unbefriedigtsten Frauen der Erde waren. Das ist übrigens bis heute so geblieben.

Mit seiner überlegenen, teuflischen Art hatte er natürlich unglaublichen Erfolg bei der Beutesuche und er schwängerte sie zuhauf, bis er übertrieb. Als er auf einem Tennisturnier in Giovanni Patalozzi war, machte er sich an die Frau von Guiseppe Negro, den Mann in den er auch einfahren konnte, ran. Negro konnte die beiden beobachten und verfolgte sie, bis zu ihrem Hotelzimmer.

Als er sie genommen und geschwängert hatte, entfuhr er ihm und fuhr in die Nummer 3, Tom Murdock, ein, in dessen Körper er am Tag vorher ein Treffen mit einer stadtbekannten Jungfer, für diesen Morgen, vereinbart hatte. Sie wäre an diesem Tag schwängerbar gewesen. Das wusste er natürlich.

Er verlies, als Tom Murdock, nachdem er sich 4 Stunden schön gemacht hatte, seine Wohnung an der 17. Straße, als ihm eine Gruppe gehörnter Ehemänner, der Hundevereinsmädels, auflauerte und ihn erschlug. Dem Teufel war das erst mal egal. Dann geh ich halt in Guiseppe und werd meine Frau, nach der Nacht mit mir als Giovanni, nachficken. Mal schaun, ob sie noch feucht ist.

Doch irgendwas funktionierte nicht. Dann halt in Giovanni. Ging auch nicht. Er ging, oder besser, er lief, zu dem Hotel, an dem er Giovanni verlassen hatte und sah mehrere Polizeipferdewagen davor stehen.

Was war passiert?

Guiseppe stürmte, nachdem der Teufel weg war, ins Hotelzimmer und erschoß Giovanni und seine untreue Frau (also typisch, das haben die Südländer immer noch.

Alle Frauen des Planeten sind Schlampen und gehören mir, nur meine eigene Frau hat brav zu sein und wirklich nur mir zu gehören. Ansonsten stirbt sie, dieses untreue Miststück).

Zwei vorbeireitende Polizisten hörten die Schüsse und legten sich vor dem Hotelausgang auf die Lauer. Als Guiseppe nach dem Mord mit der Waffe in der Hand das Gebäude verlies, wollten ihn die Polizisten stoppen, doch er feuerte auch auf sie. Weshalb sie ihn erschießen mussten.

Der Teufel war im Anschluss ausschließlich auf sich selbst wahnsinnig sauer. „Wie konntest du nur so blöd sein!"

Das alles passierte im Dezember 1892. Der Teufel musste also noch etwas über 7 Jahre warten, bis er wieder eine Einfahrkarte hatte.

11.1. Zwischenkapitel: Die kleine „Freundin“ von Luzifer

Eine der Engel, die auch schon Ewigkeiten *(zumindest Engelsgedächtnis übersteigende Zeiten)* auf das Erscheinen eines Neugottes wartete, war die ziemlich kleine, relativ dicke Francoise V. *(also vor der Schaffung von Namen einfach Engel Nr. 32.417)*.

Solang sie denken konnte, störte sie dieser fade Beigeschmack von Manna. Da sie allerdings keine anderen Hobbys hatte, als zu Essen, schlang sie davon während jedes unbestimmten Zeitraumes nicht nur ihre eigene Portion weg, sondern vernichtete zusätzlich jeden Mannarest von Engeln, die auf ihre Linie achteten und was übrig ließen.

Ein kleines Zusatzleckerlie, dass die Göttin einzig für ihre Führungsriegenteilnehmer schuf, war das „sich Übergeben“, wenn man zuviel von etwas eingeworfen hatte.

Ergo: als die Bulimie auf Erden ihre ersten Unwesen trieb, saß auch Francoise täglich mehrere Stunden auf Toilette, um sich ihre viel zu fetten Fingerchen in den Rachen zu stopfen, um dieses verdammte Manna unverdaut rauszubekommen. Das klappte natürlich nie.

Selbst wenn sie nur eine Wette mit sich selbst abschloss und die Göttin überreden konnte, den Zeitgewaltenrückverzögerungskonverter zu starten und die Sache zu überprüfen, durfte sie auf keinem der erstklassigen Sitzplätze mitfahren *(auch wenn sie nur alleine war und das ärgerte sie ein wenig)*.

Durch die Machtübernahme Luzifers sah sie ihre Zeit als gekommen und bat als ungefähr einziger Engel um eine Audienz beim Neugott. Während dieser Sitzung fragte sie ihn, ob sie nicht eine GeHiPo *(Geheime Himmelspolizei)* aufbauen dürfe, um jeden aufkommenden Widerstand im Keim ersticken zu können.

Der Teufel hielt diese Idee für herausragend und beauftragte sie, die nötigen Schritte einzuleiten. Das Wissen, über die „Stärken" einer „Geheimen Hilfspolizei", nutzte er im nächsten Jahrhundert auch, um, während er in seinem „Sohn" Hitler war, eine GeStaPo entstehen zu lassen.

Obwohl sie ihn mehrfach darum bat, diesen Vertrag mit einer körperlichen Vereinigung zu besiegeln, lehnte er mit den Worten „Geschwister ficken, Freunde nicht" ab. Er wusste, wenn er sie als Freund bezeichnet, kämpft sie noch härter und verschlagener für ihn.

In Wahrheit lehnte er allerdings ab, da er sein Ding aus Prinzip nirgendwo reinsteckte, das breiter als hoch war und das traf bei Francoise zu.

Francoise war allerdings nicht nur in ihrer Verschlagenheit und Übergewichtigkeit auf keinen Fall zu überbieten.

Auch in ihrer Unüberlegtheit des Vorgehens, zeigte sie gewaltige Stärken. Als sie zum 7ten mal scheiterte, eine GeHiPo aufzubauen, wußte jeder Engel auf Himmel, dass man ihr niemals trauen sollte. Um ihre Position als „Freund eines Gottes" nicht aufgeben zu müssen, fütterte sie Luzifer ständig mit Fehlinformationen über mögliche Komplottversuche der Engel.

Die im Anschluss durchgezogenen Bestrafungen erfolgten immer, völlig egal, was der jeweilige Engel sagte. Der Teufel legte diese Aussagen einfach als „Notlügen um sich zu retten" ab und vertraute einfach seinem *(gar nicht vorhandenen)* Geheimdienst.

12. Kapitel: Das Jahrhundert des Teufels

Auch das 20. Jahrhundert begann also mit dem Teufel als Machthaber im Himmel. Es wurde auch das Jahrhundert der Kriege und der Zerstörung. Die Bevölkerungszahl der Erde war für seine Maschine gerade ausreichend und er machte seinen ersten Versuch.

Im Jahr 1900, fuhr er in einen chinesischen Boxeraufständischen ein, um einen Europäer zu töten und mit den Chinesen, dem größten Volk der Erde, die Weltherrschaft zu übernehmen.

Doch er machte einen Fehler. Er erwischte den deutschen Botschafter, also den Abgesandten aus dem Volk der Arier, aus seinem Volk.

Im Anschluss hielt er vor europäischen Reportern diese Rede:

„Die westliche Zivilisation ist in unseren Augen wie ein Ding von gestern. Die chinesische Zivilisation dagegen ist ungezählte Jahrtausende alt. Auch bei uns gab es eine Zeit, da wir unseren „Kampf ums Dasein", unsere Jagd nach Reichtum, unseren Machthunger, unser Hasten und Hetzen und unsere Qual hatten. Auch wir hatten unsere klugen Erfindungen, aber wir haben lang genug gelebt, um zu erkennen, wie wenig notwendig und wie nutzlos das alles ist.

So werden sie überall in China dasselbe Maß und denselben gleichartigen Geist der Befriedung finden. Und nun kommt ihr, aus eurer westlichen Welt zu uns mit dem, was ihr eure „neuen Ideen" nennt. Ihr bringt uns eure Religion – ein Kind von neunzehnhundert Jahren.

Ihr fordert uns auf, Eisenbahnen zu bauen. Ihr wollt

Fabriken bauen und dadurch unsere schönen Künste und Gewerbe verdrängen.

Gegen alles das erheben wir Einspruch. Wir wollen allein gelassen werden. Wir wollen die Freiheit haben, unser schönes Land und die Früchte unsrer alten Erfahrung zu genießen. Wenn wir euch bitten, wegzugehen, so weigert ihr euch und bedroht uns gar, wenn wir euch nicht unsere Häfen, unser Land, unsere Städte geben.

Daher sind wir Mitglieder der Gesellschaft der sogenannten „Boxer" nach reiflicher Überlegung zu der Erkenntnis gekommen, dass die einzige Möglichkeit, euch los zu werden, darin liegt, dass wir euch töten."

Das Wortwerk, das unser Großkaiser Wilhelm II. daraufhin an seine Marines richtete war genau folgendes:

„Große überseeische Aufgaben sind es, die dem neu entstandenen Deutschen Reiche zugefallen sind, Aufgaben, weit größer, als viele meiner Landsleute es erwartet haben. Das Deutsche Reich hat seinem Charakter nach, die Verpflichtung, seinen Bürgern, wofern diese im Ausland bedrängt werden, beizustehen.

Die Aufgaben, welche das alte Römische Reich Deutscher Nation nicht hat lösen können, ist das neue Deutsche Reich in der Lage zu lösen. Das Mittel, das ihm dies ermöglichte, ist unser Heer. Eine große Aufgabe harrt eurer.

Ihr sollt das schwere Unrecht, das geschehen ist, sühnen. Die Chinesen haben das Völkerrecht umgeworfen, sie haben in einer in der Weltgeschichte nicht gehörten Weise der Heiligkeit des Gesandten, den Pflichten des Gastrechts hohngesprochen.

Es ist das umso empörender, als dies Verbrechen

begangen worden ist von einer Nation, die auf ihre uralte Kultur stolz ist. Bewährt die alte preussische Tüchtigkeit, zeigt euch als Christen, im freudigen Ertragen von Leiden. Möge Ehre und Ruhm euren Fahnen und Waffen folgen, gebt an Manneszucht und Disziplin aller Welt ein Beispiel. Ihr wisst wohl, ihr sollt fechten, gegen einen verschlagenen, tapferen, grausamen, gut bewaffneten Feind.

Kommt ihr an ihn, so wisst, Pardon wird nicht gegeben. Gefangene werden nicht gemacht. Führt eure Waffen so, das auf tausend Jahre hinaus, es kein Chinese mehr wagen wird, einen Deutschen auch nur scheel anzusehn. Wahrt Manneszucht. Der Segen Gottes sei mit euch, die Gebete eines ganzen Volkes, meine Wünsche begleiten euch, jeden einzelnen. Öffnet der Kultur den Weg, ein für allemal. Nun könnt ihr reisen. Adieu, Kameraden."

Und die Deutschen segelten und gingen in den Kampf. Arier gegen Schlitzaugen. Wer hat da wohl gewonnen? Dieser Versuch von Luzi ging komplett in den Allerwertesten, aber er war ja noch am lernen. Und er lernte schnell.

Er musste sich einen Arier suchen und fand ihn, in „seinem Sohn" Adolf Hitler, der allerdings alles andere, als ein Arier war. Hitler war ein verstörter, böser Junge, ohne Selbstvertrauen, klein und schwarzhaarig.

Er schloss sich, obwohl Österreicher, der deutschen Armee an, um am ersten Weltkrieg teilzunehmen, den er, wegen seiner Feigheiten überlebte. Er war so putzig, durfte den Generälen immer Kaffee kochen und servieren und wurde schließlich Maler, was ist das für ein Beruf für einen Mann, zu München, als der Teufel in ihn einfuhr. Er gab ihm die Kraft, Reden zu halten, die ein Volk zusammenschweißten, ihn selbstbewusst genug machten, um Leute in einen

Krieg führen zu können, der leider nicht zu gewinnen war.

Schuld daran hatte allerdings ein erneutes Nichtkönnen des Teufels. Als er 1941 in den Japanischen Tenno einfahren wollte *(wofür er seine dritte Einfahrkarte fürs 20. Jahrhundert abstempelte und keine mehr übrig hatte)*, um den Angriff auf die Ostseite Russlands zu befehlen und Stalin so zu vernichten, bemerkte er erst, dass der Tenno mittlerweile ein Eunuch war und damit kein Mann mehr und nicht einfahrbar *(jedenfalls nicht für ihn)*. Als er versuchte, in ihn einzudringen, spuckte ihn dieser in eine Kloake.

Wieder musste er nach Hause, wieder musste er sich sauberbrennen und wieder hatte er versagt. Er hatte genug von der Scheiße im Gesicht und gab bis zum 21. Jahrhundert erst mal Ruhe.

Zu Hause gab es ja auch genug zu tun, der Himmel war nicht mehr ganz so langweilig wie zu Zeiten der Göttin, aber auch nicht leichter. Er vergewaltigte Engel, wo er sie traf und verbot seinen Erzengelinnen, sich überhaupt noch zu treffen.

Ja sogar sich in die Augen sehn war verboten und wurde mit Fußschlägen und einer anschließenden Vergewaltigung bestraft. Also alle, bis auf Uriella, die war ihm zu fett. Jede hatte Angst vor ihm, dem unbeschreiblich Bösen.

Als nächstes nahm er sich vor, ein eigenes, ein Luziferianisches Testament zu entwerfen und brauchte dafür natürlich ein paar Gebote, nämlich in etwa 14. Da 12 die Zahl der Göttin war *(12 Gebote, 12 Apostel, 12 Bücher Moses (von denen 7 irgendwie verloren gingen), 12 Kinder Evas, 12 Sitzplätze im Zeitgewaltenrückverzögerungskonverter)* und 13 die Unglückszahl der Erdwürmer, mussten es 14 sein.

Sie lauteten:

1. *Du sollst deinen Teufel anbeten*
2. *Du sollst deinen Teufel lieben*
3. *Du sollst dir nur selbst helfen*
4. *Wenn du etwas geben willst, dann nur der eigenen Tasche*
5. *Vertraue niemandem*
6. *„Benutze“ einen Engel, wann immer du die Möglichkeit dazu hast*
7. *Glaub nur an dich und natürlich mich*
8. *Außer deinem Teufel, darfst du nur dich selbst mögen*
9. *Nimm erstmal alles. Engel wirst du nicht kriegen*
10. *Wenn nix anderes hergeht: Nimm deine Mutter*
11. *Zur Not auch die Oma*
12. *Uroma wird knapp, lass ich aber durchgehn*
13. *Stehle nur von den Armen* ***(kleiner Witz).*** *Bestiehl jeden. Arme wär allerdings besser.*
14. *Wo geschlagen werden kann, soll geschlagen werden*
15. *Verbanne die Göttin aus deinem Herzen*
16. *Sei böse*
17. *Falls du auf einer einsamen Insel bist und beispielsweise ein Mann namens Freitag vorbeikommt, besteige ihn, denn die Schlampe* ***(er meinte die Göttin)*** *verzeiht Onanie, dein Gott nicht.*
18. *Besondere Freude machst du deinem Gott, wenn du Kleinkinder oder Hilflose quälst, so wie er, als relativ Hilfloser, von der Schlampe gequält wurde.*

– *Bei genauerem Hinsehen, waren das 18.*

Mit an Sicherheit grenzender Wahrscheinlichkeit, hatte ihn der, unter Göttern weit verbreitete, höchst ansteckende und brandgefährliche „Gebotgebefieber-Virus“ erwischt und das, obwohl der bereits als ausgerottet galt.

Aber er war mit jedem eigentlich zufrieden und bestimmte, sich erst auf seiner „140-Jahre-Teufel, der neue Gott Feier“, also 2011, von vieren zu trennen. 10 mal seine Zahl 14 – ein guter Grund zu feiern.

Die Engel hatten schon Angst, denn für Gewöhnlich bekamen sie auf diesen Teufel-Feiern die Flügel gestutzt, oder die Fußsohlen verdroschen. Wenn sie Glück hatten, wurden sie nur gefesselt und genommen.

Da brauchten sie aber gewaltiges Glück, da es genau 20.736 Urengel gab *(also erwachsene Engel – also drei mal die göttliche Zahl 12 mit sich selbst malgenommen)* und so oft konnte der Teufel auch nicht.

In dieser Beziehung war er ganz normal „menschlich“.

12.1. Zwischenkapitel: Der Club der toten Erzengelinnen

Während der Treueschwurfeierlichkeiten für den „überaus beliebten Lieblingsgott der Erzengelinnen Luzifer“ *(so nannte er sich selbst)*, konnten sich die Mädels zum letzten mal sehen.

Luzifer hatte auf dieser Veranstaltung eine kurze rosa Tüllhose mit blauen Laschen und grünen Rüschen an, die allerdings nicht zu sehen war, da er einen gewaltigen, feuerspuckenden Teufelsumhang geschlossen trug.

Bestellt hatte er sie bei der himmlischen Festtagsschneiderei Emilia Reste *(„Trag lieber Reste, dann bist du die Beste“, lautete ihr Werbeslogan)*.

Als er sie zur Probe anhatte, dachte er: „Um Himmels Willen, warum hab ich mir den sowas mädchenhaftes ausgesucht, wenn das die Gören sehen, kommen sie unter Umständen drauf, dass ich am Anfang der Ewigkeit auch mal eine Fotze war. Ich kann mich auf alle Fälle nicht erinnern, aber Mist, Mist, Mist, ich hab nichts anderes zum anziehn" *(dieser Gedankengang scheint, bei 3 überfüllten Sporthallen mit Teufelskleidern, solche Ansätze allerdings zu bestätigen, sie also auf keinen Fall von der Hand zu weisen oder ad absurdum zu führen).*

Gabriella stellte den Antrag: „wenn wir uns schon nicht mehr sehen dürfen, könnten wir uns dann mit verbundenen Augen zusammensetzen und tratschen?

Da der Teufel schon immer scharf auf Gabriella war, genehmigte er das.

Jede von ihnen erhielt ein Scheibentelefon, das einer der entlassenen Technikengel baute und in Position brachte.

Natürlich dachte Luzifer, er könnte ja die Telefonleitungen der Mädchen abhören oder einfach nur ganz still dabei sein und lauschen, wenn sie sich träfen. Da allerdings auch die Hühner soweit dachten, entwickelte Uri ein Verschlüsselungssystem, dass sie Enigma nannte und auf dem 12 mögliche Treffpunkte eingetragen waren.

Sollte also als Treffpunkt Nr. 7 telefonisch mitgeteilt werden, also „Unter der Weide 4 km linkerhand des Thronsaales", sollten die Erzengel einfach diese Zahl negativieren, durch ein viertel der göttlichen Zahl 12 dividieren, mit dem Negativwert der Wurzel aus 3x12 malnehmen, durch das Doppelte von 12 hoch 0 teilen, eins weniger als 12 abziehen, eins weniger als 2x12 dazuzählen und letztenendes das Doppelte von der Hälfte von einem weniger als 12 subtrahieren. Heraus käme dabei die eigentliche Nummer des Treffpunktes. Also Nummer 8 „das Gebüsch am Rande des Göttinnengebirges".

Natürlich fiel es den anderen auf, dass sie einfach,

statt zu rechnen, nur eins dazuzählen mussten. Sie wollten allerdings Uris Stolz auf diese Idee nicht kaputtreden.

Wenn Uriella mal zu einem Treffen nicht erschien, wussten die anderen, dass sie sich einfach verrechnet hatte.

Innerhalb ihrer ersten Sitzung sprachen sie ausschließlich über Möglichkeiten, die Göttin wiederzufinden und gaben sich einen Vereinsnamen. Also „der Club der toten Erzengelinnen", was Raphaela als Namen vorschlug.

Michaela führte als letzten Punkt auf: „was wir hier machen, ist gefährlich. Eine von uns sollte die Augenklappen weglassen, da können wir uns auch nicht in die Augen sehen und sie könnte uns warnen, wenn der Teufel in der Nähe wäre". Kaum hatte sie das ausgesprochen, war es auch schon beschlossene Sache. Während jedes Treffens sollte also bestimmt werden, wer schauen durfte.

Als dies Treffen lief, durchsuchte Luzifer das Zimmer von Gabriella *(er war auf der Suche nach einigen Nacktaufnahmen von ihr)* und fand die Liste mit den Treffpunkten. Er freute sich und machte davon eine Kopie.

Als eine der Folgen seiner Genehmigung, saß Luzifer in den nächsten Tagen ständig allein in seinem Thronsaal, langweilte sich und soff den ganzen Tag schwersten Alkohol. Er legte also Abhörkabel an die Telefonleitungen der Mädchen, um über ihren nächsten Treffpunkt informiert zu sein und sie belauschen zu können.

Als am nächsten Morgen „Treffpunkt 4" durch den Äther sauste *(also „der See am Rande des Himmels der Sterblichen – also hinter den Erdbeerstauden davon")*, begab er sich dorthin und wartete. Doch die Schnitten kamen nicht. „Was sind das für verschlagene Luder“, dachte er so, „aber denen zeige ich es schon“. Er suchte sich also den Punkt, der am nächsten zu seinem Thronsaal war *(also Nummer 7)* und ging jeden Morgen dahin um zu warten.

Natürlich nicht, ohne sich vor dem Abmarsch eine Kiste 97%igen einzupfeifen, damit er in Stimmung kommt und eine Kiste, oder zwei, mitzunehmen.

Nach 2 Wochen war es dann soweit: Nummer 6 *(die Höhle unterhalb der Brücke für Engelsgefolge)* wurde ausgemacht und demzurfolge Nummer 7 „errechnet“.

Von seinem Versteck aus, sah er die 4 mit verbundenen Augen aufeinander zugehn und sich zusammensetzen. Sobald er das Versteck verlies, um zuhören zu können, redeten sie erneut über die Suche nach der Göttin.

Michaela: „Hab gestern wie besprochen, dass Göttinnengebirge abgeflogen und 73 Höhleneingänge gezählt. Da haben wir viel zu durchsuchen.“

Raphaela: „Drauf geschissen. Wir müssen die Göttin wiederfinden, damit dieser Clown, unser „Lieblingsgott“ hihihi, endlich zurück auf Hölle muss, wo er auch hingehört.“

Uriella: „Deiner Meinung, Raphi. Aber zunächst sollte sich Gabriella umsehn, dann entscheiden wir, wer welche Höhlen untersucht.“

Raphaela: „Warum schon wieder Gabi? Wer hat bestimmt, dass du das aussuchst?“

Michaela: „Is doch egal. Lass sie entscheiden. Hast du eigentlich das Puzzle fertig?“

Raphaela: „Welches? Das mit dem überfetteten Riesenschwein, mit Luzifers Hackfresse als Schweinegesicht verziert, hihihi?“

Uriella: „Behalten sie Ruhe, Raphi. Schau dich um, Gabi.“

Als Gabriella die Klappe abnahm erschrack sie fürchterlich. Sie blickte direkt in die finsteren Augen Satans und begann zu weinen.

„Verräterinnen – dafür werdet ihr bluten“, schrie Luzifer. „Du bleibst sitzen, geiles Miststück“, sagte er zu Gabriella, während er die anderen 3 fortprügelte.

Da er bereits schwer angetrunken war und sich zu sicher fühlte, erzählte er Gabriella, während er sie benutzte von der Sinnlosigkeit einer weiteren Suche, da sich die Göttin eben in dem Kerker neben dem Thron aufhielt und nie zurückkommen könnte.

„Das bleibt aber unser Geheimnis, Cleo – schwör es mir“ und sie schwor.

Selbstredend war das das Ende des „Clubs der toten Erzengelinnen“.

Da Gabriella die anderen nicht mehr sehen oder sprechen durfte (die Telefone wurden stande pede abmontiert), hielt sie sich auch an ihr Versprechen.

13. Kapitel: Sandy

Fühle mich ungefähr wie auf Seite 80 und benötige dringend ein Überbrückungskapitel:

Es geht also um das 7. Kind von Adam und Eva, die süße Sandy. Die göttliche Eva war auf keinen Fall dumm, sie war ja nicht von „schlechten Eltern“ und konnte berechnen, dass, wenn es mit der Fortpflanzung so weiter geht, man in genau 264,36 Jahren Nachnamen braucht, um sich unterscheiden zu können.

Wie sie das berechnet hat, weiß ich nicht, obwohl ich selbst 4 Sylvester *(Sylvester, nicht Semester)* Mathematik an der „sozialistischen mongolischen Hochschule für mathematische Zwischenproblematik, Rechnungswesen und Einmaleins „Kublai Khan“ am rechten Rand der Wüste Gobi“ besuchte.

Könnte, unter Umständen, daran gelegen haben, dass auch mongolische Lehrer, zu Sylvester frei hatten und die Schule abgesperrt war, ist allerdings ziemlich unwahrscheinlich.

Also gaben sie ihren Kindern im Alter von 9 Jahren verschiedene Nachnamen. Jedes der Kinder, erhielt den Namen von dem, dass es am liebsten Tat. Kain hieß Metzger, Abel Ankainsmurmelnspieler, Lilly Petting und so fort. Der Name von Sandy war Blümchen-Pflückmaus *(sie hatte den längsten Doppelnamen der Geschichte, was zurecht zu einer Einhämmerung in „Adams Steinplatten der Weltrekorde“ führte. Er musste am Anfang noch sehr viele Dinge in seine Rekordplatten einzimmern)*.

Da sich Blümchen-Pflückmaus im althebräischen allerdings so ähnlich anhört, wie Mörderpuppe mit Traumbrüstierung und Topärschchen, benutzte Kain Metzger eigentlich nur den falschen Namen, da er von der Schönheit Sandys unglaublich angetan war und sie immer beschützen wollte.

Die Adams-Family benötigte Regeln, nach denen zusammengelebt werden konnte und so entschloss sich Adam auch ein Bürgerliches Gesetzbuch *(Adams BGB)* auf den Markt zu bringen.

Die Verkaufszahlen waren zwar gering, denk mal er verkaufte höchstens 13 und es gab noch keinen Staatsanwalt, keine Polizei, keinen Richter und noch nicht einmal ein Gefängnis oder einen Henker, aber allein die Möglichkeit, sich die Bestrafung vorstellen zu können reichte. Das dazugehörige Strafgesetzbuch *(Adams StGB)* kam auch nur 20 mal auf den Markt *(er erstellte 2 Auflagen von je 10 Stück)*, was Adam nicht vom weiterschreiben abhielt.

Dadurch wurde er zum ersten Literaten der Geschichte und durfte sich selbst in seine Rekordplatte einfeudeln. Natürlich nur als der „Am schnellsten Einhämmernde Literat der Weltgeschichte", denn er konnte die wirklich komplizierte Rune für „vorgespielter Mehrfachorgasmus für meinen Exmann" in weniger als 13 Sekunden einlöten und das blieb lang ein Rekord.

Eine Szene aus dem Alltag: Eva steht am Herd und verprügelt Maria, die ständig an ihrem Rock zupfte. Adam greift ein und sagt: „wenn du nicht aufhörst, Eva, bist du wegen Paragraph 13 „verprügeln Schutzbefohlener" A-BGB dran, da springen nach dem A-StGB, nach Paragraph 7 Absatz 3 Satz 2 drei Monate strafblasen für dich raus."

„Halt`s Maul, du Trottel" und wischte Maria noch eine.

„Wenn du damit nicht aufhörst, mach ich nachher nicht das Geschirr", antwortete er.

Sie meinte: „Das werden wir dann schon sehen" und drehte ihm den Rücken zu, wandte den Kopf und deutete auf ihren Zitronenbops. „Du willst doch immer an das edelscharfe Endstück meines Ernährungstrackts. Also halt dein Mäulchen oder ich lass dich nicht mehr ran."

Adam wollte sich nicht so leicht geschlagen geben und antwortete: „Mit einer zusätzlichen Erpressung, kriegst du ihn, nach § 41 ABGB, Abs. 2 in Verbindung mit § 97 AStGB, nie mehr aus dem Mund, Hasenkleinchen". Sie drehte sich zu ihm und marterte ihn etwa eine Stunde lang, wobei er nach 15 Minuten auf Durchzug stellte. Als sie fertig war, sagte er „ja", wischte Maria noch eine und ging. Daher kommt vermutlich die Redensart: Ein Mann ein Wort, eine Frau, ein Wörterbuch. Er trug einfach Eva in seine Platte ein *(als schärfste Erpresserin der Weltgeschichte und auch das blieb lange ein Rekord)*.

Da Adam nicht aufhören konnte, zu meißeln, gingen im langsam die Steinplatten aus.

Er empfahl also Kain, eine Steinplattenfirma aus dem Boden zu stampfen und sie zusammen mit seiner Metzgerei eine GmbH werden zu lassen *(er hämmerte gerade am Handelsgesetzbuch)*. Kain war begeistert und machte mit seiner Steinplattenfirma gewaltige Gewinne.

Gewinne hieß Geld, Geld heißt Macht und Macht führt zu „oh meine Göttin, is der Typ geil". Das brachte ihn Abel gegenüber in Vorteil, wobei es eh zu wenige Männer gab und die Mädels auch lesbische Liebe vollzogen.

Kain und Abel schauten ihnen dabei gerne zu, was, wie heute noch, bedeutet: Lesben sind geil. Schwule haben eine Krankheit. Ich bin da ähnlicher Ansicht. Als ein Mann in einer halbgroßen Stadt Deutschlands was zu sagen hatte, der die Dinge eigentlich nur aussaß, also seinen Po bereit hielt und wir einen Minister bekamen, der auch außerhalb Griechenlands hätte vorzeigbar sein müssen *(Gerüchten zu Folge war es allerdings nur die als Mann verkleidete Schwester eines gewissen Welle)*, brach für mich, den Krieger, eine Welt zusammen.

Post Scriptum: Lieber Leser, du solltest nicht vergessen, dass es sich um ein Auffüllkapitel handelt, das frei erfunden ist. Also auch meine Abneigung Schwulen gegenüber könnte erfunden sein.

Wäre möglich.

Während der ersten Jahrtausende der Menschheitsgeschichte, wurde es ein Hype der Jugendlichen, sich an Adams Steinplatten möglichst schnell totzulesen, um sich in die Rekordsteinplatte einzwergeln lassen zu können.

Hier stammt der ewige Rekord allerdings von Hans Günther Ankainsmurmelnspieler, einem direkten Nachfahren Abels, der sich, trotz Legasthenie, innerhalb von 43 Sekunden totlesen konnte. Damit starb der Name Ankainsmurmelnspieler endgültig aus. War auch nicht so schlimm, denn wer möchte heut schon, noch so heißen?

Sein Trick: Beim Ansehen des für ihn unlesbaren Gekritzels, einfach an den Zitronenbops seiner Ururuoma Eva denken, so eine Blutanhäufung an seinen primären Geschlechtsmerkmalen erzeugen und daraufhin wegen Blutmangels im Gehirn, das Kleinhirn davon abzuhalten, die Großhirnsynapsen zu steuern, zu einer Verknotung derselben zu gelangen und an einem Hirntod zu sterben.

Es fiel zwar einem der Zuseher bei diesem Rekordversuch auf, da allerdings damals zwischen Hirntod und Richtigtot nicht unterschieden wurde, wurde er in die Platte „eingedönert" und wachte 6 Stunden später, in seinem Sarg, drei Fuß unter der Erde auf und erstickte, relativ qualvoll, etwa 21 Minuten später. Ich meine, dass er glücklich eingeschlafen ist, da er wusste, sein lang ausgeklügelter Trick hätte funktioniert.

Als Adam mit Kain ein paar von den kleineren Mädchen in die Spielgruppe brachten, die von 2 Orang Utans geleitet wurde, machten sie einfach einen Familienausflug draus, an dem nur Abel und Sandy nicht teilnahmen.

Sandy wollte grade nicht, aber Abel benutzte sie gegen ihren Willen, da sie wirklich so schöne Brüste hatte, wie ihr Falschname vermuten lies. Als die Familie nach Hause kam und davon erfuhr, erschlug Kain Abel einfach. „Dafür wirst du einsitzen, Kain, wie du nach § 1 ABGB i.V.m. § 1 AStGB eigentlich wissen müsstest. Falls wir nicht eine Psychologin finden, die dich nach den §§ 107 ABGB i.V.m. 193 AStGB schuldunfähig schreibt“, meinte Papa und fragte im selben Atemzug Dana, „würdest du ihm helfen?“ Dana wurde einfach zur Psychologin erkoren, was damals nach § 341 ABGB „Kürung Minderjähriger zur Psychologin, um ihren Bruder zu retten“ (hat Adam wahrscheinlich erst nachträglich eingebacken) möglich war und kriegte ihn aus der Sache raus (im Alter von 6 Jahren, eine reife Leistung).

Sagen wir mal zum Glück, sonst hätte es keine Männer für Fortpflanzung mehr gegeben und es gäbe uns nicht *(na gut, sie hatten ja bereits jeweils 4 Kinder. Es wär also mit absoluter Bestimmtheit weitergegangen)*.

Ampopo „eingedönert“:

Einer der größten Erfinder der Weltgeschichte, eigentlich nur in einem Atemzug mit Edison nennbar, war ein gewisser Georg Metzger. Er erfand den Ton, den er wegen seiner Zusatzerfindung, dem Doppelvokal, Tön nannte. Seine Firma: Tön Gäörg Mützgür *(er liebte den Doppelselbstlaut)*.

Wegen seiner Abstammung, schlachtete er in seiner Freizeit gern überdickte Puten und nannte die Zubereitungsart ebenfalls Dön. Seine Schwäche, neue Namen zu erfinden, war sein einziges Manko. Im Jahre 346 nach Evaschaffung, wurde die gesamte Weltbevölkerung allerdings vom Ergebefieber befallen.

Eine unheilbare Krankheit, die eigentlich Er-gebe-Fieber heißen sollte, da nach ihrer Ausheilung etwa 72 % der benutzten Wörter mit „er" am Ende geschrieben und gesprochen wurden.

Auch die Mutter aller Putenzubereitungsarten, der Dön, wurde davon gegriffen und hieß im Anschluss Döner. Gäörg wurde wegen seiner südländischen Lockernehmung des Lebens und seinem Hang zu Frauen seiner Verwandten letztenendes aus Bayern ausgewiesen und zog mit seinen 21 Fräuen in die heutige Türkei. Dies sind zwar nur Indizien dafür, dass der Döner in Bayern seine Geburtsstätte hat, der Beweis findet jedoch in der heutigen Zeit statt.

Da die Natur so ausgerichtet ist, dass alle Dinge den Drang haben, in ihre Heimat, an ihren Geburtsort zurückzukehren und man im Moment nicht über eine bayrische Straße gehen kann, ohne über eine Dönerbude zu stolpern, is der Beweis erbracht.

Dass das auch auf Berlin zutreffen tut, ist nur ein zusätzlicher Beweis dafür, dass ein direkter Vorfahr des Schauspielers Theo Lingen, ein gewisser Bernd Lingen, wegen eines Vergehens, dass ich nicht näher erläutern möchte, da es die Höchststrafe nach sich zog, ins befeindete Preussen ausgewiesen wurde und dort mit seinen Anfangsbuchstaben Berlin gründete. Der Döner an sich, kann das nicht unterscheiden.

Aber jetz: Zurück zur Geschichte. Ich nenn ihn gern: Tatsachenbericht.

13.1. Zwischenkapitel: Hurra, Deutschland ist Weltmeister !!!!

Ich spare mir, erneut zu erklären, warum.

(Da es sich lediglich um ein Zwischenkapitel handelt, führt das zu keinerlei Eintragung ins Guinessbuch.)

13.2. Zwischenkapitel: Die Erfindung der Zitronenbops-Rüstung (SB)

------------------ deleted ----------------------

In diesem Zwischenkapitel, nehme ich meinem Verleger die Arbeit ab, eines zu streichen und tu das selbst. Wobei das 13. Kapitel eh keiner lesen wird, da das Unglück bringt (lol).

Etwas, das ich fast nicht streichen lassen kann, da es ohnehin verboten ist, ist, dass ihr euch sicher schon gefragt habt, wohin die Stars der 80er Jahre, Albano und Romina Power verschwunden sind. Romina hatte den Einfall, zu Rosenbach, eine fast schon gemeingefährliche Zitronenbopsrüstungs-Bäckerei, in einem Einkaufszentrum, zu gründen und selbst eine davon zu tragen.

Da verboten, wurde die Bäckerei als Metzgerei verkleidet und an der Theke nur Wurst verkauft, während im Hintergrund die firmeneigenen Bäcker Zitronenbopsrüstungen herstellen. Sie gab sich den Decknamen Fick-toria *(wird vermutlich so geschrieben: Viktoria)*, wobei das Albano nicht kratzte. Er heißt weiterhin Alban.

14. Kapitel: Die Rückkehr des Königs

Für seine 140 Jahr Feier musste unbedingt dieser dämliche Thron der Göttin aus seiner Halle. Er hatte einen Feuerstuhl entworfen, aus dem aus allen Öffnungen Feuer loderte und dessen Platz er hätte einnehmen sollen und er bestimmte unsere Schwerlasthubschraubererzengelin Uri mit der „Wegmachung des Unrats“.

Uri brachte mehrere Stahlseile am Thron an und begann mit der Startsequenz.

Doch er war zu stark eingemauert, weshalb Gabriella ihr helfen musste *(ohne Uriella in die Augen zu sehen)* und auf den Sockel des Thrones einschlug. Bei einem der Schläge brach ein Stück Mörtel ab und ein Schlüssel fiel aus der Öffnung.

Die Augen von Gabriella glänzten, denn das unsagbar Böse hatte ihr, während der bereits beschriebenen Vergewaltigung, volltrunken von der Dummifizierung der Göttin und ihrem Verlies erzählt, aus dem es kein Entkommen gab. Sie suchte oft nach dem Schlüssel für das Gefängnis ihrer Göttin.

Zumindest, wenn sie sich unbeobachtet fühlte, schabte sie bisweilen an den Steinen in den Biergärten von Oberbayern *(also das Oberbayern im Himmel)*, oder pflügte die Felder und Wiesen um den Thronsaal, immer in der Hoffnung, ihn zu finden.

Den **Schlüssel**.

Gerade als sie ihn einstecken wollte, trat der Teufel an sie heran und fragte sie:
„Was hast du da, Cleopatra?“.
„Etwas, mit dem du es mir noch toller machen kannst, mein Hengst“, lautete ihre schlagfertige Antwort. Der Teufel grinste und sagte:

„Schön, da freu ich mich auf Heutabend. Du wirst nur mir gehören, Cleo."

Gabriella lief es kalt den Rücken herunter, denn sie hatte gelogen und dachte darüber nach, ob es sich wirklich um eine Notlüge handelte, was sie für sich göttinnenlob bejahte. Ansonsten hätte sie ihm die Wahrheit sagen müssen und die Göttin wäre nie frei gekommen.

Er blieb im Feuerstuhlsaal *(so wollte er ihn ab nun nennen)*, bis der Thron der Göttin endlich abtransportiert werden konnte und raunzte dann:
„Geht, euer Gott will alleine sein. Nur du bleibst noch hier, Cleo. Ich möchte, dass du ihn in den Mund nimmst und alles schluckst."

Ob das Böse wirklich in der Lage war zu lieben, ist nun nicht mehr feststellbar, denn als sie fertig waren und sich der Teufel ausruhte, schlich Gabriella an das Verlies und öffnete das Tor.

Ein unglaublicher Lichtstrahl entsprang in diesem Moment dem Verlies. Der ganze „Feuerstuhlsaal" erhellte sich und Luzifer schreckte hoch. Das war nicht die Göttin, die sich vor ihm aufrichtete. Es war ein Mann.

Die Göttin verwandelte sich während ihrer 140 Jahre Gefängnis in einen Kerl *(in den letzten Kerkerjahren nervte ihn diese Rosa Wandfarbe übrigens gewaltig)*. Ihr überragender Arsch wurde kantiger, ihre Brüste waren weg und ihre Oberarme mächtiger.

„Hab ich dir nicht irgendwas verboten, Luzifer", war seine erste Bemerkung.
„Ich bin nur kurz raus, weil mich Gabriella rief, meine Göttin, entschuldige, mein Gott", lautete seine ängstliche Antwort.
„Stimmt das, Gabriella?"

„Nein, meine Göttin. Er machte uns allen das Leben schwer, diese Ausgeburt der Hölle."
„Ab, ins Körbchen, Luzifer. Du hast eine gewaltige Zukunft hinter dir", rief er ihm zu und lies die Tür der Hölle aufspringen.

Luzifer trat auf ihn zu, um ihm, in einem letzten Aufbäumen, einen Feuerball ins Gesicht zu spucken, der auf allen Steinplatten Adams keinen Platz gefunden hätte.

Da gab ihm Gott eine rechte Gerade, die ihn mit einer Geschwindigkeit von Mach 2 in die Hölle fahren lies. Er konnte ja mittlerweile die Zukunft wieder sehn und kam Luzifer dadurch zuvor.

Gott war nicht im Geringsten böse auf ihn. Gott war zwar leicht angesäuert, was allerdings an der Rosa Wandfarbe lag, aber er verzeiht. Wo allerdings keine Hoffnung auf Besserung ist, kann er nichts machen, als hart zu bleiben. Als der Spuk mit Luzifer vorbei war, kamen die Engel in Scharen zum Thronsaal gelaufen, sangen und lobpriesen Gott. Auch ihnen kamen diese 122 Jahre, der Regentschaft des Teufels, wie eine Ewigkeit vor, aber ab jetzt war alles gut.

Anhang:

Für die Bestrafung der verschlagenen Francoise schuf Gott das „Fegefeuer", mit dem auch die Seelen ihrer Verstorbenen zu rechnen haben, die einfach keine guten Menschen waren. Ein nicht ganz so unerträglicher Ort, wie die Hölle, aber auf keinen Fall erstrebenswert. Auf alle Fälle wesentlich größer *(relativ genau 400 Millionen Quadratkilometer)* und mit entschieden mehr Fernsehgeräten *(für alle 100.000 Quadratkilometer ein halber – da hatten sie genug zu tun, die fast schon eingerosteten Technikengel)*. Zu erwähnen wären noch die 3 Großbildschirme *(mit einer Bildschirmdiagonalen von 12 x 12 Seemeilen)* für Public-Viewing, die ab jetzt bei jeder Deutschen Finalteilnahme eingeschaltet werden und bei allen Spielen des FC Bayern München. Ich glaube, Schalke-Spiele werden auch übertragen, aber so genau weiß ich das jetzt nicht. Auf alle Fälle, noch die von St. Pauli.

Francoise wurde die ewige Wärterin des Fegefeuers.

15. Kapitel: Der Beweis

So Gott dies möchte, habe ich jetz meine ersten 90 Seiten voll. Steh also nun vor dem längsten meiner Kapitel *(brauch ja nochmal 110 Seiten)* und hab dafür noch 15 Tage Zeit, um meinen ursprünglichen Plan einzuhalten.

Hab also bis jetz so lang gebraucht wie Gott, laut der Märchengeschichte von Urban II. *(das Alte Testament)* für die Erschaffung der Erde benötigte, bevor er sich seinen Tag Ruhe gönnte.

Natürlich ist das Alte Testament alles andere als eine Märchengeschichte. Dieses Buch ist weise und gut, musste allerdings für seine Ritter und natürlich auch für ihn selbst verändert werden, damit sie es verstanden.

Werd also nun versuchen, die letzten ca. 110 Seiten in mehrere Unterkapitel einzuschieben, um es dir leichter zu machen, dir zu merken, wo du nach deiner Zigarettenpause weiterlesen musst.

Alle benutzten Jahreszahlen, entbehren jeglichen Beweises, da sie in Geschichtsbüchern nachzulesen sind und ich davon ausgehe, dass von den Historikern keiner log, wie es beispielsweise der Notierer des Todes Caesars tat. Meine Allesrausfinders haben nämlich ermittelt, dass Brutus, während Caesar beim Senat hätte sein sollen, auf einer römischen Wanderhure seine Späße trieb *(in einem ganz anderen Stadtteil Roms)*.

Während Caesar, auf dem 117. und letzten „Könige der Vorzeit" Geheimtreffen zu Sizilien auf seiner Cleopatra VII. Philopator *(bedeutet ungefähr die Vaterliebende, was ihr Verhältnis zum 31 Jahre älteren Caesar erklären dürfte)* rumturnte.

Als Cleopatra einen Muhmuhkrampf bekam und er stecken blieb und ihn erfolglos rauszudrehen versuchte, hat sie ihn einfach abgeschnitten und probiert *(sie kannte ja die Kopfhaltung dafür bereits)* ihn trockenzulecken. Da Blut, wenn es abgesaugt wird, nicht gerinnen kann, starb er also einen wahren Heldentod. Cleopatra gab nach 3 Litern Caesarenblut eh auf und ging sich waschen.

Das Leben schreibt manchmal komische Geschichten.

Hast du schon mal versucht, einem 39jährigen Ritter, nach seiner dritten Großschlacht, wo er etwa 20 Franzosen *(tut mir leid, dass ich immer auf den Franzosen rumhacke, aber da geht Mensch sein mit mir durch)* die Schädel abhieb, zu erklären, dass er vor ungefähr 20 Milliarden Jahren nur den Quintillionsten Teil eines Yoctomillimeters groß war und dabei nur ein kleines Teilchen eines etwa Femtomillimeter großen Materieballes, der grade durch den Himmel hüpfte und nichts böses ahnte, bevor er von den Adleraugen einer Göttin gesehen wurde, die mit ihm Schabernack trieb?

Natürlich nicht, denn dann hättest du keinen Kopf mehr. Das würde er nicht verstehn, denn das verstehen wir selbst nicht. Er würde halt härter durchgreifen, als wir das tun. Wir, die aufgeklärte, die übermenschlich schlaue Generation.

Jetzt habe ich den Vorteil, „das Gehirn" genannt zu werden, wegen meiner schon fast peinlichen Überintelligenz (na gut, richtig peinlich ist mir das eigentlich nicht, bin so ganz glücklich – würd es mal halbglücklich nennen, weil mir irgendwas fehlt. Vermutlich Geld, es könnt allerdings auch ein Hühnerarsch sein). Ich erinnere mich also an meine erste Religionsstunde bei Herrn Pfarrer Wolfgruber, dessen letzter Satz war: „Es ist menschenunmöglich Gott zu beweisen, amen". Doch warum sollte das unmöglich sein. Was hätte Gott davon. Es ist also möglich und ich werde das tun.

Es zumindest versuchen.

Alles, was ich dazu benötige, ist der Lebenslauf meines Bekannten *(du erinnerst dich hoffentlich, der, der es in die „himmlische Führungsetage" bringen wird).*

15.1. Zwischenkapitel: Die Geburt und der Tod eines Helden

Er, der Zukünftige, führte 31 Jahre lang das Leben eines Gewinners. Alles, was er anfasste wurde zu Gold, denn er konnte und durfte alles. Er musste nie lernen, da er sich alles, wirklich alles merken konnte. Er heiratete in dieser Zeit seinen kleinen Traum und hatte 2 bezaubernde (teilweise sogar intelligente) Kinder.

Er war, da er „nur" Polizist werden wollte, nicht an höherer Schulbildung interessiert und wurde von der Polizei nach Realschulabschluss allerdings abgelehnt, da er leider Nichtschwimmer war. So lernte er bei der AOK Rosenbach, wobei „lernte" natürlich falsch ist – er musste nicht lernen, er verstand.

Als er nach Abschluss der Lehre an seinem Schalter saß und so dachte: „Ich bin jung, intelligent, stark, warum erobere ich nicht die Welt?", bewarb er sich bei einem der gefürchtetsten Kampfverbände des Planeten, der Bundeswehr *(Entschuldigung, liebe Frau Minister, dass ich bei diesem Satz selbst lächeln musste – is aber auch witzig)*.

Als er dort aufschlug lernte er zunächst die Kaputtmachung einer Schachtel Bier. Und er wurde ein starker Trinker, denn er wusste, Bier ist das gesündeste der vorhandenen Nahrungsmittel.

Zumindest, wenn es nach dem bayrischen Reinheitsgebot gebraut wurde.

Und er wusste: schwerer Alkohol muss vermieden werden, da er einen Körper und seinen Geist vernichtet. Was er dort auch hingebungsvoll tat, war der „Schafkopf" *(mit dem Kopf schaffen)*, ein bayrisches Kartenspiel, das er von seinem Vater lernte, noch bevor er Vater überhaupt schreiben konnte.

Diesen Sport beherrschte er also. Obwohl er unglaublich schnell feststellte, dass das mit der Welteroberung beim Bund nix werden würde, gefiel es im dort hervorragend, allein schon, da er mehr Geld beim Schafkopf verdiente, als er Sold bekam. Und er hat sie wirklich alle zerstört, vom kleinen Mitgefreiten, bis zum Major *(also dem Chef der Staffel)*.

Er war überaus beliebt. Er war auf jedem seiner Lehrgänge der Beste, wirklich immer der Beste, obwohl er seine Konkurrenz vor jedem Prüfungstag unter den Tisch soff und als letzter zu Bett ging. Und er war zusätzlich witzig. Unglaublich witzig.

Etwa 73% der Schenkelklopfer der jeweiligen Einheit, bei der er war, entsprang seinem Gedankengut. Ich erinnere mich noch, als wir zusammen im Uffz-Raum saßen, der Spies reinstürmte und sich darüber echoffierte, dass sein Lieblingsspieler Mehmet Scholl 5000,-- Mark Strafe zahlen sollte.

Darauf hin meinte mein Freund: „Oh, mein Gott, wie soll er da jetzt seine Raten für das 624.000,-- Mark-Gesetz noch hinbekommen“. Um das zu verstehn, sollte man zumindest das 624,--Mark-Gesetz gekannt haben. Aber wenn man es kannte, war der gut.

Relativ stark war auch folgender *(auf die aktuelle Trainersituation umgestellt)*:

In 30 Jahren kommt Jürgen Klopp in den Himmel und erhält eine Viertelhaushälfte, ganz in gelb-schwarz gestrichen. Sein Telefon is gelb-schwarz, seine Vorhänge und sein Fahrrad.

Als er aus dem Fenster blickt, erkennt er auf der gegenüberliegenden Straßenseite ein Schloss, vor dem barbusige Damen die Rosen schneiden und den Rasen trimmen. Sie tragen rot-weiße Hösgen. An den Bäumen hängen und aus den Fenstern wehen Bayernflaggen. Vor der Garage steht ein rot-weißer Porsche, mit einem Aufkleber mit allen, bis dahin, 52 bayrischen Meistertiteln darauf. Sofort läuft er zum Telefon, um Gott anzurufen, wird auf Warteschleife gelegt und erreicht Petrus. „ Bin ja ganz zufrieden, Pitti, aber warum erhält Uli Hoeneß ein Schloss und ich nur eine Viertelhaushälfte“?

Die Antwort von Petrus is knapp und klar:

„Das ist nicht das Schloss von Uli Hoeneß. Es gehört Gott.“

Seine Meisterleistung, aus meiner Sicht jedoch, war sein 2jähriges Elektrotechnikstudium an der Fernmeldeschule des Heeres für Elektrotechnik in Feldafing. Ingenieur musste er werden, um trotz fehlendem Abitur Offizier werden zu können. Da erhielt er die schlechteste Note seiner bisherigen Dienstzeit, bei einer Physikschulaufgabe.

Am Tag vorher, spielte er mit dem Wirt des Unteroffizierheims und 2 seiner Freunde die ganze Nacht Schafkopf und eliminierte eine Kiste Weißbier *(also 10 Liter)*. Ohne zu schlafen, oder zu frühstücken, wankte er morgens, mit seinen 60,-- Mark Gewinn, zum Hörsaal, wo er vom Schulleiter und Physiklehrer Oberstleutnant Schüssler, ein wirklich guter Mann, gefragt wurde, ob er überhaupt dazu in der Lage wäre, mitzuschreiben. Er mochte meinen Freund nämlich auch. „Wer trinken kann, kann auch schreiben“, bekam er als Antwort.

Bei dieser Schulaufgabe wurde er bis zum Gong der Stunde nicht mit den Aufgaben fertig und erhielt als Strafe tatsächlich nur eine 3 -.

Einen Kleinen hab ich noch. Den hat er kurz vor seinem „Tod“ erzählt und er gefällt mir ausgezeichnet:

In einer Vorstadtkneipe treffen sich ein Brett und ein Stein. „Habe die Ehre. Wer bist du denn?“
„Ich bin ein Stein.“

„Is schon gut. Wenn du Einstein bist, bin ich Brett Pit, kleiner Trottel.“

Bei einem seiner Offiziersweiterbildungen an einer christlichen Akademie in München, lehrten ihm sogar die dortigen Dozenten *(Theologieprofessoren)*, dass es die Hölle und den Teufel gar nicht geben kann, da Gott ja schließlich überall ist. Schlechte Menschen, wie beispielsweise Josef Stalin, würden im Himmel der Sterblichen also einfach miese Jobs bekommen. Beispielsweise seine Schuhputzer vor der heiligen Messe sein und im Anschluss Fußabtreter im Eingangsbereich der Kirche. Wenn sie gewusst hätten, wie klein die Hölle wirklich ist und wo sie sich befindet, hätten sie das nicht gesagt.

Wegen seiner körperlichen Überlegenheit, wurde er letztenendes in eine Spezialeinheit der Bundeswehr *(in eine Krisenreaktionskraft)* abgeschoben und auf der ganzen Welt eingesetzt. Vor allen Dingen in Afghanistan. Von den Terroristen, die er damals wie Strohhalme zerpflückte, wurde er nur würdevoll als „Top Gun Hancock" bezeichnet *(in Anlehnung an den Film mit Tom Cruise und den Roman, der zur Filmvorlage für den Streifen mit Will Smith wurde, der 2008 in die Kinos kam)*. Seine Lieblingswaffe, war die MG 333, eine Geheimwaffe der GSG-9 Kräfte, ein am linken Unterarm festmachbares Maschinengewehr, mit dem er spielend hätte eine 26 köpfige Terroristengruppe in einem 241 m entfernten Haus *(ohne hintere Fenster oder Hinterausgang)* hätte festzwirbeln können. Er war ein Gott und dadurch dem Teufel ein Dorn im Auge.

Während eines Noteinsatzes in Dschibuti *(die US-Jungs waren überfordert)*, wurde er vom Präsidenten persönlich angefordert und hatte eine Geiselnahme zu beenden. Trotz feiger Anweisungen seines US-Kommandanten, Colonel Trauthill, von der 3. Texanischen Heimatverteidigungsbrigade, drang er in das Gebäude ein und schoss 12 Terroristen, über den am Boden liegenden Geiseln, die Köpfe weg.

Doch er war auf der Suche nach dem Führer, Osama Bin Laden. Als er die Putzkammertür eintrat stand er da, mit einem Kleinkind im Arm und einer Pistole darauf gerichtet. Er hatte, eingegeben von Luzifer, den Schwachpunkt des Helden entdeckt: kleine Kinder *(mittlerweile sind auch bezaubernde Frauenärsche sein*

Schwachpunkt, aber dazu komm ich vielleicht später, wenn noch ein paar Seiten benötigt werden).

„On your knees. Drop the weapon", lautete seine Anweisung und der Held tat, wie ihm geheißen. Bin Laden trat auf ihn zu und drückte ab.

Da war er tot, jedenfalls fühlte es sich so an. Er kam jedoch 3 Monate später wieder zu sich. Im eigenen Bett liegend, mit Sonnenstrahlen, die durch die Rollläden einströmten. „Was bist du für ein Trottel, du musst morgen nach Dschibuti um Bin Laden dingfest zu machen und legst dich nachmittags schlafen?", waren seine ersten Gedanken. Doch er konnte nicht aufstehn. Er war zu diesem Zeitpunkt noch Rollstuhlfahrer. Seine Frau betrat das Zimmer und meinte: „Dein Krieg ist vorbei, du hast verloren und überlebt".

Was war passiert? Osamas Schuss war ein Rohrkrepierer, für den Michaela sorgte. Die Kugel blieb in seinem Schädel stecken, wurde von einem US-Militärarzt entfernt und er wurde in eine Spezialklinik geflogen. Sein Gedächtnis war weg und als er aus dem Koma erwachte, stand seine Frau neben ihm und fragte ihn: „Weißt du was passiert ist? Wo arbeitest und wie alt bist du?". „Ich bin 16 und arbeite bei der AOK Rosenbach", kam als Antwort. Das war mit 16 auch richtig, doch er war bereits 31 und ein Krüppel (jedenfalls in seinen Augen). An diese Tage konnte er sich natürlich nicht mehr erinnern, als er zu Hause *(er war nur an den Sonntagen zuhaus, um seine Erinnerung zurückzuholen)* aufwachte, aber so muss es gewesen sein, da ich diese Informationen über meine Allesrausfinders erhielt.

Der Held war also Tod.

Was ihm von seinen Besser-als-alle-Fähigkeiten noch blieb, war seine unüberwindbare geistige Flexibilität, seine Intelligenz, was allerdings bei abhanden gekommenem Gedächtnis auch nicht den erforderlichen Nutzen nach sich zieht.

Er ist die „Mutter Theresa" der heimatlosen Heckenbrunzer des Landkreises Rosenbach *(Rosenbach ist jetz kein kleiner Landkreis)* und er ist Weich geworden und Ausnutzbar, aber ich werde meinen Freund retten *(wenn ihr mir ein wenig helft)*.

Er wurde Pensionist und benötigte neue Aufgaben, die sich ergaben, als er, nach einem Schafkopfturnier in Haag, seinen Bekannten nach Hause fuhr und der noch in seine Stammkneipe wollte. Er hatte auf dem Turnier eine Ultra-Violett-Sauna im Wert von 2000,-- Mark gewonnen *(komischer Preis für ein Kartenturnier, wobei er sich erklärt, bei einem Saunahersteller als Ausrichter)*, brachte sie allerdings auf keinen Fall in seinen Kleinwagen und musste sie verschenken. Also 350,-- Mark und ein Sixpack sind so gut wie verschenkt.

Dieser Schuppen in der ehemaligen „Adolf Schicklgruber Straße" in Rosenbach, war tatsächlich an Schäbigkeit kaum zu überbieten. Einzig Rentner, Flüchtlinge, Sozialhilfeempfänger und ehemalige Gefängnisinsassen verkehrten darin.

Da er jedoch auch Rentner war, fühlte er sich dort wohl. Da konnte er auch helfen. Er hat mittlerweile 60.000,-- Mark *(also jetz wieder die neuen Mark, die europäischen)* verliehen. Er wird das Geld von ungefähr niemandem wieder zurückbekommen, doch seine fast schon göttliche Gabe, verzeihen zu können, hindert ihn daran, irgendwie böse zu sein.

Natürlich hofft er weiterhin, dass der eine oder andere genug Charakter hat, zurückzuzahlen. Wenn man allerdings auf die eine Seite der Waage seinen Charakter legt und auf die andere 1.800,-- Mark, wird es für Charakter schwer, mehr zu wiegen *(schöner Gruß,* *an die grauhaarige Frau mit R am Anfang (*Rainholda, Raimunda oder so?*), die sich 1.800,-- Mark auslieh und nix zurückzahlen will, dieses Luder).*

Eines seiner Rein(er)fälle *(jetz fällt`s mir wieder ein, sie hieß Rainerine (*SB*) – komischer Name für eine Frau. Vielleicht war sie gar keine)* war ein gleichaltriger Anwaltssohn, der sich wie er, in der Jugend mit seiner Konkurrenz spielte.

Er war abenteuerlich faul und hielt sich für zu schlau, als dass er für irgendwas hätte arbeiten müssen. Er war ihm sehr sympathisch und die beiden gründeten die „FzUHiS unlimited", eine Abkürzung für „Foundation zur Unterstützung Hilfsbedürftiger im Schrittbereich" (SB).

Das unlimited stand für „wir haften mit unserem Privatvermögen *(wobei nur mein Bekannter Privatvermögen hatte*)" und das war leider bald weg.

Der Anwaltssohn kostete ihn etwa 4000,-- Mark und als Hancock seine Lebensversicherung kündigte, für die er 42.000,-- Mark bekam, um seine damals 17 Angestellten halten, wirklich Bedürftigen helfen zu können und dieser Flieder auch weg war, lieh er ihm die Penunsen nur noch *(ca. 2000,-- Mark)* , da er ihn mittlerweile in einer Firma unterbrachte und er eigenes Geld verdiente.

Er hoffte ihn retten zu können, doch dieser Mann war Spieler und Spieler machen nichts richtig, sodass er kündigte. Schade, aber der Held vergibt.

Da es der Spieler ja mittlerweile selbst schaffte, eine reiche Freundin mit Edelärschchen aufzutun und sich zu retten, sich aber nicht mehr meldet, sehe ich das allerdings kritisch: auch die kleine Schnecke wird mit wehenden Fahnen auf ihrem Zitronenbops untergehn.

Darauf mein Wörtchen, Sue.

Hancocks 17 Angestellte wurden in militärische Dienstgrade unterteilt und abenteuerlich schlecht bezahlt. Ein, bis vier Schachteln Zigaretten im Monat. Sie hatten aber auch ungefähr nix zu tun und wurden alle, bis auf seine Führerin Hauptquartier *(also die Kneipe auf „Adolf Schicklgruber Allee")*, Brigadegenerälin „Wundertüte", entlassen, da sie sich bereiterklärte, für nur eine Schachtel monatlich „weiterzuarbeiten".

Er traf jedoch dort auch gute Leute, die ihm zeigten, dass Gott existiert. Meine persönliche Vermutung: im Jahre des Herrn 2011 nach den 140 Jahren Kerker war Gott noch nicht kräftig genug, sofort allen zu helfen, weshalb er in München *(seiner Lieblingsstadt)* startete und spiralförmig um München kreiste und den Radius erhöhte.

Wegen der Nähe Rosenbachs zur Landeshauptstadt, bekam mein Freund also relativ schnell Hilfe.

Die folgenden Zwischenkapitel versuchen zu beweisen, dass es Gott gibt, die Unterzwischenkapitel sind reine Zusatzerläuterungen.

15.2. Zwischenkapitel: Wilhelm „Welli" Ötzbatschak

Er traf zunächst einen wirklich guten Mann in dieser Saufhalle: jemanden, dessen Namen ich nicht kenne oder bereits vergessen habe, den er allerdings „Schlumpfi" nannte.

Schlumpfi arbeitete für einen Mann namens Wilhelm „Welli" Ötzbatschak. Wilhelm gehörte im

Prinzip die gesamte „Adolf Schicklgruber Avenue“, obwohl ihm eigentlich nichts gehörte (jedenfalls auf dem Papier nicht).

Er war unglaublich schlitzohrig, lässig und lächelte so süß, dass man ihn sofort hätte küssen müssen, wenn man leicht angeschwult wäre. Schlumpfi wurde das ganze Jahr von ihm ausgenutzt. Er erhielt für viel zu viel Arbeit, viel zu wenig Geld. Weshalb er kündigte.

Jetzt war es also an ihm, den Laden überleben zu lassen und Wilhelm nutzte auch ihn nur aus, weshalb Hancock mich bat, die „Allesrausfinders“ auf ihn anzusetzen.

Nachdem die Ermittlungen abgeschlossen waren, wusste ich, warum er so „deutsch“ geschäftstüchtig war. Er war der Sohn eines deutschen Oberstleutnants, Wilhelm Stahlsturm, vom 3. Regiment der Gebirgspanzerpionierdivision 41, eines Gräbers. Nachdem die 6. Armee in Stalingrad eingeschlossen wurde, wollte er sich mit 23 seiner Leute freigraben.

Nach 12 Längen- und 4 Höhenmetern stießen sie auf ein Höhlensystem, das Russland mit der Türkei verband. Sie verbrauchten unglaublich viele Fackeln auf ihrem beschwerlichen Weg, wobei sie Glück hatten, einen durch Granatsplitter erblindeten Mann, der sowieso nichts sehen konnte, dabei zu haben.

Er konnte ohne Fackeln zurücklaufen, wenn neue gebraucht wurden und das war oft so. Nach knappen 2.700 km verletzte sich ihr Fledermausjäger und Versorger *(Fledermausblut hat jede Menge Wasser)* Günther Wernhart-Müllerbröt. Sie mussten ihn liegenlassen und sich selbst essen, was dazu führte, dass einzig und allein Wilhelm Stahlsturm die Türkei erreichte.

Als er nach oben kam, sah er die zauberhafte Aysche

Ötzbatschak während der Knoblauchernte und nahm sie einfach so.

Wobei nehmen eher der falsche Ausdruck ist, denn Aysche war ganz geil auf einen Kriegshelden aus Deutschland, den türkischen Verbündeten im 1. Weltkrieg.

Als sie sich glücklich zurücklehnte und leicht schwanger war *(mit Wilhelm „Welli“)*, suchte sich Oberstleutnant Stahlsturm allerdings bereits die Landstraße nach Deutschland, wo er nie ankam.

Was auch immer Wilhelm „Welli“ für ein Geschäftemacher ist, er sorgte dafür, das mein Bekannter zu tun hatte und war damit ein Teil, des göttlichen Plans.

Zu erwähnen wäre hier natürlich noch Wilhelms Sohn, Tschihad *(behauptet zwar, anders zu heißen, aber Hancock nennt ihn so)* Ötzbatschak, der die Gesamtheit seiner deutschen, jüdischen und türkischen Trümpfe in perfektem Einklang spielt. Er wird das Lebenswerk seines Vaters zu einer goldenen Abrundung führen.

15.3. Zwischenkapitel: Eva II (SB) und das Monster

Während seiner Einkaufstouren für das „Hauptquartier“ *(so nannte er die Kneipe bereits)*, lernte er eine Frau kennen, die an Bezauberndheit wohl höchstens von Eva I *(also dem Zitronenbopsfalter Eva)* geschlagen werden konnte. Er näherte sich ihr an und begann, sie zu bezirzen. „Natürlich hättest du Chancen, aber ich hab einen Freund. Einen gefährlichen Freund, er zerlegt Polizisten wie Ersatzteile“, entgegnete sie ihm, doch was, bitte, sollte das heißen? Gefährlich bin ich selbst, dachte er und sagte:

„Kein Problem, ich krieg das in den Griff" *(er kannte Angst nicht, denn wer Angst hat, verliert)*. Seit er wieder laufen konnte trug er eine Mädchenwaffe *(ein Pfefferspray)* mit sich rum, da ihm die Ärzte sagten, er solle auf seinen Kopf aufpassen, da er beim nächsten Schlag darauf, sterben könnte.

Heute weiß er, dass sie das nur sagte, um irgendwie an sein Geld zu kommen. Wie im Prinzip jede Frau *(siehe Steinplattenunternehmen und Metzgerei Kain GmbH & Co. KG – nach Studium des Handelsgesetzbuches seines Vaters, kam er allein auf die Idee mit dem & Co. KG, um Anleger prellen zu können)*. Ihren „Mann" hatte er bereits 4 Wochen vorher kennengelernt, ohne es zu wissen. Er war in seinen Augen der beste Mann der Erde, denn er erschien in der Kneipe, um die sich mein Freund kümmerte und plötzlich war alles Still. Er schien bekannt gewesen zu sein.

Alle Dummschwätzer der Kneipe kuschten vor ihm und wenn ihm einer was erzählen wollte, schubste er ihn einfach weg, wenn er ihn langweilte. Ein richtiger Mann, dachte sich mein Freund, denn dass dieser Mann leicht *(schwer)* verrückt war, konnte er nicht wissen. Noch nicht.

Als sie ihm, ihn eine Woche später vorstellte und sagte: „Du kennst ihn bereits", konnte er sich wegen seines Gedächtnisfehlers nicht erinnern und erfand eine Geschichte. „Klar, du bis doch Kabel- Karl (SB), von der 2./33. Der Junge, der alle Hawk-Kabel (und da gab es viele) innerhalb von 16 Minuten verlegen konnte". „Was ist das denn für ein Depp", entgegnete er. Es war Zeit, zu gehen.

Kabel-Karl wurde auch einer der Burschen, die er durch die Gegend fuhr und da konnten sie viel sprechen. „Diese Frau kann machen was sie will, sie ist frei", meinte er anfangs, doch nachdem Hancock seine Sherlock Holmes Verhörtechnik anwendete, gab er zu, jeden Mann kaputtzuklopfen, der sich ihr näherte und ihr noch dazu die Zähne auszuschlagen, damit sie nicht mehr so schön wäre, falls sie ihn betrügen würde (er hatte anscheinend bereits vergessen, wie er an Eva II gelangte). So wie es aussah, hatte sie Angst vor ihm, was, meiner Schätzung zufolge, nur ein billiger Trick gewesen sein könnte.

Er wollte ihm sein Fehlverhalten klarmachen, indem er ihm folgende Geschichte erzählte: „Da war einmal ein kleiner Junge, der vor seinem Fenster einen Schmetterling sah. Als dieser täglich wiederkehrte, liebte er ihn immer mehr und dachte, dass der Schmetterling ihn auch lieben würde. Er ging raus, um ihn zu fangen und nachdem er wegflatterte, verfolgte er ihn, bis er ihn erwischte. Dieser Schmetterling liebt mich, ich muss ihn ganz fest drücken, um ihn zu schützen.

Als er seine Handflächen öffnete, war der Schmetterling tot, aber der Junge war glücklich. Er hatte ihn beschützt und dafür wurde er geliebt“. „Was willst du jetz damit sagen?“, fragte Kabel. Und da wusste er, dass dieser Mann ungefähr gar nix versteht und es besser ist, aufzugeben.

Im Lauf der Zeit, rief Kabel meinen Bekannten mehrfach an und sagt ihm, dass er jetz endlich mal dran wäre und bald die Radieschen von ungefähr unten betrachten könnte. Da er Angst allerdings nicht kannte, blieb er sein Fahrer.

Als ich daraufhin meinen Allesrausfinders einen Lockauftrag erteilte, kam furchtbares zu Tage. Dieser Mann war tatsächlich ein Monster und lebte davon, Angst zu erzeugen. Er war Türsteher am Laden von Eva und begleitete sie auf einen Kaffee. Dort fielen sie übereinander her, obwohl sie einen Freund hatte und vielleicht einfach nur ein wenig Spaß wollte.

Doch als die Nacht vorbei war, gehörte sie ihm, dem Monster und er nahm sie ihrem Freund einfach weg, der daran kaputt ging und dem Alkohol verfiel. Er ist mittlerweile alle Nase lang auf Entgiftung und hat seinen Führerschein wohl für immer verloren, was, auch wenn es mir um ihn leid tut, bei einem Alkoholiker wirklich Sinn macht.

Kabel war mehrere Male im Gefängnis, sogar in der Psychiatrie, konnte dort allerdings den Psychologen genügend Angst machen, in wieder in die freie Wildbahn zu entlassen. Er sperrte Eva mal aus ihrer Bar aus (im Vollsuff und er verträgt viel), woraufhin sie die Polizei anrief.

Arnold Schwarzenegger hatte grad keinen Dienst, weshalb Albert Einstein ranging. „Kabel? Kabel-Karl? Dieses Monster ist physikalisch nicht zu bezwingen. Wir sind nur zu zweit und kommen lieber nicht.“ Und er legte auf. Er konnte sich also erinnern, dass Kabel, beim letzten Einsatz gegen ihn, 7 Polizisten zerbrach (vermutlich konnte ihm wegen seiner 4,2 Promille eine Schuldunfähigkeit nachgewiesen werden).

Natürlich hat es mich zunächst gewundert, dass soviel Feigizität in deutschen Polizeistuben überhaupt wohnen darf, kam allerdings durch Nachdenken dahinter. Gute Männer, wie Hancock, müssen für jeden „Killefitz“ zahlen, da sie das ohne Widerworte tun. Kabel ist aber der Bruder der Angstmachung und der Polizist hätte ihn erschießen müssen.

Er wäre dann 11 Jahre nicht aus den Verhörzimmern der Inneren rausgekommen, wo ihm eine „gute Polizeipsychologin“ dann seine Pension gestrichen hätte, da er ein „kaputtgesoffenes geistiges Kleinkindmonster“ tötete, statt die Sache mit Spaß, Spiel, Spannung und ein bisschen Schokolade *(zur Not ginge auch eine Rose und ein Bruderschaftskuss oder ein Witzeduell)* zu beenden. Ich halte übrigens viel von Psychologen *(hoff jetzt mal, dass diese Aussage durch den fast schon messbaren Unfugsgehalt nicht als richtige Lüge geahndet werden wird).*

Eva hingegen, ist sowieso alles andere als ein Engel *(wenn man mal von ihrem Körper absieht)*, sie war genau 3 Monate verheiratet, bevor sie sich von ihrem Dachdecker, einem Serben, schwängern ließ. Ihr Ehemann, dem sie das Kind unterschob, lies sich bereits vor vielen Jahren von ihr scheiden.

Kabel Karl an sich war ein Mann, der auch Frauen, ohne mit der Wimper zu zucken, verprügelte. Also wirklich gefährlich, verrückt und gefährlich. Mit diesen Informationen fütterte ich meinen Freund.

Eines Tages saß er im Hauptquartier, dass er mittlerweile in Wolfsschänke *(in Anlehnung an die Wolfsschanze des Führers Schicklgruber)* umtaufte, da er wegen seines Kopfschusses Headshot genannt wurde und das die meisten der betrunkenen Gäste nicht aussprechen konnten und ihn Ketchup nannten.

Er dachte so bei sich: wenn ich mich „Führer, schön" nenne, werden mich die Leute, die zu betrunken sind, einfach Führerschein nennen und das kommt ja ungefähr hin. Hat auch geklappt. Mit am Tresen saß der sturzbetrunkene Sir Francis (SB), der ihn fragte, ob er ihn nicht nach Hause fahren könnte.

Natürlich konnte er, doch da rief ihn Kabel an:

„Kannst du mich holen?"
„In einer halben Stunde. Muss erst Sir Francis heimbringen."
„Francis? Genau den suche ich. Gib ihn mir."

Dann hörte er nur noch Sir Francis:
„Was willst du von mir? Möchte dein Freund sein und dir die Hand geben. Ich habe Angst vor dir."

Und jetz is Sir Francis alles andere als schmächtig. Er ist King Kong, hat aber Angst vor dem Monster.

Er ging mit ihm zum Ausgang, als ihnen Wilhelm begegnete. Sir Francis wollte mit Wilhelm würfeln und Hancock genehmigte ein Spiel, da er ja das Monster holen sollte. Nach seinem Sieg gegen Wilhelm pries er Gott und wollte auf keinen Fall weg und weiterspielen.

Auch gut. Hancock musste weg.

Auf seinem Weg zu Kabel rief er ihn nochmal an, um ihn zum verschwinden zu bewegen, aber er ging nicht ran.

Kabel wollte auch in die Wolfsschänke, was mein Freund versuchte nicht zu genehmigen.

„Du fährst dahin, wohin ich es möchte. Eva kommt auch." Wofür dieser Zusatz war ist unbekannt, denn wenn sich Godzilla zu einem dreht und einen Befehl dröhnt, is jeder Zusatz unnötig.

Als sie auf Wolfsschänke waren, zeigte sich Kabels Respekt vor Macht, denn er blieb ruhig, bis Wilhelm ging.

Als Sir Francis dann auf Toilette musste, verfolgte ihn Kabel. Der ungefähr 75 jährige Barkeeper Don Pit meinte zu meinem Freund, der Führer sollte mitgehen. Wozu war ihm nicht bekannt, er war gerade dabei, ein Bier zu öffnen und schob den Flaschenöffner *(gottlob)* ganz in Gedanken ein, während er überlegte, welchen Sinn es macht, King Kong und Godzilla auf eine Toilette zu verfolgen, die ohnehin nur einen Quadratmeter groß war und auf der man vor lauter Fleisch und Muskeln der beiden eh keinen Platz hatte.

Es war allerdings egal, da es dem Wunsch von Don Pit entsprach und der würde es schon wissen.

Auf Toilette zeigte sich zunächst, dass Godzilla doch gewisse Anstandsregeln beherrschte. Er lies Sir Francis zum Ende seines Geschäfts kommen, bevor er ihm den Weg zurück versperrte und ihn fragte: „du has also Eva gefickt, hä, du Wichser"? Er schubste ihn durch den „Raum" *(bei einem Quadratmeter von Raum zu sprechen is schwierig)*, sodass er *(natürlich)* an eine Ecke eines Ausgangs krachte. Dieses Kreuz is gebrochen, dachte mein Freund, aber da Sir Francis „King Kong" war, blieb er unverletzt.

Nach einer kurzen Zeit der Rangeleien und Schimpfereien bemerkte er an:
„Eva kommt sicher gleich. Wir sollten aus diesem Scheißhaus raus" und sie verließen das Klo.

Als Eva da war, konnte er selbstredend nichts hören, aber er blieb in der Nähe. Der komplett kaputtgesoffene Sir Francis musste erneut auf Toilette und das Monster versuchte ihm zu folgen. Eva stellte sich in seinen Weg und sagte ihm, dass er jetz nicht müsste.

Eva wiegt allerdings nur knappe 40 Kilo (auch nur, wenn sie ihr schweres Schuhwerk trägt, dass sie vor Windanhäufungen schützen soll) und wurde vom Muskelberg einfach zur Seite geschoben, woraufhin Hancock sich in den Gang zur Toilette stellte und sagte: „du musst jetzt nicht".

Da Godzilla schon schwer angetrunken war, bevor er von Hancock abgeholt wurde, gab er sich eine Flasche Wodka, packte er meinen Freund, stieß ihn durch den Gang und rief „dann bring ich dich halt zuerst um". Wenn Godzilla schubst, kommt man erst zum Stehen, wenn eine Wand das weitere Zurückstolpern beendet und die Wand kam nach 6 Metern.

Er blieb auf den Beinen und konnte dem nachstaubenden Monster sein Pfefferspray in die Augen sprühen *(etwa 30 cm, bevor er ihn erreichte)*. Dies Pfefferspray nutzt gegen anrennende Männer, sollte *(beim Kauf vom Verkäufer versprochen)* sogar gegen Nashörner einsetzbar sein, das Monster allerdings drehte sich weg und schrie: „du feige Sau, jetzt bist du fällig", drehte sich wieder um und nahm ihn in den Schwitzkasten, um auf seinen Kopf einzuprügeln. Diesmal war der Krieg wirklich vorbei, denn sein Leben lief in Sekundenbruchteilen vor seinem inneren Auge ab und er verlor den weiteren Ablauf.

Wieder einmal eine Chance, meine Allesrausfinders einzusetzen. Habe im Lauf meines Lebens nämlich festgestellt, dass man wirklich niemandem trauen sollte. Alle lügen, bis auf die geistig Anbehinderten und meinen Allesrausfinders.

Laut Bericht, griff er also in seine linke Hosentasche und holte den Flaschenöffner heraus, der zum Glück (dank Gott) mit einer Spitze versehen war und zog in blitzschnell quer zum Kopf des Monsters. Er erwischte seinen Hals und Kabel musste ihn loslassen, um die klaffende Halswunde zuhalten zu können. Er hätte ihn töten können, denn er war, anders als das Monster, ein Killer. Doch er lies von ihm ab, denn er vergibt *(auch unterbewusst)*.

Als er wieder zu sich kam, erschien Sir Francis und alle, wirklich alle Gäste des „Restaurants" rieten zum Verschwinden, bevor die Polizei kommt. Auch Don Pit wusste aus seiner Bankräuberzeit noch, dass es besser wäre, den Tatort zu verlassen, bevor die Grünen kommen.

Sir Francis verdrückte sich auch. Widerrede bei 2,7 Promille macht eh keinen Sinn.

Hancock aber blieb und lies sich festnehmen, da er

erst 3 Bier getrunken hatte und wusste, dass ein Weglaufen einem uneingeschränkten Schuldzugeständnis verdammt nahe kommen würde.

Laut Kabels Geschichte, hätte ihn Hancock auf Toilette verfolgt, um ihn zu töten. Das er jetz nicht Tod ist, lässt sich mit einem „so ein Zwerg kann einem Mann wie mir nicht Herr werden" abtun.

Das es allerdings noch nicht mal zu einem Prozess gegen Hancock kam, kann man bei ca. 12 anwesenden Zeugen *(von denen eine seine eigene Freundin Eva II war)* nicht erklären. Zumindest nicht, ohne einen hochroten Lügenkopf zu bekommen. Da die ehemaligen Mithäftlinge *(Angst machen scheint also auch auf Gefängnis ein probates Mittel zu sein)* und Brüder Kabels selbstredend auf seiner Seite sind und die Messer wetzen, bitte ich sie, darüber nachzudenken, ob sie nicht tatsächlich angelogen wurden.

Allerdings benötigt man für diesen Nachdenkprozess einen IQ von über 90 und ob sie den haben, bleibt fraglich. Ist eigentlich sogar eher unwahrscheinlich.

Nach seinem Versuch und der ist putzig, sitzt Hancock nicht, da er ihn nicht anzeigte. Das beweist allerdings nur, wie wenig er sich in unserem Rechtsstaat auskennt. Schwerste Körperverletzung führt wie Mord immer zur Anzeige. Zur Not durch den Staatsanwalt.

Wenn ich heute auf die Straße gehe und den edelunbeliebten Jürgen Klopp (das Feindbild des FC Bayern München) erschieße, werde ich immer vor dem Richter landen, auch wenn mich keiner anzeigt *(da Jürgen ja bereits Tod ist und der könnte als einziger was dagegen haben)*.

Er hat also Glück, dass Hancock ihn, wegen Morddrohung und Körperverletzung nicht anzeigte, was er natürlich tat, die Anzeigen allerdings auf drängen Evas hin zurückzog. Rausgekommen wäre dabei eh nichts. Sie hätten nur ein paar Tage vor Gericht verbracht und Steuergelder verschwendet, da er unter Garantierung wieder seine 4 Promille hatte und da ja tun kann, was er will, ohne dafür Strafe zu erhaschen.

Kabel verließ, trotz 2 Liter Blutverlusts, am nächsten Tag das Krankenhaus und ging 3 Tage später wieder arbeiten. Erneut hatte er sich seinen Respekt verdient. Nachdem er ihn allerdings 2 Wochen später anrief und sagte: „Du gehörst mir“ *(andere Sätze kann er anscheinend nicht)*, ging mein Freund zur Polizei und wollte ihn wegsperren lassen.

Der Inspektor meinte nur: „solang er nichts macht, sind uns die Hände gebunden“. „Ihr wartet also einfach, bis er mich getötet hat“, war seine Antwort und er ging. Soweit er Kabel einschätzen kann und das kann er, wird ihm dieser Mann nicht in den Rücken fallen, sondern ihn auf offener Straße stellen, wo er wieder die Chance hat, schneller zu sein, so Gott will.

Und Gott will so.

Komischerweise bewundert er Kabel immer noch, auch wenn er der festen Überzeugung ist, dass er besser weggesperrt werden sollte, da er von einem Teufel nicht besonders weit entfernt ist *(liegt vermutlich an dieser „Erster Eindruck“ Sache)*, da von ihm nichts besseres zu erwarten ist, so wie Gott es bei Luzifer wusste.

Seiner „großen Liebe“ Eva allerdings misstraut er, obwohl er sie immer noch finanziell unterstützt, damit sie durch den nächsten strengen Winter kommt.

Sie fühlt sich wie eine Großindustrielle, macht aber nur Fehler. Und das, obwohl er sich das nicht leisten kann. Für das Geld, dass er sich dafür aufgenommen hat, hat er monatlich 270,-- Mark Zinsen zu bezahlen.

Leser von nicht so stahlharter Lektüre, werden jetzt fragen: Wo ist hier ein Beweis Gottes? Und ich werde 2 Antworten geben:

Der Körper und die Verschlagenheit von Eva II. Trotz der Einschläge eines Dampfhammers *(und Kabel schlägt so hart)*, überlebte unser Held so gut wie unbeschadet.

15.3.1. Unterzwischenkapitel: Der Tod des Hancock

Liebe Hancock-Fans, dieses Zwischenkapitel hab ich nur eingebaut, um die Spannung leicht zu erhöhen. Ihr braucht erst mal keine Angst zu haben. Tod ist er nicht – noch nicht.

Da es sich bei Kabel allerdings um einen wandelnden Vulkan handelt, der jederzeit ausbrechen könnte, ist es nur eine Frage der Zeit, wann er Hancock erschlägt.

Da er momentan noch mehr Angst davor hat, dass wirklich zu tun (und die wird er haben, bis er sich die nächste Flasche Wodka intravenös einführt und gar nicht mehr denkt), als Hancock Angst hätte, getötet zu werden, da Kabel ja in jedem Fall verliert: wenn Hancock schneller ist, ist er tot, wenn Kabel schneller ist, kommt er nie mehr raus.

Der Staatsanwalt wird ihm nämlich, in einem fadenscheinigen Indizienprozess beweisen, dass er nicht nur Hancock, sondern dadurch auch seine 3 ungeborenen Töchter tötete. Also stünden ihm 34 Jahre schwerer Karzer bevor, mit anschließender Sicherungsverwahrung, die eh viel zu selten angeordnet wird.

Was nunmal klar ist, da wir sehr viele gute Anwälte und herausragende Psychologen haben, die die Rechte in der Tierwelt in und auswendig kennen und genau wissen, wie man so ein Schwein vor der Schlachtbank rettet, zumindest, wenn es die Hand abgebissen und geschluckt hat, die es vorher fett machte und 10.000,-- Mark drin waren, mit denen der neue Trecker gekauft hätte werden sollen.

Um die Notrettbarnötigkeit dieses Schweines zu erkennen, muss man nicht studiert haben.

Was, bitte, sind ein paar Menschenleben, gegen einen Urlaub auf Gran Canaria?

Falls die Macht der Psychologen und Anwälte, sowie der Hass von Richtern auf steuerzahlende Autofahrer, so weiteranwachsen, könnte es im Jahre 2114 zu folgendem Prozessverlauf kommen:

Plädoyer Anwalt: „Wie mein Mandant, Walther Wohltgemuth, zugibt, war die Ermordung seiner Opfer 4,6 und 11 unnötig, da sie eh zu klein gewesen wären, gegen ihn auszusagen. Diese, einer Hinrichtung ähnelnden, Tötungen bedauert er zutiefst, gibt allerdings die Schuld weiter an den Bekannten des Freundes seines Steingroßvaters *(der Begriff Stein- wurde im Jahr 2082 von Anwaltsvereinigungen eingeführt, für Verwandte, die den 47ten Verwandtschaftsgrad überschreiten, aber noch Einfluss auf die Schlechtigkeit des zu Verurteilenden gehabt haben könnten)*.

Die restlichen 12 Opfer, haben ihn allerdings provoziert. Beispielsweise Nummer 3, Helga Hörwatth. Ihre Aussage, „hör auf du Schwein, ich sags der Mama“, hätte einem 8jährigen Mädchen eigentlich sagen müssen, dass dies ihrem Todesurteil gleichkommt.

Hohes Gericht: Was kann mein Mandant dafür?

Natürlich wären bereits 3 Stiche tödlich gewesen, weshalb sich mein Mandant für die folgenden 21 Stiche bei den Eltern von Helga entschuldigt.

Hohes Gericht: Von ganzem Herzen.

Wie sie aus den Ausführungen der Psychologin ja wissen, wurde er vom Leben geschlagen. Sein Vater hätte damals etwas gegen die Vergewaltigungen des Erbonkels tun müssen, statt sich zu beteiligen.

Hohes Gericht: Was kann mein Mandant dafür?

Er ist auf dem besten Weg und hat sich nach seiner Entlassung bei dieser Reinigungsfirma, schon wieder einen neuen Job gesucht. In der Kindertagesstätte „Bäriger Bär Bielefeld“, werden sie nur Freude mit ihm haben.

Um nicht umsonst 3 Monate rumgesessen zu sein und die Staatskasse zu entlasten, bitte ich das Hohe Gericht stattdessen den Zeugen der Anklage, Bernhardo Brunnenbichler, zu einer Geldstrafe in Höhe von 2.000,-- Mark in 40 Tagessätzen zu verurteilen, da er zu spät erschien und deshalb mit seiner Maschine vom Typ BMW Edrekra *(Elektrodendrehkraftantrieb) 27er Reihe (BMW wird es bis dahin noch geben, is ja schließlich aus Bayern und völlig zurecht die Nummer eins der Autohersteller des Planeten)* auf dem Parkplatz vor dem Gericht, so unsachgemäß parkte, dass der Feuerwehrkommandant, Ludwig Löschmaler, nicht, mit seiner billigen japanischen Solarfunsel, zu seinem Noteinsatz fahren konnte, um, nach dem Hochwasser im Juli, den Keller von Frau Miltzbränd abzusaugen, um ihre Katze, Muschikleinchen, zu retten.

Mein Mandant, der „gute“ Walther ist freizusprechen. Vielen Dank.“

Nach 2-wöchiger Besprechung *(vermutlich mochte auch einer der Schöffen keine Anwälte und Psychologen)*, kam das Gericht zu folgendem Urteil:

„Im Namen des Volkes ergeht folgendes Urteil: dem Verkehrsraudi Brunnenbichler wird der Führerschein für 2 Monate entzogen und er hat 2.000,-- Mark in 40 Tagessätzen an eine Tiertagesstätte seiner Wahl abzuführen. Herr Wohltgemuth wird in 31 Anklagepunkten, wegen erwiesener Schuldunfähigkeit, freigesprochen und erhält, wegen Punkt 29 der Anklageschrift, 2 Jahre auf Bewährung. Die Gesamtkosten des Verfahrens werden von Herrn Brunnenbichlers Konten abgedeckt.

Zur Begründung: Herr Brunnenbichler hat, durch sein Parkvergehen, gefährlich in den Straßenverkehr eingegriffen, indem er die Rettung der Katze verhinderte. Herr Wohltgemuth ist in den meisten Anklagepunkten als Schuldunfähig anzusehen, da ja die Frau Psychologin bereits erörterte, dass selbst der Steinbekannte, ***(der Steinbekannte wird im Jahr 2093 von der bis dahin regierenden NLW-DSFWUV** (Neue Linke Welle – Die Selben Fehler Wie Unsere Väter)**, auf ihrem dritten Schweinerettungskongress** (um sich vor Klagen von Tierschutzverbänden zu bewahren)**, beschlossen, um es auch schlechten Anwälten** (wie dem vom Schusselhasen, aber da komm ich noch drauf)* ***möglich zu machen, Schweine zu retten, die Bekannte bis zum 17. Bekanntschaftsgrad nachweisen können, die Vorbestraft sind.***

Der gewöhnliche Bürger tut sich heute ja bereits schwer, einen Bekannten, seines Bekannten, als bekannt aufzuführen. Also bereits im 2. Bekanntschaftsgrad. Durch diesen Trick, kann ein Anwalt im Prinzip jeden Bewohner des Planeten, für sein Pladoyer aufführen und den Halbmenschen retten.) des Opas der Schwiegermutter seines Steinurgroßvaters, nicht umhin kam, seine Frau zu verprügeln und seine Kinder nur mit Gewalt erziehen zu können, wie sie ja aus den Gerichtsunterlagen des Marktes Rosenbach vom 23.06.1583 nachweisen konnte.

allerdings, da es weder von der Psychologin, noch von ihnen, Herr Anwalt, erörtert wurde, warum Herr Wohltgemuth, nach der Ermordung seines 15ten Opfers, dem kleinen Sabinchen, das er wenigstens tötete, bevor er sie vergewaltigte, was sich bei einem Schuldspruch natürlich strafmildernd ausgewirkt hätte, noch auf deren Eltern und Großeltern wartete, um ihnen die Hände abzuhacken und sie auf Toilette verbluten zu lassen.

Es klingt für das Gericht nach leichtem Sadismus. Dieses Fehlverhalten muss bestraft werden und somit ist Herr Wohltgemuth sich im Klaren, die nächsten 2 Jahre Zuhause, auf Arbeit oder in einer Kneipe mit seinen Freunden, darüber nachdenken zu müssen, was er falsch gemacht hat.

Empfohlen wird Herrn Wohltgemuth noch, den Zeugen Brunnenbichler auf Schadensersatz zu verklagen, da ihn dieser, gerade als er sich stellen wollte, wenn ich ihren Ausführungen glauben schenke, Herr Anwalt, viel zu rüde festgehalten hat und ihn schlug. Wo kommen wir da hin, wenn das jeder so machen würde? Das ist die pure Selbstjustiz.

Ich beende dieses Urteil mit den Worten, die mir die Europäische Richtergewerkschaft vorgab:

„Silencium – das Recht hat gesprochen und ist unfehlbar“. “

Anhang:

Um die Fülle von Strafverfahren einzudämmen, erließ der Oberste Iseuafraelische (ein bis dahin existierender Mehrstaatenstaat) Gerichts-Gerichtshof zu Haifa, im Jahre 2103, die Anweisung, Staatsanwälten und Nebenverurteilten keinerlei Berufung oder Revision zuzulassen. Einzig der „gute" Walther könnte in Berufung gehen, falls er mit seinen 2 Jahren drüber nachdenken nicht einverstanden wäre.

Wobei seine Berufungschancen nicht schlecht stünden, wenn sich sein Anwalt darauf vorbereiten würde, die Schuld dafür an einen vorbestraften Steinbekannten seiner Steintante abzuschieben oder er auf Kinderkrippe, während seiner Tätigkeiten an den Mädchen, zu abgelenkt wäre, durch dies ständige drüber nachdenken müssen und es dann zu einer erneuten Vergewaltigung und Hinrichtung eines Kleinkindes kommen könnte.

Jetz mal lieber wieder zurück zum Kapitel:

Was er also benötigt, ist ein wohldurchdachter Plan, den ich ihm, in Vorkenntnis seiner Planlosigkeit entwarf. Was er braucht, ist eine Flasche Jack Daniels *(und aufpassen, dass es kein „Jack Daniels Zero" ist – also ein alkoholfreier Jacky. Die Entwicklung dieses Getränks entspricht der Planung Hancocks mit seinem neuen besten Freund Weissgoldengel)*, eine Luftmatratze, auf die er die entleerte Flasche legen kann und ein fließend Gewässer, an dem er Hancock abfangen kann.

Nachdem er ihn erwischt und erschlagen hat, müsste er seine Leiche nur so neben ein angrenzendes Gebüsch legen, dass er nachher sagen kann, der schmächtige Typ hätte ihn, das 130-Kilo-Monster angesprungen, um ihn zu verletzen und er hätte ihm, obwohl er ganz bestimmt von aller Gewaltliebe befreit wäre, beispielsweise durch das Lesen des „Steinalten Testaments", in einer leichten Abwehrreaktion einfach das Genick gebrochen.

Da er für diese Geschichte allerdings einen Richter bräuchte, dem er Angst machen kann *(also einen relativ jungen Richter, der noch am Leben ist, wenn er rauskommt)* und das ein unnötiges Risiko wäre, sollte er, bevor die Polizei eintrifft, die Flasche Jacky trinken, sie auf die Luftmatratze legen und diese in den Fluss werfen.

Dafür bräuchte er nur zuhause ebenfalls eine entleerte Flasche Jacky (und wieder aufpassen, dass es kein „Zero" ist), die er vor seinem friedlichen Abendspaziergang trank.

Dann würde er garantiert, da Unzurechnungs- und damit Schuldunfähig, freigesprochen werden.

Das wirklich kleine Restrisiko ist, wie er dem Richter klarmacht, wie er, das „friedliebende Baby", so große Angst durch diesen hinterhältigen Überfall hatte, dass er auch noch die ungefähr 4 anwesenden, zufälligen Zeugen erschlagen musste (bei seinem Glück also eine Familie, die mit ihren 13 und 15 Jahre alten Töchtern grade vorbeikam).

Und das wird er müssen, da sie ihn ja beim Austrinken des Jacky beobachten werden und seinen Plan *(also eigentlich meinen Plan)* dadurch durchkreuzen würden.

Wenn er sich also zumindest ungefähr an diese Vorgaben hält, wird er glücklich werden können, da er sich rächen konnte und Hancock tot ist.

Falls er halbschlau wäre, würd er damit allerdings noch bis 03.07.2093 warten, damit ihn sein Anwalt mit einem gemeingefährlichen Steinbekannten raushauen kann.

15.3.2. Unterzwischenkapitel: Ja, ja, die Mädels.

Bei aller Beweiserei zum Thema Gott erneut ein halbkurzes Zwischenkapitel. Nachdem er von seiner Frau verstoßen wurde *(warum weiß nur sie und trägt naturalmente keine Schuld – Niemals !)*

und sich bedingungslos in Eva verliebte und sah, dass er nicht zum Zug kommen konnte, gab ihm Gott die Eingebung, es im Internet mit folgendem Schriftzug zu versuchen:

... muss als erstes rausfinden, ob Ritter des Lichts überhaupt so weit reiten, um Jungfrauen aus irgendeinem Verlies freizukämpfen. Was allerdings für dich sprechen tut, is, dass dein Gesamtkörperschärfekoeffizient die staatlich erlaubten 9,7 um ein Vielfaches schlägt.

Ich habe es endlich geschafft und den Durchgeliebtheitsstatus erreicht. Dank der Berechnungen meines neuen Microsoft-Glückslitsch-Werde-Programms mache ich dich, nachdem ich unsere Werte eingegeben habe, nach einer handgeschätzten Berechnungszeit von unter 0,0041 Nanosekunden, so sagenumwoben glückslitsch, dass man das in Prozentzahlen gar nix mehr ausdrücken kann *(also weit über 104,7%)*.

Nachdem ich diesen Zahlen eigentlich nicht, den nötigen Stellenwert geben wollte, schloss ich meine Maschine einfach zusammen, mit dem Mamuschka-Engigkeitsrechner von Hewlett-Packer und auch hier bescheinigte mein Computer *(nicht irgendein Rechner, sondern der Beste je gebaute – berechnet innerhalb einer halben Pikosekunde die Aufschlagpunkte aller Regentropfen, die während eines Gewitters, einer 48 km langen Regenfront, über dem Atlantik in diesen fallen werden)*, dass wir besser ineinander passen würden, als die Guiness-prämierte engste Mamuschka der Neuzeit *(gebaut vom russischen Mamuschka-Weltmeister 1913 – 1928 Wladi Wostok, das konnte er nämlich, der kleine Wladimir)*.

Also nun zur einzig wichtigen Primärfrage: wie lang willst du Ditsch noch sträuben, bevor du dich endlich diesem Zahlenwerk, dieser Beweiskette, dieser, deiner Vorsehung hingibst?

Ich, für meinen Teil, gebe jedenfalls auf und sträube mich nicht länger. Ich akzeptiere mein Schicksal, so wie mir gezeichnet und hoffe, dass du dich ähnlich vernünftig verhältst, dass du mich bei unserem ersten Date also bereits mit geöffneter Hose und ohne Unterbux empfängst.

Zusatzinfo: durchgeliebt ist eine Wortschöpfung des Erhabenen selbst *(also von mir)*. Das Adjektiv vorgeliebt wird durch angeliebt und schließlich durchgeliebt gesteigert.

Post Scriptum: Männers geben ja von Haus aus an, da es sich bei mir jedoch um keinen Mann, sondern einen gedächtnisbehinderten Halbgott handelt, der nich lügen kann *(eben durch das fehlende Gedächtnis – da müsst ich mir ja Lügen merken können)*, mit Ausnahme von haarsträubend erfundenen Geschichten, wo es zu keinerlei Rückfragen kommen kann, solltest du mir eine Chance geben. **Danke……**

Er gab ihm das Gefühl, mit diesem Anschreiben Zusatznässe innerhalb der Zielgruppe zu erzeugen, da Mädels auf Techniker stehen, da die mit ihren Händen ganz schön was können. Und Techniker war er ja, da er durch den Speziallehrgang „Terroristische Niederdrückung der feindlichen Luftverteidigung unter Einsatz von Spengzündern“ wusste, wo man an einem Flugabwehrraketensystem der Marke Patriot, Sprengsätze anbringt, um die Kampfstaffel inaktiv zu bekommen und nicht zuletzt wegen seines Elektrotechnikstudiums.

Sollte die Dame auf eine Reaktion verzichten, müsste er mit folgendem Text nachhämmern:

... ca. niemals kommt eine Nachricht von dir bei mir an. Habe sofort mein Forscherteam auf Problemsuche geschickt und heraus kam, dass endkraschiffrierte Störwellen aus dem Andromedanebel dafür die Verantwortung tragen.

Aber warum wollen die Andromedaner unsere Kommunikation verhindern?

Die vermutlich richtige Lösung stammt von einem meiner Theologieprofessoren: die andromedanischen Gelehrten vermuten vermutlich, dass es bei einer Paarung unserer Gene zur Entstehung eines Viertelgottes kommen würde, der dazu in der Lage wäre, eine intergalaktische Raumzeitzerstörerflotte zu entwickeln, die den Andromedanebel *(und alle benachbarten Galaxien)* dem Erdboden gleich machen könnte.

Doch diese Befürchtung wäre Humbug, denn *(um Coppola zu zitieren):*

Picasso mochte keine Kinder. Bergman war ein schlechter Vater. Fellini überhaupt keiner. All diese großen Künstler hatten keine Nachfolger, weil sie zu sehr mit sich selbst beschäftigt waren. Dann sind sie gestorben.

Da es sich bei mir auch um einen großen Künstler *(Lebenskünstler)* handelt und du dich weitab von jeder Bestäubung durch mich aufhältst, werden aus uns keine Nachkommen entstehen.

Dein bis etz verschmähter, höchstwahrscheinlich

dich liebendster Weggefährte aller Zeiten *(zumindest der, mit dem höchsten Intelligenzquotienten – mir is klar, dass das abschreckt, aber ehrlitsch is ja vermutlich eine deiner Forderungens)...*

Durch diese Hilfestellung gelangte Hancock an eine Frau, aus dem Stuttgarter Raum, die ich noch in einem späteren Kapitel als Beweis aufführen werde.

15.4. Zwischenkapitel: Häppy Tesa (SB)

Kurz nach Stammlokalwerdung der Kneipe in der „Rue de Adolf Schicklgruber", saß, als Hancock gerade eintreten wollte, ein ungefähr kugelrunder 60 jähriger Mann im Eingangsbereich und weinte.

„Was los, Käptn?", lautete seine Frage.

„Hab kein Geld und keine Freunde. Bringst du mich nach Hause?".

„Nicht, ohne dich vorher adoptiert zu haben. Wie heißt du überhaupt?"

„Häppy *(Name von der Red. geändert)* Tesa *(nicht verwandt mit den Gebrüdern Tesa, den Besitzern der Klebstoffmilliarden)*".

Und er wurde adoptiert und strahlte. Nachdem er ihn ein paar mal nach Hause brachte, musste Tesa ausziehn, da er die Miete nicht zahlen konnte. Er fand eine neue Wohnung, eben in der „Strada del Adolf Schicklgruber" und zwar bei einem anderen Stammgast der Wolfsschänke, dem edelschlechten, unbarmherzig geizigen „Erdbeer-Sepp".

Dieser Geizkrapfen hatte natürlich keine Freunde.

Hancock frühstückte mit seinem „neuen“ Sohn, als dieser plötzlich anmerkte: „Misttyp *(Papa wollte er nicht sagen, der Undankbare)*, solltest du nicht Erdbeer *(Opa wollte er auch nicht sagen, was Hancock ganz recht war)* besuchen und ihm ein Genesungsbier bringen?“

Natürlich wollte er das nicht, aber nachdem er alle Menschen liebt, auch Sparschweinchen, besuchte er ihn, mit einer frischen Halbe Alleswirdgutbier.

Ihr hättet die Augen von Erdbeer sehen sollen, wie sie glänzten, als sein „Sohn“ ihn besuchte. Er war glücklich, wollte es allerdings nicht zeigen und sagte noch etwa 3 Nachdenkminuten: „Hau ab, du Depp. Aber lass das Bier da“.

Dieser Besuch machte ihn so glücklich und gesund, dass sein Bein gerettet wurde. Er musste sich nur von einem Zeh, dem bösen Sparzeh, trennen.

Um diesen Tesa kümmert sich Hancock hingebungsvoll. Bringt ihm immer zu Rauchen und zu Essen und dichtet bei jedem Besuch ein Begrüßungslied, wie zum Beispiel:

> **Thehesaaa, thehehesaaaaa, mein Lieblingssohn,**
> **du bist so schöööön und nett.**
> **Dein Bapsilihi, der freut sich sooohhhhhhhh,**
> **bringt dir Frühstück, ans Bett.**

Na gut, Liedermachen kann er also nicht. Aber auch egal. Er machte es für seinen „Sohn“.

Und was er alles für seinen „Sohn“ tat. Unbegreiflich.

Zunächst wollte er ihn direkt nach der Adoption in einer Schule anmelden, erhielt aber, wegen seines Gewichts, nur absagen. Dann kam allerdings die Zusage der Waldorfschule, dass er genommen wird, falls Hancock ihm ein paar Stahlstreben für seinen Sitz kauft und er verspricht, sich nicht auf die Stühle der Mitschüler zu setzen, die versuchen, ihn zu ärgern.

Als dann der erste Schultag kam, verweigerte er den Schulbesuch aber, da er keine Schultüte von Hancock bekam. „Mit viel Bier und Wurst drin, Misttyp", war seine Forderung, doch Hancock war pleite. Nachdem er also nicht zur Schule gehen wollte, musste Hancock ihn direkt vom Vorschulkind zur Rentenversicherung umschleusen und auch das gelang ihm.

Da Tesa nicht viel Rente erhält, aber nur die teuersten Sachen verzehrt *(mit Billigwaren braucht „der Misttyp" ihm gar nicht zu kommen, die wirft er sofort weg)*, brauchte er noch eine Arbeit.

Im ersten Jahr arbeitete er in der FzUHiS unlimited von Hancock, als Oberfeldwebel Tesa, zur Vorratsverteidigung gegen anreitende Komantschen, da er ein Experte für den Wagenburgbau war. Er ist quasi seine eigene Wagenburg und muss da gar nicht mehr viel tun.

Nachdem er aus Kostengründen, wie 15 seiner Mitarbeiter, entlassen werden musste, wollte ihn Hancock für den übernächsten James Bond Streifen: „James Bond jagt Dr. No mit seinem Killerwalross zurück in die Weltmeere", als Walrossdarsteller in die internationalen Kinos bringen. Wahlweise wäre auch eine Tätigkeit als Kaufhausdetektiv möglich gewesen.

Er hätte nur von seiner Beobachtungsposition eine Startrolltreppe benötigt und kein Ladendieb wäre ihm entwischt. Zwar hätte er aufpassen müssen, bei der Verfolgung der Täter nicht die gestohlene Ware zu überrollen, wobei das egal gewesen wäre. Nach den ersten beiden überfahrenen Dieben, wäre dieser

Laden sowieso nicht mehr bestohlen worden.

Doch er merkte:

**Undank is der Welten Lohn,
das allemal bei meinem Sohn.**

Hancock wurde also gezwungen, einfach einsehen, dass, als der formvollendete Begriff „Undankbarkeitsüberschwappifizierung (SB), die den Rotbereich der Selbstmitleidshypothenuse küsst und sich durch „Misttyp“ ausdrücken wird“ in aller Munde war, also kurz nach seiner Erfindung, dieser Häppy dafür Pate stand.

Letztenendes brachte er ihn als Hausmeister bei seinem „Opa“ Erdbeer-Sepp unter, denn dieser Mann ist zwar geizig und kann nicht „Bieten“, aber er ist nicht unschlau. Einen günstigeren Hausmeister als Tesa hätte er niemals bekommen.

Häppy war in seiner Jugend ein unglaublich starker Mann, er hob die Autos seiner Freunde einfach ohne Wagenheber an, wenn sie die Reifen wechseln wollten, wofür er nun mit einem Rückenleiden bezahlen muss. Er gewann auch mal 97.000,-- Mark im Lotto, hat das Geld allerdings innerhalb kürzester Zeit versoffen und verhurt.

Auch dieser Mann, kostet ihn ein Vermögen, aber er liebt ihn irgendwie, wobei man jemanden lieben muss, um ihn schön zu finden und dieser Tesa sieht wirklich aus, wie das Walross Antje, aus der NDR-Werbung (Fotos von ihm, sind auf den Gesichtsbuchseiten eines Freundes von Hancock, aus Rosenbach, zu finden).

Erneut wird der ungeübte Beweiserkenner keinen Beweis erkennen können und so sage ich:

Nachdem Gott seine Kreise um München zog und in

Rosenbach landete, gab es da für ihn selbstredend nicht nur seinen zukünftigen Führungsriegenteilnehmer zu retten, da Gott ja für alle da ist.

Er musste auch ihn retten: den Häppy Tesa.

15.4.1. Unterzwischenkapitel: Warum verschloss sich seine Familie

Da er auch Versorgungsbezüge aus den USA erhält, bezieht mein Freund monatlich genau 2.711,-- Mark und muss diesbezüglich für seine beiden Kinder laut dieser Düsseldorfer-Tabelle *(etwa genau bei 2.700,-- beginnt eine höhere Stufe)* 840,-- Mark monatlich zahlen.

Was er sehr gerne tut, da er sie liebt. Nachdem er nach diesem „Kampfmissgeschick" viel Zeit zu Hause verbrachte und seine Frau *(obwohl 11 Jahre älter)* mehrmals die Woche „liebhaben" wollte, verschrieb im ein von seiner Frau aufgetriebener Arzt, Medizin, die ihn hätte impotent werden lassen.

Nachdem er stattdessen lieber Vitamintabletten nahm und seine Frau dahinterstieg, lies sie sich einfach scheiden. Sie hat ihn bei der Scheidung vernichtet *(er hatte ja keinen Anwalt, weshalb ihrer die Scheidung durchzog)* und erhält in 2 Jahren noch 90.000,-- Mark von ihm und obwohl er sich vor lauter Schulden nicht mehr auskennt, schenkt er auch seiner Familie monatlich 240,-- Mark für den Unterhalt der Kinder, da er diesen Betrag abziehen dürfte, weil sich seine Tochter bereits in einer Ausbildung befindet.

Das ändert nichts daran, dass sie weiter an ihm rummäkelt, seine Tochter gegen ihn aufstachelt, weil er zu wenig gibt. Sie können tatsächlich nur 2 mal im Jahr in Urlaub fahren. ? . Wobei sie natürlich seinen Sohn zu Hause lassen. ? . Sie trägt keine Schuld.

Niemals !

Diese Welt ist nicht gerecht. Jedenfalls nicht zu ihm, weshalb ich im Anhang, sobald mein Verleger *(wenn ich denn einen finde)*, es genehmigt, ein Spendenkonto für Hancocks Freund, der es ihm dann zukommen lässt, aufmachen werde.

Und Gott wird´s vergelten. **Amen**.

15.4.2. Unterzwischenkapitel: Die Geschichte des Stahlsturm

Wilhelm Stahlsturm wurde am 21.03.1908 als Sohn des Infanterieoberleutnants Ernst Goldsturm *(3. Generation Juden in Deutschland)* und der Bauernmagd Helge Stahlwurm geboren.

Sie entschlossen sich, in der 4. Generation, also bei ihrem Sohn Wilhelm, endlich diesen jüdischen Flair abzuschütteln und sich einen, in der damaligen Zeit möglichen, Doppelnamen zu geben.

Laut kaiserlichem Prolog vom 13.07.1907, bestand er aus dem ersten Teil des männlichen und dem zweiten Teil des weiblichen Namens, weshalb sich Helge Stahlwurm, genau wie ihr Mann, vor der Hochzeit umoperieren lassen mussten, um Stahlsturm und nicht Goldwurm zu heißen.

Was rückwirkend natürlich die Geschäftstüchtigkeit ihres Enkels Wilhelm „Welli" erklärt. Also jüdisch-deutsch-türkisches Geschäftsgebaren.

Aus ihm musste was werden. Nachdem seine Eltern nach dieser Umoperation keine Kinder mehr haben konnten, steckten sie all ihre Liebe in den kleinen verzogenen Wilhelm. Wilhelm konnte ungefähr gar nichts, schaffte die Offiziersprüfungen des Reichsheeres allerdings mit seinem bezaubernden Lächeln *(wo sich der Kreis zu Wilhelm „Welli" wieder mal schließt).*

Bei den U-Boot Einheiten des Bodensees, „Wir lieben unseren Führer, Heil", verdiente er sich durch langatmige „Sinnfrei auf dem Bodenseeboden rumliege und dabei gewaltig lächle Übungen" seine Sporen und wurde letztenendes Generalfeldmarschall, da selbst bei einer nicht angekündigten

Überprüfung der Mundwinkel der schlafenden Offiziere, ein Lächeln auf seinen Lippen erkannt werden konnte (es war natürlich das bis zum Exzess geübte Endsieglächeln mit „Britischer Zerstörer versenkt Ohrenstellung" (SB)).

Nachdem er die Heeresgebirgspanzerpionierdivisionen übernahm und mit ihnen in Russland einfallen sollte, wurde er allerdings ca. 6 mal degradiert und war in Stalingrad „nur noch" Oberstleutnant.

6 mal degradiert in 4 Monaten, deutet entschieden darauf hin, dass die Oberste Heeresführung Wind davon bekam, dass es sich bei ihm um einen Sechzehnteljuden, einen sogenannten Untermenschen handeln könnte.

Als es amtlich wurde und ein Erschießungsbefehl für ihn erstellt wurde, persönlich vom Führer unterzeichnet, befand er sich allerdings gerade 3 m unter Grund in seinem Ausgrabungstunnel, der ihn zuguterletzt in die Türkei führte.

Nach der Schwängerung von Aysche, wollte er per

Anhalter zurück ins Reich, wurde allerdings von den Bauern, auf deren Wagen er aufsteigen durfte, 23 Jahre nur im Kreis gefahren, da er kein türkisch sprach und immer wortlos mitfahren musste.

2 Jahre benötigte die GeStaPo, diesen „Untermenschen" orten und den Eliminierungsauftrag, in die Türkei schicken zu können.

So starb der Gefreite Stahlsturm (wurde nach bewiesener Untermenschzugehörigkeit noch 17 mal degradiert) in einem Kugelhagel eines Reichskillerkommandos, am 03.04.1968, genau am 20sten Geburtstag seines Sohnes „Welli" *(er war eine Spätgeburt, schaute nämlich nach 9 Monaten an sich runter, sah den Penis, dachte er wäre ein Wal und blieb 2 Jahre länger in seiner Mutter, damit der Körper nachwachsen kann)* bei Ankara *(der türkischen Knoblauchhochburg).*

Dass die Juden in US-Uniformen *(es gibt in New York mehr Juden als in ganz Israel)* den Krieg schon längst gewonnen hatten und plötzlich wieder gut waren, wusste die Meuchelmörderbande anscheinend noch nicht.

Oder es hat sie nicht interessiert.

15.4.3. Unterzwischenkapitel: Die Richtigstellungs

Wer jetzt denkt, Hancock wäre ein chauvinistisches Arschloch, ein Macho, ein Ausländerfeind *(weil er afghanische Terroristen zerbröselte und serbische Dachdecker nicht mag)*, liegt laut meinen Berechnungen und derer meines Geheimdienstes, ungefähr falsch.

Von den 80.000,-- Mark, die er verlieh und verschenkte, gingen etwa 30.000 an Mitbürger aus EU-konformen Staaten und 20.000 an Flüchtlinge.

Er hätte allen Grund, Ausländer nicht zu mögen. Verzeiht aber großzügig und barmherzig.

Ich glaube, er hatte noch nicht einmal was gegen Franzosen.

Also bald auf keinen Fall mehr. Verlasst euch da auf mein Wort.

15.4.4. Unterzwischenkapitel: Der Verlust der Bücher des Mose

Dass ich keine 100%ige Auskunft über den Verbleib, der 7 verschwundenen Bücher des Mose geben kann, versteht sich von selbst.

Gerüchten zu Folge war Moses allerdings Spieler. Als angehender Hohepriester des Echnaton hatte er natürlich Zugang zu allen Ägyptischen Spielotheken und den dazugehörigen Nachtbars.

Und er war kein schlechter Spieler. Beim Pharaonenpoker zerstäubte er alle Herausforderer, bis er sich einem neuen Spiel der damaligen Zeit hingab.

Da wurden abgerichtete Ratten in Kartons gepackt, die einen Einwurfschlitz und einen Auswurfschlitz hatten. Die Ratten waren hervorragend trainiert und fraßen nur Dinge, die in irgendeiner Form wertvoll waren.

Sobald sie sich überfressen hatten, gingen sie auf die beiden eingebauten Toiletten und entsorgten den Inhalt 2 Drittel zu 1 Drittel. Die Toilette für die beiden Drittel war mit dem Auswurfschlitz verbunden, das Ein-Drittel-Klo führte zu einer separaten Schatzschatulle des Kistenaufstellers.

Er wurde Abhängiger des „Rattenkackspiels" *(wie es zu dieser Zeit genannt wurde)* und verspielte sein gesamtes Gehalt. Und er verdiente nicht schlecht. Als Hohepriesteranwärter erhielt er bereits im ersten Lehrmonat über 2000 Tut-Ench-Taler, also das 10fache eines Postkamelebetreuerjahresgehalts.

Ein Tut-Ench-Taler ensprach genau 17 Amunmark, die wiederum jeweils 17 Cleogroschen wert waren. 17 war die Basiszahl der altägyptischen Mathematik. Zum damit rechnen, war das zwar Scheiße, aber die 17 war unangreifbar, da der erste Pharao der ersten Dynastie, ein gewisser Menes war, der 11 eigene und 12 Kinder von seinen wirklich scharfen Küchenhilfen hatte.

Er schwängerte sie stets während der Zubereitung von Faluza, einem Vorläufer des legendären Persischen Glasnudeleises Faludeh. Wenn sie in Mutterschutz gehen und die Anerkennung des Balges wollten, ließ er sie einfach köpfen.

Die späteren Geschichtsschreiber haben aus den unehelichen, einfach halbe Kinder gemacht, weshalb Pharao Menes, der Gottgleiche, also 17 Kinder hatte.

Als führende Altägyptische Mathematikprofessoren Jahre später errechneten, dass die 17 die erste ganze Zahl ist, die sich, ohne den geringsten Rest, durch 1,0625 teilen lässt *(wofür sie etwa 200 Rechenschieber brauchten)*, begann der Siegeszug der 17, der erst endete, als sie von der Römischen X erschlagen wurde.

Post Scriptum: die 1,0625 war seit Beginn der Pharaonenzeit eine göttliche Zahl, da es nur einen (1) Gottpharao gab, der ungefähr null (0) Hirn haben musste, um gleichzeitig Sex (6) mit mindestens zwei (2) Küchenhilfen oder Schamhaarfrisörinnen zu haben und dabei relativ genau fünf (5) Ehefrauen zu betrügen. Also 10625. Das Komma wurde eingefügt, da Ägypter normalerweise nich so weit zählen konnten und unter 2 ging immer.

Da fiel ihm ein, dass seine 12 Bücher ja auf wertvollem Balsastein gezimmert waren und so zerbröselte er ein Werk nach dem anderen, um vielleicht doch irgendwann richtig reich werden zu können.

Dass das gar nicht geht, hätte ihm seine Logik eigentlich sagen müssen, aber sie schaltete sich, wie bei heutigen Spielern, einfach aus. Reich wurden nur die Kistenaufsteller und das nicht zu knapp.

Erfunden wurde diese Art von Spiel von einem osmanischen Gefangenen des Karthagischen Reiches *(Karthago war die Großmacht in Afrika vor der Zeit der Ägypter)*, der während des Kurznachhalbten Punischen Krieges *(die Karthager wurden damals landläufig Punier genannt)*, zwischen Karthago und dem Osmanischen Reich, in die Hände der Karthager fiel und auf seinem Sklavenschiff nur Ratten zum Spielen hatte.

Mit den Gewinnen, für den Verkauf der Patentrechte am „Rattenkackspiel", erkaufte er sich schließlich eine luxuriöse „Erster Klasse Rückreise" ins Osmanische Reich und hatte noch genüg übrig, sich dort den Titel eines Großmogul leisten zu können. Was seine 21 Fräuen natürlich freute *(also 4 Fräuen und 17 „Sklavinnen")*.

Ein Inklusivpech von Mose war, dass Balsastein die Eigenschaft besitzt, Rattendärme zu verschließen und zwar luftdicht.

Das war damals wissenschaftlich zwar noch nicht nachweisbar, worauf er allerdings selbst hätte kommen können, nachdem er eine Ratte 36 Stunden durchfütterte, ohne zu schlafen oder zu essen und sie daraufhin platzte.

Für den entstandenen Schaden musste er auch noch aufkommen, da die Kiste vor der erneuten Benutzung porentief gereinigt werden musste *(eine Auflage von RP (Rat Peace), damit sich die nächste Ratte keine Krankheit zuzieht)* und Rattenblut nur ganz schwer weg zu bekommen ist. Gerade aus einer Kiste, geht das eigentlich kaum.

Kostenaufsemmelnt stellte sich heraus, dass er auch für die Ratte blechen musste. Die Gesamtausbildung zur Rattenkackspielratte dauerte bis zu 18 Monaten. Sie lernte zwar schnell, nur Dinge zu fressen, die wertvoll waren. Das anschließende Entsorgen 2 zu 1 Drittel, dauerte allerdings lange.

Sobald sie fertig ausgebildet und bereit für den Export war, erhielt sie noch eine Gütesiegelbescheinigung *(mit Pfotenabdruck)*, des pharaonisch ernannten Güteuntersiegelerstellungsexperten. Und billig war das nicht. Sowohl Rattenkackspielrattendompteure wie Güteuntersiegelerstellungsexperten lachten über die Gehälter der Postkamelebetreuer.

Jetz hatte er noch Glück, denn als sein siebtes Buch zerbröselt in einem Rattendarm lag und er mittlerweile 153 Ratten zum explodieren brachte (sein Dispokredit bei der „Pharaonischen Rattenkackspielrattenpostbank" war bereits mehrfach überschritten), entschieden die Juden, aus ihrem Sklavendasein in Ägypten zu fliehen und sie nahmen Moses und seine restlichen Bücher einfach mit *(er musste gewaltsam von der Maschine getrennt und gefesselt werden, da er schon so abhängig war, dass auch die bevorstehende Freiheit ihn nicht hätte überzeugen können)*.

15.5. Zwischenkapitel: Finale

Es ist der 10te Tag angebrochen und Gott ist weg. Obwohl ich noch Kapitel über das wundersämige, wie irreparabel dumme Blümchen, also die Frau mit dem „Küchensklaven-Bückstück-Fieber“ (SB) *(wobei mein Körper dazu in der Lage wäre, ein heilendes Sekret zuzubereiten, von dem sie nur mal ein Schlückchen nehmen müsste – aber will sie nicht)*, ihren Stecher, den etwas notgeilen, aber sauber verschlagenen Lord Wastopol, Hancocks Zukünftige, Tatjana „Forstenmoser“ *(aus dem Stuttgarter Raum)*, sowie seinem neuen besten Freund, dem wirklich alles überragenden Thüringer Türringer *(ringt seine Gegner gern vor Türen nieder)* „Antichristian Weissgoldengel“ *(so nennt er sich und er ist auch so ein Trottel.*

Wenn er arbeitslos ist, ist er sich zu fein, sich für Arbeitslosengeld anzustellen oder die Sozialhilfe seine Krankenversicherung zahlen zu lassen und soll jetzt unglaublich hohe Beträge für die dadurch gesetzlich entstandene „Freiwillige Krankenversicherung“ nachzahlen), seinem alten besten Freund „The Cabmachine Joe-Häns“ und seinem Gönner und Manager „Hacke“ *(altbayrisch für Beil - SB)* schreiben wollte, gehen mir die Worte aus.

Aber sei`s drum. Gott hat mir lang genug geholfen und 200 Seiten werden es schon sein *(wenn nicht, wird´s halt ein Kurzroman)*.

Ich weigere mich, das Stück nochmal durchzulesen und irgendwie künstlich zu verlängern.

Was mir noch Zwischenwehtut ist, dass es mir nicht mehr gelingt, ein Kapitel über die Göttin, die vermutliche Göttin, der 7 Kostbarkeiten zuzubereiten.

Diese Frau hieß wie eine der Töchter Evas und war

die Freundin eines guten Mannes, der Hancock, als es ihm finanziell unglaublich schlecht ging, in seiner Firma in Riedering aufnahm und ihn als „Mutter für Alles“ beschäftigte.

Hancock ging allein durch den Geschmack ihres Handrückens davon aus, dass sie auch an Sex anderen Körperteilen wahnsinnig lecker wäre, durfte aber nicht mehr probieren. Nachdem sie sich allerdings von ihrem Freund „Power Glaus“ trennte, wollte sie auch ihn nicht mehr wiedersehn.

Im Prinzip sind es eh nur Beweise für Hancock, dass es Gott gibt *(selbstredend mit Ausnahme des Körpers von Eva II und dem überleben des Dampfhammers von Kabel).*

So kann jeder für sich aus dem Fenster sehen, daran denken, wen oder was er liebt und für sich selbst entscheiden, dass das von Gott kommen muss.

So wie er seinen leiblichen Sohn, Wunzo, liebt, der immer an ihn glaubte, während seine Tochter, vermutlich durch den schäbigen Einfluss ihrer Mutter, sich von ihm abwendete.

Wunzo ist ja jetzt ein komischer Name. Eigentlich heißt er ja auch Florian. Hancock erzählte ihm allerdings, als er ihn in dieser Schädelklinik besuchte und erst 4 Jahre alt war, dass sein Opa ein unehelicher Sohn von Pablo Picasso war und deshalb, damit die Waschweiber im Dorf nicht wussten, wer sein Vater ist, Wunzo Picasso getauft wurde. Wunzo Picasso der Erste.

Die Erstgeborenen aus dem Hausnamen Kernzlhuaba wurden seit dieser Zeit mit Vorvornamen Wunzo Picasso getauft und durchnummeriert. „So wurdest du zu Wunzo-Picasso der Dritte Florian“.

„Mog ned, Wunzo. Bin da Florian", war seine Antwort. Er hat sich mittlerweile allerdings daran gewöhnt Wunzo zu heißen.

Sollte es zu Änderungen kommen, weil mein Verleger *(so ich den einen finde)* darauf besteht, werde ich hart bleiben und irgendwelche Andersformulierungen in einer anderen Schriftart oder Farbe *(Halbgrün wär gut)* zu erkennen geben.

Dankbarkeit, ist mein Wort. Wenn schon nicht den Pulitzerpreis, so werd ich doch irgendeinen Literaturpreis bekommen. Wobei ich auch schon mit der „Goldenen-Autoren-Himbeere" *(also das schlechtverkaufteste Buch des Jahres)* zufrieden wäre, solang die Verkaufszahlen, jene von Adam leicht übersteigen. Die Hoffnung stirbt ja bekanntlich zuletzt, wobei an mir etwa gar nichts sterben wird, solang mich Kabel nicht erwischt und schneller ist, als ich. Amen.

Da mir vermutlich gerade mehr als 2 Leute zuhören, werd ich in meinem Nachwort noch ein paar wirklich vernünftige Worte über meine politischen Einstellungen und meine Sicht der Menschheit gewähren. Als denn, das Nachwort.

Nachwort:

Nachdem ich das Stück nicht mehr lese, müsste ich mich natürlich, bei ein paar Menschen entschuldigen. Spontan fällt mir zunächst der Franzose ein. Eigentlich kann er gar nix dafür, dass ihn der gewaltigste Rechtschreibreformator der Neuzeit, der alles überragende „Lone Wulf" nicht mag und ich sollte das auch relativieren: man kann nix nicht mögen, das man gar nicht kennt und ich kenn keine Franzosen.

Also versuche ich mein Innerstes, den Schweinehund, zu überwinden und ihn zu mögen.

-
-

Geklappt

Dann natürlich beim Papst und der Kirche: ihr seid wichtig. Wichtig für so viele Menschen, denen es ohne euch noch schlechter ginge. Also: weiter so. Nur ein wenig großzügiger wäre toll. Lasst mal den einen oder anderen Asylanten in euren leerstehenden Klöstern wohnen oder bezahlt die Gehälter eurer Priester selbst.

Fertig

Sollte ich noch irgendjemanden beleidigt haben, ach ja, die Schwulen, sorry. Schwule mag ich nunmal definitiv nicht, aber ich akzeptiere ihre Einstellung, sie gehören nämlich nicht zu den 4 kaputtesten Menschenarten, zu denen ich nun komme.

1.: Der Rechtsradikale
Er ist leider ein gutes Stück zu dämlich, bis 3 zu zählen, solang ihm der „Führer" nicht die vorhergehenden Zahlen vorgibt. Die gerngehörte Aussage in Rechten Kneipen, „Lasst uns ein paar Türken klopfen, die uns die Arbeitsplätze wegnehmen", ist nun mal ein Doppelwiderspruch an sich, denn zunächst kriegen die Hohlkörper dabei die Fresse voll, wenn sie nicht gerade einen gehbehinderten Siebenjährigen Albaner auf Straße erwischen, den sie quälen können, zum andern: welche Arbeitsplätze? Arbeiten würde so einem Trottel nie einfallen und schon gar nicht eine Stelle, die nur einem „Ausländer" nicht schmutzig genug ist.

Es handelt sich auch bei Hancock um einen „Halbrechten".

Allerdings einen vernünftigen. Wenn ich ihn frage warum, sagt er, „weil ich stolz bin, auf unsere Vergangenheit, weil wir das Volk der Dichter, Denker und Krieger waren, weil wir das Volk des Erzengels sind".

Auf meine Frage, was dann die anderen wären, weiß er keine Antwort. Denn ob man glaubt oder nicht. In jedem Fall, stammen alle Menschen des Planeten von einer Paarung ab. Vom Zusammenkommen des Urpäarchens.

In jeder Rasse gibt es gute und sehr gute Menschen. Einige sind zwar schlecht und man tut sich hart, gut zu sein, wenn man Rumäne oder Türke ist, was nur auf ihre Herkunft, ihre Traditionen und ihre Erziehung zurückzuführen sein dürfte und einfach nicht mit „deutschen" Einstellungen in Einklang zu bringen ist, man das allerdings niemandem vorwerfen darf.

Sinti und Roma beispielsweise, also dies ganze Zigeunerpack, waren schon immer dazu verurteilt, zu lügen, zu betrügen, zu stehlen, um überleben zu können und überleben wollen wir doch alle.

Der „gute" Deutsche, der sagt, dass er nicht lügen, betrügen, stehlen würde, um zu überleben, kann auf keinen Fall von sich behaupten, niemals die Unwahrheit kundzutun. So etwas riecht, schmeckt und fühlt sich nicht nur so an wie eine Lüge.

Es ist eine.

Er weiß, das es in Deutschland, wegen seiner fulminant schlechten strategischen Lage, da es jederzeit dazu in der Lage sein musste, in alle möglichen Himmelsrichtungen zu schlagen, allerdings auch Fremdgene aufzunehmen und absorbieren zu können, gar nicht „rein" sein kann. Impossible Mission. Was er zusätzlich weiß:

Der Führer war ein armes Schwein.
Er hatte keinen Führerschein.

Heute, wo auch Gürgül Muhamtülla, nachdem er von seiner Mutter eine gekriegt hat, im „Reich" mit seinen 12 Geschwistern Asyl beantragen kann und naturalmente die Mutter gleich mitbringt, damit die Familie nicht voneinander getrennt wird und wir ja schließlich dafür aufkommen müssen, von, wie seine Geschwister, Sozialhilfe lebt und als schneidiger südländischer Liebhaber, einfach Heide Görgewitzinski (was schon nach polnischem Einfluss klingt) schwängert, um den deutschen Genpool zu verunreinigen? Arier sind höchstens noch die Schweden.

Aber was bitte, soll arisch überhaupt sein? Dies Wort habe ich ein paar Mal benutzt, es kannte vor 1933 allerdings niemand und heute weiß es auch keiner.

Nur weil ein kleiner Sadist (selbst Vierteljude) aus der Ostmark es zum Wort des Jahrtausends machen wollte, müsst ihr es nicht verwenden.

Dümmer geht allerdings noch:

2.: Der Linksradikale

Er könnte sehr wohl bis 3 zählen, weigert sich aber, das zu tun, da es in irgendeinem Lehrbuch vorgegeben steht, wie das zu klappen hat.

Naturalmente gibt er nicht den Ausländern die Schuld, dass er nichts hat, sondern verteufelt den Staat, der ihn in seiner komplett übersäuerten Faulheit mit Golddukaten überhäufen sollte, da es allen Menschen gut gehn müsste, auch ohne Arbeit *(das von ihnen modifizierte Kommunistische Manifest wär also „Reich durch Rumlungern und Dummsaufen und dabei noch schöne Haare")*.

Lieber sitzt er, zum sich sonnen und philosophieren,

mit einer Flasche Billigfusel, vor Bahnhof, pflegt sein mädchenhaftes Irokesenhaar und stänkert Polizisten an. Also die Mittelsmänner des verhassten Staates.

Ich kann sowohl Rechts- als auch Linksradikale sehr gut verstehn. Sie suchen die Schuld an ihrem Versagen einfach bei anderen. Wenn sie die Sache ihrem Umfeld, oder sich selbst aufbürden würden, müssten sie sich ja selbst schlagen. Anders als Hancock. Er suchte die Schuld bei sich selbst und konnte wieder glücklich werden, ohne sich zu verprügeln. Oder auch anders als bei Adam und Eva, als sie noch alleine waren. Da war es leicht, einen Schuldigen zu finden. Als Adam seine erste Auflage *(10 Stück)* vom Steinalten Testament auf die Ladentheke brachte und sich Eva keins kaufte, wusste er, wer daran die Schuld trägt, dass er bankrott geht. Als er sauer war und sie romantisch in der Abendsonne saßen und nicht kuschelten, stellte ihm Eva die entscheidende Frage, die heute auch noch jede Frau stellt: „Adam, liebst du mich"? Er musste 5 Minuten nachdenken und antwortete: „Wen den sonst". „Warum schmust du dann nicht mit mir"? Er erzählte also von seinem Problem, woraufhin sich Eva sofort 3 Ausgaben kaufte. Dadurch hatte er genug verdient, um sich auch 2 Stück kaufen zu können *(die waren ganz schön teuer. Nachdem er sich allerdings einen Personalrabatt von 73 % des Verkaufspreises genehmigte, blieben ihm noch genügend Einnahmen, die nächsten Jahre überstehen zu können)*, war glücklich und machte sich gleich einen Vorläufer des Bieres auf.

Bier wurde im Übrigens von den Ägyptern erfunden. Nachdem sie nämlich mit ihren Bieramiden *(die heute von Unwissenden und da gibt es ganz schön viele, fälschlicherweise als Pyramiden bezeichnet werden – liegt daran, dass im altägyptischen, also nach und wieder vor der Benutzung von Hyroglyphen, das B als P und das ie als y geschrieben wurde. Da die Einführung von altägyptischer Schreibweise zu zu vielen Missverständnis-*

sen führte, kehrten sie schließlich zu den Hyroglyphen zurück) fertig waren, mussten sie noch ein Getränk erfinden, mit dem sie so riesige Gebäude auffüllen konnten und das lecker genug war, auch vom Volk getrunken zu werden, bevor es vergammelt.

Also das Pyr.

Zurück zu Adam und Eva. Sie haben über ihre Probleme gesprochen und konnten sie so beseitigen und daran hat sich noch nichts Grundlegendes geändert. Also reden, statt schlagen.

Wer nun denkt, der Dümmlichkeit is nun eine Grenze gesetzt, täuscht sich, denn es kommt Nr. 3.

3.: Der gewaltverherrlichende Volltrottel

Wenn sich ein Mann selbst für den Polizisten, den Staatsanwalt, den Richter, den König, sogar für Gott hält, weil er, durch das Verteilen von Angst und Gewalt, sich immer im Recht sieht *(das klingt nicht nur nach Kabel-Karl, das ist Kabel-Karl)*, gehört er eigentlich an die Wand gestellt. Wie sagte einst Gabriella: „mit Gewalt löst man keine Probleme“ und da so ein Idiot das nicht kapieren möchte, muss er weg. Ein für allemal.

Wo nichts zu retten ist, gibt es keinen anderen Weg. Doppelausrufezeichen.

Und ich meine wirklich weg. Erneut Doppelausrufezeichen.

Doch zu guterletzt: **der Dümmste unter der Sonne Gottes:**

4.: Der Verprügler von Frauen und Kindern

Ich bin der letzte, der eine Frau verurteilt, wenn sie ihrem Sohn eine klebt. Grenzen abstecken gehört einfach dazu und manche Kinder verstehen nicht anders. Wobei das natürlich eine Sache der Erziehung ist. Also mit dem Watschen der Kinder beginnen, bevor sie 8 sind, wäre falsch. Selbst Frauen zu schlagen, ist nicht immer unrichtig. Aber sie zu misshandeln, zu vergewaltigen, zu stalken ist es *(dass auch dieses Täterbild zumindest ungefähr Kabel-Karl ähnelt, macht ihn kaum noch unsympathischer)*.

Wenn ihr so jemand seid, geht bitte in euch und wendet großzügig.

Dann natürlich noch zur Politik: Hoffentlich wird Gott seine Kreise um München schnell erhöhen, um bald Berlin zu erreichen. Die brauchen nämlich wirklich eine Eingebung.

„Schnallt die Gürtel enger, während wir unsere Diäten mal wieder *(machen wir übrigens regelmäßig, da warten wir oft kein Jahr drauf)* um 10 % erhöhen!“

Was soll der Durchschnittsbürger davon halten?

Bitte, liebe Kanzlerin, schlag da dazwischen *(obwohl du natürlich auch nur ein gieriger Mensch bist und hoffentlich bald Eingebung bekommst)*.

Als Fastabschluss zu „unserem“ Europaparlament. Das Ziel ist gut. Wir alle sollen uns nicht mehr als Deutsche, Franzosen, Niederländer... fühlen, sondern als Europäer.

Dies Parlament ist aber leider nicht mehr, als ein Steuerzahlerverarschungstiegel. Ein Abgeordneter ist nach 5 Jahren Millionär und wenn eine „Partei“ den Steuerzahler komplett auslachen will, gehen die 2 Abgeordneten daraus nach 4 Sitzungen in Pension und machen den Platz frei, für die nächsten 2, die aus unerklärlichen Gründen auch nach 2 Sitzungstagen eine unheilbare Erkrankung erleiden, um Pension zu erhalten und den Platz wieder freimachen, damit auch noch 2 weitere Millionär werden können.

Das ist etwas, womit nicht nur ein Deutscher Steuerzahler, sondern jeder Europäer beim Verstehen Schwierigkeiten haben sollte. Dieses Stillschweigen über die horrenden Gehälter unserer Europaparlamentarier, gibt ansatzweise zu denken.

Zuguterletzt noch das Spendenkonto für „den Bekannten“ eines Mann, der wirklich gut ist und bleiben wird, das hat er mir versprochen:

Bernrieder
Postbank Berlin
BLZ: 100 100 10
Kontonummer: 308 602 115
IBAN: DE84 100 100 100 308 602 115
BIC: PB NKD EFF

Von der Steuer sind die Spenden noch nicht absetzbar, gehen aber komplett an Bedürftige.

Bin allerdings dran, sie absetzbar zu machen.

Tschuldige, verehrter Leser, aber nachdem Gott doch nochmal vorbeischaute, um zu sehen, wie weit ich bin noch 2 Nachbrenner:

15.5.1. Unterzwischenkapitel: Der Schussel

Jetz hab ich das Nachwort zu früh geschrieben und mir viel noch die verschlagene, halbintelligente Frau Schussel *(glaub, sie heißt eigentlich Schüssel, aber er nannte sie Schussel)* ein.

Sie versuchte Hancock, ihren ehemaligen Mieter, zu Kolbenmoos, finanziell restzuzermalmen. Nachdem er 5 Monate bei ihr wohnte und zuviele Nebenkosten erzeugte, wurde er gekündigt. Nachdem er ihr sagte, dass das an ihrer kaputten Heizung liegt, die sich nicht mehr zurückregulieren lässt, wenn man sie aufgedreht hat und er, bis zur Reparatur lieber mehr Miete zahlt, meinte Sie: „Hab doch eh schon so viele Abgaben zu machen. Kannst du mir die Miete nicht schwarz geben"?

Nachdem Hancock einverstanden war, erhöhte er die „Schwarzmiete" und suchte sich eine Ersatzwohnung, da die Heizung nicht repariert wurde und sie lieber das Geld nahm.

Als er eine fand und kündigte, wollte die leicht habgierige Frau Schussel sich einen Urlaub auf Gran Canaria rauslassen und verklagte Hancock auf Neuverfliesung ihres kaputten Wintergartens. Wofür sie in ihrem „Scheißhaus" sowieso keine Mark ausgegeben hätte. Also dann doch lieber Gran Canaria. Dafür suchte sie sich einen Billiganwalt, der unglaublich von sich überzeugt war und wie der Teufel lachen konnte, wenn er dachte, er könnte nicht mehr verlieren.

Während des Vor-, bzw. Einigungsprozesses stand die ebenfalls leicht angedickte Tochter vom Schusselhasen auf der Klägerseite. Hancock hatte sie Jahre vorher in einer Nervenheilanstalt kennengelernt. Er musste dahin, um seinen Weg vom Helden zum Krüppel verarbeiten zu können, während die Tochter, bei so einer Mutter, keinen anderen Bestimmungsort kennen konnte.

Da sie ihm sehr sympathisch und noch nicht mal halb so gefestigt war, wie bei Prozess, hatte sie anscheinend bei der Antidiät ihrer Mutter mitgemacht und wurde von ihr auch einer Gehirnwäsche unterzogen. Sie bestätigte ständig, dass vor Hancocks Einzug, alles wirklich toll gewesen wäre *(sie wäre dadurch die erste 19jähriger Tochter der Zeitgeschichte gewesen, die in ihrer Freizeit nix besseres zu tun hätte, als die Wohnung, die von ihrer Mutter vermietet wird, nach Vorschäden abzusuchen)*, vergaß zusätzlich niemals, zu ihrer Momsen zurückzublicken, um sich ihr „das-has-du-schön-gelogen Lächeln" abzuholen.

Dieser Vorprozess war ein Fiasko für Hancock, dass der Anwalt von Schussel mit einem geschmeidigen „sich-sauber-freue-Lachen" quittierte.

Doch als er zuhause war, schrieb er darüber, für den Richter, einen Halbroman. Der Richter wollte ihn daraufhin sofort entmündigen lassen. Er wurde zum Psychologen geordert und hielt die Sache einzig für einen schlechten Scherz.

Der „Möchtegernpsychologe" kam jedoch zu der Erkenntnis, dass Hancock, auch gegen seinen Willen, einen Betreuer bräuchte. Er könne alleine nicht mal gegen eine direkt vor ihm stehende Wand pinkeln, ohne, dass ihm ein Betreuer die Richtung vorgibt und dabei sein Schwänzchen hält *(leicht überspitzt ausgedrückt)*.

War das das Ende vom Helden?

Andere Frage: Würde sich Rambo in einer Me 109 von tieffliegenden Hohepriestern der Schweinetreibezunft, die in geschmeidigen Niedrigstintelligenzmaschinen unterwegs sind, in einen Kessel treiben und abschießen lassen?

Niemals !

Er blieb am Leben (und Kämpfen).

Man kann meinen Hass auf Psychologen sicherlich rauslesen, wobei der festverwurzelt ist und ich mich bei ihnen, wie bei Anwälten im Anschluss nicht entschuldigen werde. Wofür braucht ein guter Mensch einen Anwalt?

Anwälte sind für Lügner und Betrüger gut, auch für Kinderschänder und Vergewaltiger.

Zweifellos.

Nur so haben diese Halbmenschen nämlich die Möglichkeit, nach einer kurzen „Besinnungszeit", wieder Verbrechen ausführen zu können, wo sie dieselben Fehler nicht noch einmal machen und wieder erwischt werden können.

Aber wer nur die Wahrheit kennt und einfach nur gut ist, braucht sie nicht.

Für Psychologe oder Anwalt ist man eh nur geeignet, wenn man sein Gehirn mühelos in Geldbündel konvertieren kann und nicht das geringste schlechte Gewissen hat, wenn man mal wieder den Typen, der morgen die Tochter seines Nachbarn vergewaltigt und aufschlitzt, aus den Mühlen der Staatsgewalt freigekämpft hat.

Was mich in Hancocks Fall leicht wundert ist, dass Schussel nie für ihren Steuerbetrug um ihre ergaunerten Markstücke vor den Kadi musste, obwohl er Zeugen dafür hat und Gespräche mit ihr mitschnitt. Vermutlich ist der Staat satt, da er ja jetz Hoeneß erwischte und leersaugt.

Der Clou am Hauptprozess: als es zum Prozess kam, wollte die Tochter zum erneut lügen nicht mehr mitkommen und der ehemals vorhandene Schaden war ausgebessert *(zumindest auf dem Foto, das garantiert Computersimuliert war, denn dafür gäbe ein Geizschweinchen wie sie, bestimmt keine Mark aus)* und ein neues Loch war entstanden. Angeblich vom Fliesenleger, dass er während der Überprüfung der Schäden machte. Wieder ein Fragezeichen. Welcher Handwerker macht bei der Überprüfung von Ritzenschäden auf Fliesen, selbst ein 20 cm großes Loch? Also wenn, war er genau so unfähig, wie der Halbanwalt von Schussel.

Der Plan des Billiganwalts war wohl vermutlich mit dem „Schusselrubensmodel“ *(und dieses Frau is wirklich fett – da hat jetz der unbestimmte Artikel nicht gestimmt, da er allerdings bei Borstentier passen würde, lass ich ihn mal stehn)* nach Gran Canaria zu fliegen, da er, wenn er nicht gerade siegessicher Lachen musste, ständig in ihren Ausschnitt blickte. Und da hing fiel raus.

Ich sagte ja bereits: fett. Also hing viel Fett raus. Da sie auch für einen Anwalt, wegen ihrer chronischen Geldgeilheit nichts zahlen würde, hat sie ihm, aller Wahrscheinlichkeit nach, ihren Körper, also wirklich viel Körper, unglaublich viel Körper *(ihr erinnert euch sicher an das Gewicht, des Materiebällchens vom ersten Kapitel – das kommt ungefähr hin)* angeboten, falls er Hancock durchkneten und zerbröckeln würde.

Ein Zeuge Hancocks, der sich nach 3 Jahren natürlich nicht mehr an die Stelle des bereits vorhandenen Schadens, an den er sich besann, erinnerte, wurde mit diesem Trick natürlich dazu ermutigt, das falsche Loch als das Originalloch zu identifizieren.

Und wieder musste der Halbanwalt lächeln.

Die Verteidigung des geistig, trotz fehlendem Gedächtnisses, nunmal definitiv überlegenen Hancock war allerdings fulminant.

Er wurde für unschuldig erklärt und verzichtete darauf, Frau Schussel, ins Gesicht zurückzulächeln.

Denn er war gut. Oder ist es besser gesagt.

Ich würde diesem „Anwalt“ sehr gern helfen, damit er auch mal einen Prozess gewinnt, aber laut den Erzählungen Hancocks lacht er mir einfach zu dämlich.

Diese Aussage solltet ihr nun gewiss nicht ernst nehmen. Da ich Anwälte und Psychologen auf den Tod nicht ausstehen kann, würde ich ihm also, unter Garantie, niemals helfen und schon gar nicht, so einem verlogenen, dreckig lachenden Amateuranwalt.

Wobei man zu seiner Entschuldigung natürlich sagen muss, dass für seinen Mandanten lügen, ja zu den Grundvoraussetzungen dieses „Berufes“ gehört, da Anwälte ja ohnehin nur von Lügnern und Betrügern brauchbar genutzt werden können.

Wenn ich wieder mal lese, dass ein Prozess eingestellt wird, weil der Anwalt des Verbrechers „Verfahrensfehler“ aufdeckte, graut es mir. Wo bitte, kann es beim Verfahren gegen einen Gesetzesbrecher Fehler geben, die ihn ungeschoren davonkommen lassen?

Dass sie immer noch sein Mietsparbuch hat, sollte sie glücklich machen.

Sie hat auch mal Glück nötig. Sie könnte es zu einem Bild machen und in ihr Schlafzimmer hängen.

Das ist auf alle Fälle Hancocks Wunsch.

15.5.2. Unterzwischenkapitel: Bitte um Gerechtigkeit

Seit sich Hancock um die Saufhalle „Führerbunker“ kümmert, steht er ganz schwer in der Fahndungsliste der Rosenbacher Polizeibehörden *(er mag Polizisten übrigens trotzdem – ich sagte ja bereits, halbrechts tut er sein, der Gute).*

Sobald sein Kennzeichen, von einem entgegenkommenden Polizeiwagen erkannt wird, führt dies allerdings zu einem Blutstau im Kopf und einer Überreaktion des Polizisten. Er vollzieht eine „Powerwende“ auf Straße, um Hancock verfolgen und ihn einer Verkehrswidrigkeit überführen zu können.

Es handelt sich natürlich um eine „sich selbst erfüllende Prophezeiung“. Wie wenn ein Zollbeamter nur Inder am Flughafen überprüft, um Marihuana zu erbeuten. Irgendwann ist ein Inder dabei, der Marihuana mit sich führt und so erfüllt sich seine Vorhersage: „Inder sind Drogendealer“.

Ähnlich ist das bei Hancock. Alle Autofahrer machen Fehler. Wenn allerdings nur er überprüft wird (musste in diesem Jahr bereits 21 mal pusten und wurde 4 mal sinnfrei Zusatzverfolgt), kann auch nur er überführt werden und die Vorhersage der Polizisten tritt ein.

Hier also meine Zusatzbitte an die Kanzlerin:

Beenden Sie bitte dieses Hexentreiben und geben Sie den Rosenbacher Polizeibehörden die Anweisung, das Kennzeichen ROB – X 311 zu ignorieren, als ob es gar nicht da wäre. Und natürlich alles Gute zu Ihrem 60sten. Obwohl auch viel Schlechtes über Sie gesprochen wird, werden Sie dies Land retten, Frau Merkel. Also meine Stimme haben Sie *(und die nötige Eingebung werden Sie sicher auch bald bekommen)*. Glauben ist Macht.

Muchas gracias i anata wa tenshi des.

(kann jetzt weder spanisch, noch japanisch, klingt aber stark und vermittelt Weltmännlichkeit. Ich weiß nur, dass der Japanenser Engel nicht sagen kann und ihn demzurfolge Himmels-bote (ten-shi) nennen muss).

15.5.3. Unterzwischenkapitel: Die Halbchance

Gerade als Gott wieder weg war, am 16ten Tag meiner Aufzeichnungen, überschlagen sich die Ereignisse auf meinem Hancock-Überwachungs-Radar und alle Lampen leuchten Rot auf.

Die Frau mit dem geerbten Evahintertürchen, das halbschlaue Blümchen, trennte sich gerade stande pede von ihrem Zuhälter Lord Wastopol (SB), weshalb noch ein Kapitel über sie verloren werden sollte.

Ob sie tatsächlich nur halbschlau ist, oder eine Untergrundkämpferin der SED, überlasse ich jedem einzelnen zu entscheiden. Auf alle Fälle hatte sie dieses Küchensklaven-Bückstück-Fieber bereits 3 Tage vor der Öffnung der Grenze.

Also vor der Wiedervereinigung Deutschlands. Warum floh sie 3 Tage zuvor, oder wurde sie mit ihrem Keim von der SED, als Flüchtling in die Bundesrepublik eingeschleust, um sie einer genaueren ärztlichen Untersuchung entziehen zu können?

Dass sie vorher in Lohn und Brot, in der Küche von Erich Honecker persönlich stand, könnte sowohl auf einen Untergrundeinsatz, wie auf eine ähnliche Geilheit der SED-Führung, wie bei Lord Wastopol hindeuten.

Nachdem sie sich nun von Lord Wastopol trennte, ist

das eigentlich ein gutes Zeichen. Vielleicht hatte sie nur die immergeilen Hände von Erich in ihrer Unterhose satt und floh.

Auch Hancock ist unschlüssig, denn obwohl sie weiß, dass auch sein Körper dazu in der Lage wäre, das Serum zu entwickeln, dass sie benötigt, um geheilt zu werden, entschied sie sich exakt nach der Zerstörung des Rotlichtimperiums des Lord Wastopol, zum Ritt auf Hancocks ehemaligem besten Freund „The Cabmachine Joe-Häns“.

Diese Halbchance, die Hancock im Moment der Beendigung ihres Verhältnisses fühlte, da dieser Hase definitiv jede Bewegung hinbekam, um keinen Tropfen der Liebesflüssigkeit von Lord Wastopol auf den Küchenboden fallen zu lassen, während sie nackt für ihn kochte, war natürlich im Moment ihrer Entscheidung für „Cabmachine“ verloren.

Ist sie also eine tickende Zeitbombe, die nach dem Rotlichtimperium des Lord Wastopol, nun auch das Taxiunternehmen des Joe-Häns unterminieren sollte?

Wurde sie tatsächlich von den Kommunisten ausgewählt, um mit ihrem Edelärschchen den Kapitalismus niederzuringen?

Da Joe-Häns allerdings bereits groß ist und die Risiken gewiss abzuschätzen weiß, wünsche ich, ähnlich wie Hancock den beiden alles Glück des Planeten, da wir beide es wissen: Hancock wird dieses Leben als Sieger beenden.

Auch wenn es nicht mehr lang dauert.

Definitiv.

15.5.4. Unterzwischenkapitel: Die Zugebung

Ich gebe lieber zu, dass die gesamten Kapitel 8,13 *(mit der Ausnahme von Zwischenkapitel 13.1.)* und 15 *(inklusive aller Zwischenkapitel (außer 15.4.) und Unterzwischenkapitel)* allein meiner Phantasie entsprungen sind.

Hab nämlich grade darüber nachgedacht, was Eva II, wenn es sie gäbe, beim Probelesen dazu gesagt hätte:

„Wärst du verrückt, wenn es dich geben würde? Ach ja, dich gibt's ja. Nur mich nicht. Sobald Kabel die Sache lesen würde, wird er mich töten wollen, denn woher sonst könntest du so viel über ihn wissen? Von mir jedenfalls auf keinen Fall. Ich hätt`s noch nicht mal Hancock erzählt."

„Verzichte bitte auf deine Ängste. Wenn es ihn gäbe, könnte Kabel gar nicht lesen. Statt lesen zu lernen, hätte er lieber andere Kinder von ihren Fahrrädern in Brennnesselstauden geschupst, oder sie auf Fußballplätzen verprügelt. Das könnte ich gar nicht von dir haben, falls er nicht im Vollsuff damit angegeben hätte, während er in dir gewesen wäre, wenn es euch gäbe. Er würde wissen, dass sein Beliebtheitsgrad sich relativ weit unterhalb einer auf einer leichten Anhöhe ausharrenden 0 befindet und etwa 1000 Leute gegen ihn aussagen würden, wenn ein guter Geheimdienst sie ausgequetscht hätte."

„Und wenn er ihn sich vorlesen ließe, eine Fasche Wodka intus hätte, vergäße, dass ich ihn geliebt hätte, wenn es mich geben täte und er vielleicht nicht so weit denken könnte?"

Das leuchtete mir ein. Vor allen Dingen das „wenn er

nicht so weit denken könnte", träfe ja, wenn es ihn gäbe, exakt auf ihn zu, weshalb ich zugeben sollte, dass die Kapitel 8, 13 und 15 erfunden sind.

Wobei ich einen unglaublichen Spaß, bei der Erfindung des Unterzwischenkapitels mit dem hilflosen Schusselteilchen hatte.

Wenn es sie gäbe, was es nicht tut, sollte sie Hancocks Mietsparbuch, das es natürlich auch nicht gibt, nun verbrennen, wenn sie sich die Zinsen dafür leisten könnte.

Dabei würde Hancock ihr empfehlen auf Frieden zu schalten und es zurückzugeben, bevor er sie in einem Steuerhinterziehungsprozessmarathon *(wird sich vermutlich, wegen der eindeutigen Beweise, nicht bis zum Marathon entwickeln können)* an die Wand nagelt, so wie sie das bei ihm versucht hätte, wenn es sie geben würde.

Kontakt ginge über die Gesichtsbuchseite seines Freundes, wobei sie seine Nummer eigentlich noch haben müsste *(das ist natürlich eine hypothetische Vorgabe, da das Kapitel ja erfunden ist).*

Nachnachwort:

Sitze jetz schon über einen Monat vor meinen Unterlagen und finde keinen Verleger. Hab´s also doch nochmal durchgelesen und mir viel auf, dass ich die beiden Punkte, die ich durch schreiben abgreifen wollte, überhaupt nirgendwo angesprochen habe.

Es muss also noch ein Nachnachwort her.

Also Erstens: Dieses Leben ist für jeden gleich

schwer. Zumindest relativ. Im Endeffekt geht es nämlich darum, Zufriedenheit zu erreichen, glücklich zu werden. Da hat natürlich der Sohn von Brad Pit dieselben Voraussetzungen, wie das Äthiopische Kind, das gerade nix zu essen hat. Wenn es nämlich überleben sollte, ist es mit viel weniger glücklich zu bekommen. Selbst wenn man immer vom großen Geld träumt und es dann irgendwie schafft, ist man auf keinen Fall vor Problemen gefeit und dadurch nicht automatisch glücklich.

Grob geschätzt geht es also nur darum, irgendwie glücklich zu werden und da hilft Glauben auf alle Fälle. Auch die Freude, die man empfinden sollte, wenn man jemandem hilft ist ein Teil davon.

Ergo: *„Helfen schafft Glück".*

Um noch ein paar Zeilen zu gewinnen, bin ich gezwungen, mir noch eine Lebensweisheit aus dem Ärmel zu schütteln und ich probiers mal damit:

Neid, Unehrlichkeit, Eifersucht, Überheblichkeit und Geiz sind die Grundpfeiler lebensunwertem Lebens. Es kostet einen gar nichts, sie einfach auszuschalten (mit Ausnahme von Geiz – den zu eliminieren kostet ein paar Mark).

Also warum macht ihr das nicht? ***Glaubt es ruhig:*** *so werdet ihr glücklich und zufrieden.*

Und Zweitens: Was bitte, soll eine Staatsverschuldung sein? Es gibt auf diesem Planeten kein Land, das nicht verschuldet ist. Es macht also irgendwie Sinn, Schulden zu haben. Aber bei wem?

Die Deutschen haben über 2 Billionen Mark Schulden, aber ein Gesamtvermögen von über 7. Die Schulden hat der Staat also bei den Banken und um sie loszuwerden müsste er einfach nur irgendwie an das Geld der Reichsten gelangen. D. h. den Banken, statt sie bei Fehlspekulationen zu unterstützen einfach kastrieren. Ihnen was wegnehmen.

Und da wär natürlich noch die Störung meines Wohlfühlgefühls, dass Autofahrer in der Bundesrepublik halbautomatisch zu Verbrechern abgestempelt werden.

Da es durchaus Fahrer gibt, die mit leichtem Alkoholeinfluss stärker fahren, als nüchtern, man allerdings mit einem Promillegehalt von 0,1, im Falle eines Unfalles, auch bei kompletter Schuldlosigkeit eine Teilschuld an den Hals gekettet bekommt und bestraft wird, ist schon fast lächerlich.

Persönlich bin ich selbstbezeichnend für eine Wiedereinführung der 0,8 Promillegrenze, wobei bei eigenverschuldetem Unfall eine gewaltige Strafe für den Trinker, auch bei unter 0,8 Promille, her muss.

So werden Menschen als Erwachsene behandelt und können selbst entscheiden, ob sie dieses Risiko eingehen möchten, oder lieber als Mädchen bezeichnet werden wollen, wenn sie mit 2 Bier nicht mehr fahren möchten.

Aber es entscheidet jeder selbst. Es wird eh schon viel zu viel geregelt, in diesem Land. Sobald eigenverantwortlich Denken irgendwie staatlich verboten werden könnte, würde sich in Windeseile eine Partei dafür gründen, um diesen Ünsinn durchzusetzen.

Und selbstunumwunden die völlig überzogenen „Rechte" von Mietern.

Muss man sich wirklich wundern, wenn nur noch an gute, also besitzende Leute vermietet wird?

Nein.

Wenn man erst mal so einen Mietnomaden auf Wohnung hat, kriegt man den ja so gut wie nie mehr raus.

So ein Messi kann alles verwüsten, nie Miete zahlen und kurz bevor er, nach Anzeige, rausfliegt, überweist er noch schnell 20 Mark, um seinen „guten Willen" zu „beweisen" und darf sich noch ein Jahr Zeit nehmen, bevor er entsorgt wird. Auf den Kosten dafür, bleibt der Vermieter sitzen.

Zu guter Letzt noch mein Wunsch: bitte, lieber Gott, lass die Linken und die Grünen an die Macht kommen.

Dafür benötigen sie natürlich Hilfe, die ich ihnen jetzt zukommen lasse:

Verschafft den Ausländer in Deutschland das Wahlrecht. *(Damit andere Länder uns auslachen können. Was sie eh schon tun.)*

Raucher vernichten das Sozialsystem in Deutschland. *(Das Raucher so viel Steuern zahlen, sowenig Rente erhalten, da sie eh zu schnell sterben und dass sie für unglaublich viele Arbeitsplätze im Gesundheits- und Pflegebereich die Verantwortung tragen ist nur eine Mähr. Wer daran glaubt ist vermutlich Rechter.)*

Da Raucher und Autofahrer eh für den größten Teil der Steuern aufkommen, sollte das Rauchen während der Autofahrt verboten werden. Das bringt jede Menge Geld ins Staatssäcklein, wenn die Polizei darauf getrimmt wird, dies Vergehen rigoros zu bestrafen *(zusätzlich ein Beifahrerrauchverbot wäre unglaublich lukrativ)*.

(Das kostet zwar ein paar Ausländerstimmen, denn welcher Italiener wählt eine Partei, die ihm verbieten möchte zu rauchen, während er in seinem Lamborghini Semmeln holt, aber diese Stimmen holt ihr bei den mili-

tanten Nichtrauchern locker wieder rein)

Lasst Kinder wählen. Aktives Wahlrecht bereits ab 16. 12 wär natürlich noch besser. *(Kinder wären noch unerfahren genug, euren Schwachsinn von einer heilen, grünen, gesunden, kommunistischen Welt zu glauben und euch zu wählen.)*

Wirklich als Finale noch eine kleine Zugebung:

Definitiv gibt es auf dieser Erde keine bessere Regierungsform als den Kommunismus.

Im Prinzip. Allen gehört alles und jeder gibt seine beste Leistung in dem Bereich, den er auch ausfüllen kann, damit es allen gut geht. Alle bekommen ungefähr gleich viel Geld dafür und keiner ist besser als der andere. Das wäre wunderbar umsetzbar, wenn wir alle Engel wären.

Aber wir sind nunmal Menschen, die auf ihren persönlichen Vorteil bedacht sind und die schon in ihren Grundsätzen besser sein wollen, als andere. Deshalb kann Kommunismus nicht funktionieren.

Absolut jeder, dessen Intelligenzquotient die 100 überschreitet, muss mir in diesem Punkt Recht geben.

Die, die schlau genug, aber dennoch für Kommunismus sind, wollen einfach eine tolle Position in diesem kommunistischen Staat haben und dadurch besser sein, als die anderen. Alles nur Menschen. Das ist einfach natürlich.

Das waren jetz zwar mehr als 2 Punkte. Da es mir allerdings grad noch so eingefallen ist, scheint es Seinem Wunsch zu entsprechen, dass es zu Papier gebracht wird.

Beim Durcharbeiten dieser Lektüre , fiel mir noch jemand auf, bei dem ich mich entschuldigen könnte.

Der Jude an sich ist unschuldig.

Ich griff ihn vermutlich an, da es die Verkaufszahlen in die Höhe schnellen lässt, wenn man ein Feindbild hochhält.

Da kam also der geldgierige Jude in mir durch.

Tschuldigung, schon wieder der Jude. Woran liegt das?

Meiner Ansichtung der Dinge nach daran, dass es der Jude überall auf der Welt schafft. Das führt zu Neid und Missgunst. Doch warum schafft er es? Weil er glaubt, fest glaubt und gut ist.

In diesem Sinne: **יחצנ םולש**
(ewiger Friede)

Übernachwort:

Bei letztmaligem Überfliegen meines Werkes, merkte ich erst, was für gequirlte Scheiße ich zubereitet habe.

Dieses Leben ist sowas von geil. Der Hammer. Eben, weil wir alle verschieden sind und keiner, wirklich keiner *(mit Ausnahme seines Managers Hacke)* so gut ist wie Hancock. Davon lebt er, das macht ihn glücklich. Dafür wird er von etwa allen geliebt.

Es haben schon immer die Besten, Stärksten, Schönsten, Intelligentesten überlebt und sich fortgepflanzt. So ist sie nunmal, die Evolution.

Geliebt wird Hancock, abgesehen von mir, eigentlich von keinem, aber er wird von ungefähr jedem ausgenutzt. Liebe, Hass, Gewalt, Krieg, Friede... daraus wird das Leben gestrickt und es ist gut, wie es ist. Geht also auf, in eurem Ausländerhass, in eurer Staatsfeindschaft, in eurem miesen Dasein aber auch in eurer Zuneigung, Liebe und Güte.

Einen für unsere Politiker hab ich noch: Nachdem ich jetz seit fast 4 Monaten nach einem Verleger suche, steht die Winterzeit bevor.

Da selbst der Russe (und so schlau ist der nun wirklich nicht) erkannte, dass diese Sommerzeit einfach überragend ist und sie sich diese Zeitumstellungen einfach sparen, frage ich mich allen Ernstes, warum wir das noch tun? Macht diese Winterzeit einfach weg.

Ich persönlich habe unglaubliche Angst vor dem Tod. Nein, nicht vor dem Tod. Vor dem ewigen Leben. Da ich allerdings glaube, glaub ich auch daran, dass sich Gott für unser Leben auf Paradies schon was einfallen ließ, um es nicht ganz so öde hinzubekommen, wie ich jetzt denke.

Meganachwort:

Alle Personen, die sich durch Kapitel 15, obwohl von A bis Z erfunden *(außer 15.4. davon wieder die Ausnahme: der übernächste James Bond Streifen wird auf keinen Fall „James Bond jagt Dr. No mit seinem Killerwalross zurück in die Weltmeere" heißen – hat Hancock für seinen „Sohn" kreiert)*, in irgendeiner Form angegriffen oder beleidigt fühlen, bitte ich zu überdenken, dass dieser Leben, wenn man ihn so nennen darf, für alle Dinge, die mit Gefühlen bearbeitbar sind, stets 3 Wahrheiten parat hält:

1.: Die eigene Wahrheit
2.: Die Wahrheit des anderen
3.: Die tatsächliche (göttliche) Wahrheit

Da es sich um ein eingegebenes Stück handelt, befindet sich die Wahrscheinlichkeit, dass es sich zu weit über 99,99 % um die göttliche Wahrheit handelt in überwahrscheinlichen, fast schon sicheren Sphären.

Durch dieses monatelang drüber nachdenken können, kam ich noch dahinter, was mit wirklich übertrieben schlechten Seelen tatsächlich passieren könnte. Falls unsere Seele einfach nur so klein wäre, wie unser Universum einmal war, würden trotzdem sehr viele davon in die Hölle passen.

Diese Menschen bitte ich also, mehrere Wochen darüber nachzudenken *(ist nämlich hart einzusehen)* und sich folgenden Kinderreim einzuprägen:

Der „Lone Wulf", der hat sicher Recht.
Und ich, ich bin unglaublich Schlecht.

Giganachwort:

Wieder einmal bin ich dankbar. Wieder einmal ihm. Diesmal dafür, dass er mich so lang nach einem Verleger suchen lies, da ansonsten die neuesten Erkenntnisse zu meiner Seelogogie nicht eingeflossen wären.

Gestern fanden meine Jungs, in unmittelbarer Nähe von Kairo, den Vorersten Brief des Apostels Paulus an die Kerusker. Darin ist zu lesen, was meine Vorhersage bestätigt:

Die Göttin ist groß und vergibt. Aber schenkt ihr euer Herz und eure Seele. Die Seele, die in jedem wohnt ist so unglaublich klein, dass sie niemals von Menschen entdeckt werden könnte. Sie wird in der kleinsten Hölle Platz finden können, wenn ihr euch nicht ändert...

Da Paulus diesen Brief vermutlich während seines Weihnachtsurlaubs *(der Weihnachtsurlaub war zu dieser Zeit noch nicht unbedingt üblich, wurde aber von der Apostelgewerkschaft durchgesetzt, bei der, bis auf Judas und den beiden, die vor ihrer Apostelwerdung gestorben sind, alle 12 dabei waren. Judas durfte nicht, da Petrus von Jesus die Seeligsprechung verweigert bekommen hätte, hätte er ihn mitspielen lassen. Dies als Grund für seinen späteren Verrat anzusehen, stelle ich mal dahin)* an der Ägyptischen Mittelmeerküste 34 nach Christus aufsetzte, er allerdings niemals Keruskistan *(wo auch immer das wohnte)* erreichte, lässt dies 3 Vermutungen zu:

Erstens: Er schickte ihn nicht ab, da er bereits mit einem späteren Verkauf von Sünden-Schuldablässen an Geld gelangen wollte und ihm wirklich niemand einen Ablass abgekauft hätte, wenn der Inhalt des Briefes publik geworden wäre.

Zweitens: Er hatte nur jüdische Schekel dabei und die ägyptischen Postbeamten waren ja bekannt dafür, ausländische Währung weder zu wechseln, noch anzuerkennen.

Oder Drittens: Die ägyptische Post verweigerte die Überführung, da dieser Brief auf einem Stein eingetriggert war, der das erlaubte Zuladegewicht ägyptischer Posttragekamele mehrfach überschritt. Vermutlich hatte er einen der Steine verwendet, die ein paar tausend Jahre vorher beim Bau der Bieramiden übrig blieben. Übriggebliebene Steine wurden von den Ägyptern einfach an den Strand geworfen.

Durch meine mehr als 2jährige Tätigkeit, als Statistiker bei der Europäischen Grobschätzzentrale Lüneburger Heide, während der ich alle anfallenden „Schätzprinz-Lehrgänge“ summa cum laude bestand und damit auf Vorschlag des Bundeskanzlers Schmidt, vom Bundespräsidenten zum „Intergalaktischen Großschätzinator *(mit Eichenlaub)*“ ernannt wurde (was bedeutet, dass eine Schätzung meinerseits in relativ vielen Galaxien als richtig eingeschätzt wird), hätte ich mir die ersten beiden Möglichkeiten eigentlich sparen können.

Die Geldgier der Kirche begann nämlich erst unter Papst Pius II und es gab auch nette ägyptische Postbeamte, die er nur hätte finden müssen.

Was ihn allerdings dazu bewog, einen solch übergewichtigen Brief anzufertigen, wird wohl für immer sein Geheimnis bleiben, da auch er hätte wissen können, dass die ägyptischen Behörden seit tausenden von Jahren keine Postmammuts mehr benutzten, da diese Tiere alle an der Postbeförderungskretze erkrankten und leider ausgestorben sind.

Auf Anweisung des Postbeförderungsministers Had Marup wurde der gesamte altägyptische Postbeförderungsbetrieb also bereits vor etwa 11.000 Jahren auf die wendigeren, ausdauernderen, nicht so krankheitsanfälligen, wenn auch etwas schwächeren, demzurfolge nicht so belastbaren Posttragekamele umgestellt.

Und das, trotz der vehementen Versuche von RP, Postbeförderungsratten in Umlauf zu bringen, also gesetzlich vorschreiben zu lassen.

Nun ist es vollbracht.

Die Neueste Bibel geschrieben, die diese Welt hoffentlich besser machen wird.

So GOTT will.

Dieses Leben ist grausam, grausam, da die Liebe, die Hilfsbereitschaft gestorben sind.

Macht es besser, meine Freunde.

Jetzt aber:

AMEN

Post Post Scriptum: Nachdem die britische Sozialhilfeempfängerin Joanne K. Rowling Milliardärin mit ihrer Geschichte von Harald Potter *(also mit der komplett erfundenen Geschichte von Harald Potter)* wurde, sollte es auch mir gelingen, meine vierte Million mit diesem Werk klarzustellen.

Das wär vor allen Dingen wichtig, da meine ersten drei Millionärwerdepläne nicht klappten und ich aufgab. So sollte zumindest die Vierte hinhauen. Diesen Trick hab ich im übrigens von seinem Manager gestohlen, der ähnlich verfährt.

Falls sie einen Roman von „Lone Wulf" für ihre Haussammlung benötigen, wäre das ihre einzige Chance, denn obwohl mir sein Manager *(nun auch meiner)*, der gefährliche „Hacke" *(sein Großimperator zu Immelberg, also der Mann, der immer lacht und alle Frauen glücklich macht)* riet, das Ende offen zu lassen, um eine Fortsetzung an den Start bringen zu können, wird das nicht passieren. Dieses Werk war eingegeben. Von Ihm. Danke.

(Obwohl? Wenn er mir noch eins eingibt?)

Begriffsbestimmung:

Allesrausfinders:
Der stärkste Geheimdienst unserer Galaxienecke *(inklusive der Randbereiche)*. Da können sich auch die Jungs von MI6 und Mossad dahinter verstecken und die Burschen von der National Security Agency ein Stück von abschneiden. Von den Amateuren des Bundesnachrichtendienstes möchte ich gar nicht sprechen.

Angstbiesler:
Bei Furcht um seinen körperlichen Gesundheitsstatus, macht man sich ins Hösgen. Bei vorzeitiger Erkennung, geht man rechtzeitig auf Toilette.

Britischer Zerstörer versenkt Ohrenstellung:
Der Zeigefinger des rechten „Heil Hitler“ Arms, lässt das linke Ohrläppchen im Winkel von genau 31 Grad Richtung Berlin zeigen. Was natürlich ein Einschlafen in der richtigen Position und kein Wenden des U-Boots mehr erfordert. Beziehungsweise ein an einen Kompass angeschlossenes Drehbett, mit ein paar Ausnordungsmatrosen.

Emirmöse:
Weibliches Geschlechtsmerkmal, das einem Emir gehört.

Eva II:
Mischung aus der Zitronenbopsikone Eva I und der schönsten Frau der griechischen Sagenwelt Helena, für die der Trojanische Krieg geführt wurde. Ein absoluter dreidimensionaler Traum. Mit wundererotischem Blasemund, obwohl sie gern sagt, „sowas mach ich nich“, charakterlich eher auf B-Klassen Niveau unterwegs ist und unglaublich gerne lügt. Eigentlich immer nur lügt und betrügt. Sie kann halt nicht anders.

Foundation zur Unterstützung Hilfsbedürftiger im Schrittbereich:
Organisation, die finanziell minderbemittelten Mitbürgern wieder auf die Beine und sich fortbewegen hilft (deshalb Schrittbereich).

Halbe Ewigkeit:
Ist ungefähr gleichzusetzen mit einer Ganzen. Nur eben bloß die Hälfte.

Hacke:
Die gewaltigste Heldenunterstützungseinheit, diesseits und jenseits, aller je geborenen Demarkationslinien. Ein Großimperator der Herzen.

Häppy Tesa:
Der Undankbarste, der Hancock-auf-Tasche-Lieger, der nördlichen Hemisphäre unseres Raumzeit-Kontinuums. Als Adoptivsohn so unglaublich mies wie Brutus *(wenn man noch daran glaubt, er hätte seinen Vater getötet)*. Aber wundersüß und mit tollem Glücksbauch.

Isüberhauptsmöglitschverzweigungs:
Da reicht eine Eindeutschung aus dem tschechischen: Befindet-es-sich-überhaupt-im-Bereich-der-Possibilisierung-Schaltung.

Kabel-Karl:
Ein, ein klein wenig dümmerer Neandertaler, der sich im Recht sieht, da er diese 50 *(Kilogramm bzw. Punkte)* zuviel Muskeln hat, während sie ihm beim IQ fehlen. Er hätte spielend jede Runde beim steinzeitlichen „der Dümmste macht das Licht aus - Quiz" gewonnen, da den Intelligenteren klar gewesen wäre, dass der, der das Feuer löscht, die ganze Nacht sein Bettchen nicht finden wird und sich etwa 12 Mal den Kopf in der Höhle stößt, bevor er in Ohnmacht fällt. Das war vor 10.000 Jahren noch gut, denn dann wäre er, nach 4 Siegen in Serie, gestorben.

Heute füttert ihn der Staat *(also der Steuerzahler)* im Gefängnis oder der Psychiatrie durch, wo auch noch Psychiater durchgefüttert werden.

Glaub ich hab schon erzählt, dass es kaum lebensunwerteres Leben, als das des Psychiaters gibt *(natürlich mit Ausnahme des Münchner Vogeldoktors Vogel – er hat Hancock rausgehauen, nach dem Vernichtungsversuch des Rosenbacher Möchtegernpsychologen).*

Na gut, das eines Anwalts, is auch noch möglich. Laut Informationen meines Geheimdienstes, versucht er allerdings der Freund von Männern zu sein, die mächtiger oder stärker als er sind. Haben die Neandertaler auch versucht – aber sie sind ausgestorben.

Küchensklaven-Bückstück-Fieber:
Eine Krankheit, die es eigentlich gar nicht geben dürfte, da sie sich gegen jedes halbnormale Frauenverhalten sträubt. Dem Besitzer einer Frau mit diesem Krankheitsmuster ist es nämlich nicht möglich, sein Ejakulat in irgendeiner Ecke seiner Wohnung zu positionieren oder aufzubewahren, ohne, dass es von ihr geschluckt wird bzw. das Hühnchen beim Kochen mit Unterwäsche zu erwischen. Absolut unmöglich.

Lord Wastopol:
Ein etwa 83jähriger Mann, der sich für den Gigolo des 21. Jahrhunderts hält und dies auch zu erkennen gibt, was ihm allerdings nach dem Finanzmysterium seiner Rotlichtviertel eh keine mehr glauben wird.

Nachwort:
Nachwort ist das einzige Adjektiv der deutschen Sprache, das 3 Steigerungsformen hat, also Nachwort, Nachnachwort, Übernachwort und schließlich Meganachwort. Giganachwort gehört nicht zu dieser Wortfamilie und ist deshalb außen vor.

Oktotrigintilliarden:
1 000 000 000 000 000 000 000 000 000 000 000 000 000 000 000 000 000 000 000 000 000 000 000 000 000 000 000 000 000 000 000 000 000 000 000 000 000 000 000 *(Also eine relativ große Zahl – die Anzahl der Nullen is übrigens stimmig. Um diese Zahl durchzuzählen, reichen selbstredend die 20 Milliarden Jahre, die es unser Universum bisher gibt, auch bei schnellem Zählen, bei weitem nicht. Nicht mal im Ansatz. Es kann also selbst bei einer Ewigkeit knapp werden).* Eine Zettatonne ist nur eine Billiarde Kilotonnen (1 000 000 000 000 000 000 Tonnen - also viel leichter durchzuzählen - wenn man schnell zählt und auf Schlaf verzichtet, ist man in 10 Billionen Jahren durch).

Rainerine:
Vielleicht Frau, die eigentlich Rainer heißen könnte und einem Stück durchgekotzter Scheiße verdammt nahe kommt, da ihre charakterliche Eignung zum Weiterleben eigentlich relativ stark unterschritten ist. Natürlich verzeiht Hancock auch ihm. Er kann halt nicht zahlen, hätte das allerdings nur zugeben sollen.

Sir Francis:
Ein Berg von einem Mann, der sich allerdings nur gegen Kleinere traut und bei einem Kabel-Karl *(siehe Begriffsbestimmung)* zum Angstbiesler *(siehe Begriffsbestimmung)* greift.

Täterbeschreibung:
Sollte innerhalb der nächsten Monate die Leiche eines gutaussehenden Mittvierzigers, der eine abgeheilte Einschusswunde am Kopf trägt, neben einem Gebüsch am Rande des Inns gefunden werden, die Umrandet ist von den Leichen von mehr als 4 zufälligen Zeugen, war der Täter etwa 1,82 m groß, ca. 130 Kilo schwer und war die letzten Jahre öfter in staatlicher Obhut als zu Hause.

Undankbarkeitsüberschwappifizierung:
Undankbarkeit, die ihre Grenzen nicht mehr zu kennen gedenkt.

Zeitgewaltenrückverzögerungskonverter:
Was ein Zeitgewaltenrückverzögerungskonverter ist, bzw. wie er funktioniert, ist eigentlich relativ genau im Kapitel 2 nachlesbar und bedarf keinerlei weiterer Erläuterungen. Vielleicht noch ein schmaler Hinweis: von den kleinen Engels, die während der 100jährigen Abwesenheit der Göttin mit ihm spielten, wurde er nur Ticktack-Rückmachkübel genannt.

Zitronenbops-Rüstung:
Eine laut Genfer Konfektion vermutlich verbotene, unter Umständen als Zusatzbonbon erlaubte, Angriffsverteidigungswaffe, die einen in Ganzkörpererstarrung verfallen lässt, wenn man dieses Hinterteil sieht. Eine Brezenverkaufsfachangestellte zu Eising, trägt diese Waffe. Hancock persönlich, nennt sie würdevoll „Almigurt von Ratschmann, keine macht mehr an“.

Zuldigung:
Tut mir leid, dass ich es mit „zu“ schreiben musste, aber es sollte ganz bestimmt ans Ende des Stückes. Ich entschuldige mich also dafür, dass ich als Neuautor nich die geringste Ahnung habe, ob ich meine 200 Seiten vollgeblöhkt habe, oder noch 50 fehlen. Aber egal: dies Werk muss auf den Markt, da Hancock ganz schnell Hilfe braucht. Eher schon gestern gebraucht hätte.

Also: **D A N K E**

Zwischenansage:

Nachdem das Stück fertig war und ich mich, ob seiner unglaublichen Zwischenwürzigkeit, in der Sicherheit befand, einen Bestseller geschrieben zu haben, der seinesgleichen, auf diesem Planeten, nicht in der Lage zu finden ist.

Dann allerdings im Anschluss an die Verlegermafia geriet, die durch die Bank ablehnte, es zu drucken *(vermutlich lesen die Redakteure es sowieso nicht, stecken das Werk nur in ihren Wortfinderechner und sobald irgendwo SS-Obersturmbannführer, Adolf H. und 3 x Jude irgendwo auftauchen, wird es als Rechtes Hetzwerk abgewiesen)*, war ich gezwungen, ein Folgestück zu schreiben und mir Gedanken über Vermarktungsmöglichkeiten zu machen.

Und ich habe ihn entwickelt, den Plan, der zwar geheim ist, aber wenn ihr dazu im Stande seit, dies zu lesen, ist er aufgegangen und ihr könnt mich fragen.

Was ich über mich geschrieben habe, entspricht eh nicht der Wahrheit.

Eigentlich bin ich ein Geist. Der Geist des schlechten Gewissens. Falls ihr euch dennoch sinnloserweise auf die Suche nach mir machen wollt, gebe ich im Finale noch ein paar nützliche Hinweise.

Zwischenerläuterung: Ich habe im Folgestück mehrfach zum Kauf des Steinalten Testaments aufgerufen. Da es mir allerdings zu mühselig ist, diese Sache wieder rauszupfriemeln, bitte ich euch einfach, drüber hinwegzulesen. Das Steinalte Testament ist ja hier bereits dabei.

Das Luziferianische und Höchst-wahrscheinliche Testament

Von Prof. Dr. Dr. „Lone Wulf" Fluchthasser ©

Inhaltsangabe:

VORWORT:

So wie das in diesem Leben aussieht, sind nur relativ wenige Dinge von Bedeutung. Zum einen der Erfolg, zum anderen der Mammon.

Um mir wenigstens zu Geld zu verhelfen, solltest du dir zunächst das Steinalte Testament zulegen, da ansonsten ein paar Dinge *(also zumindest am Anfang)* schwer verständlich sein werden.

Doch nun zum Werk:

Diesmal bedanke ich mich also nur bei meinem Manager „Großkaiser Hack zu Immelberg" und bei einem Freund namens Stephen Bierbichler. Bei meinem Manager, da er einfach immer für mich da war, auch wenn niemand mehr an mich glaubte und bei Stephen für die Idee, doch einfach eine neue Religion aus meinem Erstlingswerk „Das Steinalte Testament" zu zaubern.

Die sogenannten „Jünger der Zitronenbopserscheinungs". Eine fabelhafte Idee.

Da könnten wir bei jeder sonntäglichen Zusammenkunft vor Beginn der Messe erstmal eine „Zitronenbops der Woche Wahl" stattfinden lassen. Alle weiblichen Messebesucher, im Alter von 18 bis 40 Jahren, würden sich dann in der Sakristei untenrum entkleiden und ihr Hintertürchen, in einer dafür vorgefertigten Öffnung zur Kirche, dem männlichen Volk präsentieren.

Jeder Kirchenbesucher dürfte an dem jeweiligen Ärschchen riechen, es streicheln und würde im Anschluss eine Bewertung von 1 bis 10 in die Wahlurne werfen.

Die Stimme des Ultrapapstes der „Zitronenbopsgemeinde" *(also meine)* sowie die, seiner 3 Kurienkardinäle *(die ich bei jeder Messe bestimme)* würden mit dem Faktor 10 einfließen, bevor ich mit der Auszählung beginne.

Als Prämie für die Gewinnerin hab ich mir einen Preis von 1200,-- Mark und einen Schluck des körpereigenproduzierten Serums gegen das gefährliche Küchensklavenbückstückfieber *(ist ebenfalls im Stei-*

nalten Testament erörtert) vorgestellt, um ein wenig Anreiz zu schaffen, da die Teilnahme für die Damen ungefähr gar nichts von irgendeiner Freiwilligkeit beinhalten würde.

Bei Gott selbst bedanke ich mich für diesen Roman lieber mal nicht, da man für diese Gedankengänge doch eine gewisse Art von Wahnsinn haben muss, bzw. die Fähigkeit, die kranken Gedankengänge anderer einfließen zu lassen.

Vermutlich scheine ich auch diese Fähigkeit zu besitzen und hab das Stück also aus den Gehirnwindungen des kommenden Mörders von Hancock, Kabel-Karl, entnommen *(für die Nachvollziehbarkeit dieser Angelegenheit solltest du zumindest das Kapitel 15 vom Steinalten Testament gelesen haben)*.

Falls noch nicht: schnell **kaufen** und vor diesem Buch durcharbeiten.

Muchas Gracias

Post Scriptum: Da diese Wahl zum „Zitronenbops der Woche" edelzeitaufwendig wäre, hätten wir für die Messe selbst, dann nur noch etwa 10 Minuten Zeit, wobei ich der Meinung bin, dass 10 Minuten bei Gott, wenn man wirklich bei ihm ist, völlig ausreichend sind.

16. Die Wahl von Hancock

In etwa ein Jahr nach dem durchbrechenden Erfolg des Steinalten Testaments wird Hancock das Opfer eines hinterhältigen Überfalls Kabel-Karls.

Dieser passt ihn vor einer Kneipe ab und zertrümmert die Reste seines ohnehin zerfieselten Kopfes. Die Flasche Jack Daniels, die er sich im Anschluss gibt, um Unzurechnungs- und damit Schuldunfähig zu sein, muss er gar nicht entsorgen, da er den Whiskey aus einer vorher damit befüllten Colaflasche trinkt und die einfach in den Müll wirft.

Dabei wird er zwar beobachtet, geht das Risiko allerdings ein, da er auf diesen Gedankengang gar nicht, wegen seiner Fähigkeit sein Gehirn sowieso auszuschalten, kommt.

Das er dafür 17 Jahre in den Karzer muss, wird ihn auch erst nach den ersten 3 Wochen wirklich nerven, da er solang glücklich sein wird, dass er sich rächen konnte und erst im Anschluss begreift, dass das bedeutet, dass seine Eva II garantiert nicht auf ihn warten wird.

Hancock hingegen steht nach seinem Ableben am Tor zum Fegefeuer und will eintreten, aber die kleine, dicke Francoise lässt ihn nicht rein.

„Du sollst sofort zum Chef" ist ihre Bemerkung.

Natürlich steht er ohne Socken vor ihr, da er auch zu Lebzeiten kaum Socken trug. Auf die Frage, warum, antwortete er meist mit einem Teil des 3. Briefes des Apostels Paulus an die Helvetier:

Und Jesus stand mit erhobenen Armen vor seinen Jüngern und sprach:

„Und ich sage euch: der Tag wird kommen, wo ein Jude, ein geschlechtskranker, geldgieriger, schwuler Jude, ***(damit benutzte er die 4 schlimmsten Wörter der damaligen Zeit zu Judäa (****Geschlechtsverkrankifizierung, Schwulifikation, Sesterzengierung und Jude – sie mochten sich vermutlich selbst nicht – wären wohl auch lieber Ba-*

juwaren gewesen, konnten also ihre Ursprünge fühlen) ***in einem Atemzug)*** eine Hülse erfinden wird, um damit die Füße anderer warmzuhalten und sein persönliches Säcklein zu füllen.

Und so sage ich ferner:

Traget also niemals Socken und die Ewigkeit wird euch frohlocken." *(Ob sich das im Hebräischen auch reimt, bin ich nicht im Stande zu sagen. Vielleicht hat er es ja auch Deutsch gesagt.)*

Ob Hancock die Sache erfunden hat, weiß ich jetz nicht, obwohl ich selbst bereits versuchte, einen Brief an die Helvetier anzufertigen, allerdings nirgendwo eine Adresse fand. Nicht mal im Internet *(hab´s allerdings auch bei den Keruskern versucht und bin ähnlich kläglich gescheitert – vermutlich bereits ausgestorben).*

Bei Gott angekommen, wird sich diese Unterhaltung *(so wie ich hoffe)* ungefähr so anhören:

„Schön, dich hier zu haben, mein Freund. Von den 98,4 Milliarden Seelen, die sich bisher vorstellten, war noch nicht mal im Ansatz eine so gut wie deine, Hancock."

„Es freut mich, sowas zu hören, mein Gott. Wie lautet nun meine Zukunft?"

„Du kannst dir eins der drei bayrischen Königreiche und deine Gebetskolchose aussuchen – aber das wusstest du ja bereits. Nach einer kurzen Eingewöhnungszeit, lässt du dich zu einem der Könige davon wählen und stellst einen Antrag auf Engelwerdung. Hab mir abgewöhnt, in die Zukunft zu schaun, da es stocklangweilig ist, immer alles schon vorher zu wissen. Aber bei dir hab ich geschaut. Du wirst mein Engel Nummer 2.

War früher die Stelle von Luzifer.

Dafür musst du nur Mitglied in der „Völlig überflüssigen Engelszusatzrechtsvereinigung" werden und dann genehmige ich ihren Antrag auf eine zusätzliche Stimmberechtigte Teilnahme an der „Himmlischen Führungssitzung". Sonst hören die Gören nie auf zu flennen."

„Vielen, vielen herzlichen Dank, mein Gott. Ich wusste, dass ich gut bin, aber dass ich so überragend bin, konnte ich nicht ahnen. Danke."

„Bitte."

„Kleine Zusatzfrage: Haben deine Engels eigentlich tolle Ärsche?"

(Natürlich hätte er seinen Hang zu bezaubernden Hühnerhintereingängen am Fegefeuer lassen können. Das hat er allerdings vergessen. Er war ja immer noch geistig leicht Anschwerstbehindert. Das wurde erst nach seinem Besuch bei Gott geheilt.)

„Davon darfst du ausgehn, Hank. Bis auf Francoise, aber die hält bis in alle Ewigkeit, mit ihrem Riesenhintern, das Tor zum Fegefeuer warm. Die wirst du nicht mehr treffen und die restlichen sind wirklich scharf."

Und es kam natürlich, wie von Gott vorhergesagt.

Anhang:

Nach ihrem Tod und dem Gespräch mit Gott kommen übrigens alle Seelen in die „Heilungskapsel". Diese Heilungskapsel nimmt einem jeden Schmerz, jede Pein und jede Art von Behinderung. Männer verlassen sie mit dem Aussehen, dass sie am Höhepunkt ihres Lebens hatten *(also ca. 40 Jahre alt – Hancock kam allerdings mit etwa 23 raus)* und Frauen entsteigen ihr als 30-jährige. Das heißt immer: auch wenn man vorher oder weit hinterher das Zeitliche segnete.

Gute Aussichten.

17. Zurück zum Anfang

Als die Göttin damals, also am Anfang der Ewigkeit, so rumsaß und damit es ihr nicht immer so langweilig ist, die Engel schuf, machte sie davon genau 20.736 *(da die Zahl 12 schon immer ihre Zahl war und sie sie einfach dreimal mit sich selbst mal nahm).*

Den Anfang einer Ewigkeit irgendwie festzulegen bleibt halbschwierig, aber ich versuchs trotzdem. Der Anfang der Ewigkeit war ungefähr genau die Schnittstelle, zwischen der kurzen Ewigkeit vor diesem Ereignis und der langen Ewigkeit danach.

(ziemlich gut erklärt, oder?)

Die ersten 5 Engel, die fertig waren, wurden ihre Erzengel. Also die Engel Nummer eins bis fünf *(die späteren Michaela, Luzifer, Gabriella, Uriella und Raphaela).*

Engel wurden von ihr einfach durchnummeriert.

Da die Engels allerdings alle Mädels waren, beschwerte sich ihr Geist *(der Heilige Geist)*, da er nicht der einzige Mann auf Himmel sein wollte. Er nervte die Göttin damit ungefähr eine viertel Ewigkeit, bis sie schließlich nachgab und die schönste ihrer Erzengel zu einem Mann machte. Also die Nummer 2, Luziferina.

Dieser Engel nervte sie eh am gewaltigsten, da sie ständig neue Sachen zum anziehn brauchte und ihr nie die Farbe gefiel. Sie war übrigens immer Halbgrün. Andere Farben gab es noch nicht.

Trotz unzähliger Versuche der Göttin, erwies sich Engel Nr. 2 als komplett belehrungsresistent. Er war also nicht dazu in der Lage, dazuzulernen. Eine Eigenschaft, die der Engel auch als Luzifer beibehalten konnte.

Bei der Durchnummerierung ihrer Engel erhielten die weiblichen also ungerade und die männlichen gerade Nummern.

Luziferina wurde also zu Engel Nummer 2 *(also zum späteren Luzifer)* und erhielt ein Schwert, da in eine männliche Hand nunmal ein Pflug oder ein Schwert gehört und bei einem Pflug hätte Nummer 2 zu viel zu tragen gehabt.

Dies Kapitel des Buches war nötig, um zu erklären, warum Francoise, im Steinalten Testament *(wenn noch nicht gekauft, dann jetzt zuschlagen),* Engel Nummer 32.417 war, obwohl es nur 20.736 Urengel gab. Sie war also eigentlich *(wenn man die geraden Nummern weg lässt)* Engel Nummer 16.209 – mit der einen geraden Nummer von Luzifer.

18. Die teuflische Idee

Nach dem Ende der Macht des Satans am 20.04.2011, schaute Luzifer noch ungefähr 10

Jahre Beate-Use-TV *(die Pay TV Sender lies Gott ihm glücklicherweise)*.

Dann wurde die Sicht zum Bildschirm immer schlechter, da nun wirklich so gut wie niemand in die Hölle kommt *(also von den bisher gestorbenen 98,4 Milliarden Menschen, werden es knappe 2 Millionen sein, von denen übrigens fast keiner Jude ist, denn die sind gut. Nur einer hat´s sicher geschafft, ein gewisser Adolf Hitler. Glaub jetz mal, den kennst du auch)* und eine Seele nur den Exasten Teil eines Attofemtometers groß ist, jede schlechte Seele allerdings, um auch ganz sicher immer alleine zu sein, einen Käfig von einem Kubikzentimeter hatte, der so durch die Hölle schwirrte.

Platz hatte Luzifer also in seiner 6 qm Hölle, bei 2 Metern Höllenhöhe für etwa 10 Millionen Seelen, wenn er sich auch mal kratzen wollte, wenn es ihn am Ohr juckt.

Als Fernsehn also nicht mehr problemfrei ging, machte er sich einfach auch so klein und besuchte die Seelen der schlechten Menschen in ihren Gefängnissen, um sie zu quälen. Da war natürlich auch der eine oder andere Satanist dabei, der jammerte:

„Hab doch alles gemacht, was du wolltest. Habe dich angebetet und war unglaublich schlecht. Warum willst du mich quälen? Es ist eh schon so unerträglich heiß hier."

„Weil ich nix besseres zu tun habe und einfach böse bin, kleines Arschloch. Was für ein Idiot muss man sein, um den Teufel anzubeten, Trottel?" Und gab ihm einen Tritt.

Doch richtig glücklich konnte er, der unbeschreiblich Schlechte, auch dabei nicht werden, weshalb er sich in den folgenden Jahren sein Gehirn zermarterte, wie er die Macht erneut übernehmen könnte.

Für seine Berechnungen benötigte Luzifer einige Schultafeln und hitzebeständige Kreide.

Da er wusste, dass Gott seine Gedanken würde lesen können, war er gezwungen jahrelang zu trainieren, seine Gedanken positiv steuern und blitzschnell umschalten zu können.

„Denk einzig an die Malereien von Van Gogh, wenn du um die Materialien bittest“, musste also in sein böses Köpfchen.

Nach 20 Jahren hatte er sich soweit im Griff, dass er nur an schöne Dinge denken konnte, bis er umschaltete und er begann damit, täglich mehrmals an seinem Höllentor zu klopfen.

Eigentlich hauptsächlich während der Gebetszeiten. Wieviel Uhr es ist, konnte er ja dem Videotext entnehmen.

Als er zum ersten Mal, während der Morgenvesper klopfte, war Gott leicht erzürnt, aber er sah darüber hinweg. Dies „darüber hinwegsehen“ ging allerdings nur 3 Tage gut, bis er das Tor zur Hölle öffnete und Luzifer fragte, was er eigentlich wolle.

„Ich wurde während meiner Zeit draußen ein unglaublicher Fan von van Gogh. Bitte, mein lieber Gott, lass mir ein paar Tafeln und ein wenig Kreide, damit ich die Meisterwerke von ihm nachzeichnen und mich darüber erfreuen kann.“

Gott war ungefähr der Letzte, der diesem Typen traute, also klinkte er sich in seine Gedankengänge ein und erkannte tatsächlich nur die Liebe seines ehemaligen Erzengels zum Maler.

„Ich bin überrascht, mein Guter. Wenn du so weitermachst, bis du in 100 Jahren raus und kannst mich wieder anbeten. Deine Stelle als Erzengel ist allerdings schon neu belegt. Ich mach dir 12 Tafeln und 144 Kreidekisten auf Hölle.

Da es da nun wirklich sauber eng ist, erhältst du eine Tür zu einem Lagerraum, indem du das Zeug findest. Da wird es übrigens ähnlich heiß sein, wie auf Wohnzimmer. Also abkühlen kannst du dich da nicht."

„Danke, mein Gott. Vielen Dank."

Als Luzifer das Tor zur Hölle schloss, lobte er sich in höchsten Tönen.

„Oh, mein Teufel, bin ich überragend. Dieser Hohlblock glaubt mir und er will mich in 100 Jahren wieder rauslassen. Solang bleib ich auf keinen Fall. Dann wird es endlich passieren. Luzifer wird Gott", dachte er so und legte sich schlafen.

Sowie er am nächsten Morgen erwachte, war alles so, wie Gott es sprach.

Zunächst musste er die ganzen Seelen in den Lagerraum schubsen, um wieder Beate-Uhse TV schauen zu können und ein wenig Platz zum Pläne entwerfen zu haben.

Doch wie sehr er sich auch bemühte, er konnte keine Formel entwerfen, mit der es ihm gelungen wäre, Gott zu besiegen.

Jedenfalls nicht, bis er auf TV von der Vergewaltigung eines Opfers durch einen Psychologen *(das ich kein Freund von Psychologen bin, hab ich in meinem Erstlingswerk bereits zur Genüge ausgedrückt, weshalb ich ab nun versuche, diese „falschdenkenden Gewaltverbrecherretter" nicht weiter anzugreifen)*, der sie vorher hypnotisierte, hörte. Damit war der Plan geboren.

Er musste lernen zu hypnotisieren. Wieder verbrachte er mehrere Jahre damit, sich zu einem gewaltigen Hypnotiseur zu machen und er erlernte es.

Genau am 70.sten Jahrestag seiner Rückkehr zur Hölle, am 20.04.2081, begann er wieder am Tor zu klopfen und seine Gedanken auf rein zu stellen.

Diesmal mitten in der Nacht, um Gott alleine zu erwischen. Als Gott den Eingang öffnete, blickte er ihm direkt in die Augen und begann ihn zu übernehmen. Er musste schnell sein, das wusste er und er war es auch.

Mit einem von ihm steuerbaren Gott an seiner Seite, konnte nichts mehr passieren und so warteten sie bis zum nächsten Morgen, bis zum Erscheinen der Erzengel.

Luzifer machte während dieser Nacht Gott klar, was er am nächsten Tag zu sagen und zu tun hatte.

19. Der Werdegang des Hancock

Nach seinem Gespräch mit Gott, suchte sich Hancock, klarerweise Oberbayern und davon die Unterhauptstadt Berlin, als Wohnort aus.

So wie etwa 70 Milliarden andere Seelen in Oberbayern wohnten und die meisten davon in der Landeshauptstadt München.

Der Seelenhimmel war nämlich in keinster Weise von der Erde abgeschnitten und nachdem der FC Bayern München nunmal die Fußballwelt regiert, zog er auch viele Seelenfans auf seine Seite, sodass 2/3 der Seelen „zuagroasde Säin“ waren, also zugereiste Seelen *(eingewandert aus den ehemals befreundeten Feindesländern Niederbayern und Schwaben)*.

Von Norden nach Süden wurde München von der FC-Bayern-Allee durchkreuzt. Von Osten nach Westen durch den Bayernboulevard. An diesen Straßen standen die Statuen aller Spieler, die je für Bayern kickten und in der Mitte der Stadt, am FC-Bayern Gedenkplatz standen die überdimensionalen Gedenkstatuen ihrer Größen *(Müller, Beckenbauer, Breitner, Rummenigge, Hoeneß...)*.

Dass es sich bei Berlin um eine Stadt in Oberbayern handelte, hängt damit zusammen, dass sie eigentlich von einem Bayern *(einem gewissen Bernd Lingen)* gegründet wurde.

Es trieben sich dort ähnlich viele Ausländer rum, wie in unserem Berlin, wobei es Ausländer im Himmel nicht mehr geben wird. Da wird jeder Bayer *(außer die Spieler und Fans aus Leverkusen und Uerdingen, die werden Bayern)*.

Zum anderen suchte er sich die Rosenkranzgebetskolchose aus, denn die hatte nur 3 mal täglich einen Rosenkranz abzuleisten und soviel Beten sollte eigentlich reichen.

Während seines Wahlkampfes, zur Wahl zum König Oberbayerns, wurde er in jeder Weise von Gott unterstützt. Bei jeder Rede an seine Seelen, vergaß er nicht zu erwähnen, wie sehr es ihm am Herzen liegen würde, Hancock als König zu sehen und er half selbst mit, als Hancock seine Wahlplakate an die Hauswände klebte.

(Kleiner Hinweis für die Leser, die das Steinalte Testament nicht gelesen haben: Könige wurden im Himmel

gewählt und blieben 432 unbestimmte Zeiträume im Dienst, bevor es zu Neuwahlen kam.)

Diese Wahl war ein Fiasko für seine Kontrahenten. Gegen seine Herausforderer, Eugen Mugambwana und Srabriza Holwakova, gewann er mit, in der Historie von Wahlen nie dagewesenen, 100 zu 0 zu 0%.

Natürlich wählten die, bereits verstorbenen, direkten Verwandten und besten Freunde seiner Gegner diese, doch bei 70 Milliarden Stimmen, machen ein paar Hundert kein Prozent aus.

Schon 2 Tage später, bewarb er sich, wie von Gott geraten, um eine Stelle als Engel. Dabei nutzte er eine Gesetzeslücke in der Verfassung des Himmels der Sterblichen aus.

Im Paragraphen 1 stand nämlich:

§1.: Jede Seele scheint gleich. Die Seelen der Bürger des Seelenhimmels haben allerdings keine Möglichkeit, sich zum Engel erküren zu lassen.

Da er ja kein Bürger, sondern der König war, konnte er in einem sogenannten Präzedenzfall, mit Unterstützung der „Völlig überflüssigen Engelszusatzrechtsvereinigung e.V.“, zu der er sehr gute Kontakte aufbaute und von ihr einen Rechtsanwalt gestellt bekam, sich zur Wahl zum Engel aufstellen lassen.

Diesmal war der Wahlkampf härter, da alle 20.736 Engel und Gott abstimmen durften und die Frauenrechtlerinnen unter den Wählenden gewaltig gegen Hancock Stimmung erzeugten.

Bei einem Lesbentreff des „Nieder mit den Schwänzen Clubs“ sprach ihre Vorsitzende Lilith diese Worte:

„Liebe Mitengelinnen, wo kommen wir hin, wo soll

das enden, wenn sich sogar ein Schwanzträger, ein Hinterteilfetischist, zum Engel wählen lassen kann. Sollte er tatsächlich gewählt werden, lege ich mein Amt nieder und gründe einen eigenen Verein.

Die „Schmeißt Hancock raus Genossenschaft" und ich werde diesen Verein eintragen lassen und auch euch, Schwestern des „Nieder mit den Schwänzen Clubs", als meine Feinde bekämpfen."

Die einigermaßen Bibelgefestigten unter euch, werden wissen, dass Lilith angeblich die erste Frau Adams war *(laut uralten Übersetzungen des Alten Testaments)*, wobei dieser Aussage jede Art von Wahrhaftigkeit irgendwie entkommen ist.

Sie wurde nur auf die Erde gesandt, nachdem Adam, nach dem Einhacken des Steinalten Testaments, zur Göttin sprach und sagte:

„Wie darf ich Gebot 1 verstehen? Alle Frauen des Planeten? Hab doch bloß eine."

Das leuchtete der Göttin ein und so schickte sie Lilith als Frau zur Erde, um Adam Gebot 1 möglich zu machen und alle schwängern zu können.

Lilith hat also ihre Abneigung Männern gegenüber während dieser Zeit eingefahren. Als sie nach mehreren Streitereien mit Adam wieder zurück auf Himmel musste *(sie hatte übrigens ebenfalls einen bezaubernden Hintern)*, gründete sie eben jenen Antischwänzeclub, deren Vorsitzende sie selbsterörternd wurde.

Auf seiner Seite waren also Gott und die „Völlig überflüssige Engelszusatzrechtsvereinigung e.V.", gegen ihn, der unglaublich mächtige Verein von Lilith. Der Club erhielt unglaublichen Zulauf, während der Regierungszeit des Teufels, als er die Engel am laufenden Band vergewaltigte.

Wieder half ihm Gott, seine Wahlplakate aufzuhängen und wieder schloss sich jede seiner Reden mit den Worten:

„Im Übrigen, bin ich der Meinung, dass Hancock gewählt werden muss.“

(Diese Wortwahl hatte er natürlich von Cato dem Älteren, der 80 vor Christus jede seiner Sprüche vor dem Römischen Senat mit der Aussage: „Im Übrigen, bin ich der Meinung, dass Karthago zerstört werden muss“ beendete.)

Der Stimmzettel, der bei der Wahl in den Wahlkabinen auslag, sah wie folgt aus:

```
Liebe Engels,

ihr habt eure Stimme abzugeben, für oder gegen
einen Mann, einen überragenden Mann, den Mann
schlechthin. Also entscheidet nach bestem Wissen
und Gewissen.


Hancock soll und muss ein Engel werden.       ❍

Hancock ein Engel? Bravo.                     ❍

Bin dagegen.                                  ❍

Männliche Engel?
Das wird ja schon lange Zeit.                 ❍


Denkt allerdings bitte daran, gegen wieviel Unbill
er auf Erden kämpfen musste und dennoch gut blieb,
bis ins Mark.
```

Als es nach Ende der Stimmabgabe, als Gott auszählte, zu einem 10.368 zu 10.367 gegen Hancock kam, aber Gott seine Stimme noch nicht abgegeben hatte, musste er überlegen, wer noch nicht abstimmte. Da viel es ihm ein: Luzifer hat noch nicht gewählt. Gott hatte vergessen, ihn aus der Wählerliste zu streichen, nachdem er ihn zum Teufel machte.

Nachdem Gott entschieden für Hancocks Engelwerdung war, klopfte er am nächsten Abend am Höllentor, um mit Luzifer zu sprechen. Luzifer war zu diesem Zeitpunkt erst fünf Jahre zurück auf Hölle und schaute gerade seinen Lieblingsporno an, als es klopfte.

„Was los?"
„Wir brauchen deine Stimme, Luzifer. Soll ein Mann Engel werden können?"
„Von mir aus, ja. Macht was ihr wollt."

Und er schloss das Tor. Long Dong Silver war gerade kurz vor dem Höhepunkt in Gina Wilds Gesicht und das musste er unbedingt sehn.

Damit war es entschieden: Hancock wurde ein Engel. Nachdem er Mitglied bei der VüE e.V. wurde, genehmigte Gott *(nach einer halben Ewigkeit)* endlich die Teilnahme eines VüE-Mitglieds, als Stimmberechtigter, während der „Himmlischen Führungssitzungen".

Nach 3 Jahren der Teilnahme, beförderte Gott Hancock zum Erzengel *(anstelle Luzifers)*, was dementsprechend scharfe Kritiken aus der VüE e.V. nach sich zog, da Hancock daraufhin kein „normaler" Engel mehr war, aber dass war Gott egal.

„Dann jammert halt wieder eine halbe Ewigkeit", war seine Bemerkung dazu.

20. Der Tag des Luzifer

Als die Erzengel an diesem Morgen des 21.04.2081 den Thronsaal betraten, erschraken sie. War das wirklich Luzifer, der da neben Gott stand?

Ja, er war es und Gott sprach zu ihnen:

„Verschwindet aus meiner Sicht, Gesinde. Ich gebe mich der Einsamkeit hin um zu mir selbst zurück zufinden. Gehorcht einzig und allein Luzifer. Er wird mein Stellvertreter. Jeden, der mich stört, mit Ausnahme meines Ersatzgottes Luzifer und vor meinen Augen erscheint, werde ich in einen Adler verwandeln, womit ihm die Ewigkeit abhanden kommt und er mit seinem Tod, für seinen Frevel bezahlen wird.“

Und er lies einen Orkan entstehen, der die Erzengel, relativ unsanft, nach draußen bugsierte.

Als sie vor dem Thronsaal im Dreck lagen, trat Luzifer hinter sie.

„Ihr könnt alle gehn. Nur du bleibst liegen Gabriella. Wir spielen eine Szene aus meinem Lieblingsfilm nach. Du machst Gina Wild.“

Und dann begann er lauter zu werden:

„Habt ihr nicht gehört, was euer Gott sagte: Abflug.“

21. Die misslungene Rettung

Als sich die Erzengel Michaela, Gabriella, Raphaela, Uriella und Hancockus Hopsus Fidibus

(das Hancock zu seiner Ernennung zum Erzengel diesen Namen erhalten hat, deutet vermeintlich auf die Liebe Gottes zu altrömischer Namensgebung hin – ohne, dass ich mich daran festnageln lassen möchte)

Am nächsten Tag, vor dem Thronsaal, trafen, ging es darum, einen Ausweg aus dieser misslichen Lage zu finden:

Michaela: „Was ist bloß mit unserem Gott los, Freunde?"

Uriella: „Er möchte halt ein bisschen alleine sein. Regt euch ab."

Michaela: „Und warum hat er dann den Kettenhund Luzifer auf uns losgelassen und ihn zu seinem Ersatzgott gemacht?"

Hancockus: „Beruhigt euch, bitte. Er ist hypnotisiert. Das habe ich an seinen verlorenen Augen erkannt."

Raphaela: „Hypnotisiert vom Teufel? Oh mein Gott, was sollen wir tun und wie lange hält sowas?"

Hancockus: „Bis man etwa einen Meter vor ihm mit seinen Fingern schnippt."

Raphaela: „Woher willst du das wissen, Hank?"

Hancockus: „Als ich von meinem Vater, Erdbeer Sepp, in der Nähe eines Waisenhauses geboren und dort abgegeben wurde, er war der erste und einzige Mann, der je ein Kind gebar, dauerte es nur 3 Monate, bis der chinesische Konsul mich, während seines Osterurlaubs in Bayern adoptierte.

Er lies sich während seiner 4 jährigen Tätigkeit im Konsulat etwa 200 chinesische Jungfrauen einfliegen, um sie zu schwängern. Dass keine von ihnen schwanger wurde, lies darauf schließen, dass er es war, der der Unfruchtbarkeit Rechnung trug und nicht dazu in der Lage war, ein Kind zu zeugen.

Er wollte sich allerdings auf keinen Fall ohne Sohn bei seiner Mutter zurückmelden und nahm einfach mich mit. Seine Mutter wollte allerdings nur einen Enkel mit Schlitzaugen und setzte mich deshalb auf der Chinesischen Mauer aus, um mich verhungern zu lassen.

Dort fand mich allerdings ein vorbeihurtender Shaolinmönch, der gerade beim Brotzeitholen war und nahm mich mit.

In diesem Kloster, indem ich mich befand, seit ich 9 Monate alt war, gab es zum Glück einen Deutschlehrer. Ich bin im Übrigen wahnsinnig froh, das Deutsch die Amtssprache im Himmel ist. Er lehrte mich also rein zufällig meine Vatersprache.

Meine erste eigene Erinnerung daran, habe ich allerdings erst, seit ich im Alter von 6 Jahren den übertrieben dicken Ho-Shi-Min beim Kleinkinderschlammcatchen bezwang. Ich wurde also von Kleinkindesbeinen an zum Kämpfen erzogen.

Diese Informationen erhielt ich erst viel später, vom Geheimdienst „Die Allesrausfinders“, meines Freundes „Lone Wulf“. Sie sind wirklich sicher.

Ich war also Kung Fu Schüler und erlernte ab dem Alter von 9 die unglaublich gefährliche Kampfkunst des „Betrunkenen Mönchs“. Diese hat mir oft das Leben gerettet. Während eines Schülerausflugs nach Rosenbach, verliebt ich mich in die unglaublich bezaubernde Da-Hana-Su Shima, aus dem Kantoner Gebirgsdorf Ess-Ling-Ähn. Sie war ebenfalls keine Chinesin.

Soviel sie erzählte, war sie ein Waisenkind aus Estland, das nach ihrer Geburt, während eines Waisenkinderaustauschs zwischen befreundeten kommunistischen Staaten, von der sowjetischen Regierung gegen ein chinesisches Waisenkind übergeben wurde. Ich nannte sie nur Dana.

Sie hatte so einen wohlriechenden Hintern, dass das bestimmt meinen späteren Hintereingangsfetischismus unterstützte.

Damals wurde ich allerdings von den Lehrern vergessen und landete wieder in dem Waisenhaus, in dem mich mein Vater 12 Jahre vorher abgab. Ich werde sie wohl nie wiedersehn. Schade, wirklich schade.

Mein Vater allerdings, gab nach seiner misslungenen Karriere als Erdbeerbauer, seinen Hof auf und wurde Metzgermeister.

Dadurch hatte er wieder mehr Zeit, um sich um seinen Nachwuchs zu kümmern und rückadotierte mich ein Jahr später.

Nachdem ich mich schnell mit ihm überwarf, da ich seiner bäuerlichen Bierdümpfeleinstellung nicht entsprach und entschieden besser „Bieten“ *(das war sein Lieblingskartenspiel)* konnte als er, flog ich, so schnell es mir möglich war, zurück nach China.

Ich versteckte mich im Koffer eines der Fluggäste, um meine Dana wiederzufinden.

Nach 3 Jahren der erfolglosen Suche, las ich in den Stellenanzeigen der Tibeter „Bild am Sonntag“ von Offenen Stellen bei der AOK Rosenbach, weshalb ich mir einen französischen Handelsvertreter suchte, ihn bat, nach Paris mitfliegen zu dürfen und über Rosenbach, mit einem Fallschirm, absprang.“

Uriella: „Wirklich interessant, Hank, aber was soll uns das nützen?“

Hancockus: „Ach ja, genau. Ich war nur in Gedanken grad bei meinem Zitronenbopsgeschnetzelten Dana.

Im Alter von 10 lehrte mich mein Deutschlehrer, das Hypnotisieren des Gegners und er lehrte mich das Aufheben der Hypnose. Man muss nur in etwa einem Meter Entfernung zum Hypnotisierten mit den Fingern schnippen und er wacht auf.“

„Gute Nachrichten, das krieg ich hin“, sagte Raphaela und ging zum Tor.

„Nicht öffnen, du musst dich an ihn ranschleichen, Raphi.“

Diese Anmerkung von Hank kam allerdings etwas zu spät, bzw. Raphaela hörte ihm gar nicht zu. Sobald sie das Tor geöffnet hatte, verwandelte sie sich in einen Adler und flog davon, bevor sich die Tür wieder schloss.

Anhang:

Jeden, der jetzt denkt, Hancock hätte irgendwie gelogen, bitte ich zu überdenken, dass er sich ja auf Himmel befand und lügen da keinesfalls üblich war. Eigentlich sogar verboten.

22. Der Plan

Damit ist also eine von uns Tod. Eine militärisch geplante Aktion, die erst 3 Minuten läuft und einen Truppenverlust von 20 % *(also einer von fünf)* als Ergebnis aufweist, deutet mit entschiedener Sicherheit auf die Unfähigkeit der Planer oder der Truppe hin.

Lasst uns bitte zunächst einen Plan zusammenrammeln, wobei ich für die Leitung der Operation, aufgrund meiner vormaligen Eignung zum deutschen Offizier, die nötigen Voraussetzungen mitbringe."

„Bis du weise, Hank. Glaub, ich verliebe mich grad in dich. Zweifellos werden wir nach deinen Anweisungen vorgehen, da uns auch deine Erfahrungen während des Karbonischen Freiheitskrieges weiterhelfen könnten *(Hancock nahm während seiner 14 Tage, bis er König von Oberbayern wurde, an einer Stunde am Karbonischen Befreiungskrieg des dritten Universums teil. Eine Stunde reichte übrigens aus, da das dritte Universum die größten Zeitverschleppungsbazillen des Urknalls abbekam und deshalb eine himmlische Stunde etwa 4 Karbonwochen bedeuteten – dazu allerdings ein paar Worte im Folgekapitel).*

Auch Michaela und Uriella nickten nur zustimmend.

„Dann ist es entschieden. Uri, du besorgst zunächst die Baupläne des Thronsaals im Himmlischen Katasteramt. Dann bringen wir sie zu Albert Einstein.

Er wohnt in der Wirbelwindgegnerischerabwehrreihenundmitlinksversenkearijenrobbengasse 17, zu München. Hab ihn während meiner Tage als Oberbayrischer König besucht."

„Jawohl, Hank. Ein Deutscher und dann noch ein König besucht einen Juden? Wieso das?"

„Nun, mein lieber Uriknödel: Nicht jeder Deutsche ist gut und jeder Jude schlecht. Wie umgekehrt.

Das Blut Hitlers beispielsweise war von Judenblut versaut. Weniger arisch konnte man kaum sein, als er es war."

Michaela: „Was bitte, soll arisch sein, Hank?"
„Woher soll ich das wissen? Gehört nur zu meinem Wortschatz und klingt lässig. Find ich zumindest. Ich verehre Einstein und er hätte mir erklären sollen, warum 2 absolut parallele Bahngleise in der Ewigkeit zusammenlaufen werden. Eine seiner Theorien, die ich nie verstand. Hab ich übrigens auch nach meinem Besuch nicht verstanden."

Uriella: „Was verquatschen wir hier wertvolle Zeit. Ich pack´s jetzt. Das mit dem Uriknödel nehm ich dir aber ein wenig übel, Hank. Bis dann."

Nachdem Uriella die Pläne hatte, mussten sie an ihr Ziel. Etwa 100 Jahre gab es auch Himmlische Taxis. Sie wurden 1917 vom Teufel während seiner Regierungsjahre eingeführt.

Als die Himmlischen Taxifahrer allerdings im September des Jahres 2015 streikten, um höhere Löhne durchzusetzen, wurden sie von Gott einfach abgeschafft.

Stattdessen gab es Beamautomaten, die man betrat, den Platz des Zielbeamautomaten eingab und rübergebeamt wurde. Da die Pflege und Wartung dieser Dinger sehr zeitaufwendig war und die Engelstechniker eh zu viel zu tun hatten, gab es davon allerdings nur 12.000 *(also 3.000 für den Himmel und genausoviele für jedes der 3 Königreiche)*.

Die Idee für die Beamer hatte Gott aus dem Film „Traumschiff Surprise" von Bully Herbig. Er schaute normalerweise keine Sience Fiction, aber von dem Film hatte er nur Gutes gehört.

Nachdem er sich halbtot gelacht hatte, zog er sich auch noch „Den Schuh des Manitu“ rein und erklärte ihn hinterher zur „Himmlischen Verfilmung des Unbestimmtenzeitraumtausends“.

Netter Trick Gottes. Da weder Anfang, noch Ende eines Unbestimmtenzeitraumtausends irgendwo festgelegt waren, konnte er diese Auszeichnung so oft verleihen, wie er wollte, oder einen Grund für seine Engels zum Feiern brauchte.

Als die 4 in der Kabine standen, fragte Micha: „Wohin jetz, Hank?“ und er antwortete:

„Zunächst in die Kabine an der Müller-Dernamesprichtbände-Allee, bevor wir die Schwarzgelberblitztodriberystraße passieren, um in den Weg zu gelangen, der uns zu Einstein führt.“

Dort angekommen, trafen sie Albert, der, zusammen mit seinem Weißnichtwieofturgroßvater Baruch Moses Ainstein und seinem Vater Herrmann Einstein, beim Kaffeekränzchen saß.

Seine Mutter Pauline zog bereits vor mehreren Jahren an ihren Geburtsort Ulm, da sie sich mit Herrmann verwarf. Sie hatten also eine 3-Männer-WG und freuten sich über den Besuch aus Himmel. Als sie von der Machtübernahme Luzifers erfuhren, stockte ihnen der Atem.

„Dann fängt ja schon wieder alles zu brennen an. Was kann ich tun, um Gott zu helfen“, fragte Albert.

Als Hancock ihm die Situation erklärte, gab er ihm die Baupläne des Thronsaales und erbat um die Erarbeitung einer Rettungsmöglichkeit.

Albert begab sich sofort in sein Büro und brauchte nur etwa eine Viertelstunde.

„Die Fenster des Saales befinden sich alle in Blickrichtung des Thrones. Die Frischluftrohre haben nur einen Durchmesser von 40 cm, sind etwa 12 Kilometer lang und aus Tütennonatium gefertigt.

Der härtesten Legierung des Himmels. Vermutlich aus dem Tütennonatium, dass der Göttin damals übrig blieb, als sie ihre „Gottesausbruchssichere Stahlfarbe“ erzeugte.

Wir müssen über den Kaminschacht rein, der einen Quadratmeter groß ist und hinter dem Thron in dessen Saal führt. Er ist zwar 800 m hoch, aber das ist unsere Chance.“

„Und wenn wir Nachts über einen Spiegel an den Fenstern schauen, ob er schläft und uns dann reinschleichen?“

„Wann schläft Gott, Michaela? Willst du das wirklich riskieren?“

„In Ordnung. Dann eben Alberts Plan.“

23. Der Karbonische Freiheitskrieg

Vorwort:

Ich war kurz am Überlegen, ob ich die Abenteuer des Hancock, während des Karbonischen Freiheitskrieges, nicht zu einem Folgeroman verarbeiten sollte.

Nach einer wirklich schmalen Bedenkzeit wusste ich aber: schreiben wird nie mein Beruf werden, da mich allein meine Tätigkeit als Ahnenforscher glücklich machen und erfüllen wird. Noch bin ich also auf der Suche, nach der letzten europäischen Neunfachurenkelin von Napoleon dem Dritten. Bitte melde dich endlich, Sandy *(und üb mit mir französisch)*.

Karbon war bei seiner Entstehung ein relativ großer Planet eines Sonnensystems mit 23 Sonnen, inmitten des dritten Universums. Wie bereits im Steinalten Testament erwähnt, waren der Göttin die Karbonen allerdings zu hässlich, um ihre Bitten und Gebete Ernst zu nehmen.

Dennoch hatte jede eigene Rasse Schubfächer in der Himmlischen Gebets- und Bittauflaufzentrale. Es gibt da also auch ein Schubfach für Kakerlaken, wobei das die meiste Zeit leer bleibt.

Die Karbonen entwickelten sich vor genau 3 Milliarden Jahren und haben sich seither eigentlich kaum verändert.

In ihren Anfängen waren auch sie Jäger und Sammler. Was allerdings eine wahnsinnige Geschwindigkeit erforderte, da sich Karbonische Kirschen bereits im Alter von 3 Minuten nach Geburt, vom Ast trennen und weglaufen konnten, wenn sie jemand pflücken und aufessen wollte. Sie mussten also nicht nur schnell, sondern auch sehr straff durchmuskuliert sein, um der Anziehungskraft Karbons standhalten zu können.

Dieser Planet hatte die 20fache Anziehungskraft der Erde. Falls du also auf Erden 50 Kilo wiegst und sozusagen ein Hänfling bist, würdest du auf Karbon eine Tonne wiegen und sowas überleben die Wenigsten.

Und sie waren ganz bestimmt nicht schön anzusehn. Sie sahen aus, wie riesige Tausendfüßler und hatten an ihrem aufgerichteten Oberkörper genau 5 Arme und 3 Augen, wobei ihnen ein Arm aus der Stirn wuchs und als Scheibenwischer benutzt werden konnte. Sie hatten keine Augenlider. Als sie dazu in der Lage waren, Eisen zu schmieden, entwickelten sie ihre traditionelle Standardwaffe, den dreizackigen Dolch, um dem Gegner, bei einem Duell, gleichzeitig alle 3 Augen ausstechen zu können.

Der Tag, an dem Hancock in den Himmel kam, war bereits der 15te Tag in Folge, an dem die Himmlische Bittauflaufzentrale ein neues Schubfach für die Karbonen bestellte, da das alte voll war. Also wollte Gott doch mal schaun, was da los ist.

In 98 % der Bittgebete ging es um Schutz vor den Hypnäen, einer aus Wasserstoff entstandenen Rasse des 7. Universums. Ihren Gelehrten war es gelungen, unter den tausenden von Schwarzen Löchern, die Urlöcher, also die Verbindungen zu den restlichen Universen zu finden und diese zu passieren.

Sie sahen aus, wie mit Wasser gefüllte Luftballons und benötigten für den Bau ihrer Raumschiffe die Hilfe einer anderen Rasse ihres Heimatplaneten. Die Hilfe der Tauronen. Diese hatten Kraft wie ein Stier, die zum Bauen nötigen Arme und waren leider halbdämlich.

Sie wurden von den geistig überlegenen Hypnäen in mehreren Schlachten besiegt, wobei sie ihnen einfach ätzendes Wasser ins Auge spuckten und den erblindeten Gegner durch „put, put, put“ Rufe in eine Schlucht stürzen ließen. Die Hypnäen konnten nämlich schweben. Und wie gesagt, die Tauronen waren dumm.

Nach deren Unterwerfung hielten die Hypnäen die Tauronen wie Hunde. Hatten also immer ein paar dabei, wenn es in neue Dimensionen ging. Irgendjemand musste da ja ihre Stützpunkte bauen.

Die Übersetzung vom Hypnäischen ins Alttauronische war sowas von kompliziert, dass die Hypnäen für ihre Übersetzungsschiffe, für die sie ausschließlich riesige Großplanetenwegkickschiffe der Teutonenklasse benutzen konnten, stets eine Anhängerkupplung brauchten, um 7 Fremdwortanhänger mitzunehmen.

Die Tauronische Sprache kannte zwar nur etwa 400 Wörter, die ein Hypnäe *(der etwa 3 Trilliarden verschiedene Wörter kannte – allein das O war ein hypnäisches Wort, das in 3724 Oktaven und über 280.000 Längen gesprochen werden konnte und damit über eine Milliarde Wörter abdeckte. O stand für gewöhnlich für Oralsex (eine andere Art von Sex kannten die Wasserköpfe gar nicht) und man durfte beim Angraben der weiblichen Hypnäe gewaltig aufpassen, um nicht ein anderes Wort für O (Fettschweinchen) anzubetonen)* locker hätte lernen können.

Doch ein Hypnäe weigerte sich aus Prinzip strickt, die Worte dieses „Untervolkes“ in den Mund zu nehmen. Die Tauronen waren sowas wie die Juden, des Planeten Hypnäien.

Der Stützpunkt der Hypnäen in der 3. Dimension war 2 Lichtjahre von Karbon entfernt, auf einem Planeten, dessen Name „Die Gewalt Hyprons“ war. So wurde er zumindest von den Hypnäen getauft, die ihn nach dem Spitznamen ihres Kriegsgottes Hypronimussi Hopsussi Fidibussi benannten.

Eine große Entfernung waren 2 Lichtjahre jetzt für diese beiden Arten nicht, da sie schon bei ihrem ersten Aufeinandertreffen beide dazu in der Lage waren, ihre Raumschiffe auf SOL 1000 zu schalten, sich also mit 1000facher Lichtgeschwindigkeit fortzubewegen.

Die Entfernung betrug also bei Höchstgeschwindigkeit genau 17 Stunden 31 Minuten Flugzeit.

Gemocht haben sie sich von Anfang an nicht. Beide hielten sich für gottesgleiche Geschöpfe, wobei ihnen eigentlich hätte auffallen müssen, dass Gott, wenn es ihn gäbe, niemals so schlecht aussehen könnte, wie sie. Impossibile.

Es kam zu mehreren Glaubensschlachten, die mal der eine, mal der andere gewann, aber keiner nachgeben wollte.

Eine Entscheidung deutete sich einen Monat vor Hancocks Auffahrung an, als es den Hypnäischen Wissenschaftlern gelang, Raumzeitverwirbelungstorpedos herzustellen.

Sobald so ein Torpedo einen Planeten trifft, verzwackt er die Raumzeit um ihn und wirft ihn knappe 1.000 Jahre in seiner Entwicklung zurück. Karbon wäre also durch den Empfang von 1.000 dieser Torpedos, durch eine Breitseite der dazuentwickelten Unterraumboote, in seiner Entwicklung um eine Million Jahre zurückgeworfen und dadurch eine leichte Beute für die Hypnäen geworden.

Dass sie das nicht sofort machten, lag daran, dass sie die Karbonen sowieso zu Sklaven machen, allerdings vorher ihre neuesten technischen Errungenschaften übernehmen wollten.

Gott sah diese Fieslichkeiten der Hypnäen voraus und bat Hancock, den Karbonen zu helfen. „Die sind wirklich nur halb so häßlich, wie diese komischen Wasserköpfe, Hancock. Hilf ihnen."

Er erhielt also einen Karbonenkörper und erschien auf diesem Planeten, als Mitglied des Karbonischen Kriegsführungsstabes.

Auch der Plan der Karbonen stand bereits. Sie waren unglaublich stolze Burschen und wollten mit ihrem gesamten Wissen lieber untergehen, als es den Hypnäen zu überlassen. Wir bitten die Hypnäen nächsten Monat zu einem Aufgabegespräch und lassen dann die Bombe hochgehn, lautete ihre Absicht.

Doch welche Bombe?

Es gelang ihren Wissenschaftlern, ein klitzeklitzekleines Schwarzes Loch, kurz nach seiner Geburt, einzufangen und es in einer Glaskugel aufzubewahren.

Die Energie, die nötig war, um dies Monster gefangen zu halten, wurde über mehr als 4 Meter breite Stromkabel von den 23 Sonnen des Systems abgezweigt.

Es gab auch ein Notstromaggregat, das bei Abkabelung für 73 Stunden und 12 Sekunden dieses System aufrecht erhalten konnte, bevor der Zwerg die Kugel schluckt, mitsamt des Planeten, auf dem er sich gerade befindet *(inklusive allem, das sich bis auf ein halbes Lichtjahr an ihn herantraute)*.

Zwei Wochen durchwühlte Hancock daraufhin alle Streng Geheimen Unterlagen des Verteidigungsministeriums und stieß auf ein Universenhologramm der Hypnäen.

In den Besitz der Karbonen geriet es, als nach einer Raumschlacht, die die Karbonen gewannen, ein bewegungs- und kampfunfähiger Schlachtkreuzer der Hypnäen geentert wurde und in feindliche Hände fiel.

Sein kommandierender Offizier bekam, während der Vernichtung der taktischen Unterlagen, einen Herzanfall von einem seiner 8 Herzen und konnte keine Säure mehr spucken, um das Hologramm zu zerstören.

Als die Karbonischen Ärzte nach seiner Gefangennahme feststellten, dass er keine Säure mehr im Körper hatte, wurde er für die anstehende Siegesfeier zu einem leckeren Dessert verarbeitet.

Über mehrere Stunden abgehangenes Hypnäenherz war auf Karbon eine höchst beliebte Nachspeise ***(also noch ein gutes Stück beliebter, als mehrfach überdunsenes Hypnäenauge oder halbsämig abgesotteter Hypnäendarm - über „mit Weidezaun eingespreiztes“*** *(eine Zubereitungsart, für die die Karbonischen Köche bekannt und auch beliebt waren)* ***Hypnäenzahnfleisch, oder „zartschmelzend umgewunzelter“*** *(auch eins ihrer Spezialitäten)* ***Hypnäenmagen, muss ich gar nicht schreiben).*** Aus einer Hypnäe konnte auch kein Hauptgericht hergestellt werden. Dafür waren sie zu klein. Die Ausnahme: „zart gedünstetes, hauchdünn geschnittenes Hypnäenhirn“. Davon wurde man satt.

Das allerdings nur, wenn man es anständig würzte. Beispielsweise mit dem Habib-Merkel-Terminator. Vielleicht muss du etz lächeln, da du auch bereits den neuen Personalausweis unserer Kanzlerin im Internet gesehen hast und dir der Name Habib Merkel bekannt vorkommt.

Die Karbonen kannten Frau Merkel zwar nicht, aber einem ihrer Interuniversenseher entsprang dieser Name, da es einem das Gesicht ähnlich verzog, wie nach Betrachtung der Politik unserer Chefin.

Die Schärfe wird in Scoville-Einheiten angegeben Die Scoville-Skala reicht von praktisch null für Paprika bis zu 350.000 für Habaneros. Einige Spezialzüchtungen übertreffen sogar noch diesen Wert; die Habanero-Spezialzüchtung „Red Savina“ wurde mit bis zu 575.000 Einheiten gemessen. Die Trinidad moruga scorpion, momentan die schärfste Chili der Welt *(Stand 2012)* bringt es auf satte 2 Millionen Einheiten. Reines Capsaicin entspricht 15 Millionen Scoville-Einheiten.

Doch über diesen Schärfegrad machte sich die Habib-Merkel-Terminatorwürze nur lustig. Die Schärfe an sich wurde auf Karbon natürlich nicht in Scoville-, sondern in Pipi-Einheiten *(für den Pipi, der im Auge, nach Genuss, erzeugt wird)* abgestuft. Die Mischung hatte einen Wert von über 30 Pipi, was ungefähr bedeutete, dass man 30 Stunden feuchte Augen hatte, nachdem man es probierte.

Hypnäenhirn schmeckte allerdings alles andere als lecker, weshalb da 30 Stunden weinen in Kauf genommen wurden, sollte man das Hirn eines seiner Gegner abkriegen und verzehren dürfen.

Da dieser Schärfegrad alle Geschmacksnerven abtötete, war der eigentliche Geschmack von Hypnäenhirn relativ gleichgültig.

Bereits im ersten Augenblick, bei Ansichtung der Karten, fiel es Hancock auf, dass die beiden Schwarzen Urlöcher, die das siebte und das dritte Universum verbanden, vermutlich Freunde waren, da ihre Ein- und Ausgänge nah beieinander lagen.

Also nah für universelle Verhältnisse. Sie waren in etwa 33,5 Billiarden Kilometer voneinander entfernt.

Da Licht sich mit einer Geschwindigkeit von genau 983,57108790472 Milliarden Fuß pro Sekunde fortzubewegen weiß, würde das bedeuten, dass man etwa 31 Stunden braucht, um diese Entfernung, mit tausendfacher Lichtgeschwindigkeit, zurückzulegen.

Da sich Anziehungskraft stande pede, ohne Verzögerungszeiten, sofort auf das Gesamtuniversum auswirkt, bedeutete das: Hancock hatte genug Zeit, das andere Ende anzufliegen und zu verduften.

Hinweis für alle Leser, die sich mein wissenschaftlich fundiertes Erstlingswerk „Das Steinalte Testament" noch nicht zugelegt haben und sich deshalb nicht im Klaren sind, worin die Problematik bei Schwarzen Löchern liegt:

Natürlich gibt es auch Verbindungen der Dimensionen untereinander, sogenannte Wurmlöcher. Jede Dimension hatte ursprünglich 12 davon. Einen Wurmlocheingang, der alles in sich aufsaugt, was sich bis auf ein halbes Lichtjahr an ihn heranwagt und einen Wurmlochausgang am anderen Ende, der das Aufgesaugte entsorgt.

Wir haben jetz das Pech, das wir die dümmsten der insgesamt 42 Wurmlöcher erwischten. Sie wollten ihre Köpfe bei der Erschaffung nicht voneinander trennen, weshalb wir nur 12 Eingänge haben.

Das bedeutet ungefähr: wir können in die anderen Dimensionen vordringen, während es den grünen Männchen in Paralleldimensionen verwehrt bleibt, uns zu besuchen. Vielleicht auch ganz gut so, denn unter Umständen, sind die böse und mögen gottesgleiche Geschöpfe nicht.

Wurmlöcher entstehen natürlich ständig frische, wenn zuviel Masse aufeinandertrifft. Es werden allerdings immer nur Eingänge sein die entstehen, die dann ganz verwirrt einfach nur in das noch immer halbgrüne Restuniversum spucken.

Und da sind wir beim Kernproblem: Fliegt man in eines der neuen Schwarzen Löcher, spuckt ihn dieses in eine Gegend, wo es nix zu essen und noch nicht mal Planeten gibt *(da Schwarze Löcher nur einen Durchmesser von einem Kilometer haben, werden eingesaugte Planeten, mitsamt den eventuell darauf entstandenen Lebewesen, einfach zu einer mehrere Millionen Kilometer langen Planetenwurst, wenn sie am anderen Ende rauskommen)* und man verwelkt einfach.

Innerhalb dieser Bereiche wird es also auch keine Rückflugöffnungen geben.

Das ist auch der Grund, warum die sexte, also unsere Dimension, auf den Hologrammkarten der Hypnäen nicht eingezeichnet war. Dies Restuniversum wird uns übrigens nicht Halbgrün, sondern Schwarz vorkommen, da es da kein Licht gibt.

Auch Sonnen hören, relativ sicher, mit der Kernfusion auf, wenn sie erst einige Milliarden Kilometer lang sind. Um das Halbgrün zu erkennen, müssten wir zumindest ein Feuerzeug anmachen.

Als Generalfeldmarschall Hancockus Hopsus Fidibus (er erschien gleich mal als wichtiger Mann auf Karbon) seine Rede vor dem Generalstab der Karbonen hielt, verwendete er folgenden Wortschwall:

„Sich selbst zu zerstören, um seinem Feind dadurch weh zu tun, ist zwar heldenhaft, aber nicht besonders schlau. Wir müssen das Übel an seiner Wurzel packen und den Ursprung der Hypnäen, ihren Heimatplaneten, zum Verschwinden bringen.

Die Waffe, die dazu in der Lage ist, gab uns Gott in unsere Hände – und die Karten dieser Schweine. Auf dass uns Gott für immer von dieser Pest verschont bleiben lässt, ein dreifaches „Karbon Hurra“.“

Und es begann ein Hurrarufen, das man gehört haben muss, allerdings nicht zu beschreiben im Stande ist.

„Ich werde mit meinem Raumgleiter eine persönliche Lieferung für den Tauronischen Andereuniversenzubebauungsminister, aus den Wabarukischen Minen, überbringen und mich verziehn.“
„Mein tollkühner General: und wenn sie im Ministerium nachfragen?“

„Übermorgen ist bei den Hypnäen der „Waahn Za Tag“. Der nationale Feiertag nach dem siebten und entscheidenden Sieg gegen die Tauronen, an der Waahn Za Schlucht. Da haben auch die Ministerien geschlossen.“
„Mein allmächtiger General: und wenn sie Sie fragen, warum Sie aussehen, wie ihr Feind?“
„Ich erzähle ihnen einfach, dass diese Missgeburten, die Karbonen, einen Körperverstümmler erfanden, der jede Kreatur zu einem Karbonen macht. Zumindest aussehenstechnisch.“
„Mein alles überragender General: diese Aussage klingt nicht nur gelogen, sie ist es. Niemals wird es Euch gelingen, die hypnäischen Lügendetektoren zu überlisten.“
„Bleib ruhig, mein Freund. Da es sich um eine Notlüge handelt, ist es keine richtige Lüge und wird deshalb den Detektoren nicht als Lüge erscheinen – hoffe ich zumindest. Wird schon gut gehen. Es ist unsere einzige Chance. Vergesst allerdings nicht, mit der gewaltigsten Streitmacht, die Karbon je sah, übermorgen den Stützpunkt der Hypnäen auszulöschen.“

Bei der anschließenden Verabschiedungsfeier, auf der er vom Karbonischen Kaiser zum Reichsmarschall befördert wurde, machten sich 7 karbonische Vorlandschlampen an seiner Hose zu schaffen, die, gut Vorstellbar, bei Tausendfüßlern schwer herzustellen und an- bzw. auszuziehen war und deshalb eh die wenigsten Karbonen überhaupt eine Hose hatten. Allerdings waren ihre Bemühungen anfangs vergebens, da es Hancock dabei schlecht wurde, sich vorzustellen, Liebe mit einem Tausendfüßler einzuleiten.

Der Körper eines männlichen Karbonen besaß 8 Penise, weshalb sich jede an einem bedienen konnte *(eine sogar an zweien)*, nachdem er sie schön gesoffen hatte. Dass das auch bei Tausendfüßlern klappt, wusste Hankock noch gar nicht. Aber es funktionierte. Karbonische Frauen hatten komischerweise, ähnlich wie Frauen auf der Erde, nur 3 Reinstecköffnungen. Dabei hab ich allerdings ihren Mund nicht mitgezählt.

Als er eine Stunde später startete, obwohl er bereits über 3 Promille hatte *(das steuern von Raumgleitern mit über 0,8 Promille war auch auf Karbon verboten, der Karbonischen Polizei allerdings egal, da er eine Ausnahmegenehmigung des Kaisers besaß)*, kam es bereits nach 4 Minuten zum ersten negativen Zwischenfall.

Er war im schnellsten Raumgleiter des Universums unterwegs. Seine Maschine schaffte die Beschleunigung von 0 auf 1.000 Lichtgeschwindigkeiten in unter 3,4 Karbonmullehnen *(umgerechnet ca. 358,2 Erdsekunden)*, was natürlich im Karbonischen Buch der Universenrekorde eingedönert wurde *(die Idee von diesem Guiness ist also auf keinen Fall einzigartig)*.

Doch schon nach 3 Minuten Flugzeit, leuchtete ein Ampelwarnsignal an seiner Steuertastatur auf. Diese Raumampeln wurden von den Preussensern gebaut, die sie auf allen sieben Wegen ihrer Versorgungskreuzer vom Planeten Wollan zu ihrem Heimatplaneten aufstellten, um ihre etwa 300 Beschaffungsschiffe gefahrfrei verdammt knapp hintereinander herfliegen lassen zu können.

Nötig war das, da es in diesem Bereich des dritten Universums gnadenlos viele Raumpiraten gab und von den 76 Geleitjägern, aufgrund mieser Wartung, während der Regel nur 3 bis 5 einsatzbereit waren *(„während der Regel“ sollte bestimmt „in der Regel“ heißen – wo bin ich nur wieder mit meinen Gedanken)*.

Die Schwierigkeit an der Sache war, das Licht aufgrund einer Phasenverschiebung die Farbe wechselt, wenn man sich nur schnell genug drauf zubewegt.

Bei einem Tempo von 769,4facher Lichtgeschwindigkeit *(und die hatte Hancock zu diesem Zeitpunkt)* erscheint Rot also dem Piloten Grün.

Es kam zu vielen Unfällen auf dieser Strecke.

Die Weltraumampel an sich, hatte die Größe einer mittleren Sonne und da die preussenserischen Raumpolizisten so gut wie keine Einsätze hatten, trieben sie sich während der Regel *(Tschuldigung, schon wieder dieser komische Fehler. Also während ihrer Dienstzeit)* auf den Kometen rum, die um die Ampeln kreisten. Auf jedem Kometen war eine kuschlige Pausenstation *(es gab auch weibliche Raumpolizistinnen)* und die Parkplätze waren stets belegt.

Sobald Hancock bei Rot durchschoss, machte die Blitzanlage eine Aufnahme und die Alarmsirenen, an den Polizeistationen kreischten. Da auch Blitzanlagen der dritten Dimension Fotos nur in Lichtgeschwindigkeit hinbekommen, war auf der Aufnahme *(bei Überfahren mit über 700facher Lichtgeschwindigkeit)* nicht mal der Staub zu sehen, den seine Maschine aufgewirbelt hätte, wenn es im Raum überhaupt Staub gäbe.

Er hatte eh keinen Führerschein und die Ausnahmegenehmigung des Karbonischen Kaisers verlor bei einer Entfernung von 100.000 Seemeilen zu Karbon ihre Gültigkeit.

Sein Zusatzglücks war, dass die nicht betrunkenen, oder sich in einer Liebesnacht befindlichen Raumpolizisten, die durch diesen Alarm aufgeschreckt wurden, nur Schlüssel für die altmodischen und langsamen Frachtkapitäneverfolgeundlappeneinziehe-Kreuzer der Schneckenklasse hatten und sich deshalb gar nicht bemühten, überhaupt die Verfolgung einzuleiten.

Sie schickten ihm ihre Standartfakenachricht „Kehren Sie um. Sie wurden aufgenommen. Durch Flucht wird die Sache nur schlimmer" hinterher. Da diese auch nur mit etwa 200 Lichtgeschwindigkeiten durch den Raum glitt, erreichte sie Hancock nie.

Da Hancock die Ampel also auf Grün sah, eh keine Zeit für Umwege hatte und zu betrunken war, um überhaupt irgendwie zu reagieren, sauste er einfach durch. Der Sog, der entstehen würde, wenn man mit 769,4facher Lichtgeschwindigkeit über die Erde donnert, würde ganze Städte, ach was, Länder, mitreißen. Da der Weltraum allerdings materielos ist, entsteht dort auch kein Sog. Er machte also dabei nur ein gewaltiges Loch in das Versorgungsschiff „3 S 41 Z" und tötete damit die gesamte 641köpfige Besatzung.

Wobei das nur eine sekundäre Rolle spielte, da Preussenser eh zu hässlich waren, um in den Himmel zu kommen. Ihre Körper glichen hühnenhaften Stinkstiefeln. Das Stiefel war am ganzen Körper behaart und roch nach Scheiße. Da auf Preussensien niemals Deodorant erfunden wurde, konnte sich daran auch nichts ändern.

An ihren Sohlen bildeten sie eine glitschige Flüssigkeit, auf der sie nach vorne, links oder rechts gleiten konnten. Nach hinten ging nicht *(ein kleiner Scherz der Natur)*, weshalb es auf Preussensien so gut wie niemals zu Familienfesten kam, da man seine Familie gar nicht suchen konnte und wenn man aneinander vorbeiglitt, erst um den ganzen Planeten musste, um sich wiederzusehen. Und klein war dieser Planet nicht.

Zwischenwort: Diese Geschichte um die Preussenser hat er sicher erfunden, wird sich der eine oder andere Leser jetzt sagen. Wofür sollten solch gewaltige Transportmöglichkeiten nützen?

Die Antwort folgt allerdings auf dem Fuße:

Da die Preussenser stanken, wie Eichelbären, suchten sie fieberhaft nach etwas, das noch schlechter riecht und fanden es.

Die Wollan-Karwunzel *(ein Gebirgsbachgewächs auf Wollan)* stank so erbärmlich, dass es Usus, in der Planetenhauptstadt, der 18 Milliarden Seelen Metropole Bährlinum Hopsum Fidibum *(sie hatte etwa die Größe Luxemburgs, damit eine Bevölkerungsdichte von knapp 700.000 Einwohnern pro Quadratkilometer – sie bauten also ihre Mehrfamilienhöhlen unglaublich hoch)*, wurde, auf gepflegten Abendessen, seinen Garten *(das da auch jeder einen Garten hatte, war eine architektonische Meisterleistung)* vor Eintreffen der Gäste, mit Wollan-Karwunzeln zu bestreuen.

Da waren die Gäste einfach schon glücklich, diesen erzschlechten Geruch aus der Nase zu bekommen und nur noch den Gestank ihrer Gastgeber aushalten zu müssen, wenn sie die Höhlentür schlossen. Der Wollan bestand nur aus Gebirge und Bächen, sodass die Preussenser diese Pflanze gar nicht züchten mussten.

Wo auch immer auf Wollan sie landeten, sie konnten sie problemfrei einsammeln und ihre Versorgungsfrachter befüllen.

Das 2. Problem nur 3 Stunden später. Der zusammengesoffene Hank wurde langsam müde und entschloss sich, schlafenzugehen.

Vorher nur noch schnell das Vorfeld beobachten. Als er die Vorfeldbeobachtungsluke an seinem Gleiter öffnete, erschrak er. Er konnte in ungefährem Abstand, in gerader Flugrichtung, ein Schwarzes Loch, etwa 0,501 Lichtjahre entfernt erkennen. Entfernungen schätzen, war schon zu seiner Bundeswehrzeit seine Spezialität.

Falls seine Schätzung auch nur Halbrichtig war, würde er kaum noch Zeit haben, einen Umweg zu fliegen, da er ja wusste, dass geschluckt wird, was sich auf ein halbes Lichtjahr nähert. In dieses Schwarze Loch wollte er auf keinen Fall.

Was würde er bloß tun, im Halbgrünen Restuniversum?

Dalli, dalli, zurück zur Zentrale und einen Umweg einprogrammieren. Das kostete ihn wertvolle Minuten, denn seine Zeit war ja begrenzt.

Es war allerdings kein Schwarzes Loch, es war der Heimatplanet der unwahrscheinlich geizigen Schwabohennen. Vom Planeten Schwabohennserei konnte kein Licht entweichen, da sie dafür extra Lichtausdemuniversumauffangefesthalteundinsparschweinchenstecke-Maschinen entwickelten.

Kein Schwabohenne machte jemals sein Licht an. Seit ihren Anfängen nicht. Niemand hat jemals rausgefunden, wofür sie Lichtschalter überhaupt erfanden.

Diese Kreaturen waren so geizig, das selbst eine Geburtstagsfeier kaum unter 16 Monaten zu schaffen war. Ihre Gästegabeln hatten nur einen Zacken und ihre Gästemesser so gut wie keine Schneidekraft. Bei den meisten Geburtstagsfeiern gab es eh bloß Suppe *(und Löffel hatten sie gar nicht)*.

Das Zeitaufwendige waren allerdings ihre Longdrinks. Diese gaben ihrem Namen alle Ehre. Sie wurden mit Gästestrohhalmen serviert, die etwa einen cm breit waren, aber nur aus Rand bestanden. Die Öffnung zum Aussaugen war nur 20 Nanometer breit, wodurch es ziemlich lang dauerte, seinen Longdrink leer zu bekommen *(übers Jahr gesehen, verdunstete eh der größte Teil davon)*. Da das ganze so lang dauerte, waren bei ihnen nur Geburtstagsfeiern zu Primzahlgeburtstagen üblich. Das allerdings erst ab dem 17., um in seine Volljährigkeit reinfeiern zu können.

Halbschnell nach ihrer Geburt, wurde den Betonköpfigen Schwabohennen ein dreiläufiges Maschinengewehr ans rechte Ohr implantiert, damit sie später ihre Vorräte verteidigen konnten.

Gegen anreitende Komantschen. Komantschen waren wie auf der Erde ein wildes, kriegerisches, reitendes Indianervolk, nur hatten sie keine Pferde, da sie einem Pferd ähnelten und sich einfach selbst ritten. Dieses Volk *(also jetz wieder die Schwabohennen)* war wirklich krank.

Doch auch Problem Nummer 3 auf seiner beschwerlichen Reise, lies nicht lang auf sich warten.

Als er dem vermeintlichen Schwarzen Loch ausgewichen und wieder auf Kurs war, befiel ihn so eine unerträgliche Müdigkeit, dass es ihn alle Kraft des Körpers kostete, nochmal das Vorfeld zu beobachten.

Nach dem erneuten Öffnen der Vorfeldbeobachtungsklappe, nahm er sein Fernglas zur Hand und beobachtete. Er sah den Planeten Hallbach *(der Name des Planeten wurde auf dem Display des Fernglases angezeigt)*, der in kompletter Synchronisation mit dem Zwillingsplaneten Viertelvoach um die Sonne des Sonnensystems, Sonne, kreiste. Beim Namen für diese Sonne erfinden, waren die Hallbacher ähnlich einfallslos, wie die Erdbewohner.

Er sah einen Hallbacher im Raumanzug mit unglaublicher Geschwindigkeit aus einer Grube springen, der kurze Zeit später seinen Planeten in Richtung Viertelvoach verlies.

Es handelte sich um einen Rekordversuch. Die Hallbacher waren ein Volk von Hüpfern und Springern.

Als am Halbachten Mai, im Jahre 19 879 233 176 nach Urknall *(also ein sehr schlaues Volk von Hüpfern und Springern – sie konnten den Zeitpunkt des Urknalles berechnen)*, ein junger Hallbacher vom Glockenturm der Kirche ihrer Hauptstadt Viertelnachach hüpfte und so gut wie unbeschadet überlebte, wurde es zum Volkssport, Hüpfhöhenrekorde aufzustellen. Als der höchste Berg des Planeten abgehüpft war, begannen die ersten Jugendlichen, einfach zu versuchen, auf den Parallelplaneten zu springen.

Hallbacher konnten die Luft etwa 73 Stunden anhalten und ungefähr so lange, dauerte dieser Sprung. Die, die daneben gehüpft sind, sind naturalmente im Universum erstickt.

Das Ziel war selbstredend, im Karbonischen Buch der Universenrekorde eingetragen zu werden und da war jedes Risiko, nicht groß genug.

Da sich dieser Absprung auch nur mit Lichtgeschwindigkeit ihm entgegeneilen konnte und er ja der Experte der Entfernungsschätzung ist, war er dazu in der Lage, ihn auf vor etwa 36 Stunden geschehen zurückzuberechnen.

Er schaute auf seine Uhr und da es gerade halb Acht abends war, begann dieser Rekordversuch also um halb Acht am morgen, des Vortages. Morgens um halb Acht, auf Hallbach, ging ihm so durch den Kopf. Witzig, dachte er, wirklich witzig.

Da sich dieser Springer also auf halbem Weg zum Planeten Viertelvoach befand und Hancock genau da durchmusste, hatte er bei 1000facher Lichtgeschwindigkeit also noch genau 12,96 Sekunden Zeit auszuweichen.

Er hätte ihn einfach nur überfahren können, doch er war einfach gut, bis in seine Gebeine und so sprang er von der Vorfeldbeobachtungswarte in die Führungskanzel des Gleiters und machte eine kurze Ausweichbewegung von etwa 15 Sekunden Dauer. Er wollte ja sicher gehen.

Dann legte er sich schlafen.

Als Hancock schließlich das Wurmloch erreichte, dass ihn in die siebte Dimension verfrachten sollte, dauerte die Durchreise nur knappe 13 Pikosekunden.

Hancock kam gar nicht dazu, die Durchfahrtszeit zu schätzen, so schnell war sie vorbei. Da er sich auf den letzten 6 Stunden vor dem Passieren des Wurmloches hinlegte und ein wenig schlief, war er schon wieder bei Sinnen, als es, nach Austritt, auf die letzten 3 Flugminuten zum Heimatplaneten der Hypnäen ging *(er war übrigens lässig genug, sich einfach noch ein paar Minuten hinzulegen)*.

Dort angekommen, entbrannte das Gespräch mit dem Leiter der Einflugschneise „9 Alpha", Oltanko Gallwombi *(er sprach, durch Fügung Gottes, auch fließend hypnäisch)*:

„Oha, ein Feind. Willst du dich ergeben, Karbonenschwein?"

„Nix Feind. Ich bin dein Bruder, Amigo.

Diese dreckigen Karbonen haben nur eine Maschine erfunden, die unsere formvollendeten Traumkörper in ihre Schrottkörper verwandelt.

Ich brauche Hilfe, hab allerdings vorher den Nachschubauftrag des Tauronischen Ministers für die Bebauung anderer Universen auszuführen. Wo kann ich landen?"

„Hältst du mich wirklich für so dämlich, Karbone?

Rechts über mir ist der Lügendetektorlaser. Schau genau in ihn rein und wiederhole diesen Dünnpfiff."

„Ich bin dein Bruder. Von mir geht keine Gefahr aus."

Die Bäckchen des Detektors wurden grün, weshalb der Leiter den Durchflug genehmigte.

Als Hancock die Schwerkraft des Planeten erreichte, öffnete er die Bombardierungsluken, wendete um 180 Grad und trat aufs Pedal.

Wieder war es Zeit, sich hinzulegen und auszuruhen. Er schlief fest, träumte von wilden Nächten mit seiner kleinen Dana und erwachte erst durch das Wurmlochwarnsignal des Schiffes, fast 31 Stunden später. Er verlangsamte die Fahrt, denn durch dieses Wurmloch wollte er ja zurück in seine Dimension.

Er war durch und machte sich zur Feier des Tages erst mal eine Flasche Sekt auf, um sich zu gratulieren. Vor dem ersten Schluck überprüfte er, als guter Soldat, sein Schiff auf etwaige Schäden und blickte in den rechten, den linken und den Unterbodenspiegel.

Was er sah, lies die Flasche Sekt zu Boden knallen. Das Schwarze Loch hing noch an seinem Raumgleiter, festgeklebt am Notstromaggregat, dessen Fallschirm sich während der Abwurfphase an den Luken verheddert haben musste.

Diesmal würde die Sache wirklich knapp werden – also zurück in die Zentrale des Schiffes und Vollgas geben. Er sandte eine Nachricht mit 1034,28 facher Lichtgeschwindigkeit *(das ist exakt die Geschwindigkeit, mit der Nachrichten in die Vergangenheit fliegen, um rechtzeitig auf Karbon einzuschlagen)* an seinen „Heimatplaneten", den Angriff auf die Außenstelle der Hypnäen, um einen Tag nach hinten zu verlegen, da er noch Zeit bräuchte.

Laut seiner Anzeigen hatte er beim Durchfliegen des Wurmlochs in die siebte Dimension noch 4:41 Minuten Zeit und dachte nach, das Schwarze Loch einfach unterwegs aufgehen zu lassen.

Das Ergebnis dieser Nachdenkung: Was mache ich im halbgrünen Restuniversum? Dann sterb ich lieber gleich. Ich bin ja schon tot, also ramme ich Hypnäien. Dann bin ich zurück, um meinen Wahlkampf leiten zu können. Meinen Wahlkampf zum König von Oberbayern.

Der Gleiter wog nur 2,8 Karbonische Pfund, was etwa 1,9 Kilogramm bedeutete. Er war, in seiner Gesamtheit, aus Bahamholz geschnitzt. Bahamholz stammte vom Planeten Bahamix, dem Versorgungsplaneten der Karbonen.

Es war das leichteste, schmerzfreieste, widerstandsfähigste und zweitstärkste Material des 3. Universums. Es konnte nur mit TNT-Messern bearbeitet werden und war komplett hitze-, kältebeständig und Gegenwindimmun. Tütennonatium wurde von den Karbonen bereits vor über 40.000 Jahren entdeckt.

Da sich allerdings auch die 7. Dimension nicht vor der physikalischen Gesetzmäßigkeit: Kraft ist Masse mal Geschwindigkeit, verstecken konnte, schleuderte der Aufprall, bei SOL 1000, den Planeten aus seiner Umlaufbahn.

War im Prinzip nicht so schlimm, da die gesamte Umlaufbahn eh nicht mehr da war, als das Schwarze Löchlein in Freiheit geriet. Jetz hatte er noch Glücks, denn da der Gleiter so widerstandsfähig war, hätte er nur ein kleines Loch in den Planeten geschossen und wär auf der anderen Seite wieder rausgekommen. Da die Kugel allerdings während des Aufpralls platzte, wurde er sofort mit dem Planeten eingesaugt und erdrückt.

Und so endeten diese 4 Wochen in der dritten Dimension für ihn. Posthum bekam er soviele Orden, wie noch kein Karbone vor ihm oder hinter ihm erhielt. Er hatte den Karbonischen Freiheitskampf quasi im Alleingang gewonnen.

Anhang:

Die Karbonen griffen, wie von Reichsmarshall Hank angeordnet, die Außenstelle der Hypnäen, unter kompletter Vernachlässigung des Eigenschutzes des Mutterplaneten mit knapp 22.300 großen bis mittelgroßen Schlachtschiffen, Zerstörern und Crusader-Einheiten an und vernichteten sie ungefähr restlos.

In den Karbonischen Geschichtsbüchern wird er auf Ewig als der Freiheitsheld schlechthin gefeiert werden, denn er rettete durch seinen Einsatz etwa 200 Millionen Karbonern das Leben.

Das dafür etwa 3 Milliarden Hypnäen *(die 641 Preussenser nicht zu vergessen)* ins Gras beißen mussten, also 24 Milliarden und 1282 Herzen *(glaub, die Preussenser hatten jeweils 2)* aufhörten zu schlagen, beschäftigte die Karbonen nicht weiter.

24. Der Versuch Uriellas

Nachdem feststand, wie sie vorzugehen hatten, flogen die 4 verbliebenen Erzengel auf das Dach des Thronsaales und bestimmten wer sein Glück versuchen sollte.

Hancock: „Ich bin der Mann, also gehe ich."

Uriella: „Du bist der Kopf der Truppe. Gabriella und Michaela sind zu schwach. Also werde ich es sein, die runterklettert."

Hancock: „Du bist zu schwer, Uri. Abgesehen davon wirst du mit den Stahlträgern in deinen Flügeln zu viel Lärm erzeugen. Wie jeder, der da absteigt. Du müsstest dich vorher mit Gleitcreme einbalsamieren und einen Fallschirm dabeihaben, um sanft zu landen."

Die Sache klang nicht nur gut, sie war gut. Uriella bestrich ihren Körper, inklusive der Stahlträger an ihren Flügeln mit Gleitcreme und nahm einen Fallschirm mit, als sie sich an den Schornstein setzte.

Was die 4 nicht wussten: der gesamte Thronsaal war aus Balsastein gezimmert, der nur sehr schwer zu kriegen war. Als es zu Beschaffungsproblemen kam, beschloss die Himmlische Baubehörde, einen Baupfusch zuzulassen.

Der Schornstein des Saales war nur auf den ersten 2000 sichtbaren Zoll einen Quadratmeter breit. Im Saal lief er Bieramidenförmig zusammen, um Balsastein zu sparen und verbreiterte sich erst die letzten 20 Meter wieder. Balsastein hatte im Übrigen die göttinnengegebene Eigenschaft, Rattendärme luftdicht zu verschließen.

Sollte also die eine oder andere Ratte am Thronsaal probieren und nicht mehr aufhören können, zu naschen, würde sie letztenendes platzen. Für Himmlische Scheuermittel stellte Rattenblut keine Schwierigkeit dar.

Putzengel hatten also nicht die Probleme der Ägypter, die Moses mit seinen Balsasteinen anrichtete *(was für Probleme? Jetzt solltest du dir das Steinalte Testsament spätestens zulegen).*

Sie lies sich reinfallen und hätte, wie ausgemacht, nach etwa 300 m den Fallschirm ziehen sollen, blieb allerdings bereits nach 250 m im Schornstein stecken.

Etwa halbglücklicherweise blieb sie luftdicht stecken, sodass Gott ihre Hilferufe nicht hören konnte, da sie nur nach oben drangen. Allerdings lies ihn der abgebröselte Balsastein hochschrecken, der noch die restlichen 550 m nach unten fiel und dort unsanft aufschlug. Gott sah also nach, ohne sich von seinem Thron zu erheben und verwandelte Uri in einen Adler.

Nach ihrer Verwandlung stürzte auch sie die restlichen 550 m ab, da Adler, auch wenn sie eingecremt sind, durch zu schwere Stahlträger am Fliegen gehindert werden. Gott nahm sie und warf sie aus dem geschlossenen Fenster, das sich sofort wieder reparierte.

Als die Hilferufe von Uri verstummten und nur noch das Gekreische eines stürzenden Adlers zu hören war, blickten sich die anderen 3 traurig in die Augen. Das klirrende Fenster beendete diese nachdenkliche Situation.

Sie flogen vom Dach des Thronsaales zum Vorplatz. Dort fanden sie Uri, mit hängendem Kopf, die viel zu großen Stahlträger für Engelsflügel nachschleifend. Als der Adler von seiner schweren Last befreit war, begab auch er sich in die Höhe und flog fort.

Michaela: „Einstein hin, Einstein her, jetzt probieren wir meinen Plan!“

25. Dann halt Michaela

Ihren Plan hatte sie ja bereits bei Einstein erörtert. Über einen Spiegel am Fenster schaun, ob Gott schläft und sich dann hineinschleichen.

Hank: „Weißt du nicht mehr, was Albert sagte: Ob Gott überhaupt schläft?“

Michaela: „Ich war mal 3 Wochen bei ihm, als er noch eine Frau war und sie hat geschlafen. Hauptsächlich mit mir, aber auch alleine.“

Hank: „Als Frau vielleicht. Die schlafen ja gerne.“ *(versuchte Hank einen Scherz)*

Michaela: „Was ich brauche, ist eine Maske mit Luzifers Gesicht drauf und dann schau ich über den Spiegel rein.“

Gabriella: „Ob er sich davon reinlegen lässt, wage ich zu bezweifeln, Micha.“

Jenes war egal, Michas Entscheidung ist gefallen und so trafen sie sich diese Nacht um 2:34 Uhr vor dem Thronsaal.

Gabriella hatte eine Luzifermaske angefertigt, die Luzifer nicht mal im geringsten ähnlich sah. Michaela musste lächeln, setzte sie aber trotzdem auf. Sie musste die 3 Meter bis zu den Fenstern hochfliegen und hielt den Spiegel mit einem 50 cm langen Stock über ihrem Kopf vor die Scheibe.

„Glaub, er schläft“, flüsterte sie nach unten, als Gabriella aufschreien musste. Eine gegen Balsastein immune Mutantenratte, die sich ein Schlafzimmer in den Thronsaal gefressen hatte, erschien zu ihren Beinen, um zu sehen, was da los war.

Gabriella hatte unglaubliche Angst vor Ratten – sie war in dieser Beziehung richtig mädchenhaft – und musste aufschreien. Michaela zog den Spiegel sofort vom Fenster weg.

Wenn man allerdings die Augen eines Gottes hat und dazu in der Lage ist, einen Femtometer großen Materieball zu erkennen, der gerade seelenruhig durch den Himmel hüpft, kann keine Bewegung schnell genug sein, nicht erkannt zu werden.

Wieder schaute er was da war, wieder bewegte er sich keinen Fuß von seinem Thron weg und wieder verwandelte er jemanden in einen Adler. Diesmal natürlich Michaela. Sie kreischte und zog in den Horizont.

„Verdammter Dreck. Jetzt sind wir nur noch zu zweit, Elfenherzchen. Langsam sollte eine unserer Arbeiten Früchte tragen“, war alles, was Hancock in dieser Situation zu sagen wusste. Er war niedergeschlagen, unser Held.

Gabriella sah ihm nur in die Augen und Tränen kullerten über ihre zauberhaften Engelsbäckchen. Die eine oder andere Träne triefte auf ihre bezaubernde Brüstierung, was Hancock ein wenig zusatzerregte.

Er verlor darüber allerdings kein Wort. Auch sie war am Ende, denn die Sache schien zu 100 % ausweglos. Wer jedoch aufgibt, hat schon verloren. Also aufgeben würden sie auf keinen Fall, eher ganz sicher nicht.

Soviel stand fest.

26. Und der Satan probiert durchzuziehn

Nachdem Luzifer es an diesem Abend des 20.04.2081 geschafft hatte, war er glücklich.

Was sollte ihm auf seinem Weg zur Allmacht noch passieren *(na gut, außer der Angst, dass vielleicht doch irgendwann diese Griechischen Götter auftauchen und ihn besiegen würden, hatte er eigentlich keine mehr)*.

Er begab sich also, zur Erholung von seinen 70 Jahren Hölle, erstmal, für 2 Wochen, an die Himmlischen Karibikstrände um zu entspannen und mit dem Personal des Hotels seine Lieblingsfilmszene nachzustellen. Alle seine Statisten mussten Gina Wild sein.

Geleitet wurde das Hotel von einem gewissen Putin. Er war zwar ein böser Mann, musste aber nicht auf Hölle, da viel Schlechtes der Einfahrung durch den Teufel zugesprochen wurde und er die Welt, letztenendes, vor einem Atomkrieg bewahrte.

Nach Ende seines Urlaubs sah er sich auf der Erde um.

Es gab 2081 nur noch 19 Staaten. Die 12 Südamerikanischen Länder, Australien *(also Staaten, die keinen interessierten)*, die Nordamerikanische Union *(unter Führung der US-Juden)*, Iseuafrael *(mit allen Europäischen (*außer Norwegen und der Schweiz*), Afrikanischen Staaten und Israel – unter Führung von israelischen Juden)*, die Erdölweltmacht *(Verbindung Erdölexportierender Staaten – ohne USA, mit Norwegen – komplett ohne Juden – außer ein paar Mossadjungs in der Regierung der Teilrepublik Norwegen. Der Stern dieses Landes ging langsam unter, da Erdöl seit 20 Jahren aus war)*, das Russische Großreich *(mit China – die Russen schluckten China, als der chinesische Kommunismus nach einer Studentenrevolution im Herbst 2027 zusammenbrach)*, die Zentralschlitzäugige Großrepublik *(unter Führung Japans, die sich allerdings an die Anweisungen des Zentralrats der Juden in Deutschland hielt)* und die Schweiz *(in ihren Grenzen von 1648 – wobei die sich eigentlich eh nie veränderten).*

All diese Länder waren Atomkräfte und da es bereits weit über 23 Milliarden Seelen gab, musste er einen Krieg anzetteln, wo nur eine Seite die Atombreitseite abbekam.

Dass nach einem Atomkrieg auch die siegende Seite in den nächsten Jahren, aufgrund der Verseuchung der Erde krepieren würde, interessierte ihn nicht.

Er brauchte für seine Maschine, um Gott die Gotteskraft zu entziehen und ihm zu überreichen ja nur etwas mehr als eine Milliarde Seelen. Wenn er erst mal Gottes Kräfte hätte, wären ihm die Menschen egal.

Wie das nun genau mit dem Einfahren in Personen ist, habe ich bereits ausführlich durchexerziert. Hier also mein letzter Hinweis *(na gut, der vorletzte)*:

kauft „Das Steinalte Testament" *(geht, glaub ich, auch als E-Book – wobei mir der Plan fehlt).*

Er hatte also nur noch 2 von 3 Einfahrkarten für das 21. Jahrhundert, die er im Schlafzimmerschrank Gottes wiederfand und teilte die jeweiligen Führer als mögliche Weltherrscher oder Bratwürste ein. Als erstes besuchte er „sein Volk" in Deutschland und war am Boden, als er die Verhältnisse überriss.

Deutschland war die ärmste und verschuldetste Teilrepublik von Iseuafrael. Während Isreuafraels Gründungsjahren war in Deutschland eine Rot-Grüne Regierung an der Macht, die gegen den entschiedenen Widerspruch der Schwarz-Gelben durchsetzte, dass in diesem Großstaat, die einzelnen Teilrepubliken ihre Sozialleistungen aufrechterhielten und Einreisewillige finanziell unterstützt werden sollten, damit sie sich ein Ticket kaufen könnten.

Da Deutschland der einzige Teilstaat war, der das wollte, konnten sie es auch nur für sich selbst durchsetzen.

Sobald also eine Frau aus Obervolta ihr 17. Kind vom 17. Vater erhielt, den sie als Vorstadtnutte natürlich nicht kannte, ein Alter erreichte, in dem man im Rotlichtbereich nicht mehr allzuviel Geld verdienen kann und deshalb nicht wusste, wie sie ihre Kinder ernähren sollte, ging sie einfach ans Deutsche Konsulat und erbat 20 Erster-Klasse-Flugtickets nach Deutschland, um dort unterstützt zu werden.

Sie brauchte zwar eigentlich nur 18. Da man aber für alle 10 erbettelten Tickets eins obendrauf bekam (ein Zusatzbonbon der nächsten Deutschen Regierung, unter Alleinherrschaft der NLW-DSFWUV *(Neue Linke Welle – Die Selben Fehler Wie Unsere Väter)*, konnte sie am Flughafen 4 Tickets weiterverkaufen, um sich ein Taxi zu ihrem 4-Sterne Asylantenhotel leisten zu können, oder besser 6 Taxis *(damit die 18 nicht so eng aufeinandersitzen)*.

Die einzige Firma, die in Deutschland noch funktionierte, waren die Bayrischen Motoren Werke, aus München. *(nach der Grenzöffnung befand ich mich für 3 Monate an der Gesamtschule für Weissagungs Niederleibzig und traue mich deshalb, diese Weissagungs in den Raum zu werfen, an der ihr mich ausnahmsweise festnageln dürft: von den bis dahin lebenden 23 Milliarden Erdbewohnern, werden etwa 7 Milliarden einen Führerschein besitzen und davon wiederum 80 % BMW fahren. Die etwa 900 Millionen Schwarzfahrer eher alle. Ich leite diese Weissagungs aus dem festen Wissen ab, dass das Auto, das einzig wahre Auto, schon immer in Bayern gebaut wurde und das auch so bleiben wird. Die Benzinvernichtungsmaschinen aus USA oder die*

Suppenschüsseln aus Japan hin, die technischen Komplettvergaser aus Italien oder Frankreich her, das einzig wahre Auto ist und bleibt der BMW.)

„Diese Deutschen sind ja mal richtig dämlich. Von mir haben sie das bestimmt nicht", fachsimpelte der Satan.

Was er auch mitbekam: der Kanzler Iseuafraels war Jude *(und an die traute er sich nicht ran)*.

Als nächstes überlegte er richtig:

„Eigentlich haben ja, bis auf die 13 Staaten, die niemand interessiert und der Schweiz *(die hatte erst 730 Millionen Einwohner – lag an den geschickten Einreisegesetzen)*, alle weit mehr als eine Milliarde Bürger. Wofür brauch ich da noch einen Atomkrieg?

Ich muss nur den Führer eines relativ dummen Volkes übernehmen und alles wird gut.

Dumm wären jetzt die Deutschen. Aber die werden von einem Juden geführt – da trau ich mich nicht.

Warum hat er nur diesen verdammten Zeitgewaltenrückverzögerungskonverter weggesperrt?"

Allein schon durch diesen Gedankengang, bewies er, den durchschnittlichen Intelligenzquotienten der Deutschen, zumindest einzuholen. Den er überlegte fehlerfrei richtig.

Dass er Gott, den Zeitgewaltenrückverzögerungskonverter, einfach nochmal bauen lässt, auf die Idee ist er nicht gekommen. Klingt schon wieder nach Deutscher Durchschnittsintelligenz.

Zwischeneinwurf:

Das sich der Teufel bei Juden nicht traute, lag an einer Mähr, die im Himmel seit Jahrhunderten ihre Kreise zog. Angeblich waren die Juditen ein Göttinnengegebenes Volk vom Planeten Vollјudit.

Unter den Volljuditern entstand ein Glaubenskrieg. Ein Prophet, von einer dieser Glaubensrichtungen bestimmte, dass die Buchstaben i und t teuflische Buchstaben wären und deshalb „auf Ewüg ausgesdossen werden müssden".

Er nannte seine Anhänger statt Volljuditen einfach nur Volljuden. Seinen Heimatplaneten Volljud. Die Ausnahme wären nur die i´s und das t in seinem Namen: Moses Ainstein *(wenn an diesem Gerücht was dran ist, also ein Vorfahr Alberts)*.

Nach der Niederlage seiner Sekte, mussten er und seine Anhänger den Planeten Volljudit verlassen und sich eine neue Heimat suchen.

Sie fanden schließlich, im Jahr 6473 vor Jesu Geburt – also vor der richtigen Geburt, er kam ja am 24. Dezember des Jahres 3 vor Christus zur Welt, die Erde, die sie mit ihrem „Volljudenblut" unterwerfen wollten.

Das Gerücht war, dass, sobald sich ein Erzengel traut, einen Volljuden zu übernehmen, er niemals wieder aus seinem Körper in den Himmel zurückkommen könnte.

Überprüfen konnte er die Sache nicht, da der Zeitgewaltenrückverzögerungskonverter der Göttin ja in dieser, mit gottesausbruchsicherer, pechschwarzer Stahlfarbe bestrichenen, Scheune lag und damit außerhalb seiner Reichweite. Dies Gerücht ist allerdings unglaublicher Unsinn. Da ja nur Erdbewohner in den Himmel auffahren konnten, muss ich mich fragen, wie Albert und sein Ururur.....großvater das sonst geschafft haben könnten.

Wie bereits im Steinalten Testament erwähnt, scheute er zusätzlich Demokratien, weshalb er sich einfach den Führer Großrusslands, Obrigo Koschenko, zum Einfahren aussuchte.

Einen Enkel Putins, der bei seiner Hochzeit den Mädchennamen seiner Frau Tatjana Koschenka übernahm, was seinen Opa sich im Grabe umdrehen lies.

Er stempelte ihn also am Einfahrautomaten ab und pflanzte, während seiner Reden, seinem 8-Milliarden-Volk, ein, täglich Luzifer anzubeten und ihm alles Gute für seinen Kampf gegen Gott zu wünschen.

Das machte allerdings kein Mensch, da die Chinesen ohnehin nix mit einem Kind von 2100 Jahren zu tun haben wollten und die Russen gar nicht, bzw. wenige an Gott glaubten.

Er musste also Foltermethoden anwenden und das Volk unterdrücken, um sie irgendwie zwingen zu können.

Da auch Gabriella und Hank die Sachlage erkennen konnten, aber nicht wussten, wofür Luzifer diesen Unsinn treibt, entschlossen sie sich präventiv dagegen vorzugehen.

Wie, war klar. Auch Hank war ein männlicher Erzengel und konnte in die gleichen Jungs einfahren, wie der Teufel.

Dieser Einfahrautomat war simpel gestrickt.

Der Erzengel musste sich das Ticket für die einzufahrende Person rauslassen, es abstempeln und das

Ticket im beiliegenden Einfahrprotokoll eintragen, damit es funktionierte.

Hank konnte also nachsehen, in welche Personen der Teufel einfuhr und sich dieselbe Person rauslassen und einfahren.

Nachdem Obrigo Koschenko 4 Tage hintereinander, beim Morgenappell sein Volk zwingen wollte, Luzifer zu unterstützen und mittags erklärte, welcher Irrglaube die Verherrlichung des Teufels ist, wurde er einfach eingewiesen.

In eine Nervenheilanstalt in der Nähe Vladi Wostoks.

Als Luzifer in dessen Nachfolger steigen wollte, sah er am Einfahrprotokoll, dass Hank auch in Koschenko war und ihm wurde einiges klar.

Wie würde er nun vorgehen?

27. Das Testament

Da fiel es ihm wie Schuppen von den Ohren, er hatte ja als einziger Zugriff auf Gott.

Er müsste nur Gott dazu bringen, in den Träumen aller Erdbewohner erscheinen zu können, um ihnen alle erlügbaren Versprechungen zu machen, damit sie an ihn glaubten und ihn liebten.

Wieder mal war er sich seiner Sache zu sicher und begann sofort mit dem Bau der Maschine vor dem Thronsaal.

Was er noch benötigte, war ein Testament.

Ein Luziferianisches Testament, dass er zu schreiben begann. Da er nicht mehr vom „Gebot-Gebefieber-Virus“ befallen war und noch wusste, dass nichts im Himmel wirklich 100% sicher ist, gab er nur 2 Gebote und nannte es bereits in der Überschrift „Das Luziferianische und Höchstwahrscheinliche Testament“ *(er wollte es umbenennen, sobald er Gott wäre).*

Die Gebote:

1.: Glaub nur an den Teufel und dich
2.: Sei abgrundtief schlecht und herzlos

Im Testament selbst ging es von einer Lügengeschichte zur anderen.

Die Krönung: seine Machtübernahme:

Darin steht er nackt vor Gott, der ihn in seiner Herzlosigkeit böse machte und fordert ihn zum Zweikampf heraus. Dieser verwandelt sich in eine neunköpfige Hydra und klebt sich mit den äußeren Köpfen an seinen Oberarmen fest, um ihn zu zerreißen. Die mittleren 7 Köpfe knabbern in der Zwischenzeit an seinem unbekleideten Adoniskörper. Diese lässt er durch das Spucken von Feuerbällen erblinden und beißt sie ab.

Mit seiner übergöttlichen Kraft zieht er die beiden Häupter, die ihn zerpflücken wollen, zusammen und schlägt sie aneinander. Gott verliert die Besinnung.

Als sich Luzifer allerdings abwenden wollte, um ihm zu verzeihen und ihn überleben zu lassen, greift dieser nochmal, mit den verbliebenen Köpfen, von hinten an.

Der Teufel macht eine blitzschnelle Ausweichbewegung und gibt dem Körper Gottes den tödlichen Tritt, direkt in die Geschlechtsteile.

Da Gabriella und Hank ihn während des Baus der Maschine, von ihrem Versteck in der Nähe des Saales, beobachten konnten, nutzten sie eine Pause von Luzifer, als er sich mit seinen Höllenseelen zum Himmel der Sterblichen aufmachte, um nachzuschauen.

Der obere Teil funktionierte bereits: die Anzeigetafel für ihn unterstützende, lebende Seelen. Es waren immer um die 1.000, die an ihn glaubten. Darunter war zu lesen: Nötige Machtentziehungsanzahl = 1 245 128 356.

Gabriella: „Was hat der Teufel vor?"

Hank: „Das spielt keine Rolle. Wir müssen etwas tun."

Gabriella: „Und was? Wir haben doch schon alles versucht."

Hank: „Alles noch nicht. Ich könnt´s durch die Luftrohre versuchen. Hab schon überlegt, warum die Heilungskapsel mich als 23jährigen raus ließ. Mit 23 hatte ich die Fähigkeiten eines Ninja. Da hätte ich mich spielend durch ein 40-cm-Rohr geschlängelt. Ich werd´s auch versuchen. Hilft ja nix."

Luzifer war in dieser Zeit unterwegs, mit seinen 2 Millionen Seelen, zu einem riesigen Platz, wo er die Käfige entsperrte und die Seelen normale Gestalt annahmen. Er hatte sie vorher aus seiner Hölle geholt und in einen Sack gesteckt.

Er setzte sich auf seinen Feuerstuhl und der Jubel war groß, bis er seine Arme hob:
„Ich habe euch aus der Hölle befreit, um euch in den Himmel zu schicken."

Ein Klatschen und Johlen brach unter den Verbrechern aus, bis er seinen rechten Arm hob. Der Platz vor ihm teilte sich und die Übeltäter stürzten in den bereits brennenden Himmel der 3 Königreiche.

„Nicht ganz so heiß, wie auf Hölle, ihr Idioten, aber quälen muss ich euch. Ich bin der Teufel."

Als er zurück war, machte er die letzten Handgriffe an der Maschine und begab sich auf Erde, um in die Träume der Schlafenden einzubrechen und ihnen Angst zu machen. Es dauerte ein paar Tage, bis die Anzeige die nötige Zahl überschritt und er rieb sich die Hände.

Gabriella sah ihn auf das Tor des Saales zugehn und hatte Angst.

Hank war jetzt bereits 3 Tage in der Röhre. Falls er noch ein paar Minuten brauchte, musste sie sich für ihn opfern. Als Luzifer gerade klopfen wollte, sprang sie aus ihrem Versteck und rannte zur Maschine, um auf sie einzuschlagen.

Als sie vor 3 Tagen an der Sauerstoffanreicherungsmaschine am Göttinnengebirge waren, versuchte Hank, in die Röhre einzusteigen und es gelang ihm. Allerdings musste er sich millimeterweise vorkämpfen, da seine Flügel zu sperrig waren.

Er bat also Gabriella, ihn wieder rauszuziehen und ihm die Flügel abzuschneiden.

„Das wird dir wehtun und ich kann dir keinen Schmerz zufügen", war ihre Antwort.

Er musste sich also selbst drum kümmern und besorgte sich ein 100 m langes Stahlseil, dass er an einem Ende messerscharf schliff und von Gabriella an seinen Flügeln anbringen lies. Das andere Ende band er an einen Baum.

„Du gehst jetz 200 Schritte in diese Richtung, wo ich

dir in 10 Minuten nachfliegen werde. Ich muss sehr schnell sein, damit mir das Seil, die Flügel vom Körper trennt. Da sich von Engeln verlorene Körperteile sofort bemühen, wieder zu ihrem Engel zurückzufinden und anzuwachsen, musst du die beiden daran hindern, sie fangen und in diese Kiste hier sperren, Gabi."

„Was immer du sagst. Viel Glück, Hank" und sie begann, die Schritte abzuzählen.

Hank ging in der Zwischenzeit in die andere Richtung, um mehr Anlauf zu bekommen und schneller werden zu können. Sobald sie sich umdrehte, startete er mit dem Anflug auf Gabriella. Und er war schnell. Kurz bevor er sie erreichte etwa 80 m pro Sekunde. Schnell genug, auf jeden Fall, dass ihm das Stahlseil die Flügel vom Körper trennte, minimal, bevor er auf ihrer Höhe war.

Er flog noch 50 m flügelfrei durch die Luft und purzelte 100 weitere auf dem Boden, während Gabriella die Flügel, an der Verfolgung Hanks hinderte und sie in die Kiste steckte.

Ohne Flügel, hatte er in dieser Röhre überhaupt keine Probleme mehr und sagte ihr, sie solle in der Nähe des Thronsaales auf ihn warten.

Wie gesagt: 3 Tage her und sie musste womöglich noch Zeit gewinnen, weshalb sie, mit einem Hammer bewaffnet, auf die Maschine losstürzte.

Der Teufel sah sie kommen und fing sie ab. Er zog sie an ihren Haaren an einen Baum, an den er sie fesselte. Er hob ihren Kopf und sprach: „Um dich, kümmere ich mich gleich, Elfenärschchen."

Er ging zurück zum Tor, klopfte und öffnete es. Gott saß regungslos auf seinem Platz und Luzifer rief: „Ich habe eine Überraschung für dich. Bin gleich soweit", kehrte um, schloss einige Kabel an seine Arme und drückte auf einen der Knöpfe.

Ein Lichtstrahl verließ den Kopf Luzifers und lief auf Gott zu.

Doch Gott wich jenem Laser schnell genug aus, sodass dieser eine riesige Schnecke traf, die hinter Gott erschien. Der Teufel fiel zu Boden, wand sich und versuchte wegzukriechen.

Allerdings mit Schneckengeschwindigkeit und die ist ja nicht unbedingt hoch. Sobald Gott ihn packte und wieder in die Hölle warf, erschien Hancock neben einem der Tore. „Du hast es geschafft, Hank", rief Gabriella glücklich. „Mach mich bitte los."

Und wieder mal war alles Gut.

Gott: „Saubere Leistung, Hancockus. Keine Angst gehabt?"

Hank: „Angst und Geld hatte ich noch nie. Angst ist zusätzlich ein Wort wie Arier. Das gibt es gar nicht, mein Gott. Abgesehen davon, muss man seine Feinde nur richtig einschätzen können. Es gibt da zwei Steigerungsformen: Feind, Todfeind und Parteifreund. Zum Parteifreund hat er es nunmal nicht geschafft."

Und Gott musste nicken und lächeln.

Finale:

Ich bin glücklich.
Endlich ist es fertig.
Persönlich könnte ich mich an meiner
Wortgewalt spielend totlesen.

Jetz mal im Ernst: Jedem, der nach Durcharbeitung des Stückes, die Aussage fällt, es wäre in irgendeiner Form ausländerfeindlich oder antisemitisch, dem werfe ich ein geschmeidiges „Probier´s nochmal zu lesen, Blondine“, entgegen.

Natürlich braucht man die eine oder andere Gehirnwindung, zu überlegen, um zu verstehen, wie versöhnend, ausgleichend, bezaubernd geschrieben wurde. Ich gehe allerdings davon aus, dass es gewiss der eine oder andere Kritiker zu Gesicht bekommen wird und der wird der dumpfen Masse dann schon schreiben, was sie von diesem Roman zu halten hat.

Und in diesem Punkt bin ich höchst zuversichtlich.

Da es sich bei mir um einen Geist handelt, der nicht zu greifen ist *(da Materielos)*, aber ich euch dennoch versprach, euch nützliche Hinweise zu geben, bin ich gezwungen, endlich der Wahrheit genüge zu leisten und euch auf die richtige Fährte zu schicken.

Da ich der Geist von „Lone Wulf“ bin, könnt ihr mich nur finden, wenn ihr euch an „Lone Wulf“ Fluchthasser, an der Berliner Genealogie wendet.

Da sich in direkter Nachbarschaft dieser Ahnenforschungsinstitution ein Museum befindet, dass in letzter Zeit, des öfteren bestohlen wurde, gründete er mit seinem Kollegen eine Detektei.

„;Sherlock Wolfi und Dr. Watsmeier“.

Wie sein Mitarbeiter Franz mit Nachnamen heißt, verrate ich jetzt mal lieber nicht. Ihr sollt ja auch was rausfinden dürfen.

Diese Detektei löst wirklich jeden Fall, auch die, für den kleinen Geldbeutel und die eigentlich unmöglich zu lösenden.

Kleines Beispiel:

Erst vorige Woche, hat einer der meistgesuchten Antiquitätendiebe, der bezahlten freien Welt, einen Rembrand aus dem Museum entwendet.

Er ging höchst verschlagen vor und trug einen Vollgummidiebanzug, der Marke „Verschleiermann und Söhne", um keinerlei gentechnische Spuren hinterlassen zu können.

Dieser hatte nur eine Atemöffnung, die mit einem Schnorchel für Mariannengrabentaucher *(also wasserdicht verlängerbar bis 11.000 m)* verbunden war und eine hintere Öffnung, falls er während des Diebstahls mal ganz dringend auf die Toilette musste und er sich dabei nicht ganzkörperentkleiden wollte.

Als er das Bild abnahm, lies er vermutlich einen „Ich-freu-mich-,-die-kriegen-mich-nie-Furz", wobei dabei einige Partikel davon auf den frisch gebonerten Boden träufelten *(um darauf nicht auszurutschen, trug er spezielles Schuhwerk aus der Mount-Everest-Collection eines der weltweit führenden Hochgebirgszugkletterer Utensilienherstellers)*.

Nachdem der Auftrag an die Detektei ging, untersuchte Sherlock Wolfi den Tatort zunächst mit seiner Minipartikelfindebrille und da stachen sie ihm natürlich entgegen.

In seinen Laboratorien stellte er fest, dass es sich eben um jenen unauffindbaren Schwerdieb handelt, der einfach nicht zu greifen war. Da er allerdings auch Partikel einer Currywurst vom Alexanderplatz entschlüsseln konnte, kannte er den Stützpunkt des Diebes und nahm ihn, mit einer Hundertschaft Polizisten, die den Platz abriegelten, während des Verzehrs seiner „Diebstahl-erfolgreich-abgeschlossen-Currywurst", an dieser Wurstbude fest.

Doch genug der Hilfestellung.

In diesem Wunderschreibwerk habe ich eigentlich nur kein gutes Haar an Linksextremen, Rechtsextremen, Gewaltmenschen, Vergewaltigern, Rechtsanwälten und Psychologen gelassen, ohne bei anderen Personen Humor, bzw. Sarkasmus, aus dem Auge zu verlieren.

Und wer, bitte, mag die schon?

Gesamtbeurteilung:
Jeden Vorwurf, dies Stück würde von einer Übertreibung zur nächsten wandern, setze ich außer Kraft, indem ich anführe, dass ich einen Großteil meines Lebens *(also, als ich noch lebte)* an der staatlich geförderten „Universität für zwischenkonvergente Halbübertreibung zu Schweinfurt“ verbrachte. Nach 5jährigem Studium, wurde ich direkt nach abgeschlossener Prüfung zum „Professor ad absurdum“ ernannt und als Rektor der Schule mit der Unterrichtung der Studenten beauftragt. Wenn also irgendjemand sagt, dass dies Werk keine einzige Vollübertreibung, sondern lediglich gewaltige Halbübertreibungen beinhaltet und dieser Mann dann noch ich bin *(zumindest der Geist von einem Mann, der wie ich ist, ist)*, steht außerhalb jeglicher Anzweifelung fest, dass dem so ist, ist *(glaub, da war jetz ein ist zuviel, aber ich bin grad im Schreibefieber)*.

Die mahnenden Worte des „Großen Geistes“:

Was auch immer „Lone Wulf“ schrieb, dieser kleine Denkgestörte.

Jeder Mensch hat das Recht auf ein glückliches, schönes Leben.

Kaputtgemacht wird das von Schlägern, Räubern,

Verbrechern, Extremisten, Vergewaltigern und Mördern *(damit natürlich indirekt von Anwälten und Psychologen)*.

Besinnt euch auf Glauben und Helfen.

Und noch ein Nachbrenner vom „Kleinen Geist" (hoffentlich liest`s der Große nicht):

Nachdem der Lieblingsgott der Erzengelinnen, mit einem richtigen Gott als seinem Spielzeug, nicht mehr aus dieser Sache machen konnte, lässt dies die Vermutung zu, dass die Deutschen ihre Intelligenz doch von ihm geerbt haben könnten.

Zwar nur eine Vermutung, aber, bis in die Zehenspitzen des Details, höchst nachvollziehbar.

Oh, mein Gott - **Danke**

Danke, dass ich noch die Gelegenheit habe, eines der komplett durcherfundenen Kapitel dieses Buches, zu einer positiven Wendung zu führen. Die Sache mit Kabel-Karl konnte von meinem Geheimdienst aufgeklärt werden und Kabel und Hank sind mittlerweile gute Bekannte geworden.

Von Freunde zu sprechen, fällt mir leicht schwer, da ich nix weiß, ob es dies Wort im Neandertal bereits gab und ein Neandertaler wär dieser Kabel auf alle Fälle. Wenn auch ein richtig guter.

Es wäre diese bedingungslose Liebe zu einem Monster gewesen, die ihn so schlecht werden ließ und Hank so dämlich.

Laut Informationen meiner Allesrausfinders, handelt sich bei Eva II um eine nichtdeutsche, unerklärbar schlechte Frau, die nur 3 Dinge im Stande zu lieben ist. Eins davon, war mal ihr Sohn. Im Moment, kann sie allerdings nur noch ihre Geschäfte *(wobei sie ein unglaubliches Glückskind ist und bei dieser Sache monatlich mindestens 3.000 Mark geschenkt bekommt)*, ihren Hang zum Rattenkackspiel *(eine Unart, die sie monatlich etwa 4.000 Mark kostet - aber egal. Sie findet mit ihrem Zitronenbops spielend irgendwelche Idioten, die ihr die Stromrechnung bezahlen und ihr Mäuse zum Einkaufen schenken und für sie Kredite aufnehmen)* und von einem neandertalerähnlichen Mann, bis zur Besinnungslosigkeit, durchgezogen und dabei aufgenommen zu werden, lieben.

Sie geht über die Leichen, der Männer, die ihren Weg kreuzen, oder besser, sie schwebt darüber. Für sie ist das alles ein Spiel und Männer sind Trottel, die nach ihrer Pfeife zu tanzen haben. Dank meiner Nachforschungen, fand ich heraus, dass sie bereits mindestens 3 Jungs finanziell ruiniert hat und gerade dabei ist, dasselbe bei Hank zu versuchen.

Das sie sich immer noch rührend um ihren Exfreund, den sie wegen Kabel verlassen hat, kümmert, ließ Hank denken, sie wäre gut. In Wahrheit ist sie allerdings noch als Empfängerin seiner nicht kleinen Lebensversicherung aufgeführt und bis so ein Alkoholiker mal überfahren ist, oder in einen Fluss fällt und ertrinkt, kann man aussitzen.

Was also noch fehlt, ist meine Entschuldigung: Sorry, Kabel, wenn es dich gäbe, wärst nicht mal im Ansatz so schlecht, wie diese Ratte.

Jetz is aber wirklich Schluss

Zum Ende dieses Wortgefechts *(eingegebenen Wortgefechts, da ich während der Regel nicht dazu in der Lage wäre, Worte in so geschmeidige Formen zu bügeln)*, also noch eine Anmerkung des Autors persönlich:

Seit Menschengedenken stellt sich die Frage, ob es einen Gott, eine höhere Macht gib. Wobei das nicht die geringste Rolle spielen darf, da ein Gott unsere einzige Chance wäre.

In allen Religionen gibt es Wunder. Laut meiner Theorie deshalb, da es Gott ja egal ist, wie man ihn nennt.

Kann eine seiner Schöpfungen tatsächlich zum Tode verurteilt sein, da sie in einer anderen Kultur, Religion aufwuchs?

Das war der Grund der Europäischen Könige, ihre Ritter vor fast 1000 Jahren nach Jerusalem zu schicken und dort sterben zu lassen. Die Argumentation der fanatischen Araber ist da nicht viel anders. Sie schicken ihre Jungs halt heute nach Paris. Vielleicht morgen nach Berlin.

Hab mich schon oft gefragt, warum die Amerikaners Granaten auf die Trottel der IS werfen, statt sie mit Flugblättern zu bombardieren, um ihnen klar zu machen, dass sie Dienst tun, für einen einfach nur schlechten Mann.

Natürlich ist das Schwierig, da etwa 85 % von ihnen gar nicht lesen können und wahnsinnig gerne für Allah töten und sterben, da sie dafür von ihm ungefähr 47 Jungfrauen zugeteilt bekommen und dadurch mit diesem blöden Ziegenficken endlich Schluss wäre.

Ich denk allerdings, dass es den Versuch wert wäre und es mit abenteuerlicher Sicherheit den einen oder anderen NSA-Experten gäbe, der so ein Flugblatt aufsetzen könnte.

Richtig krank sind allerdings diese Selbstmordattentäter. Aller Wahrscheinlichkeit zurfolge, wird es noch soweit kommen, dass ein Mann aufgrund des bloßen Verdachtes, er hätte einen terroristischen

Hintergrund, ausgewiesen wird.

Das wird allerdings ein harter Kampf, gegen die Linken und Grünen Menschenrechtspisser. „Der hat doch gar nichts gemacht. Nur weil er 13 Monate in einem IS-Terrorcamp Urlaub machte und einen gefälschten Pass und ein Flugticket nach Berlin geschenkt bekam, können wir ihn nicht ausweisen. So etwas verstößt auf jeden Fall gegen seine Menschenrechte. Solang er sich nicht mit einem Maschinengewehr in eine Redaktion begibt, um alle Journalisten niederzumähen, haben wir keinen Grund, ihn nach Hause zu schicken."

Sobald mir ein Gregor Gysi plausibel klar macht, dass es viel mehr Sinn ergibt *(da der Tod dadurch viel einfacher hinzunehmen wäre)*, in einer heilen, grünen, kommunistischen Welt erschossen zu werden, als in einer kapitalistischen, werde ich versuchen, nach meinem Tod in einen CSU-Wähler einzufahren und meine Stimme der PDS zu geben.

Aber nur dann und die Möglichkeit, dass ihm das gelingt, fließt gerade den Bach runter.

Zwischeneinmerkung:
Auf meine Anfrage, das Stück zu veröffentlichen, erhielt ich von einem Redakteur der „Bild am Sonntag" die Mitteilung, dass dies auf keinen Fall geschähe, da das Ganze vor lauter politischen Halbwahrheiten beinahe kotzen würde. Sofort stellte ich mir und ihm die Frage, ob politische Halbwahrheiten nicht eher die Spezialität der „Bild am Sonntag" wären?

Anscheinend nicht.

Unter gewissen Umständen, hat allerdings der Bild-Hauptaktionär eine Mitgliedschaft bei der PDS. Oder der Redakteur selbst. Linke Ratte *(sorry, konnt ich mir nicht verkneifen)*.

Hinterbemerkung:
Mir wurde angeraten, das Stück, falls es als Buch erscheinen sollte, noch ein wenig zu verlängern, also eine Hinter(n)bemerkung zu verfassen. Was ich auch oft hörte, ist, dass das Ding unglaublich schwer zu lesen und dann zu verstehen ist, wegen der häufigen Schachtelsatzbildungen.

Darauf kann ich als sogenanntes Großhirn, allerdings keine Rücksicht nehmen. Also als „Großhirn mit weiter unten liegender Glücklichmachverlängerung“. So werd ich zumindest von den Mädchen genannt. Weiß auch nicht warum. Die Jungs sagen nur Großhirn zu mir. Da sollt ich doch draufkommen können, aber das ist alleine mein Problem und da müsst ihr mir nicht helfen.

Ich werde also völlig zurecht als weise eingeschätzt und auch gefragt, wie denn die Probleme dieser Welt zu lösen wären und da habe ich eine einfache **Antwort:** *Sie sind nicht lösbar.*

Da wirklich jeder Mensch, nach seiner Geburt, dass Recht auf Glücks und das Stillen seiner Bedürfnisse hat, das allerdings nicht zu finanzieren ist, müssen Abstriche gemacht werden.

Aber wo beginnen wir? Nachdem Uwe Ulanka, ein schwärzlicher Bruder aus dem ehemaligen Deutsch-Südwestafrika, durch die Lieferung von etwa 2000 Butterpaketen aus Europa durch seine Jugend geleitet wurde, ohne zu verhungern, hat er im Alter von 18 Jahren natürlich nichts besseres zu tun, als nach Deutsch-Somalia auszuwandern und Gerda Simumba mehr als 20 mal zu schwängern, um die Lieferung von etwa 40.000 Butterpaketen sicherzustellen. Da auch diese 20 nix besseres zu tun haben können, als Kinder zu zeugen, war also das Durchbringen Uwes der Start einer nicht stoppbaren Butterbergkette.

Da Uwe allerdings nicht der einzige ist, sondern tausende rumlaufen, denen wir geholfen haben, sichern wir also durch unsere Hilfsbereitschaft das Verhungern von etwa 30 Millionen Schwarzen in 50 Jahren bzw. wir vernichten die Zukunft unserer eigenen Kinder, die während des Streichens der Hilfsbutterbrote selbst verhungern werden.

Es gilt also zu überlegen, ob man die 100 Mark für Afrika, nicht lieber Ernst aus der Nachbarschaft gibt, da er eh wieder zu wenig Sozialhilfe hat, um sich noch sein 7. Bier rauszulassen, um dadurch nicht für den Tod von Millionen die Verantwortung zu tragen.

Jetz ist es natürlich nicht so, dass alle 400 Nachkommen von Uwe tatsächlich verhungern werden. Denn irgendwoher bekommen sie ihre 5000 Mark schon *(vermutlich von einem Touristen, den sie überfallen haben)*, um sich ihr Geld für ihren Schleuser zu verdienen, der sie einfach in ein Boot setzt und Richtung Italien ins Mittelmeer schupst. Das alles bleibt schwierig, denn Stehlen ist laut Schlechtigkeitsberechnungstabelle auf Himmel *(außer am Staat und der Gemeinschaft)* nicht strafbar. „Wenn du es nicht kriegst, dann klau`s einfach."

Klaus ist nicht umsonst ein beliebter Name in Deutschland. Wenn eine Mutter mit ihrem Sohn, der Klaus heißt, einkaufen geht und er unbedingt die Schokolade möchte, sagt sie einfach: „Klaus, du kriegst es nicht". Also klaut er es *(zumindest wenn er nicht dumm ist)*.

Ich habe für mich persönlich entschieden, dass ich mein Geld lieber im Inland verteile, was allerdings auch erdrückend oft in die falschen Hälse geriet *(wenigstens tröstet es mich, dadurch nur einen Afrikaner verhungern zu lassen und keine 400)*. Von den 60.000 Mark, die ich verlieh *(da kam nix mehr dazu, da ich mittlerweile weiß, es eh nicht wiederzukriegen)* und

25.000 Mark, die ich verschenkte, waren alle Gelder *(bis auf die 10.000 für die eigene Familie und 10.000 für wirklich arme Schweine)* für Rattenkackspielabhängige. Diese Menschen wissen, dass sie eine Krankheit haben und fragen nicht um Geld zum Spielen, sondern erfinden die irrwitzigsten Geschichten, um an Knete zu gelangen. So ein gutmütiger Trottel wie ich, fällt einfach immer wieder aufs Neue darauf rein. Aber jetz is Schluss.

Natürlich ist mir klar, dass meine Forderung, diese illegalen Bootflüchtlinge ohne großen bürokratischen Aufwand, einfach mit dem nächsten Kriegsschiff in ihre Heimat zurückzufahren, sich nicht gut anhört.

Eine eher linksgerichtete Forderung: erst mal die Personalien aufnehmen und fragen, vor was sie eigentlich gerettet werden möchten, klingt da besser. Da wir nunmal in einer linken Weicheierwelt leben. Links hört sich einfach besser, menschlicher an, aber es ist definitiv nicht so überlebensfähig, wie Rechts.

Ein Leitwolf wird auf keinen Fall mit fressen aufhören, da die anderen Rudelwölfe noch nicht satt sind und er auf sie Rücksicht nimmt. Das ist nunmal in der Natur nicht so und es geziemt sich auch dem Menschen nicht, sich so unnatürlich zu verhalten.

Und ich bleibe bei meiner Forderung: Wenn die ersten 4 Flüchtlingswellen zurückgeschifft wurden, gräbt man diesen Schleusern die Einkommensquelle ab. Illegale einfach raus. Ohne viel Tohuwabohu.

Dann natürlich noch zu 2 Kleinigkeiten, die ich immer wieder gefragt werde:

1: Wo ist Jesus in dem Stück?
Er ging natürlich, nach seinem Tod, seiner Wiedergeburt und der anschließenden Auffahrung in den Himmel, in seine Mutter *(also dem späteren Vater) ein*

(so wie der Heilige Geist einfach zu dieser Dreifaltigkeit (Mutter-Sohn-Heiliger Geist) gehört).

2: Was hat „Charlie Hebdo" im Titel zu suchen?
Als dieser grausame Terroranschlag zu Paris stattfand, war auch ich schwer geschockt. Obwohl ein unbeschreiblich friedlicher Mensch, entwickelte ich Hass und Wut.

Allerdings habe ich meine Chance gesehen.

Nachdem die Verleger ein halbes Jahr mein Meisterwerk ablehnten, habe ich einfach mit einer Titeländerung *(der Untertitel hieß vorher: Die ungenannten Testamente)* versucht, Nachfrage zu erzeugen. Hat anscheinend geklappt.

Da ich nunmal überhaupt keinen Plan habe, kann ich natürlich nicht sagen, ob man das Stück in irgendeiner Form mit dem Begriff Satire in Zusammenhang bringen kann. Das habe ich allerdings gehofft, da „Charlie Hebdo" ja, für seine Satire sterben musste und demzurfolge Nachfrage nach Satire bestanden haben sollte.

Scheint zu klappen. One wall free (versuch es zu übersetzen und du wirst es verstehn).

Das Erzende

Nachdem in meinem Leben nichts mehr in vernünftigen Bahnen lief, lernte ich eine unglaublich gute, wahnsinnig leckere Frau kennen. Einige werden es bereits erraten können, es handelte sich um die aus Estland stammende, seit Jahren in Esslingen wohnende Dana. Hab sie einfach in die Lebensgeschichte von Hancock reingepackt - stört ihn hoffentlich nicht.

Sie besuchte mich und schenkte mir eine DVD mit dem Titel „The Secret". Ich habe also versucht, so wie es in dem Film vorgegeben ist, an meinen Erfolg zu glauben. Einfach nur daran zu glauben.

Obwohl alles zunächst weiter wunderedel gegen mich lief, hörte ich damit nicht auf. Ich verschuldete mich so deftig, dass ich davon sprechen kann, die Armut probiert zu haben. Und die schmeckt wirklich nicht besonders gut. Jetzt natürlich nicht die richtige Armut. Denn in Deutschland, kann man die gar nicht probieren. Da wird jeder durchgebracht.

Und ich musste mich gegen meine Familie behaupten. Selbst mein Vater wollte mich töten, wegen des „Unsinns", den ich mit meinem Geld betreibe. Obwohl er bereits 104 ist, hört sich das bei einem ehemaligen SS-Obersturmbannführer gefährlich an und man sollte ihn besser ernst nehmen, obwohl er seinen Mauser-Revolver bereits vor knapp 70 Jahren abgeben musste.

Am 31.12.2014 war es dann soweit. Ich verlor, während eines selbstverschuldeten Verkehrsunfalls *(natürlich innerhalb einer Versorgungstour, für einen Sozialhilfeempfänger)*, meinen Wagen, der Totalschaden abbekam. Kein Kreditinstitut wollte mir mehr Geld geben, das Auto war noch nicht mal abbezahlt und mein Roman erhielt die ca. 47ste Absage von einem Verleger

(von einem Scheißverleger, wie ich sie damals nannte).

Selbst der eigene Bruder, wollte mir kein Geld mehr leihen und da war es wichtig, Freunde zu haben, die, wie man selbst, an einen glaubten *(natürlich sollten das auch Freunde sein, denen verlorene 1000 Mark nicht das Genick brechen und die hatte ich glücklicherweise).*

Dann folgte allerdings der Durchbruch. Durch die

Untertiteländerung meines Werkes, konnte ich Interesse von Verlegern herstellen und der Rest ist einfach eine Erfolgsgeschichte.

Also zumindest bis jetzt. Da allerdings ja die Dummheit der Menschen unendlich ist, handelt es sich hierbei vermutlich um meinen Nachruf, da mich irgendein dümmerer Mitbürger bereits ermordet hat und das die Verkaufszahlen erhöhen wird, was meinen Bruder *(also einen anderen, als der, der mir kein Geld mehr lieh)* freuen dürfte, da ich ihm die Vermarktungsrechte dafür zusprach.

Danke, mein Gott. Unser Gott. Danke.

Oh, Gott, schon fertig? Hab grade wirklich das Schreibefieber und gebe lieber zu, dass alle Dinge, die ich leicht politisch angehaucht schrieb, nicht meiner Meinung entsprechen *(da ich selbst seit Jahren Mitglied der PDS bin - gewinne auf den Parteitreffen meist die Dummschwallwettbewerbe - zumindest, wenn meine schärfsten Konkurrenten auf „Lügen ohne rote Nase bekommen"-Lehrgängen sind)*, sondern der von Hancock. Er sagte mal: „Nachdem die SED Ostgermanien zerstörte, bleibt ihrem Ableger PDS, um sich hervorzutun, eigentlich nur die Komplettvernichtung Gesamtdeutschlands. Ich bete, dass die Deutschen nicht so dumm sind. Könnte allerdings eng werden."

Das Platinende

Da ich komischerweise nich aufhören kann, zu schreiben, also noch ein paar Gedanken, zum gedenken der Gedanken, die vor kurzem durch Hancocks Großhirn pfiffen:

Warum soll es diesen Illegalen besser gehn, als ihren Brüdern, nur weil sie kriminell genug waren, sich ihre 5000 Mark zu ergaunern, um sie einem miesen Schleuser in den Hintern zu schieben?

Da jeder Mensch ein Recht auf Glücks hat (mal mit Ausnahme von Vergewaltigern und Mördern - inclusive der Anwälte von ihnen), dürfte es doch keinerlei Problem darstellen, die reichen Länder dazu zu ermutigen, den armen Ländern zu helfen, ihre Landwirtschaft *(bzw. ihre Gesamtwirtschaft)* aufzubauen.

Natürlich sollten nur Gebiete unterstützt werden, die demokratische Strukturen aufweisen und sich Kontrollen für die Umweltverträglichkeit ihrer Maßnahmen und der Wahlen unterziehen lassen.

Da wär es doch gelacht, wenn der eine oder andere afrikanische Diktator da nicht umdenken würde, wenn er nach 2 Jahren nicht mehr der Herrscher von 3 Millionen Leuten ist, da 2,8 Millionen von ihnen *(also alle, bis auf die Fußkranken)* ins demokratische Nachbarland gezogen sind.

Das kostet natürlich Geld, aber das tun Asylanten auch. Dieser Flieder muss einfach irgendwo herkommen. **Ergo:** Hilfsorganisationen müssten verpflichtet werden, ihre empfangenen Spenden in die jeweiligen Förderpools des Staates weiterzuleiten. Das brächte noch ein paar Beamtenpositionen, die wir uns leisten könnten, sollte bei der nächsten Gehaltserhöhung unserer Staatsdiener *(und Pensionäre)* ein Minus vor den 2% stehen *(davon natürlich ausgenommen: die* ***Polizisten*** *(sie müssten mit einer Nullrunde klarkommen, denn sie sind wichtig) und die Politiker (bei ihnen wäre eine 5 nach dem Minus angebracht, um zu zeigen, dass sie sich wirklich Gedanken über Geld machen und so, durch das Retten des Staates, auch nicht am Hungertuch nagen werden))*.

Wo auf keinen Fall gespart werden dürfte, ist die Sozialhilfe *(und Rente)*, da sie ganz bestimmt ein klein wenig zu niedrig ist. Aber zurecht, da auch wir „guten" Deutschen einfach zu viele Sozialschmarotzer haben, die sich fragen, warum sie um 5 aufstehen und zur Arbeit gehen sollten, wenn sie durch Sozialhilfe und ein wenig Schwarzarbeit besser wegkommen.

Dann natürlich noch ein paar Worte über diese Pegida-Burschen.

Laut meinen Geheimdienstberichten, lebten in Deutschland, **Stand: 07.07.2014**, noch genau 473 Menschen, die aktiv an den Machenschaften der NSDAP beteiligt waren *(einer davon ist mein Vater)*.

Bei etwa 80 Millionen Einwohnern ist das relativ knapp unter einem Prozent *(eigentlich sogar „gewaltig knapp" drunter - da wird noch nicht mal ein Prozent draus, wenn du es mit Tausend mal nimmst)*.

Irgendwann muss mit dieser ewigen Schuldzuweisung Schluss sein.

Natürlich ist es absolut richtig, gerade in Deutschland aufzupassen, dass dieser Ausländerhass eingedämmt wird und die Grausamkeiten der Nazizeit nicht wiederkehren, aber ist es deshalb richtig, wirklich gute Deutsche zu verunglimpfen, nur weil sie ihrer Angst vor islamischem Terror Ausdruck verleihen?

Pegida ist ein gutes Forum, für rechte Spinner, jedoch dürfte sich ihre Anzahl auf ungefähr 2% beschränken. Also entschieden weniger Spinner, als beispielsweise die PDS aufweist und die sind wirklich gefährlich für Deutschland.

Gerade diese letzte Seite, hat mir, als PDS-Mitglied, fast das Herz gebrochen. Da ich mich allerdings entschied, die Meinungen Hancocks der Öffentlichkeit darzubieten, konnte ich in der Schlussphase des Romans keine Richtungsänderung einläuten. Tüt machen leid, Gregor *(musste ich Neudeutsch schreiben, damit Gregor erkennt, dass es von Herzen kommt).*

Für Leute, die bei der Verteilung von Großhirn keine Primärrolle spielten, oder auch im richtigen Leben Rechte/Linke Außenstürmer darstellen, eine kurze Zusammenfassung der Kernaussagen, in ganz groben Zügen:

1: Mord ist eine Todsünde
(*du verlierst dabei deine Möglichkeit, König im Himmel zu werden*)
2: Vergewaltigung ist die körperliche Ausdrucksweise geistiger Großkrimineller (*es gibt allerdings auch Frauen, die es darauf anlegen*)
3: Ausländerhass macht nicht den geringsten Sinn
(*denn Ausländer sind wir alle irgendwo*)
4: Gewalt ist niemals der richtige Weg
(*also fast niemals: wer nicht anders versteht, da sollte man Gewalt anwenden*)
5: Extremismus ist in jeder Richtung edeldämlich
(*hier gilt natürlich die allgemein bekannte Formel: Linksextremismus ist dümmer als Rechtsextremismus (und zwar entschieden dümmer*))
6: Für Kommunismus sind nur Leute, die sich leicht mit der Erhöhung ihres Intelligenzquotienten tun, indem sie sich einfach auf einen Stuhl stellen
(ausgenommen die Rädelsführer (*also der Generalsekretär der KP"D"G Großzar Gregör I - Kommunistische Partei „Demokratisches" Gesamtdeutschland*))
7: Anwälte und Psychologen sind Scheiße
(*hier spare ich mir einen weiteren Kommentar*)
8: Lebt mit- und helft einander
(*Helfen schafft Freude, Freunde und Glücks*)

Fini, vorbei, Schluss, Ende, aus.

Nachwort zur Bedankunxversion

Nach Ablauf eines 33-wöchigen, grausamen Kampfes, der minimale Verluste erzeugte *(paar Hundert Mark)*,von dem ich allerdings wusste, dass ich ihn gewinnen werde, ist es mir endlich gelungen.

Diese Machenschaft ist als Buch erhältlich.

Sich selbst als bewiesen ansehenderweise, werden sich im Moment etwas über 93,2% der Leser denken: das hat er geschafft, da er seine Parteifreunde von der PDS oder gar die Schergen der Merkel zu Hilfe rief.

But this solution will earn less than one point.

Nicht mal einen halben.

Natürlich hab ich mich an die Politik und Zeitungen gewandt. Sie sollten mir helfen. Es hat allerdings niemanden interessiert. Überhaupt niemanden.

Da fällt mir natürlich der Redakteur der Bild am Sonntag wieder ein. Seinen Namen hab ich zwar vergessen, Christi an sich, wär allerdings auf nur eine Schlussfolgerung gekommen:

„Seid l-i-e-b-e-r keine Bildredakteure, sobald Hank, bei uns, was zu sagen hat. Da werden wir schon noch Platz, bei der Schnecke, finden."

Und so endet der Roman, wie er begann: ich bedanke mich bei Ihm, bei Allah *(falls du bereits vergessen hast, warum ich Ihn so nenne - weil es Ihm egal ist. Und zwar ganz sicher. Sonst hätte Er ihn mir nicht eingegeben, bzw. sein Erscheinen verhindert. Also das solltest du Ihm zumindest zutrauen).*

Da ich mal wieder nicht aufhören kann, also noch meine Bedankunx an euch und ein kurzes „sorry" an diejenigen, die es kauften, bevor es berichtigt und günstiger wurde.

Das Stück setzt sich nämlich über die gewöhnlichen Marktregeln hinweg. Es wird immer begehrter und trotzdem immer billiger *(zumindest das E-Book)*, was daran liegt, dass ich von meinem Professorengehalt gut leben kann und nun genug habe *(zumindest in 2 bis 3 Jahren)*, Hank zu helfen.

Also es wird zumindest genug werden, da es in spätestens 3 Jahren zu einem „guten Haus" dazugehören wird, die Neueste Bibel, als Kochbuch verkleidet, in seiner Küche zu haben. Und eins im Schlafzimmer, für die Nacht der Nächte, den „Einführungsabend". Vielleicht noch eins im Auto, für Beifahrer, die sich langweilen. Oder als Gutenachtgeschichte für die Kinder, um sie besser zu machen, als wir es sind.

Solltest du also jetz 3 bestellen, wirst du glücklich einschlafen. Du könntest dich zwar morgen fragen, ob es nicht zuviele waren, was ich allerdings zu entkräften im Stande bin:

Von gut, gibt es kaum zuviel. Von überragend, überhaupt nicht.

Und erneut taucht es auf, das Problem, mit dem ich seit Kapitel 1 kämpfen muss: ich kann nich aufhören, auf meiner Tastatur rumzuspielen, weshalb ihr zum definitiv letzten mal *(sonst glaubt mir ja kein Mensch mehr)*, etwas von mir lesen werdet.

Und zwar wird es die absolute Wahrheit *(also möglicherweise so gut wie kaum mit Erfindungen behaftet)* über den Autor, den Masterimperator der Meisterwerksfertigstellungs, den Großinquisitor der Schriftstücksgeburtshilfe, die Reinkarnation des

Gotthold Ephraim Lessing, den Ahnenforscher Prof. Dr. Dr. Hans Adolf „Lone Wulf" Fluchthasser, sein.

Anfang Mai 1945 fiel meine Mutter, Tatjana Meyer, der 1. Weißrussischen Front unter Marschall Georgi Schukow zum Opfer. Sie nahmen sie gefangen und benutzten sie. Also wirklich alle, da ja die Order Stalins auf dem Markt war, deutsche Frauen zu schänden, sobald sich die Möglichkeit bietet.

Es waren harte Tage für Mama, die erst endeten, als Schukow von ihren beinahe legendären „Französischkenntnissen" unterrichtet wurde und sie daraufhin, während einer der Siegesfeiern, als Geschenk, an die US-Verbündeten weiterreichte.

Dort lernte sie meinen Vater, Jack „Wulfskin" Barlow, kennen, der ihr half, aus dem „Bügellager" auszubrechen und mit ihr in Kontakt blieb. Mit einem Vorläufer des heutigen Handys, mit Rauchzeichen.

Die Familie Barlow war seit 47 Generationen puebloapachisch. Vor 48 Generationen, fiel seine Vorfahrin einem Beutezug der Pueblos, auf einen Tross der „Prärie-Irokesen", als „Nehmenwirmitsquaw", zum Opfer. Die „Prärie-Irokesen" konnten sich nicht durchsetzten und sind heute eigentlich kaum noch bekannt.

Eine kleine Gruppe, nicht sonderlich intelligenter, Irokesen, wollte nämlich aus Florida ausziehen, um endlich mal Bisonfleisch zu probieren. Und da mussten sie in die Prärie.

Nach der Zerschlagung ihres Trosses, konnten sie sich nicht mehr fortpflanzen und sind, von der Umwelt eigentlich kaum wahrgenommen, ausgestorben.

Nachdem Jack, Mama schwängerte, erhielt er eine Depesche aus Brooklyn, von seiner Verlobten Katy

„Räudiger Straßenbiber" Tatanka, dass er endlich nach Hause kommen und sie heiraten sollte. Er wusste also nichts von Mamas Schwangerschaft, weshalb ich ihm verzeihe.

Doch Mutter brauchte Hilfe und heiratete, während seiner Flucht, den nazitreuen SS-Obersturmbannführer Graf Hans von und zu Fluchthasser, weshalb sich meine Vornamen eigentlich erklären dürften.

Mein letzter Satz ist also eine Bedankunx: an euch und natürlich an Wotan.

Die romanübergreifende Frage:

Würdest du, dem Mörder deiner Kinder, 47 Jungfrauen an den Hals ketten, nur weil er ein wenig dümmer ist, einem falschen Propheten glaubt und denkt, er hätte alles Richtig gemacht?

Das würdest du natürlich nicht und sei dir sicher: Unser Vater, wie auch immer du Ihn nennst, wird das auch nicht tun.

Da ist Brennen mit Luzifer, eine wesentlich wahrscheinlichere Folge.

Oh, da kam grad noch ein FAX rein:

Der Roman (als Buch) -------stop---------- wäre über diverse Buchshops erhältlich ---------stop---------- wobei sich der Autor --------stop---------- natürlich über eine Einladung ---------stop---------- zum „Politischen Nockerberg" -----------(beispielsweise durch die PDS (CSU ginge auch)) ----------stop------ 2 Jahresfreikarten des FC Bayern ---------stop-------- (dafür muss es natürlich erst der wirklich coole Uli lesen) --------stop---------- und einen Gratis BMW (damit er nicht immer reiten muss) ---------stop------ sehr freuen würde

Nachwort zum Nachwort

Auf die Gefahr hin, dass mir jetzt keiner mehr glaubt, noch ein paar letzte, abschließende Worte:

Jetzt ist es passiert. Hank hat den Glauben an die Menschheit verloren. Von den etwa 50 Personen, denen er half, ist noch nicht mal eine halbe dabei, die zurückzahlen würde. Ich kann ihm auch noch nicht helfen, da ich durch zu viele Schadenersatzklagen, gegen meine Detektei, erst helfen kann, wenn dies Werk der erhoffte, nein, der gewusste Erfolg wird.

Hab mich neulich mit ihm unterhalten und er sagte: „Jemandem Geld zu leihen ist absolut richtig. Falls diese Person allerdings mehr als 20 Mark möchte, wird sie es nicht zurückgeben, wenn du dir keine Sicherheit geben lässt. Sie befindet sich zurecht dort, wo sie sich aufhält: in der Gosse. Egal, welchen Eindruck sie zu machen im Stande ist, sie ist eine Asoziale. Sie ist einfach nur ein Stück Scheiße."

Da kann ich ihm nur Recht geben. Große Beträge hab auch ich immer nur von meinen Familienangehörigen zurück bekommen.

Doch warum ist das so? Ich glaube, dass das schon immer so war. Wer nichts hatte, musste lügen und betrügen, um am Leben zu bleiben. Mit dem Tod des Glaubens und der Geistesverwirrung durch dies Internet, wird das allerdings immer schlimmer.

Hatte letzte Woche ein ähnliches Problem. Ich hab ein paar Rückerstattungsprozesse mit meiner Detektei verloren und hatte wegen komplett überzogenem Dispo noch 80 Mark bis zu Monatsende, das sich noch 14 Tage Zeit lies. Jetz ist es nicht so, dass man davon nicht überleben könnte.

Ich hatte jedoch den Einfall, einfach an einen Rattenkackspielautomaten zu wandern und geschwind 300 Mark daraus zu machen. Mit den ersten 40 Mark, lies er mich 3 Stunden spielen und ich wurde, obwohl immer erschöpfter, abhängig davon und entwickelte die Einbildung, dass das miese Stück doch endlich spucken müsste.

Danach steckte ich die nächsten 20 rein und kurze Zeit später, die letzten. Als ich pleite war, erwischte ich mich dabei, alle möglichen Bekannten von mir um Geld anzugraben und sie zu belügen. Da ich mir sicher war, dass ich eh gleich gewinnen werde und sofort zurückzahlen könnte, hatte ich dabei nicht einmal ein schlechtes Gewissen.

Das Ende vom Lied war, dass ich auch das Geld der anderen verzockte. Aber was, hat mir das gesagt?

Richtig.

Da ich mich für einen guten Mann halte, sind die anderen Spieler, die Hank soviel Geld kosteten, vermutlich auch nicht schlecht. Dass ich die geistige Kompetenz habe, mich von diesem Betrügerspiel zu trennen, fehlt ihnen halt, weshalb sie dazu verurteilt sind, weiter zu lügen und zu betrügen und dennoch niemals aus der Gosse rauskommen werden, da sie alles erschwindelte Geld, einfach weiter in Automaten stecken, bei denen nunmal nicht gewonnen werden kann. Noch nicht mal theoretisch.

Das sind Maschinen, die darauf programmiert sind, Gewinne einzufahren und Menschen abhängig zu machen. Aber ich hab diese Einsicht gewonnen und das war die 80 Mark auf alle Fälle wert.

Habe mich mit der Sache beschäftigt und es gibt da die Legende vom guten und vom schlechten Spieler. Wenn jemand cool den Spielsaloon betritt, 20 Mark einwirft, um eine Mark pro Dreh spielt und im Gewinnfall die Maschine innerhalb von 2 Sekunden bis zum Maximalgewinn hochdrückt, ist er ein guter Spieler. ? .

Da er sich auch selbst für einen guten Spieler hält, verzockt er die gewonnenen 240 Mark allerdings in der nächsten Stunde wieder.

Die Maschine macht da keinen Unterschied, ob man langsam oder schnell nach oben, ob man teuer oder billig spielt. Kann sie gar nicht. Sie kann nur auf den einprogrammierten Überschuss zurückgreifen, der ihr vom Staat vorgegeben wurde.

Dann nochmal zu einem aktuelleren Problem:

Jeder Mensch hat das Recht zu demonstrieren. Egal für was, er darf. Das es Polizisten allerdings nicht erlaubt ist, Demonstranten, die Schaufensterscheiben einschlagen, Autos anzünden, oder die Polizei mit Steinen bewerfen, einfach die Beine wegzuschießen und sie die Kosten dafür *(auch für die Reparatur des Beines)* tragen zu lassen, ist mir persönlich, viel zu weich. Gewaltbereite Demonstranten sind einfach nur Abschaum. Da darf keine Rücksicht genommen werden. Sie machen das ja auch nicht.

Da ich relativ viel Lob für den Anhang zum Erstbuch, erhielt, werd ich es also auch für meine E-Book Kunden einfügen:

Es gibt auf dieser Welt größere Probleme, als das Wohlbefinden der eigenen Geldbörse. Auch größere, als ich mir vorstellen und irgendwie bearbeiten kann.

Also muss ich mich um die kleineren kümmern. Die Probleme des „kleinen Mannes“. Eins davon is zweifellos dies völlig schwachsinnige Nichtrauchergesetz zu Bayern.

Jeder und ich meine wirklich jeder kleine Idiot weiß, dass rauchen tödlich und schlecht ist. Aber das ganze Leben ist im Prinzip tödlich und schlecht. Warum es sich also nicht zwischendurch schön machen.

Es stellt sich nicht die Frage, ob Rücksicht genommen werden sollte. Das muss auf alle Fälle. Dass es Gaststätten allerdings verboten wird, eigene Raucherräume zur Verfügung zu stellen, schlägt dem Fass den Boden aus.

Als damals dieser Volksentscheid in Bayern stattfand, wäre ich sehr gerne die 500 km geritten, um daran teilzunehmen. Falls ich Hatatitlan allerdings gesattelt hätte und losgeritten wäre, wär ich daran gescheitert, nirgendwo in den Wählerverzeichnissen zu stehen, weshalb ich mir die Sache einfach sparte. Wie abzusehen war, waren die bayrischen Raucher einfach zu faul, es war ihnen erstmal egal, um an der Abstimmung teilzunehmen.

Jetzt allerdings einen Raucher bei 260 Grad Kelvin *(entspricht ungefähr -13 Grad Celsius)* vor die Tür zu jagen, klingt für mich auch nicht besonders gesundheitsfördernd.

Dann noch zu den Griechen: lasst sie doch gehn. Die sind nicht kaputtzubekommen. Hat vor zweieinhalb Tausend Jahren bereits die persische Weltmacht mitbekommen, als ihre Armee, an den Thermopylen, von einer handvoll Spartanern, die Hosen voll bekam und nach Hause geschickt wurde.

Entschuldigung. Sie sind natürlich nicht nach Hause geschickt worden, allerdings waren ihre Verluste so unbeschreiblich hoch, dass ihr Feldzug scheitern musste, so wie die Verluste der EU so hoch sein werden, dass sie daran zerbricht. Jetzt haben wir zum Glücks Politiker, die uns einfach für diese Sache aufkommen lassen werden.

Da kann nix passieren.

Dieser griechische Finanzminister ist mir eh suspekt. Sieht aus und gibt sich, als ob er gerade aus dem Männerunterwäschekatalog von Otto gefallen wäre und soll jetzt 100 Milliarden Mark irgendwie vorzaubern?

Falls ihr jetzt noch erfahrt, was Hancock alles für seinen „Sohn" machte - ihr werdet nicht umhin können, ihn für den Erhalt des „Mutter-Theresa-Ordens-Maskulin", also des „Pater-Braun-Ehrenabzeichens mit güldenen Nadeln" der bayrischen Staatsregierung vorzuschlagen.

Für die Führerbunker-Weihnachtsfeier 2012 fertigte er, zusammen mit seinem Sohn, Engelsflügel aus Ebenholz, das er zuvor aus der siamesischen Halbsteppe besorgte. Ebenholz is jetz nich billig, doch es hat als einziges Holz einen Fahrtwindrekonvaleszierungsundinhöchstgeschwindigkeitumarbeitungsbeiwert von weit über 9,3 *(besser wär da nur Bahamholz - aber das war, aus erklärbaren Gründen, nicht zu besorgen)*.

Für seinen geliebten „Sohn" also wirklich nur das Allerbeste.

Nötig war das, damit er die Vorräte nicht zu lang alleine lassen musste *(Vorratsverteidigung gegen anreitende Komantschen war ja sein Job in der FzUHiS unlimited)*, wenn sein Vater mit frischer Ware vor seinem Eingang stand und um Einlass begehrte.

So konnte sich „Häppy", wenn sein Vater läutete, einfach die Engelsflügel umschnallen und zum Balkon fliegen, um ihm den Eingangsschlüssel zuzuwerfen.

Da „Häppy" allerdings überall Schwierigkeiten hatte, also auch beim Zuwerfen, kam Hank die Idee, einfach ein Tiger-III-Panzerungs-Dublikat anzufertigen, damit sein Sohn diese nur anzulegen brauchte und dann das eine Stockwerk geschmeidig nach unten rollen konnte.

Da sie allerdings sowohl bei der Weihnachtsfeier 2013, wie 2014 zerstritten waren, kam es nie zu dessen Fertigung.

Zu diesen Unzulänglichkeiten kam es, da dieser miese Balg nie einsah, dass Hank wirklich das Ziemlichbeste war, was ihm in seinem verpfuschten Leben jemals begegnete. Also machte er einfach einen auf bockig, was allerdings nie allzu lang dauerte, bis er einsah, alleine ungefähr nix zu können und wieder reumütig zurückgekrochen kam. In die stets offenen Arme seines überragenden, ihn vermissenden „Vaters".

Nachdem ich mich ja um die Probleme des „kleinen Mannes" kümmern wollte, noch eine Sache, die an Gesamtbedeutung eigentlich kaum zu unterbieten sein dürfte, mir jedoch am Herzen liegt.

Darf ein Mann bestraft werden, da er in Vorkenntnis seines Durstes, sein Auto zu Hause lässt, um niemanden zu gefährden und lieber mit dem Rad unterwegs ist?

Natürlich nicht. Er gefährdet ja nur sich selbst. Falls er gefährlich in den Straßenverkehr eingreift, muss er natürlich bestraft werden, aber das is ja auch für nüchterne Verkehrsteilnehmer strafbar.

Und da sind wir wieder bei dem Risiko, dass er natürlich selbst trägt. Sollte es durch sein Verschulden zu einem Verkehrsunfall kommen, bei dem er oder andere verletzt werden, muss er bestraft werden.

Doch damit konnte er rechnen und niemand, nahm

ihm seine Entscheidungsfreiheit weg. Ich hör jetz lieber auf und beende das Stück mit einer Sache, die ich vor kurzem auf Facebook gelesen habe und die mir wirklich aus dem Herzen spricht:

Ich rauche und finde es ok, dass in öffentlichen Gebäuden und Speisegaststätten Rauchen nicht erwünscht ist, aber egal.

Ich bin gegen die ewige Bevormundung von Rauchern. Die wollen grausame Bilder auf Zigarettenpackungen kleben. Stört mich nicht.

Warum also nicht auch Bilder von verhungernden Kindern auf Mc Donalds Verpackungen?

Warum keine Bilder von gefolterten Tieren auf Kosmetica?

Warum keine Bilder von Unfallopfern, die von alkoholisierten Verkehrsteilnehmern getötet wurden, auf Bier- und Weinflaschen?

Warum keine Bilder von geldgeilen Politikern auf der Steuererklärung?

Wenn schon, dann richtig!

Dem habe ich nichts hinzuzufügen.

Jetz ist mir noch was kurzes Eingefallen:

Hank erzählte mir, dass er im Führerbunker mit einer Lokalsperre belegt wurde. Von Brigadegenerälin „Wundertüte“. Vermutlich, da er sie auch Anfang des Jahres entlassen musste, da er wirklich pleite ist.

Dabei wollte er nur sein Geld zurück, das er für diese Gaststätte, beim Einkauf, ausgab. Da er sein Geld immer nur von Wilhelm erhielt *(und sich dabei täglich wie ein Bettler fühlen musste - obwohl er nur sein eigen Flins zurückhaben wollte)*, dieser allerdings nicht in Rosenbach war und sie sich dennoch weigerte, ihm diese schwulen 30 Mark zu geben, nannte er sie „die ungefähr Dümmste im Landkreis" *(wie bereits erwähnt: Rosenbach is jetz kein kleiner Landkreis)*.

Nun ist es leider so, dass man die Wahrheit nicht sagen darf, da das unangenehm aufstößt. Auch bei ihr, kam die Wahrheit nicht gut an.

Laut meinem Geheimdienstleiter ist sie im übrigen gar nich so dumm, wie Hank dachte. Sie brauchte natürlich für Wilhelm eine Begründung, warum sie eine Stütze des Lokals entlassen hat. Er hätte gesagt, Wilhelm wäre ein Betrüger und sie eine Schlämpe.

Auch diese Aussage ist leider nur halbrichtig. Natürlich hat er gesagt, dass Wilhelm ein Betrüger wäre, aber das sagt er auch zu ihm und da das zu Rosenbach jeder weiß, stimmt es demzurfolge auch.

Wenn er das in der Vergangenheit auf Führerbunker sagte und das war oft so, hat sie einfach nur zustimmend genickt. Jetzt benützt sie es, als Begründung für seinen Platzverweis. Na gut, so wie die Sache aussieht, ist sie doch so dumm, wie Hank meinte.

Der Ausdrück „Schlämpe" ist allerdings keiner, der hankgebräuchlichen. Also Schlampe vielleicht, aber niemals Schlämpe.

Da die Lokalität Wilhelms auch mit einer Überwachungskamera ausgestattet ist, konnte mein Geheimdienstleiter, „Walther von der Vogelweide" *(unter Umständen auch einer der Führerbunkerstammgäste)*, sämtliche Bilder auswerten und kam zu dem Schluss:

„Sowas sagte er auf keinen Fall."

Jetzt ist es nicht so, dass Hank darüber traurig wäre, für das Lokal nix mehr machen zu müssen.

Was ihn stört, ist eher, dass kein einziger, der etwa 20 Stammgäste, denen er eigentlich allen schon mal geholfen hat, sich für ihn einsetzte.

Vermutlich sind sie jetzt glücklich: „Wenn er nicht mehr kommt, muss ich meine Schulden nicht bezahlen. Sehr gut."

Da haben sie sich aber geschnitten. Ich werd ihm helfen, die Kohle an Land zu schaffen.

Wünscht mir dabei Glücks, meine Freunde.

Die Ausnahme bildet natürlich das edelscharfe Ostbrot Blümchen. Sie hat sich für ihn eingesetzt, obwohl sie weiß, dass sie an seiner Mündung brechen wird. Sie wünscht sich einfach nur einen Doppelweichspüler.

Da fällt mir ein, dass ich in der Begriffsbestimmung des Steinalten Testaments, davon gesprochen habe, dass Nachwort das einzige Adjektiv der deutschen Sprache wäre, dass 3 Steigerungsformen besitzt.

Das ist so natürlich nicht richtig. Doppelweichspüler gehört auch zu dieser Wortgruppe. Die Steigerungsformen: Doppelweichspüler, Quattroweichspüler, Lord Wastopol und schließlich Cabmachine Joe-Häns. Dies Adjektiv steigert sich also sogar im Quadrat *(oder gar in der Potenz?)*.

Sie dachte, mit Joe-Häns wäre sie am Ziel ihrer Wünsche. Er hingegen hat mittlerweile bereits Angst, sie könnte sein Taxiunternehmen „aussitzen" *(mit ihrem Mörderärschchen)* und hat sie zurück nach Sachsen geschickt. Vielleicht macht sie sich da wieder auf die Suche nach ihrem Erich?

Wobei sie da Pech haben wird. Laut meinem Informationsstand, ist dieser bereits vor Jahren in Argentinien verstorben, aber das sag ich ihr jetzt erstmal nicht.

Falls ihr dies Gesamtwerk, da wirklich gut, nein, da alles überragend, als Buch haben wollt, versucht es einfach, zu finden.

Könnte da auch als Taschenbuch ausgezeichnet sein.

Es wird auf alle Fälle, spätestens Anfang 2016 bei der Epubli GmbH, abgreifbar sein.

Es wird ungefähr wortgleich mit dieser E-Book-Sache *(bestimmt noch ein wenig länger, beispielsweise mit der „Geburtsstunde der Trockenlecktechnik" - ein wirklich gutes Kapitel, das ich leider sinnfragentechnisch, da in keinster Weise religiös oder politisch angehaucht (hat auf alle Fälle auch nix mit Hancock zu tun),* irgendwo einbringen konnte) in Druck geraten.

Wird auch jede Menge Allgemeinbildung unters Volk bringen und mit einer Lüge aufräumen - bei der Bestellung darauf achten, dass es auch Bedankungsversion „de luxe" heißt.

Die Jugend von heute und auch wir Älteren, können uns gar nicht mehr vorstellen, wie grausam diese Zeit, des „Rechten Terrors" war.

(Was ungefähr nichts daran ändert, dass „Links" einfach nur Scheiße ist.)

Jetz is aber wirklich Schluss! **Vielen Dank** - an euch alle!

Wie auf E-Book versprochen, hier also noch der kleine Zusatz *(vielleicht doch politisch angehaucht)*:

Die Geburtsstunde der Trockenlecktechnik

Dieser, beinahe fanatische, Irrglaube, der die ägyptischen Bieramiden betrifft, setzte sich auch in Südamerika durch und ist so gut wie kaum aus den Köpfen der Menschen raus zu bekommen.

Viele Leute glauben, dass die Ureinwohner Südamerikas durch diese „bösen“ spanischen Konquistadoren ausgerottet wurden und Spanien deshalb Reparationszahlungen nach Südamerika schicken sollte, so wie die halbkranken Griechen das von uns wollten.

Auch hier unterliegt der Durchschnittsbürger allerdings einem fulminanten Irrtum. Also seinem beherzten Minderwissen.

Während meines, bereits in der Anfangsphase des Werkes erwähnten, Ägyptologiestudiums, in den Peruanischen Anden, besuchte ich auch Mayabieramiden und begutachtete die Stelen.

Dort stand, in den unteren, von Forschern leicht zu übersehenden, bereits überwucherten Bereichen, zu lesen, dass eine kleine, nur leicht bewaffnete Gruppe von Inka-Wasserträgern, die sich auf ihrem Nachhauseweg verlaufen hatte, eine, natürlich inzwischen ebenfalls ausgestorbene, Tierart beim Liebesspiel beobachtete und von ihnen die „Leckst-du-Feuchtigkeit-von-Weibchen-weg-Technik“ abschaute.

Dabei handelte es sich um die Mayanesische Beutelzwiebelratte ***(bitte hier nicht verwechseln, mit dem Inkanenser Waldpilzelch - der war ja auch viel größer und die „Experten“*** *(also sie nennen sich zumindest Experten - obwohl ihnen meiner Ansichtung der Dinge nach, der Plan fehlt)* ***streiten heute noch darüber,*** *weshalb dieser ausstarb).*

Diese Technik wurde in Südamerika immer beliebter und bald gab es keinen Inkakrieger mehr, der seine Angebetete nicht trockenlecken konnte. Diese Trockenlecktechnik wurde sogar zu einem festen Bestandteil, der ansonsten simplen Inka-Krieger-Ernennungs-Prüfungen.

Da auch die anderen Südamerikanischen Völker, sich dieser technischen Entwicklung nicht widersetzen konnten, wurde sie in ganz Südamerika zum Standardprogramm.

Dass eine trockengeleckte Frau dann natürlich keine Lust auf Besamung und Schwängerung mehr hatte, wurde den Südamerikanern, wie dieser Tierart, einfach nur viel zu spät bewusst und dadurch zu ihrem Verhängnis.

Trotz der aufopfernden Versuche, der spanischen Eroberer, durch befohlene Massenvergewaltigungen, diesem Treiben ein Ende zu setzen, blieben diese fruchtlos und die südamerikanischen Ureinwohner verschwanden, sang- und klanglos, von diesem Erdball.

Dass ich diese Erkenntnisse, beim nächsten halbinternationalen Zeitforschergipfeltreffen *(das seit Jahrzehnten an der Fujiama-Mittelstation stattfindet - was mich eh wundert. Nennen es Gipfeltreffen und dann ist es auf halber Höhe)*, auch an meine Kollegen weiterreichen könnte, habe ich allerdings vergessen.

Das war jetz sowas von gelogen. Ich hätt´s garantiert weitergegeben. Da auf dieser Tagung allerdings nur japanisch gesprochen wurde und ich des japanischen nicht mächtig bin, konnte ich das gar nicht tun. Ich habe mich im Anschluss eh gefragt, warum ich da überhaupt teilgenommen habe. Verstanden hab ich nämlich ungefähr gar nichts und die Frühstückssemmeln waren auch nicht lecker.

Durch diesen Roman habe ich allerdings nun die Möglichkeit, für die armen Spanier eine Lanze zu brechen und ihren Ruf zu retten. Liebe Spanier: Ihr seit gar nicht so böse. Und fangt auf keinen Fall an, zu zahlen.

Dumme Forderung - womit auch? Ihr habt ja nix. Also fangt nicht an, von uns Schadensersatz für die „Gruppe Imker" *(das Bodenkontingent der „Legion Condor")* einzufordern und sie dann an Südamerika weiterzureichen.

Und schon sind wir bei meinem Vorteil, den ich noch erwähnen sollte: Ich könnte also mein Weibchen sowohl glücklich trockenlecken, wie auch, im Anschluss, durch die original Kamasutra-3-Finger-Vorbefeuchtungstechnik, die ich wie aus dem ff beherrsche, sofort wieder liebesbereit streicheln.

Wissen ist Macht *(mach endlich, Dani).*

Zusatz zum Schusselfall

Der Sieg gegen den Schusselhasen, beim Hauptprozess, lag hauptsächlich an folgender „Anmerkung für das Gericht", von Hancock, dessen Kopie mir in die Hände fiel:
In Sachen: Schüssel - Hancock

Sehr geehrter Herr Richter,

wieder einmal ist ein Prozesstag vorbei.
Wieder einmal habe ich verloren.
Wieder einmal denke ich darüber nach und
wieder einmal vernichte ich diesen Betrugsversuch *(obwohl mir das beim letzten Mal eine Betreuungsklage einbrachte).*

Komisch scheint mir, dass der Schaden beseitigt wurde, dafür allerdings ein zum verwechseln ähnlicher Schaden an einem anderen Ort ist. Es ging also nur darum, meine Zeugen der Unglaubwürdigkeit zu überführen. Wobei das bei Herrn X gelang, der Zeuge Stephen Bierbichler den Schaden allerdings nur durch das Außenfenster sah und bestätigen konnte. Den neuen Schaden konnte man da gar nicht sehen.

Hier also meine Überlegung: aus welchen beiden Gründen, macht ein Fliesenleger einen solch gewaltigen Schaden, außer, wenn er dafür vom hervorragenden Anwalt von Frau Schüssel bezahlt wird, um mich zu zerpflücken, bzw. meine Zeugen?

Nach grob geschätzten 3 Jahren, kann ein ähnlicher Schaden Herrn X natürlich davon überzeugen, dass er sich dort befand.

Da es sicher Experten dafür gibt, Fliesenreparaturen zu datieren und ich einfach nur die Wahrheit kann, bitte ich um eine „Tatortbesichtigung“, wo ich ihnen den Punkt des Schadens zeigen kann. Was auch immer das kostet, spielt für mich nicht die geringste Rolle, da der Verlierer letzten Endes zahlen wird und das werde nicht ich sein.

Das wird der Schüssel sein.

Sobald Frau Schüssel dadurch zusätzlich des Betrugsversuchs überführt ist, wird sich auch ihre Versicherung weigern, die Kosten für ihren Anwalt zu übernehmen und dann wär es vermutlich weg, ihr Jahresgehalt.

Aber soweit wird sie, so Gott will, nicht gehen.

Dieser zugegeben teuflische Plan, muss also von ihrem Anwalt stammen, was, wenn sie ihm das beweisen kann, natürlich ihr Gehalt retten würde.

Obwohl kein schlechter Versuch, wird diese Sache keiner Revision standhalten können.

Meinem Glauben an Gerechtigkeit und meiner Überzeugung, dass nur Lügner und Betrüger einen Anwalt brauchen, hat dieser Prozess bisher keinen Schaden zugefügt, weshalb ich darum bitte, diese Anklage als pure Geldgier einer vom Leben betrogenen Frau zurückzuweisen.

Vielen Dank und mit freundlichen Grüßen, Ihr
Hancock

Post Scriptum: In dubio pro reo - und da bestehen Zweifel, zweifellos. Da ich endlich meine Ruhe haben möchte, verzichte ich im Fall meines Freispruchs auf meine Gegenklage.

Als er nach Hause fuhr, fiel ihm noch folgendes Beiwerk ein, um nicht gleich wieder in einen Betreuungsprozess verwickelt zu werden:

Anhang:

Natürlich wird meine Wortwahl dem einen oder anderen aufstoßen. Ich bitte Sie und die Betroffenen allerdings, zu berücksichtigen, dass es sich bei mir um einen geistig leicht anschwerstbehinderten Mann handelt, der um sein Recht, das ihm zusteht, kämpft und der die wortgewandte Verschlagenheit der Klagepartei nunmal nicht in der Lage ist, zu Papier zu bringen.

Ergo: beenden Sie bitte diesen sinnfreien Streit.

Dass ich also behaupte, die Gegenseite wäre verschlagen und verlogen, kann man natürlich als die Schäbigkeit auslegen, mit der ich meine Gegner betrachte, dass ich dafür allerdings reine Tatsachen in die Waagschale werfe, kann man auch als meinen Respekt, einem übermächtigen Gegner gegenüber, auslegen. Was man auch tun sollte.

Also: meine Hochachtung und mein Respekt, liebe Oppositionspartei.

Beiwerk zu Eva II

Noch bevor ich Hank warnen konnte, um was für eine wirklich böse Frau es sich bei Eva II handelt, kaufte er ihr ein Auto. Da sie in jeder Schufa des Planeten an erster Stelle steht, benötigte sie seine Kaufkraft. Da er auch nix hatte, musste er den Wagen auf Kredit kaufen.

Natürlich war ausgemacht, das sie zurückzahlen würde, aber da sie nunmal ein unglaubliches Stück Scheiße darstellt *(Sorry, da es sie ja gar nicht gibt, muss ich mich nicht zurückhalten)*, da sie also den gewaltigsten Haufen darstellt, den je ein Brontosaurier auf diesen Erdball pflanzte, hat sie ihre letzten 10.000 Mark, soviel hat sie gewiss im letzten Jahr gespart, weil sie ja auf Hanks Kosten lebte, auch mal schnell in einen Rattenkackspielautomaten gesteckt und kann also nix zurückzahlen.

Falls sie tatsächlich einen Automaten gefunden hätte, der ihr die erhoffte Million auszahlen würde *(woran wirklich nur kranke Menschen glauben - aber wenn, dann fest)*, wäre sie garantiert bereits auf ihrem Weg Richtung Serbien und hätte Hancock eine lange Nase gezeigt, statt zurückzuzahlen. Also zumindest, bis ihr Dachdecker sie ihr gestohlen hätte. Dann hätte sie ja wieder Hilfe gebraucht und wäre reumütig zurückgekommen.

Da auch Hancock sein Auto im letzten Jahr verloren hat *(weshalb sich meine Bitte an die Kanzlerin erübrigt)* und seitdem dazu verurteilt ist, mit dem Rad, den entsprechenden Weg zurückzulegen, blieb ihm eigentlich nur, Eva II zu enteignen und den Wagen zurückzuholen.

Nach dessen Rücknahme, richteten sich natürlich erneute Probleme auf. Sie vergas nicht, ihren Exfreund *(also den Alkoholiker)* darüber zu unterrichten, dass sie, der unschuldige Engel, von Hank betrogen werden würde und er auch ihren Geldbeutel mitgenommen hätte, als er das Auto holte. Da dieser Mann, dieser Frau hörig ist, hat er sofort die Nummernschilder vom Wagen abgenommen und Hank hat kein Geld, es anzumelden.

Das es sich dabei einfach, um eine dümmliche Art von Diebstahl handelt, da die Schilder zum Auto gehören, in dessen Besitz und Eigentum nunmal Hank ist, spielt dabei keine Rolle.

Sie hat dieses arme Würstchen eh bereits zerstört. Sein Leben komplett vernichtet, ohne die geringste Anbahnung von Reue zu zeigen.

Nachdem sie ihn finanziell zerpflückte und ihn wegen eines Neandertalers *(sorry Kabel, aber das musste sein)* verlies, schwänzelt er immer noch den ganzen Tag um sie rum, als ob er noch eine Chance hätte, dieser Hohlkörper.

Hat, um sich zu „rächen", eine Schwarze geheiratet, die nun dabei ist, ihn um sein Haus zu bringen.

Was, bitte, kann man da, über solch einen Typen, noch sagen? Wie sehr sie ihn wirklich noch liebt, wird er merken, wenn er ihr klar macht, sie als Empfängerin seiner Lebensversicherung gestrichen zu haben.

Er, der Alkoholiker, der Vollpfosten, hat für seine „Liebe" bezahlt und es gibt nun nicht viele Menschen, bei denen Hank Mitleid hätte, aber bei ihm ist das so.

Da nochmal draufzuschlagen, wäre unterhalb seiner Würde *(zumindest, wenn er ihn nicht zwingt)*.

Zu ihrem Vorwurf: Man lässt seinen Geldbeutel ja schließlich immer im Wagen, vor allen Dingen, wenn einem das Auto gar nicht gehört. Da hätte Hank wirklich aufpassen sollen. Da geb ich ihr Recht (muss dabei allerdings lächeln - wie abgrundtief verlogen, ist dieser Menschverschnitt?

Oder: ist sowas überhaupt noch ein Mensch? Natürlich nicht. Slawisch geformtes Lügenschwein, ohne den geringsten Anflug von Anstand oder Ehre, wäre da genauer). Ihre Familie tut mir leid. Vermutlich sind die allerdings nicht anders. Irgendwo her, muss sie das ja haben.

Schluss mit Lustig

Einer Legende nach, versuchte die Hisbollah, in den 80er Jahren, nur einmal, durch eine Geiselnahme im Libanon, die Sowjetunion so zu erpressen, wie es bei demokratischen Staaten einfach funktionierte.

Doch der KGB entführte daraufhin einen Verwandten, von einem der Geiselnehmer und schickte der Hisbollah eins seiner Körperteile. Natürlich nicht ohne den Hinweis, dass das erst der erste Teil, eines 100teiligen Puzzles wäre, dass sie zusammensetzen könnten, wenn sie erst alle Teile hätten.

Die russische Geisel wurde freigelassen und die Sowjets hatten ihre Ruhe, vor diesen Zentralspinnern.

Mit dieser Art von Reaktion können sie nicht umgehen. Auge um Auge, Zahn um Zahn. Das geht ihnen zu weit, damit kriegt man sie.

Interessant wären auch Lösungen, die sie ins Mark treffen, also ihren Zugang zu Allah versperren.

Die Idee dafür, stammt nicht aus Israel. Sie wurde von einem Amerikaner entwickelt: General John „Black Jack" Pershing.

Pershing hatte 1911, die Verantwortung für die US-Truppen auf den Philippinen, die gerne Opfer, islamischem Terrors wurden.

Doch „Black Jack" zeigte keine Weicheierallüren, machte keine Verbrüderungspartys, erstellte keine „Road Map" oder bildete eine Agentengruppe, um herauszufinden, warum die Amerikaner gehasst wurden. Er brauchte noch nicht mal eine Mauer, um die Islamisten auszusperren, wie wir das bei den Ostgermanen taten *(Sorry, das waren wir gar nicht. Das haben sie selbst gemacht und ich bin wirklich froh, dass wir wieder zusammen sind. Ich mag den Ostgermanen - wirklich).*

Er nahm einfach 50 „mutmaßliche" Terroristen fest *(auf einer Hochzeitsfeier)* und stellte sie an eine Mauer, nachdem er sie zwang, ihre eigenen Gräber zu schaufeln. Dann ließ er 50 Patronen durch Schweineblut ziehen und erschoss einen nach dem anderen.

Jeder einzelne wurde vor den Augen der anderen, im Anschluss, in Schweinehaut gewickelt und in sein Grab geworfen, in das auch die übrigen Schweinereste gekippt wurden.

Vielleicht weißt du es nicht, aber ein arabischer Terrorist, hat keine Probleme damit, seine Hände in jüdischem Blut zu waschen. Sollte er allerdings mit der Haut, dem Blut, den Exkrementen oder Innereien eines Schweines in Berührung kommen, wird ihm der Zugang zu Allah verweigert.

Er muss im Anschluss in die Hölle für Moslems und da soll es auch nicht besonders schön sein. Da es ja die selbe Hölle, wie bei uns ist, kann ich das auch garantieren. Sowas macht ihm Angst.

Das passierte mit 49, der verhafteten „Terroristen“. Der, der bei allen zusehen durfte, wurde nach Hause geschickt.

Du wirst jetzt bestimmt fragen: “Wieso wurde ein Moslem verschont?”

Die Antwort ist einfach:

Der überlebende Moslem wurde freigelassen und zu seinen Mujaheddin-Freunden geschickt, um denen zu berichten, was er gerade erlebt hatte. Er war übrigens der einzige, bei dem sicher gewusst wurde, dass es sich um einen Terroristen handelt *(der Rest waren seine Verwandten und Freunde)*.

Die nächsten 42 Jahre fand nicht ein einziger Terrorakt von Moslems auf den Philippinen statt!

Oha! Ein Fragezeichen auf deiner Stirn: Warum beschreibt ein guter Linker, wie der Professor, solche barbarischen Maßnahmen, obwohl auch ihm klar sein müsste, dass das enorm gegen die Menschenrechte eines Islamisten verstößt, der sich um unsere, einen Dreck schert?

Selbstverständlich weiß ich das, aber auch hier is die Antwort nicht schwer zu erraten:

Ich möchte, dass dir klar wird, dass es so ein verbrecherisches, menschenrechtsverachtendes Verhalten nie mehr geben darf. Und wenn, dann auch für die weiblichen Hochzeitsgäste. Pershing, dieser Kretin, kannte also noch nicht mal Gleichberechtigung.

Weder der KGB, noch General Pershing, haben wohl je an irgendwelchen Menschenrechts-Tagungen teilgenommen, da ihnen sonst klar gewesen wäre, wie sie diese Extremisten am wirkungsvollsten, in ihren Handlungen, einschränken *(die Aktion von Pershing hat ja nur eine Generation übersprungen, die der Russen hält auch erst knappe 30 Jahre)*.

Ich persönlich wäre für eine Grundgesetzänderung!

Es sollte islamischen Terroristen freigestellt werden, „Ungläubige" abzuschlachten. Straffrei. Was glaubst du, wie schnell diese Moslems überhaupt keine Lust mehr haben, irgendwelche Journalisten niederzuschießen, wenn sie dafür noch nicht mal bestraft werden können. Da verliert die Sache ihren Reiz und wird langweilig.

Möglich wäre natürlich auch, dass wir unsere Islamexperten „rausfinden" lassen, dass ein Attentäter nicht „nur" die versprochenen 47 Jungfrauen bekommt, sondern pro getötetem „Ungläubigen" 47 unbeschreiblich beischlafgierige Jungfern. Auch mathematisch nicht ausgebildete Terroristen, kommen so dahinter, dass sie nach spätestens 3 Ermordeten aufhören sollten, da sie das sonst nicht mehr händeln könnten.

„Gestern hatt ich ein Pferd, ein Schaf und 2 Ziegen. Damit war ich gut überfordert. Wenn ich jetz nicht damit aufhöre, „Ungläubige" zu töten, wird der Himmel die reinste Hölle für mich." Dieser Gedankengang muss in die Köpfe der Islamisten. Dann is ganz schnell Schluss mit ihren Terroraktionen.

Oder: wir gewähren eine „Superhohe Sondersozialhilfe" *(um die 2000,-- Mark monatlich)*, für IS-Aktivisten, die sich von der Zerstückelung „Ungläubiger" abwenden und stattdessen nach Deutschland ziehen wollen. Ich denk mal, dass jeder meiner PDS-Freunde, da ein paar davon bei sich aufnehmen würde *(also zumindest, wenn er keine Töchter hat und seine Frau nicht leiden kann)*. Und das, in diesem Fall, sogar sehr gerne. Also zumindest, wenn er, vom Staat, auch etwa 2000,-- Mark monatlich, pro Kopf, bekommt *(und natürlich vom „ehemaligen" Terroristen Miete - damit er sich nach Gran Canaria absetzen kann, wenn Deutschland kaputt ging).*

Ich hoffe jetzt mal, auf den letzten Seiten genug für den „Linksruck" der Bevölkerung getan zu haben, sodass mich mein Parteifreund Gregor, auf dem nächsten Parteitag loben wird, statt mir Schelte zu erteilen. Da bin ich mir eigentlich ziemlich sicher. Griggs du fett danke, Gregor.

Jawohl. Das war´s jetz für mich. Macht das gut und vielen Dank. *(vergesst also bitte niemals, die PDS zu wählen und schlagt mich vielleicht noch für irgendeinen Literaturpreis vor - wär nett)*

(Wenn ich so nüchtern drüber nachdenke:
In Deutschland kann man, über Schreiben, gar nich wohlhabend werden. Vor allen Dingen, wenn man niemanden hat, der für einen Werbung macht. Ich habe dies „Meisterwerk der Romanreformation" (Stufe III) *also für „heiße Luft" zusammengeschweißt.*

***Also:** Wahrscheinlich habt ihr es schon vergessen, aber da war irgendwo, im Mittelstück* (Seite 122)*, ein Hilfskonto, das sich sehr freuen würde. Und auch Ihn, egal, wie du Ihn nennst.)*

Zur Beruhigung der Gemüter

Nun ist Gott weg. Nachdem ich mein Werk erneut durchlas, war ich überrascht.

Wie böse und vorurteilsbehaftet kann ein Mensch sein?

Von mir hätte ich das nicht gedacht, da für mich feststeht, dass sich der Wert eines Menschen, nicht aus seiner Abstammung und Hautfarbe ergibt, sondern aus dem, wie er denkt und demzurfolge handelt.

Das gilt natürlich auch, für Anwälte, Psychologen und Politiker. Diese Leute wollten in der Regel gar keine schlechten Menschen werden, aber ihre Berufswahl hat sie dazu gezwungen.

Ich bin davon überzeugt, dass Herr Gysi ein hochintelligenter Mann ist, der seinen Weg auch bei der CSU gemacht hätte, wenn er halt 30 Jahre eher, dort eingestiegen wäre.

Seine politische Chance, war halt nur die PDS und da er ja noch Kanzler werden will, glaubt er vermutlich bereits den größten Teil des Unsinns, den er versucht, unter die Leute zu bringen.

So wie im Prinzip alle rechts- oder linksextremen Wähler, Protestwähler sind. Sie sind halt nicht zufrieden und denken, „mit denen wird alles besser". Es wird auch besser, aber auch da nur für wenige Auserwählte, die sich davon einen Vorteil ziehen können.

Es gab in der DDR keine Arbeitslosen. Hahaha. Es hat allerdings dort auch niemand gearbeitet, der nicht arbeiten wollte.

Nutznießer der Partei, hatten ein wirklich schönes Leben, weshalb sie auch heute noch die PDS wählen, weil sie in einer Leistungsgesellschaft vom äußeren Rand fielen. Und das, relativ weit.

Natürlich nehme ich von meiner Meinung, Politikern gegenüber, auch die Burschen der CDU, CSU, FDP, Grüne und SPD nicht aus.

Politikers sind nunmal nur der Kasper irgendwelcher

Firmen, die die eigentliche Macht haben. Sie schauen wirklich nur auf den eigenen Geldbeutel und vieles andere ist ihnen einfach egal.

Jeder, wirklich jeder Mensch, hat eine zweite Chance verdient. Davon nicht betroffen ist ganz gewiss, wer ein Kind vergewaltigt. Denn dies Kind ist danach tot, zumindest innerlich.

Das in Deutschland immer noch versucht wird, dies Monster wieder gesellschaftsfähig zu machen, indem einige Psychologen auf ihn angesetzt werden, verschließt sich meiner Einsichtung.

Zusätzlich frage ich mich natürlich, warum, obgleich der unbeschreiblich schlechten Gesundheitslage unseres Sozialsystems, nicht ein „freiwilliges soziales Pflichtjahr" *(wo man sich natürlich rauskaufen kann, sonst wärs ja nich freiwillig)*, für alle Jugendlichen eingeführt wird? Die Pflege und Wartung von Alten, wird ja, neben der Durchfütterung von Asylanten, unsere Zukunft sein.

Beamte in das Sozialsystem einzubinden, könnte auch Zeit gewinnen. Da traut sich halt keine Partei ran. Oder sie wollen nicht, da sie sich ja selbst beschneiden müssten. Eher wahrscheinlich.

Was die Menschheit allerdings seit jeher erschüttert, waren diese Glaubenskriege.

Könnten sich nicht wirklich mal die wichtigsten Leitfiguren, der einzelnen Religionen zusammenfinden und beschließen, dass wir wirklich alle an den einen, den einzigen Gott glauben?

Bei den Römern, Germanen oder Ägyptern, musste sie halt mehrere Rollen übernehmen. Bis auf das ständige Umziehen, hat sie das allerdings nicht genervt.

Wieviel Not, Leid und Pein, würde von diesem Erdenrund einfach verschwinden, wenn es da zu einer Einigung käme?

Ich weiß natürlich selbst, dass das nicht geht. Dafür müssten die ölreichen Gebiete, viel zu viele Rechte an Frauen abgeben.

Denn wie erklärt der Muffdi seinen Jüngern, dass zwar „Ungläubige" plötzlich Menschen sind, die respektiert und am Leben gelassen werden müssen, dies allerdings nicht für die eigenen Frauen Gültigkeit hat?

Gesamtaussage: Der Wert eines Menschen, wird nur durch sein Handeln entschieden. Amen.

Jetz bin ich allerdings wirklich soweit, dass ich leergeschrieben bin.

Jetz hätt ich beinahe noch einen Fehler gemacht:

Ich hätte die Sache beendet, ohne dem Extremistenführer, den Wind aus den Segeln zu nehmen, der von seiner Kanzel herab, nach meinem Tod schreien wird, da ich die Worte des Teufels verbreite.
Doch was denkt dieser kalkfressende Haubentaucher? Er traut also seinem Allah nicht zu, etwas dagegen tun zu können?

Ist also der Teufel mächtiger als Gott?

Das heißt also, dass er selbst nicht an Ihn glaubt *(irgendwie logisch, denn, „wenn es Ihn gäbe, hätte Er doch meine Wurzel größer gemacht")*. Er findet es halt toll, Volltrottel nach seiner Pfeife tanzen zu sehen und nutzt den niedrigen Intelligenzquotienten seiner Jünger aus.

Da es vermutlich auch in der fanatisch-moslemischen

Szene Groupies geben dürfte *(wenn auch nur heimlich. Sie müssen ihm halt, unter seinem Rednerpult, tiefverschleiert, einen blasen)* und er dadurch keinerlei Ziege besteigen muss, leuchtet mir sein Verhalten auch ein. Sich von einer Ziege, einen blasen zu lassen, soll im Übrigen ja auch gefährlich sein.

Gott jedoch, ist mein Freund, denn er wird mir helfen, weil ich ihn liebe. Und er mich, so wie er jedes seiner Kinder liebt *(die Ausnahme bilden Vergewaltiger und Mörder. Sie sollten also umkehren und bereuen - dafür ist es nie zu spät)*.

Undankbare Töchter mag er auch nicht *(das musste ich für die beste Freundin von „Giselle Bündchen vom Schwaiger Kreisel", also Hanks Tochter „Schmusejule" dazudichten. Da hilft umkehren und bereuen auch)*. Genausowenig liebt er gierige Exfrauen, die sinnfrei böse sind, obwohl ihre Niederlage bereits geschrieben *(ob da umkehren und bereuen hilft, wage ich zu bezweifeln)*.

A M E N.

WIDMUNGS

Für die abenteuerliche Schwierigkeit, dies Stück zu lesen, jeden Witz und den Sinn zu verstehen entschuldige ich mich. Du wirst dir also etwa eine Woche Zeit nehmen, oder es fünf mal lesen müssen (zusätzlich brauchst du Hirn), was dich auch dann, bestimmt, nicht langweilen wird.

Ich widme dieses Meisterwerk also meinem kleinen, bösen Traum Sandy *(„Fund mik de unbeschreiblich scharf")* und natürlich dem Mann, der es schaffen wird, da er ähnlich stark wie sein Vater ist *(ganz so gut, geht nunmal nicht)*:

Nämlich, meinem Sohn Wunzo.

(Die Idee von Hank hat mir so gut gefallen, dass ich das gleiche mit meinem Sohn machte - also jetz auf keinerlei falsche Schlussfolgerungen kommen. Ein so überragender Ahnenforscher, wie sein Vater, kann er gar nicht mehr werden, da ich mich, mit der Ahnenforschung, bereits seit meinem 7. Lebensjahr beschäftige.)

Dann naturalmente noch ein Danke sön, für die Personen und Institutionen, die mir geholfen haben: Das Imperium des Großkaisers Hack, die Meik Schuster Building Company *(„Wir bauen, Sie schauen. Wie ein Pförd, was uns nich stört")*, El Ibro *(der Held)*, Onge Herbert *(der Freund)* und natürlich die „Bild am Sonntag", da ich noch einen Finalscherz einbauen musste.

Also: verdrück dich, BamS und geh unter, wie es einst die Irische Kriegsflotte im Starnberger See machte. Das war zwar riskant, aber ich sitz nunmal am längeren Hebel.

Als wirklich letzter Satz, da auch ich weiß, dass man so ein Buch am Ende schließt und sich höchstens das letzte Stück merken konnte:

Denkt bitte, an das Hilfskonto *(Seite 122)*, wenn ihr das nächste mal eure Bank heimsucht, oder besser, macht euch gleich auf den Weg, um diese Sache hinter euch zu bringen. **Danke**.

IMPRESSUM II.:

Dies Stück entstand in Anbetracht der Machtlosigkeit, mit der die europäischen Politiker dem Rechtsruck in Europa zusehen und sich lieber darüber ergießen, was wir Deutschen, für die Taten unserer Urgroßväter noch gutzumachen hätten.

Egal, wie man es dreht: 70 Jahre sind 3 Generationen. Mindestens.

Das Schwierige an dieser Sache ist, dass helfen niemals falsch ist. Also kann auch sich selbst helfen kein Fehler sein und helfen müssen wir uns, da auch bei aller Sympathie, die man dem einzelnen, sicher wahnsinnig netten, Asylanten entgegenbringen sollte, er eben nur ein Teilchen, eines etwa 5 Milliarden Mann hohen Asylantenheeres ist, dass sich gewiss bei uns einfinden wird, bis diese Rechten Vollidioten wieder an die Macht kommen und dieser „sympathische" Asylant einfach erschossen wird oder in ein Konzentrationslager muss.

Hier also mein Lösungsvorschlag für „gute" Menschen:

Wer dafür ist, weiter Asylanten aufzunehmen, erklärt sich bereit, die Patenschaft für mindestens einen davon zu übernehmen, was ihn pro Patenschaft 1000,-- Deutsche Euro, pro Jahr, kostet, die er gleich dabeihaben sollte.

Da das sowieso nur Leute ohne Geld machen werden, unterschreiben sie einfach eine Kürzung ihrer Sozialhilfe um monatlich 80,-- Deutsche Euro. Fertig. Da wird sich keiner finden. Werde diese Sache allerdings im Nachwort näher erläutern.

Zum Titel:

Der Untertitel müsste eigentlich „Ein Gedicht von einem Werk, zur deutschen Asylpolitik“ heißen. Das war allerdings zu lang. Sorry.

Zum Autor:

Obwohl ich euch in der „Allahneuesten Bibel - reloaded“ versprach, dass ihr nie mehr von mir lesen werdet, da allein die Ahnenforschung mein Ding sein tut, wurde ich, von der bevorstehenden Rückkehr der Nationalsozialisten, dazu gezwungen, den Schreibstift erneut zur Hand zu nehmen und dagegen vorzugehen.

Wird übrigens nur eine Kurzgeschichte *(wie bereits erwähnt: schreiben ist nicht mein Ding - da gibts schöneres. Beispielsweise Ahnenforschung - ruf mich endlich an, Sandy).*

ENDE

Die Irisch-Emiratischen Kriege

„ein Gedicht zur deutschen Asylpolitik“

Prof. Dr. Dr. Hans Adolf „Lone Wulf“ Fluchthasser ©

Gigantofinale

Komplettabschlüssung

Dann halt noch vier

Wat mut, dat mut. Also noch 2

Für den Moralapostel

Dann halt noch 3

Die Willkommenskultur

Also doch kein Zeichen

Das Tagebuch des Völkermörders

Und schon is Schlüss

Nachschlussanmerkung

Die Welt verändert sich

Die Letzte

Gott sei gepriesen. Allahu akbar

Problemtabelle

Ich sollte wirklich aufhören

Absolute Schlüssanmerke

Kapitulationserklärung

This is the end

Vorwort

Da die aktuelle Asylpolitik zur Eile trieb und ich darüber ein satirisches Stück schreiben wollte, habe ich diesmal nur eine Woche Zeit.

Es wird also nicht mal im Ansatz so stark sein, wie „Die Allahneueste Bibel - reloaded", wo ich fast ein Jahr nach einem Verleger suchen und es stetig verbessern musste.

Wobei? Wieso nur eine Woche? Das mit den Asylanten ist eine Sache, wo kein Ende absehbar zu sein scheint.

Daran wird Europa zerbrechen. Es gibt nunmal grob geschätzte 5 Milliarden Menschen auf diesem Planeten, denen es daheim schlechter geht, als einem Asylanten in Deutschland. Mit dieser Aufnehmerei muss Schluss sein. Definitiv.

Und das bitte nicht in den falschen Hals kriegen. Es handelt sich bei mir bestimmt nur um einen „Halbrechten", den die Greueltaten des NS-Regimes abstoßen und erschüttern. Soll man allerdings den Nächsten mehr lieben, als sich selbst? Eher nicht.

Es ist ja nicht nur so, dass die Menschen in Deutschland ins Rechte Lager getrieben werden, da niemand auf ihre Ängste Rücksicht nimmt.

Ganz Europa ist in Aufruhr - und diese Sache wird böse enden, falls sich die Linken und Grünen Menschenrechtspisser nicht am Riemen reißen und ein Stoppschild für Asylanten einbauen.

Asyl sollte jeder beantragen können. Allerdings in Asylbeantragungsstellen in ihrem eigenen Land. Diese Illegalen sollten das Geld, dass sie einem miesen Schleuser in den Hintern schieben, lieber an der Asylbeantragungsstelle einzahlen.

Bei nicht Genehmigung erhalten sie es zurück. Wer als Illegaler erwischt wurde, sollte einfach stande pede zurückgeschickt werden. Vielleicht noch mit einem Fresspaket - aber dann is gut.

Also nochmal: dies Werk liest sich, wie die Spinnerei eines rechtsgerichteten Hohlkörpers, zeigt allerdings die Folgen ungeplanter Asylpolitik schonungslos auf.

Ich wünsche viel Spaß, Kameraden *(und selbstverständlich Kameradinnen - bevor ich einen Drohbrief von Alice Schwarzer bekomme, da ich keinerlei Rücksicht auf weibliche Leser nehme, füge ich das bei).*

Die Irisch-Emiratischen Kriege

„ein Gedicht zur deutschen Asylpolitik“

Prof. Dr. Dr. Hans Adolf „Lone Wulf“ Fluchthasser ©

Kapitel 1: Die Genese

Die Zwillinge Romulus und Remus wurden ausgesetzt, weil Amulius König werden wollte. Die Brüder waren die Kinder von Rhea, der Tochter von König Numitor, dem Bruder von Amulius. Doch eine Wölfin fand die Babys und säugte sie, bis ein Hirte sie mit in sein Haus nahm und großzog.

Als sie erwachsen waren, wollten sie eine neue Stadt gründen, und zwar an der Stelle, an der der Hirte sie gefunden hatte.

Sie gerieten aber über den genauen Standort der neuen Stadt in Streit. Außerdem verspottete Remus seinen Bruder über die geringe Höhe der neuen Stadtmauer und sprang darüber, um zu zeigen, wie niedrig sie sei.

Damit erzürnte er Romulus so sehr, dass der Remus erschlug. Romulus wurde zum ersten König der neuen Stadt und ihr Namensgeber. Der Tag der Gründung Roms soll der 21. April 753 v. Chr. gewesen sein.

Soweit die Sage. Eine Tatsache hingegen ist, dass genau einen Tag und 1136 Jahre vorher, am 20. April 1889 v. Chr., eine zweite Weltmacht ihre Genese hatte: das Emirat Bernriedistan am Starnberger See.

Eine prinzipiell wesentlich kriegskeuschere Macht, die man stark produzieren musste, damit sie ihre Muskeln spielen ließ *(soll provozieren heißen, musste allerdings ein Wort verwenden, das auch Menschen mit einem IQ unter 80 lesen und verstehen können, damit sie sich dies Stück auch kaufen).*

Es tummelten sich damals viele Glücksritter und Fischer an diesem Gewässer, da die Starnberger Seeforelle den Ruf des „Schuppigen Goldes aus Bajuwarien“ hatte und ein unglaublicher Verkaufs- und Exportschlager war.

Sie soll, jetzt wieder der Sage nach, genügend Kraft in Romulus gepumpt haben, dass dieser eben Remus, obwohl viel größer und stärker *(waren wohl zweieiige Zwillinge)*, in einem fairen Zweikampf, erschlagen konnte. Was man allerdings von einer Sage halten kann, die eine Wölfin ihr Hauptgericht säugen lässt, brauche ich nicht zu erzählen.

An der Stelle des Sees, an der die größten Fangquoten erzielt wurden, bauten die Fischer einen Hafen und einige Wohnungen. Über den Namen des Ortes wurde noch bis Mitte Mai 1889 v. Chr. gestritten, bis sich ein Braunbär über den Fang eines der Fischer hermachte, da er hungrig und zu faul zum Selbstfischen war.

Das war jedoch ein Fehler, denn als ihn der Fischer während der Aufsaugung seines Fanges überraschte, überkam ihn eine solch unbändige Wut, dass er den Bären in den Schwitzkasten nahm und so oft auf dessen Nase einprügelte, bis dieser die Besinnung verlor.

Dieser einmalige Kraftakt, machte ihn im Dorf bekannt und so wurde er als „der Bärenringer“ der erste Bürgermeister des Ortes, der dann natürlich auch Bärenring getauft wurde.

Durch mehrere Umbenennungen des Dorfes, das sich innerhalb kürzester Zeit, bis hin zum Emirat entwickelte *(die Entwicklungsstufen Marktgemeinde, Markt, Vorstadt, Stadt und Grafschaft wurden zügig übersprungen)*, wurde über Bärenritt, Bernritt und Bernrittingen schließlich Bernried, also die Hauptstadt des Emirates Bernriedistan.

Zum Emirat wurde die Grafschaft Bernrittingen, durch einen Weltenbummler der damaligen Zeit. Dieser begab sich auf seinen ausgiebigen Touren auch in den nahen Osten und erzählte, nach seiner Rückkehr, von der sagenumwobenen Schönheit, der dortigen Emirate.

Da auch der Graf von Bernrittingen sich davon einen Teil abschneiden wollte, ernannte er seine Grafschaft zum Emirat Bernriedistan und sich diesbezüglich zum Emir.

Seine Bauprojekte waren gewaltig. Er erzielte mehrere Preise bei „unser Ort soll schöner werden“ oder internationalen Baupreisausschreibungen und brachte Glanz und Gloria nach Bernried, dem Ort, der damals, in der ganzen bekannten Welt, bekannt war, wie kein zweiter.

Und er war nicht nur bekannt, sondern auch beliebt, wie kein zweiter. Durch seinen überwältigenden Beliebtheitsgrad, brauchte das Emirat, zumindest die ersten über dreitausend Jahre seines Bestehens, keine eigenen Truppen.

Durchziehende Einheiten wurden stets großherzig aufgenommen, durchgefüttert und mit Abschiedsgeschenken vollgestopft, bis sie zu ihrem Kriegsschauplatz weitermarschierten. Durch die immensen Einnahmen, aus dem Export der Starnberger Seeforelle und des Starnberger Seelachsverschnitts, konnten sie sich das auch leisten.

Kapitel 2: Die Aufrüstung des Emirates

Das mit diesem sich leisten können, nahm jedoch ein jähes Ende, als 1458 Humorist und Lebemann Pius II. Papst wurde und die Vorkirchenvorsteuer einführte.

Da die Geldgier des Menschen also im 15. Jahrhundert einem, bis dahin nicht gekannten Höhepunkt entgegenschwebte, begann auch die Seeräuberei dementsprechend zuzunehmen. Der Starnberger See war eine der Leitzentralen des Piratentums der spätmittelalterlichen Zeit.

Da die Bernrieder langsam genug von ihren Seeforellen hatten und hie und da lieber eine Pizza oder einen Döner wollten, führte das zu Versorgungs-schwierigkeiten, weshalb eine Kriegsflotte zur Piratenbekämpfung gebraucht wurde *(der Döner wurde über einen Reitexpress mit Perpetuum mobile Verpackung aus Berlin geliefert und war deshalb außen vor. Diese Folie leitete die Hitze des frisch gerösteten Döner nich nach außen, sondern behielt sie in sich. Sobald sich der Bote an einer Kreuzung verritt und den Fehler erst in Peking bemerkte, konnte er die 2 Jahre einfach zurückreiten und der Döner war immer noch heiß - über frisch reden wir lieber nicht).*

- Um alle Zusammenhänge, bis ins Detail, verstehen zu können, wirst du nicht umhin kommen, dir „Die Allahneueste Bibel - reloaded" zuzulegen *(mein Erstlingswerk, das natürlich auch verkauft werden möchte)*. -

Die genannten Schwierigkeiten waren allerdings ein Klacks, gegen die 3. Völkerwanderung, die Bernriedistan wirklich ans Existenzminimum brachte.

Da sich die Gastgeberfreundlichkeit der Bernrieder in Gesamteuropa, im Vorderen Orient und Afrika rumgesprochen hatte, ließ sich jeder, der auch nur irgendwie 20 Golddukaten klauen konnte, von einer Schleuserbande an die Bernriedistanische Grenze bringen, um mit dem teuren Starnberger Seelachsverschnitt durchgefüttert zu werden. Auch wenn er das gar nicht nötig hatte und einfach nur zu faul war, für sich selbst, oder seine 15 Kinder zu sorgen. Die nahm er einfach mit, weshalb er etwa 320 Golddukaten stehlen musste, da eine Person ja 20 kostete. Das war jedenfalls der durchschnittliche Betrag, den spätmittelalterliche Schleuser nahmen.

Die Demokratie, als solches, wurde auch in Bernriedistan entwickelt und gelangte, über den bereits erwähnten Weltenbummler, nach Athen, weshalb sich die Griechen heute noch für die Erfindung der Demokratie lobend erwähnen.
Lächerlich, sowas.

Da es sich beim Emirat Bernriedistan um eine konstitutionelle Monarchie handelte, interessierte den Emir dies Parteigeplänkel nicht. Er konnte in Saus und Braus leben und ließ die innenpolitischen Dinge einfach vom Parlament lösen.

Das Parlament bestand damals aus genau 169 Personen, die zu etwa 2 Dritteln der Meinung waren, alles sollte allen gehören und rumlungern und Alkohol in sich einpfeifen, wäre eine gesunde Lebenseinstellung. Es war ja genug Seeforelle da - also eigentlich richtig.

Ein Ende des Asylantenstromes war auch absehbar, da sich die ersten Schleuser bereits fragten, warum sie noch arbeiten sollten, wo sie doch auf Bernriedistan, bis an ihr Lebensende, Seeforelle, mundgerecht zugeschnitten, einverleibt bekommen und sie sich die gefährliche Anreise eigentlich schenken könnten, wenn sie sich einfach selbst schleusten.

Natürlich war das eine Milchmädchenrechnung. Da Schleuser wirklich ein lukratives Geschäft war, versuchte jeder arbeitslose Libyer eine dadurch freigewordene Stelle erneut zu besetzen, weshalb

Schleuser eigentlich nicht aussterben konnten.

Zu Verspannungen mit den konservativeren Bürgern kam es erst, als ein frischer Fang Seelachsverschnitt, noch am Hafen, von einer gewissensfreien Asylantenbande verzehrt wurde, ohne die Notration, dem Emiratischen Krankenhaus zukommen zu lassen, das gerade versuchte, ein unterernährtes Kleinkind über den Damm zu bringen. Da es also nicht mal im Krankenhaus Essbares gab, starb also an diesem 12.10.1492 der erste Bernrieder den grausamen Hungertod. Die Welt hat das allerdings nicht interessiert. Sie blickte lieber auf die Meldung des an diesem Tag, von Christopher Kolumbus, entdeckten Seeweges nach Indien.

Die Zahlen waren alarmierend: einer Einwohnerzahl Bernriedistans *(laut Volkszählung vom 13.07.1389 (diese Volkszählungen wurden nicht oft gemacht)* von 18.471, stand eine Asylantenzahl von 3,4 Millionen *(laut damaliger Grobschätzung)* entgegen. Das davon etwa eine Million ehemalige Schleuser waren, die zum größten Teil erwischt wurden, war ihnen egal. Nach den 3 Monaten Gefängnis *(wo sie ebenfalls Seelachsfilet erhielten)*, konnten sie vor Ausweisung einfach eigene politische Verfolgtheit simulieren und einen gültigen Asylantrag stellen.

Der Emir musste also eingreifen und benötigte, um das „Linke Parlament", wie es damals genannt wurde, entmachten und die Asylbewerber rauswerfen zu können, eine schlagkräftige, etwa 400.000 Mann starke Truppe.

Die Aushebungen wurden in ganz Bayern durchgeführt und zeigten sich als schwierig, da Bernriedistan selbstverständlich Bayrisch-Katholisch war und nur echte Bayern *(also die wahren Enkel Luzifers)* rekrutiert werden durften. Das göttliche Hintergrundwissen bekamen die Bernrieder von einem ihrer Gesandten, der sich in den Jahren der Herrin 987 bis 990 auf Vatikan befand. Er konnte das „Steinalte Testament" während seiner Tätigkeit in Italien sogar auswendig lernen, um das Ganze dann ins bayrische zu übersetzen.

- Erneut, verehrter Leser, konnte ich es mir nicht verkneifen, dein mögliches Interesse an der „Allahneuesten Bibel - reloaded" am Leben zu erhalten und dich zum Kauf zu animieren. Das wird noch ein paar mal passieren. Wie wichtig das ist, wirst du verstehen, wenn du es erst gelesen hast.

Danke. -

Durch die überdimensionalen Schwierigkeiten, beim Ausheben der Truppe, griff der Emir zunächst in die Trickkiste und zog Plan B.

Dieser besagte, dass die Länder, die ihre Armeen einst durch Bernriedistan zogen, nun im Gegenzug etwas für das Emirat tun und einfach jeweils 250.000 Asylanten übernehmen könnten.

Die Anfrage war allerdings in keinster Weise zeitgerecht und die angeschriebenen Könige und Fürsten lachten sich dabei teilweise tot, ohne diese „dümmliche" Frage auch nur im Entferntesten zu beantworten. Manchmal lies sich der eine oder andere Herrscher zu der Mitteilung „habt ihr Trottel eine Meise - muss für die eigenen Kinder sorgen" hinreißen. Mehr ging nicht.

Also musste Plan C herhalten. Mit den bereits rekrutierten 20.000 Soldaten in Belgien einfallen. Die belgische Flotte zu übernehmen und sich nach Irland abzusetzen, um die Irische Armee zu bezwingen und dort konzentriert Asylanten überzusiedeln.

Der Einfall in Belgien erwies sich allerdings als

Reinfall. Die Belgier dachten gar nicht daran, mit den „Emiratsbrüdern“ zu kämpfen und überließen ihnen, völlig kostenfrei, ihre Flotte.

Kapitel 3: Der Kriegsverlauf

Nach der Landung in Irland, wurde relativ schnell klar, dass die Iren in keinster Weise, auf Landkriegführung eingerichtet waren. Sie konnten wirklich nur Seeschlachten, wofür auch nur Nichtschwimmer geeignet waren, da diese das Schiff bis zum Schluss verteidigten und Nichtschwimmer waren sie eigentlich alle.

Da ihnen die Überlegenheit, des schwerstgepanzerten Gegners offenkundig war, brauchten sie also jede Menge Einfälle, um nicht in eine offene Feldschlacht gezogen zu werden.

Sie wollten die Emiratischen Einheiten einfach hinhalten, bis es ihren Forschern gelingen sollte, fliegende Fische so groß zu bekommen, dass man auf ihnen reiten und durch die Luftherrschaft Kampfdarts auf den Gegner werfen konnte.

Nach 11 Jahren Krieg, wo es auf beiden Seiten zu keinerlei Verlusten kam, war es dann soweit.

Die fliegenden Fische waren auf ein Gewicht von 170 Kilo hochgezüchtet und prinzipiell stark genug, einen Reiter tragen zu können. Während des ersten Reitversuches, wo sich ein, einem Jockey ähnlicher, Ire, auf den Fisch setzte und ihm die Sporen gab, flog dieser aus dem Becken, stürzte etwa 4 Yard später gleich wieder ab und rang um Luft.

Er erstickte jämmerlich, doch zeigte er dem irischen

Forscherteam die Gesamtproblematik knallhart auf: Fische brauchen Wasser, um atmen zu können.

Nachdem das mit der Luftüberlegenheit nunmal nich klappte, musste also doch ein Entscheidungskampf her. Der Plan der Iren: die Emiratischen Einheiten über ein Stolperfeld angreifen zu lassen und die gestürzten Verbände mit einem Kampfdartteppich einzudecken. Dart war das einzige, außer segeln und saufen, dass sie wirklich konnten.

Als sich an diesem bitterkalten Morgen, des 6. Dezember, die Armeen gegenüberstanden, wurde dem Irischen Heerführer bewusst, dass er seine Schafe nur auf die Schlachtbank führen würde, sollte er tatsächlich versuchen, die Emiratische Panzerung mit einem Kampfdart zu durchschlagen. Er ritt also mit 2 Getreuen in die Mitte des Schlachtfeldes und signalisierte Verhandlungsbereitschaft.

Der Emiratische Heerführer ließ sich nicht lumpen und begab sich *(gleichfalls mit 2 Leibwächtern)* zur Mitte des Feldes.

Die anschließenden Verhandlungen waren hart und dauerten über eine Woche. Am Ende setzten sich aber, fast uneingeschränkt, die Emiratischen Forderungen durch. Um die Konzentrationsfähigkeit der wirklich unkonzentierten Asylanten zu steigern, sollten riesige Konzentrationssteigerungslager gebaut werden, in denen die Asylanten, zusammengepfercht wie heutige Legehühner, wohnen dürften.

Als Kriegsentschädigung hätte Irland etwas mehr als 350.000 Emiratische Goldmark berappen sollen, die in 3 Jahren mit monatlich knapp 10.000 Goldmark abgearbeitet werden könnten.

Die Gesamtbilanz des Krieges: Während dieser 12 Jahre starben 3 Generäle von Bernriedistan den Altersschwächetod. Auf Seiten der Iren war nur ein gebrochenes Bein zu verzeichnen. Das holte sich der „fliegende Ire", beim Startversuch mit seinem Fisch.

Aber der Krieg war gewonnen und so ging es ruckzuck zurück ins Emirat. Als die Truppe dort einmarschierte, glich die Situation allerdings einem Fiasko. Die Asylantenzahl hatte sich mittlerweile auf über 23 Millionen erhöht, sodass jeder Bernrieder in seiner Wohnung über 400 davon aufnehmen musste und es dadurch unglaublich schwierig wurde, morgens aufzustehn und seine Zähne zu putzen, ohne auf dem Weg ins Bad, über einen Asylanten zu stolpern.

Der Starnberger See war komplett leergefischt und die Berliner Dönerverkäufer hatten bereits am Stadtrand von Bernried Filialen aufgemacht, da es entschieden günstiger war, vor Ort zu produzieren, als täglich 600 Kilometer zurücklegen zu müssen.

Der Emir jedoch war glücklich, seine Krieger zurückzuhaben und die Asylanten abschieben zu können.

Kapitel 4: Wie gehts nun weiter?

Die Asylanten haben während dieser 12 Jahre auch nicht geschlafen und eigene Räte geschaffen. Ihr Sprecher: der schwärzeste Mann, den der Kongo zu bieten hatte. Als ihm mitgeteilt wurde, dass er nun mit seinen Jungs nach Belgien ziehen müsste, um sich nach Irland einschiffen zu lassen, hatte er natürlich zunächst ein paar Fragen, die seine Menschenrechte betrafen:

1. Gibs Starnberger Seeforelle, wo hingehen?

2. Mussen nix so eng wohnen wie hier, wo hingehen?

3. Is Krankenhaus gut, wo hingehen?

4. Kann kriegen Ugamba, wo hingehen?

5. Is essen gut, wo hingehen?

Die Antworten des Emirs (er sprach bereits hervorragendes Kongodeutsch) lauteten wie folgt:

1. Nix kriegen Starnberger Seeforelle, wo hingehen.

2. Mussen wohnen enger, wo hingehen.

3. Nix geben Krankenhaus, wo hingehen.

4. Fürä Ugamba brauchen Sinti, ob gehen oder nix.

5. Britische Köche nix gut. Mussen Tee trinken, wo hingehen.

Der Mann vom Kongo schüttelte den Kopf, sagte: „Kanns du machen nix. Bleiben hier wo schön. Du nix gehört von meine Menschenrechte?“ und ging. Er wurde im Kongo 53 Jahre alt, ohne das Wort „Menschenrechte“ je gehört zu haben. Es wurde allerdings zu Bernried, innerhalb kürzester Zeit, sein Lieblingswort.

Verzweifelt blickte der Heerführer daraufhin den Emir an, der aber relativ ruhig blieb und sagte: „Dann schmeißen wir sie halt raus. Unsere Truppe ist mittlerweile, mit euch, gute 500.000 Mann stark. Wir sammeln sie gerade um das Zentrum des Planeten, das Dorf Pang beim Markt Rosenbach.“

- Weshalb Pang definitiv das Zentrum des Planeten ist, wirst du aus der „Allahneuesten Bibel“ ebenfalls rauslesen können. Dies Buch is wirklich der Hammer und du solltest es bestellen (am besten über Epubli Buch-Shop, da das mein Verleger ist und ich da besser wegkomme. Es ist ganz bestimmt wesentlich länger und besser, als das gleichnamige E-Book. -

Als die Einheiten Bernried erreichten, lief die Säuberung eigentlich komplett gewaltfrei ab. Die Asylanten wurden an die Grenze gebracht und weggeschickt. Natürlich jeder mit einem Fresspaket. Gestorben ist von denen übrigens keiner. Trotz des Auszugs aus dem Garten Eden, haben sie überlebt. Überleben ist nunmal eine menschliche Stärke, die uns seit mindestens 30.000 Jahren durchbringt.

Also für heute hör ich wirklich auf. Da ich mir im Vorwort ja eine Woche Zeit gegeben habe, sollte das für Tag Eins reichen. Wenn das so weiterflutscht, werd ich die Woche gar nicht brauchen. Soll ja nur knappe 50 Seiten lang werden.

Ugambazusatz

Gegenfragen wirft hier also einzig die Frage 4 des Unterhändlers der Asylanten auf: Was bitte soll ein Ugamba sein?

Durch die Erpressung des Leiters der US-Asservatenkammer ist es mir gelungen, an die Originalurkunde der Ugamba-ambrezischare Vorschriften der US-Freiheitsgarde zu gelangen, die einst von Lincoln unterzeichnet wurde.

Ich habe mir davon eine Übersetzung anfertigen

lassen, die mir allerdings von meiner ehemaligen großen Liebe „Fund mik de unbeschreiblich scharf" geklaut wurde:

Original Ugamba-ambrezischare Vorschriften der Freiheitsgarde:

Sollte sich ein Nigger *(Nigger konnte nicht übersetzt werden, weshalb die Originalbezeichnung benutzt werden musste)* darum bemühen, von einer Gibsy-Queen *(Zigeunerkönigin hat mir nicht gefallen, weshalb ich auch hier beim Original blieb)* gedrückt *(ambrezischare)* zu werden und dabei ihren Hintern an sich ziehen zu dürfen *(Ugamba)*, ist das mit einer Einladung zum Abendessen verbunden *(automatisch)*.

Sollte die Zigeunerin einverstanden sein/oder nicht, gibt sie das zu erkennen und der Nigger hat 250,--/195,-- US Dollars zu übereignen.

03.04.1762 Abraham Lincoln
(16. US Präsident und Ugamba-Beauftragter der US-Army)

Laut einer Sage entstand diese Art des Hinterndrückens in einer Gegend kurz vor Uganda, als sich eine Gruppe Rumänischer Zigeunermodells dort niederließ, um eine Agentur in Afrika zu eröffnen.

Post Scriptum: diese Sage hab ich natürlich gerade erfunden. Sowie ich diesen ganzen Ugamba-Scheiß erfand, um irgendwie an den Hintereingang von meiner kleinen, scharfen Rumänin zu kommen, die immer noch behauptet, keine Zigeunerin zu sein? Rumänin und keine Zigeunerin? Geht das überhaupt?

Die eine Zigeunerin innehabenden Gemeinhaftigkeiten, beherrscht sie jedenfalls.

Der zweite Irisch-Emiratische Krieg

Kapitel 5: Die Kriegslast

Als nach Ende des Krieges, dem Irischen König, die Verlustliste überreicht wurde und er sie inspizierte, war er eigentlich ganz zufrieden. Diese 3,4 Millionen Asylanten würden schon irgendwie verhungern, wenn er die Konzentrationserhöhungslagertüren nur zumauern ließe. Zu versorgen wären die auf keinen Fall, da er sich hauptsächlich für das Wohl des eigenen Volkes für verantwortlich hielt *(was ihn von unseren Politikern ein wenig unterscheidet - ich aber nicht negativ anführen würde).*

Was eher Sorgen machte, waren diese 9873,-- Goldmark, die monatlich an den Emiratischen Konsul zu übereignen wären. „Woher so viel Geld nehmen? Und wenn ich es bekomme, soll ich es an diese Inselaffen *(laut altirischem Glauben, war Irland das Zentrum der Erde, dass sich auf dem einzigen Kontinent Britannien befand und von Inseln umstellt war)* schicken?"

Da die Stärke des Expiditionsheeres der Bernrieder ja nicht besonders hoch war, musste er mit seinen Seestreitkräften ja nur den Landkrieg üben, um sie besser zu machen und besorgte sich Ausbilder aus Schottland, die es ja hie und da auch den überlegenen Engländern eingeschenkt haben.

Sein Plan, nach der Zerstückelung des Emiratischen Invasionsheeres, gemeinsam mit den Schotten in England einzufallen und zum Weltherrscher, also auch zur Queen von England zu werden. Das er sich in diesem Fall auch König von England nennen dürfte, war ihm nicht bewusst, da der Titel des Anführers Englands Queen war, solange er denken konnte *(diese Englischen Königinnen waren wirklich immer lang an der Macht - ihre Männer nicht König sondern*

Prinzgemahl. Der Titel Prinzgemahl war im zu mädchenhaft. Dann lieber Queen).

Nachdem ein strenger Winter durchs Land zog, sich allerdings immer noch kein Asylant in Irland anmeldete, wurde es dem Irischen König klar: so stark sind die Bernrieder gar nicht. Können noch nicht mal Asylanten deportieren und wollen von uns, den mächtigen Iren, Reparationszahlungen. Das können sie vergessen.

Er setzte den Emiratischen Konsul also, während eines Ausflugs nach England, im Sherwood Forrest aus und hoffte, ihn nie wiederzusehen. Wie es sich dann auch zutrug. Unter gewissen Umständen wurde dieser das Opfer eines Überfalls der berüchtigten Waldräubergruppe um Robin Hood. Und das, obwohl, während der Konsularischen Ausbildung, auch geübt wurde, solche Überfälle zu überleben *(beispielsweise durch das Vorspielen eines betrunkenen Mönches)*.

Nachdem über ein halbes Jahr keine Zahlungen in der Emiratischen Reichskasse eingingen, der Emir aber das Geld benötigte, um sein neues 500.000 Mann mächtiges Heer unterhalten und die Seeforellenbestände aufforsten zu können, um wieder zu altem Reichtum zurückzufinden, lies er von seinem Generalstab eine Bestrafungsinvasion ausarbeiten, die an Nachhaltigkeit nicht zu überbieten, also von den Iren nicht vergessen werden würde.

Der Plan stand schnell: einige Ingenieure und Schiffsbauer ins befreundete Belgien senden, die zahlenmäßige Aufrüstung der Belgischen Marine instruieren und nach Vollzug, dem Hauptquartier Meldung erstatten und auf das Eintreffen des Invasionschores warten.

Nach dem Eintreffen der Emiratischen Gesandten,

hielt sich die Freude darüber, beim Belgischen König, allerdings in Grenzen. Seine Marine sollte zwar vergrößert werden, jedoch musste ihm der Emir persönlich das Versprechen geben, dass er nicht wieder 12 Jahre auf die Rückführung der entliehenen Schiffe, zu warten hatte.

Kapitel 6: Die erneute Invasion Irlands

Nachdem alles ausgeredet und die Belgische Flotte vergrößert war, unterzeichnete der Emir den Marschbefehl für seine Armee, die fast vollständig *(also 480.000 Mann hoch)* in Irland einfallen sollte *(20.000 blieben zur Grenzsicherung im Emirat, um die schwächer werdenden Asylantenströme abzufangen und abzuweisen).*

Durch 23 Millionen zurückgeschickte Sprachrohre, wurde relativ schnell bekannt, das ein Einschleusungsversuch im Emirat keinerlei Nutzen nach sich ziehen würde, woraufhin die Schleuser, die sich nicht genug verdienen konnten und weiterhin Ausreisen ins „Heilige Land" verkaufen wollten, einfach gesteinigt wurden. Von ehemaligen Asylanten, die völlig sinnfrei irgendwo 20 Golddukaten klauten, um das Mistschwein bezahlen zu können.

Das Einlaufen und Landen in Irland erwies sich als erwartet einfach, jedoch schaltete das vom Irischen König eingebaute „Invasionswarnsystem" zügig und er wurde noch am selben Tag vom Eintreffen des Gegners unterrichtet.

Dieser zweite Einfall in Irland sollte um einiges blutiger werden, als es der erste einst war und als die „Holy Bloody Weeks For Freedom" in den irischen

Geschichtsbüchern Einzug erhalten.

Beim ersten Aufeinandertreffen der Heere, bereits am nächsten Morgen, waren die Emiratischen Heerführer überrascht, wirklich auf Gegenwehr zu stoßen, da die Iren inzwischen lernten, auf festem Boden zu kämpfen und Waffen hatten, die dazu in der Lage waren, die Emiratische Panzerung zu durchdringen und Bernrieder Soldaten zu töten.

Nicht weniger überrascht war allerdings der Irische König. Dies betraf hauptsächlich die Größe des Invasionsheeres *(es waren ja diesmal mehr als 20 mal so viele)*.

Diese Schlacht dauerte also ganze 2 Tage, bis sich die Iren zurückziehen mussten. Gerade rechtzeitig, bevor die Emiratischen Nachschubschiffe neue Verpflegung anlieferten.

Der Irische König war verzweifelt. Was sollte aus seinen Weltherrschaftsplänen werden, wenn er nicht mal diese Invasion stoppen könnte?

Er führte also noch 3 Ersatzheere, gegen die, Richtung Dublin, vorrückenden Emiratsverbände, die hauptsächlich aus Fischern und Schäfern bestanden und gegen die kampferprobten Halunken des Emirs nicht den Hauch einer Chance hatten.

Zwei Wochen nach Landung erreichte das Bernriedistanische Heer also die Stadtmauern Dublins und begann, diese einzuschließen und auszuhungern. Da dies allerdings bereits von Englischen Heerschaften bekannt war, hatten die Dubliner einen 6 km langen Versorgungstunnel gegraben, um diese Sache aussitzen zu können.

Als nach dem dritten Anrennen auf die Mauern nach etwa einem halben Jahr, der Widerstand der

Iren ungebrochen schien, erhielt der Heerführer der Emiratsverbände eine Nachricht des Emirs:

Hau bitte rei, Doni und schick di,

i hob doch dem Affn aus Belgien versprocha, dass a seine Schiffal desmoi schnäia zruckegriagd. Wia steh i jetz do, wennst du des ned higriagst. Du hos volle Verhandlungsfreiheit, aber mach bittschön.

Aufe gehts, auf d Res, solangs Gros no drucka is, dei

Lieblingsemir Baldox
(847. Großemir des Emirates Bernriedistan, zusätzlich Papst Ibrahim II. der Bayrisch-Katholischen Kirche, Imam Johannes Paul der Bayrisch-Moslemischen Gemeinden, Vorbeter der Bayrisch-Jüdischen Glaubensrichtungen, sowie freischaffender Hohepriester der kommenden Bayrisch-Protestantisch-Ortodoxen Zusammenkünfte)

- Der Bernrieder-Glaube war ein Schulbeispiel für heutige Kirchen -

Diese Mitteilung baute selbstbezeugend extremen Zeitdruck, auf den Heerführer Doni, auf. Wie soll es weitergehen? Da helfen nur Verhandlungen. Er schickte also einen Vermittler ans Tor der Stadt. Als er nach 2 Tagen zurückkam, hatte er das Angebot des Irischen Königs dabei, diesen Krieg einfach, innerhalb eines Pubs, durch ein Wettsaufen der 3 stärksten Trinker der jeweiligen Einheiten, zu entscheiden.

Damit war diese Sache im Prinzip geklärt. Wie sollten die kleinwüchsigen Irenzwerge *(diese „verschissenen Inselkacker" - so wurden sie zumindest innerhalb der Truppe genannt)*, bei einem Wettsaufen, gegen Vollalkoholiker überirdischem Ausmaßes, bestehen können. Also sagte er zu.

Die Sache stieg in „Rutherfords Irish Pub“, in der Bakerstreet 150. Dort war, für jede Mannschaft, ein 50 l Alefass aufgerichtet.

Als die beiden Mannschaften für den Trinkschwur *(„Ich schwöre, nix zu verschütten oder beim Trinken zu bescheißen, so war mit die Göttin helfe“ - bis Irland hatte sich das Verschwinden des Steinalten Testaments und Umschreiben der Neueren Testamente noch nicht rumgesprochen - die Bayrisch-Katholische Kirche war davon ja eh nicht betroffen)* vor dem König erschienen, kippte allerdings der Trainer und Spielführer des Irischen Teams eine 3 l Flasche Whiskey in das Fass der Bayern, da er wusste, diese würden keine Ahnung haben, wie Ale so zu schmecken hätte.

- **Und erneut der Hinweis:** Falls du auch noch nichts vom Testamentsbetrug der Kirche gehört hast, hast du also „Die Allahneueste Bibel - reloaded - Bedankungsversion „de luxe““ immer noch nicht gelesen. Böser Leser, wirklich böser Leser *(Epubli Buch-Shop - Bestellung einleiten)* -

Nach etwa 3 Stunden, als beide Teams bei etwa 25 Litern waren, kam es zu folgender Unterhaltung, von 2 Bernriedern:

„Des is fei wirkli a harts Zeig, wos de Hund so saufan, Aloisi.“

„Do konst oan drauf lossn, Sepp. Etz hob i erscht 15 Hoibe und mia glangds.“

„Na, dann verlia ma hoid. I brauch do koan Griag gwinna. Ned für de Großkopferden.“

Als Alois und Sepp daraufhin das Trinken einstellten, zog der Emiratische Spielführer die Weiße Flagge auf und Irland siegte glorreich.

Da militärisch keine Entscheidung herbeigeführt wurde, verzichteten beide Parteien auf künftige Reparationszahlungen, nachdem der Irische König, aus seiner privaten Schatzschatulle noch 28.571 Golddukaten *(mehr war nicht drin)*, als Endzahlung des ersten Irisch-Emiratischen Krieges auszahlte und sogar noch am Strand winkte, als die Belgischen Schiffe absegelten.

Als die Bernrieder in Belgien ankamen, stand bereits ihr König am Landungsdeck und trug das breiteste Grinsen, das du je gesehen hast. Er grinste breiter als der Kopf der meisten Leute Gesamtbreite hat.

Er machte sich nach der ersten Woche wirklich sorgen, wegen seiner Gutmütigkeit und schickte jeden Tag einen Flottenrückgabeanforderungschein an den Emir *(also weit über 150 Stück)*. Was die Eilmeldung des Emirs an seinen Heerführer erklärt.

Am Ende dieses Krieges standen also 83.471 gefallene und 156.213 verletzte Soldaten zu beklagen, aber niemals wieder, würde sich eine Macht erdreisten, das Emirat herauszufordern.

Das dachten sie zumindest. Aber da Iren nunmal menschlich sind (nein, da irren nunmal menschlich ist, wäre genauer), kam die Sache anders.

Ende Tag 2: Langsam hört auf mit flutschen. Die heutige Tagesleistung wäre auf einer nach Unten offenen Leistungsskala wohl höchstens mit einer 3,2 zu bewerten *(bei einem Höchstwert von 10)*. Bleibe allerdings zuversichtlich, was meine Woche betrifft. *Wird schon klappen.*

Amen.

Kapitel 7: Der Rachefeldzug der Iren

Relativ genau 3 Monate vor dem 2. Irisch-Emiratischen Krieg, wurde in Irland eine politische Neuheit eingeführt: der Volksentscheid.

Kurze Zeit, nach Abzug der Bernrieder, bildete sich eine kleine Gruppe, die Rache für die Schmach des 1. Krieges und Rückvergütung der Reparationszahlungen wollten.

Der König war zwar dagegen, nochmal Öl ins Feuer zu gießen, doch der Mob hatte die Gazette auf seiner Seite. Die erste überhaupt je erschienene Zeitung, die von Brian Ülhammer, Liv Dayler, Arther Mac, Sam Olright, Ned Dillon und Al Gundy gegründet wurde. Der Name wurde aus ihren Anfangsbuchstaben gebildet und hieß demzurfolge: **BÜLDAMSONDAG**.

Ein Name, den eigentlich kein Ire richtig aussprechen konnte. Aber das spielte keine Rolle, da ihre Meldungen die Massen bewegten. Sie waren sowas von an den Haaren herbeigezogen, das ein heutiger Mensch sie höchstens als Toilettenpapier verwenden würde und das nur, wenn er einen dämlichen Hintern hätte. Damals wollten die Menschen aber erfundene Geschichten lesen, um ihrem Alltagstrott entfliehen zu können.

Es wurden Fabeln um die „durchgekotzten Inselärsche“ gestrickt, die etwas weniger als 99,986 % der wahlberechtigten Iren zur Urne trieben, um über einen „längst überfälligen“ Rachefeldzug abzustimmen. Die Beschlichtigungsversuche des Königs fruchteten nicht, weshalb mit einer 73,1 %igen Mehrheit, ein Rachefeldzug beschlossen wurde.

Es war also entschieden, weshalb der König nur

noch über die Art der Rache nachdenken musste. Seine Überlegung:

„Am Boden sind sie uns über, die Lufthoheit ist ein Hirngespinst meiner Professoren, aber auf See, können wir sie schlagen. Jawohl, wir schicken unsere Flotte zum Starnberger See, verteilen kräftige Haue an Emiratische Schiffe, übernehmen die Seehoheit und Hungern sie aus, bis sie sich bedingungslos ergeben und mir die Emirkrone antragen."

Für seinen Seekrieg, hatte er nämlich einen Trumpf im Ärmel: den fahnenflüchtigen portugiesischen Flottenadmiral Don Fickduse den Sevillja. Ein Seebär, wie er im Buche steht, der 4 Jahre vorher einen Asylantrag zu Irland stellte. Auch er wusste, dass es Asylanten in Bernriedistan am besten ging. Doch da er noch arbeiten wollte, schied diese Möglichkeit aus.

Als er sein Schiff noch für den Portugiesischen König segelte, entschied sich dieser, Herrscher über einen Kontinent zu werden und deshalb über die Australier herzufallen. Als ihm seine Berater diese Möglichkeit, wegen der Entfernung absprachen und stattdessen die Antarktis vorschlugen, war er ganz aus dem Häuschen. Er beauftragte seinen Admiral Don mit der Bildung einer Eroberungsflotte und sandte ihn gen Süden.

Etwa 200 Seemeilen, bevor sie antarktisches Festland erreichten, um eine Fahne hissen zu können, erfroren in einer Nacht 13 Seeleute auf den übriggebliebenen 7 Schlachtschiffen. 8 weitere wurden von Eisbergen aufgeschlitzt und sanken.

Obwohl ihm die Sinnlosigkeit des Auftrages bereits bei Eingang bewusst war, segelte er los, da es ja dem Wunsch seines Herren, des Königs, entsprach. Um aber die 783 verbliebenen Seelen und seine eigene retten zu können, befahl er die Umkehr.

Als er wieder im Heimathafen einlief, hatte der König diesen Plan allerdings bereits vergessen und fragte ihn: „Admiral, wo waren sie die ganze Zeit? Ich brauche sie für meine Rückeroberung des Kaiserreiches Brasilien."

Spätestens zu diesem Zeitpunkt, wusste der Don, dass der König nicht mehr alle Schüsseln sprungfrei zusammen hatte. Brasilien ging Portugal nämlich erst knappe 300 Jahre später verloren und wurde Kaiserreich. Vielleicht war er auch ein Seher?

Es war also Zeit zu verduften und das Asylrecht auszunutzen. Über Brieftauben aus Irland wusste er, dass der Irische König Kapitäne für seine Fischkutter benötigte und diese sich innerhalb der irischen Flotte hocharbeiten könnten.

Da er erst 46 war und neue Herausforderungen suchte, kam ihm diese Möglichkeit gerade recht.

Die meisten seiner unzähligen Beförderungen und Orden, verdiente er sich allerdings, wenn der Portugiesische König auf Auslandsreisen war, bei seiner Frau, der Königin. Er war ein richtiger Teufelskerl und Weiberheld, der keine Gelegenheit ausließ, sich zu besaufen, zu duellieren, oder eine verheiratete Frau querzulegen, also in waagrechte Position zu bekommen.

Sein Asylantrag wurde im Irischen Konsulat vorgenehmigt und er erhielt ein Ticket, für ein irisches Handelsschiff, das gerade Portugiesischen Wein nach Irland schiffte. Er musste schnell und vorsichtig sein, da Fahnenflucht in der Portugiesischen Marine mit „Kielholung" abgegolten wurde. Er traute sich also erst aus seinem Weinfass, als das Boot außerhalb der Portugiesischen Hoheitsgewässer war und genehmigte sich erstmal einen Schluck. Also von dem Zeug, dass er noch im Fass gelassen hatte, nachdem er stundenlang auf die Abreise wartete. Denn durstig war dieser Mann immer.

In Irland angekommen, wurde er in ein Heim für asybeantragende Kapitäne gesteckt und erhielt relativ schnell das Kommando über 3 leichtbewaffnete Fischkutter (sie hatten jeweils 2 Granatwerfer an Bord).

Während seiner 11 Monate als Fischkutterkapitän, lernte er jeden Seegrashalm und jedes Riff dieser Gegend bereits mit Vornamen kennen. Das gefährlichste davon nannte er „Harry Pottversenker".

Eines Morgens wurden seine Fischereibereiche allerdings für die Fischerei gesperrt, da sich ein Zwist zwischen Irland und Spanien abzeichnete, der an diesem Tag mit einer Seeschlacht beseitigt werden sollte.

Eine Seeschlacht, an dem Ort, den er kannte, wie seine Westentasche? Das war seine Chance. Glücklicherweise waren 3 seiner Fischer nebenbei noch Schneider, Näher und Maler. Er erteilte ihnen den Auftrag, in Windeseile, eine Seenotrettungsbootverkleidung für die Fischkutter zuzubereiten.

Als diese eine Stunde später fertig und angelegt waren, ließ er Segel setzen und begab sich auf Schlachtfeld.

Laut damals gültiger Ülmener Seekriegsordnung, war es verboten, Seenotrettungsboote anzugreifen und er hoffte, dass die Spanischen Kapitäne das auch wussten.

Als er auf die Spanische Kriegsflotte traf, nahm diese bereits Position für das folgende Gefecht ein, während die Irische Flotte sich noch einige Seemeilen entfernt, langsam, leicht ängstlich herantastete.

Er konnte sich also an der rechten Flanke der Spanier bis auf 50 Yard, dem Schlachtkreuzer „El Luz Espania de Provokante" nähern, bevor er das Seil kappte, das die Tarnverkleidung der 3 Boote hielt *(die Ülmener Seekriegsordnung verbot natürlich auch Seenotrettungsbooten am Kampfgeschehen irgendwie teilzuhaben)*. Das Niederlassen der Verkleidung war gleichzeitig das Startsignal für die 6 Granatwerferbesatzungen, mit einem Trommelfeuer zu beginnen.

Die „El Luz Espania de Provokante" wurde innerhalb weniger Minuten so durchlöchert, das es jede Hausfrau sehr gut als Sieb hätte benutzen können.

Auf den restlichen Kriegsschiffen der Spanier wurde allerdings damit begonnen, den Seek-And-Destroy-Reigen anzuträllern. Doch das war abzusehen und entsprach genau dem Plan des „Gottes zur See" Don.

Er lies auf seinen Schiffen die *(ausnahmsweise laut gültiger Münchner Biergartenkriegsordnung anerkannte)* „Oh, mein Gott, sie haben uns entdeckt. Wir sollten abhauen - Flagge" hissen und steuerte auf seinen Freund, das „Harry Pottversenker" Riff zu, das nur 3 Seemeilen entfernt war.

Das erkennen dieser Flagge forderte *(jetzt wieder durch Ülmener Verordnung)* ein automatisches Verfolgen des Trägers, weshalb die Spanische Armada, wie eine Horde Schafe, hinter ihm herpaddelte.

Seine Fischer hatten in ihrem ganzen Leben noch keine solch gewaltige Ruderarbeit zu verrichten, doch die Angst um ihr Leben, legte unglaubliche Leistungen frei.

Als sie das Riff passiert hatten, konnten sie sich seelenruhig drehen und der Spanischen Flotte beim Versinken zusehen.

Dies „Seegefecht der Blasket Islands“ wurde also gewonnen, ohne, dass auch nur ein einziges irisches Schlachtschiff in das Geschehen eingegriffen hätte.

Die Irische Königin beorderte Don diese Nacht auf ihr Schlafzimmer, um „Asylfragen“ zu klären. Ihr Mann befand sich zu dieser Zeit in Vorhersehung einer dramatischen Niederlage in seiner Urlaubsresidenz auf Mallorca.

Im Anschluss, an diese „Nacht der Nächte“, wie sie von der Irischen Königin hinterher genannt wurde, beförderte sie ihn zum „Asylbeantragenden Flottillenadmiral der sich Käptn nennen darf“, was zusätzlich seine Asylgewährungswartezeit auf unter 5 Jahre schraubte.

Dieser Mann wurde also dazu beauftragt, einen Seeweg zum Emirat zu finden, die Bernriedistanische Kriegsflotte zu versenken und die Versorgungswege über den Starnberger See zu unterbinden.

Da ihm klar war, dass er, von der Hautfarbe der Bernrieder her gesehen, nicht zu weit nach Süden segeln musste, wählte er die Ostroute und suchte dort nach einer Einfahrt Richtung Süden.

Nach 2 Wochen erreichte er die Mündung des Rheins und entschied sich, auf diesem Fluss nach Bernriedistan zu gelangen. Doch wie gegen die Flussrichtung ankommen?

Während eines Nachmittagsschläfchens hatte er die Eingebung *(unter Umständen, war auch er ein Seher)*. Was er benötigte, waren 500 Zugochsen, auf jeder Seite des Rheins, die die Flotte *(bei Rückenwind)* in Richtung Emirat zogen.

Die zur Sicherheit mitgenommenen Bodentruppen wurden also Rechts und Links dieser Mündung an Land gesetzt und erhielten den Auftrag, je 500 Zugochsen zu erbeuten, diese an ein Seil zu binden, dessen anderes Ende an ihr Flagschiff, den Steinflugschleuderzeugträger „Proud of Eire“ gebunden werden sollte, an dem die Gesamtflotte hing.

In Anschluss, an diesen Auftrag, an sein Fußvolk, lies er alle Schiffe aneinanderbinden und wartete.

Und er wartete nicht zu lange. Seine Truppen nahmen sein Glücks anscheinend mit. Der Zugochsenan- und verkauf war Anfang des 16. Jahrhunderts nämlich die Geschäftsidee des Jahrtausends. Dafür wurde sie jedenfalls gehalten.

Zumindest von den Brüdern Vitali und Vladimir Klischow, die, da es damals keine Brücke über den Rhein gab, auf beiden Seiten Zugochsenversandunternehmen gründeten, um den Gesamteuropäischen Raum mit Zugochsen beliefern zu können.

Als diese Enteignet hätten werden sollen, stellten sie sich allerdings quer, boxten etwa 20 Irische Soldaten nieder, bis ihr jeweiliger Anführer die Goldbörse zuckte, um die Ochsen zu bezahlen.

Dass seine Soldaten bereits nach etwa 12 Stunden zurück waren, hätte der Don nicht erwartet. Aber was soll´s? Er hatte halt wieder mal Glücks.

Und seine Strähne riss nicht ab. Kurz nach Ankabelung der Zugochsen, wurde der Wind aus nördlichen Richtungen immer stärker, sodass er, vollaufgetakelt, die Einfahrt in Angriff nahm. Und sie gelang.

Das nach Süden kommen, erwies sich jedoch als Schwierig, da nur an rückenwindunterstützten Tagen die Flotte, die ansonsten festgebunden war, gezogen werden konnte.

Als knapp 1000 Tage, des meterweise Vorkämpfens, endeten, erreichten sie allerdings eine Engstelle des Rheins, die der „Proud of Eire" keinen Platz zum Durchkommen gewährte.

Es hieß also aufgeben. Um nicht ohne Ergebnisse zurücksegeln zu müssen, entsandte der Don noch ein paar Späher, die einen Seeweg nach Bernriedistan erkunden und aufzeichnen sollten.

Der Don lies, bis zur Rückkehr der Späher, einfach seine Flotte auf dem Rhein umbauen. Also die Schiffe vorn und hinten abbauen und auf der anderen Seite wieder zusammensetzen. Eine höchst mühselige Geschichte, aber sie hatten ja Zeit - bis zur Wiedereinfindung der Spähtruppe.

Als die „Ausschaujungs" den Starnberger See erreichten, hatte einer ihrer Träger die richtige Idee. Er hatte einen etwa 6.000 Seemeilen langen, reisssicheren, leuchtenden Faden dabei, den er über ein Rettungsboot, hinter sich herzog.

„Wir bauen in das Boot einen Garten, setzen einige Leuchtkäfer rein und ummanteln ihn mit Glas, abgedeckt mit Tuch, um Regenwasser und Frischluft eindringen zu lassen. Dann wassern wir das Schiff am Abflussfluss des Sees und befestigen daran den Faden.

Da die Käfer innerhalb ihres Schiffes keinerlei natürliche Feinde haben, können sie sich ungehindert fortpflanzen und sobald diese Boje von einem unserer Jungs gesichtet wird, folgen wir einfach dem Faden und erreichen Bernriedistan."

Dieser Einfall, war sowas von gut, er wäre auf einer Liste für Ideenqualität, knapp hinter meinen erschienen. Zur Sicherheit wurde noch ein Brief beigefügt, der von einer unglaublichen Prämie sprach, wenn man das Boot finden und dem Irischen König Meldung erstatten würde.

Als die Späher zurück waren, war auch die Flotte bereits umgebaut und die Rückreise war um einiges einfacher.

Davon zu sprechen, dass sich Iren ganz vorne, in der Glückspachtung befinden, wäre auf keinen Fall übertrieben, da das Boot etwa 17 Jahre später, direkt in einem Irischen Hafen andockte und sich der König dadurch die besagte Prämie sparen konnte. Die Anreise war phasenweise unspektakulär. Bis auf einmal „Sud gehabt“, als es im Mittelmeer an ein Seeräuberschiff geriet, das allerdings wendete, weil das Ding so gespenstisch leuchtete, is nix erwähnenswertes passiert. Oder?

Als es endlich im Atlantik einlief, wurde es von einem Blauwal geschluckt, der sich auf dem Weg nach Grönland befand, um ein Seerobbenfrühstück, mit seiner Angebeteten, einzunehmen.

Als kurz vor Grönland der Faden spannte (er war bei Bernriedistan an einem Felsen festgemacht und der Wal schwamm den Umweg um Island, da er verabredet war, um vor dem Frühstück noch schnell fremdzugehen), dachte er, er hinge an einer Angel und hat das Ganze einfach ausgespuckt.

Da der Don zu diesem Zeitpunkt bereits über 67 und komplett kaputtgesoffen war, wurde für den erneuten Aufbruch der „Racheflotte“ ein ähnlicher Haudegen gesucht.

Die Möglichkeit dazu ergab sich, als ein Bewerbungsschreiben der arbeitslosen, ehemaligen Konteradmiralin des Zaren, Olga Machslochov beim Irischen König vorbeiflatterte.

Sie war ein Kerl, wie es der Don einst war. Nicht unter den Tisch zu saufen und in allen Spielhallen Moskaus bekannt. Ihre Sterne verdiente sie sich beim rigorosen Einsatz gegen Schieberbanden- und Piratenschiffe im Meer vor Alaska, das damals noch zu Russland gehörte.

Alaska wurde erst im Jahre der Herrin 1867 für 7,2 Millionen Dollar an die Vereinigten Staaten verkauft. Was diesen Putin heute noch ein wenig ärgern dürfte.

Die während des ersten Irisch-Emiratischen Krieges entwickelten, 170 kg schweren, fliegenden Fische wurden, wenn auch nicht zum darauf fliegen geeignet, ein Exporthit. Wenn man sie vor sein Boot schraubte und losfliegen lies, zogen sie es mit einer Geschwindigkeit, die Wasserski ermöglichte.

Als „Fliegende Wasserskifische" waren sie in jeder Sportabteilung ein muss und so hatte auch Frau Machslochov davon ein paar. Machslochov ist der männliche Ausdruck im russischen. Eigentlich hieß sie Machslochova. Da sie allerdings kein Mädchen sein wollte, hat sie sich mit dem Namen ihres Bruders Olek Machslochov für die Russische Marine beworben.

Als bei einer Geburtstagsfeier des Zaren, beim Flaschendrehen, bemerkt wurde *(sie verzichtete prinzipiell auf Unterwäsche)*, dass es sich bei ihr um eine Frau handelt, war sie bereits Admiral und nicht mehr aus der Flotte wegzudenken, weshalb sie ihren männlichen Nachnamen behalten und im Amt bleiben durfte.

Einmal jedoch, ging sie selbst dem Zaren zu weit. Während eines Wasserskiurlaubs mit ihrer Flotte, im Gelben Meer, lies sie sich auf das japanische Würfelspiel Yahtzee *(das bei uns als Kniffel bekannt ist)*, mit einigen Fischern dieses Inselstaates ein, da sie noch ein Geburtstagsgeschenk für ihre Tochter benötigte, komplett dicht war und ihr einfach ein paar japanische Fischkutter mitbringen wollte.

Einer dieser Fischer war allerdings der amtierende Japanische Yahtzeeweltmeister, der ihr letztenendes ihre Flotte abgewann. Komischerweise mit Besatzung, was sie dem Zaren auf keinen Fall erklären konnte. Er musste sie also entlassen. Sie also der Arbeitslosigkeit preisgeben.

Durch diese, sich in internationalem Aushang befindliche, Stellenausschreibung der Irischen Marine, sah sie allerdings Neuland auf sich zukommen und entschied sich für eine Bewerbung.

Als ihre Bewerbungsunterlagen dem König vorgelegt wurden und er sie durchsah, sagte er im Anschluss: „Das soll eine Frau sein? Das ist ein Kerl, wie es keinen zweiten gibt. Die kaufen wir" und so wurde sie genommen.

Sie benötigte eine eigene Duschkabine und durfte nur bei den Männern schlafen, wenn sie mal wieder zu betrunken war und sich einen „Gang-Bang" wünschte, aber andere Schwierigkeiten gab es nicht.

Die Idee des Don, sich gegen Flussrichtung ziehen zu lassen wurde an allen Marineschulen des Landes gelehrt. Olga war davon allerdings nicht begeistert. Ihre Idee, vor jedes der Schlachtschiffe 8 fliegende Fische zu schnallen, war auch eine wesentlich bessere.

Da wurde nicht lang rumgefackelt und mit der Aufzucht von 336 „Fliegenden Monsterfischen“ begonnen. Bei einer rachefeldzugbeteiligten Quote von 42 Booten, ergab sich diese Anzahl im Prinzip von alleine.

Doch schon der erste Versuch, mit dieser Technik, scheiterte, da sich die fliegenden Fische einfach weigerten, in den ausgesuchten Probefluss zu schwimmen. Als sie letztenendes von Olga, mit einer Peitsche, dazu gezwungen wurden, verendeten sie bereits nach kurzer Zeit.

Dass das daran liegen könnte, das Meeresfische in Süßwasser nicht zu überleben im Stande sind, war glücklicherweise der Einfall, von einem der Professoren des Königs. Er wurde also dazu beauftragt salzabsondernde Mützen für fliegende Fische zu fertigen.

Die Entwicklung und Erstellung dieser Hauben dauerte erneut 3 Jahre. Als sie jedoch in Serienherstellung gingen, konnte der Rachefeldzug endlich beginnen. Die knapp 5000 Seemeilen, bevor im Schwarzen Meer in die Donau geschwommen werden musste, schafften diese „Torpedoboote“ *(wie sie im Volksmund genannt wurden)* in weniger als einer Woche.

Als die fliegenden Fische ihre Salzhauben übergestülpt bekamen, musste es allerdings schnell gehen, die restlichen 1000 Seemeilen gegen den Strom zu schwimmen, da niemand wusste, wie lange die Salzvorräte in den Mützen reichen würden.

Bei einigen schnittigen Kurven, die mit 100 km/h nicht leicht zu nehmen waren, wurde es zwar eng, doch zuguterletzt, wurde es geschafft. Nur 17 Stunden, nach Einfahrt in die Donau, erreichte die Flotte Bernried. Erkennen konnten sie es an diesem unbeschreiblichen Lichtermeer, das diese Millionenmetropole erzeugte *(auch, da der Faden endete)*. Die fliegenden Fische wurden abgeschnallt und ihrem Schicksal überlassen. Vielleicht haben es einige zurück ins Meer geschafft, wobei die Chance dafür doch bei weniger als 0,2% liegen dürfte.

Es war genau ein Uhr, als Olga die Schleichpaddel *(mit Bärenfell überzogene Kampfpaddel)* setzen lies und auf den Hafen zuruderte.

Allein die Steinschleuderkraft der „Proud of Eire" reichte aus, die Bernriedistanische Flotte innerhalb einer halben Stunde zu versenken. Als geschafft, setzte ohrenbetäubender Siegesjubel unter den Iren ein, der sogar den Emir in seinem Bettchen hochschrecken ließ.

Er erstellte sofort Weckbefehle für seinen Generalstab und begab sich mit ihnen zum Hafen, um die Verluste zu inspizieren. War das bereits das Ende des Emirates? Natürlich nicht.

Da auch die Emiratische Führung seit langem wusste, das der Verlust der Seehoheit, einer Niederlage des Emirates gleichkommen würde, bildeten sie Kampftauchereinheiten aus, die etwa 8 Minuten die Luft anhalten und mit einem Handbohrer bewaffnet, Löcher in feindliche Schiffe bohren konnten, um diese dem Untergang zu übereignen.

Ende Tag 3. Nach 7 Seiten gestern, heute 10. Werd´s wohl doch in 5 Tagen schaffen, fertig zu werden. Na hoffentlich ist bis dahin die Allahneueste Bibel überhaupt schon auf dem Markt. Da türmen sich Schwierigkeiten auf.

Am folgenden Abend, als die Iren noch im Siegestaumel und volltrunken waren, entließ der Emir sein 80-köpfiges Kampftaucherteam *(also 81-köpfi-*

ges, da auch der bereits pensionierte Willi mittauchen durfte, da er davon nicht abzubringen war).

Der Einsatz seiner Taucher war ein blitzkriegartiger, da sich die tauchenden Einheiten absprachen und ja fast 2 pro gegnerischem Schiff zur Verfügung standen. Nach etwa 20 Tauchvorgängen hatte jedes der Boote bereits 30 Löcher und so traten die Taucher den Rückzug an, ohne überhaupt bemerkt worden zu sein.

Der einzige, der unter dem Schiff blieb, war Willi. Was das für Auswirkungen nach sich zog, wäre ebenfalls in der „Allahneuesten Bibel" nachlesbar.

- Dies ist also wirklich mein letzter Hinweis *(zumindest wahrscheinlich)*: besorg dir **„Die Allahneueste Bibel - reloaded"** auf EPUBLI Buch-Shop und lese dich glücklich -

Die Folgen waren verheerend, für die Iren. Die meisten bemerkten erst, dass ihr Schiff am sinken war, als ihnen das Wasser bis zum Hals reichte. Da Irische Männer eh nur Marinesoldaten werden durften, wenn sie Nichtschwimmer waren, sind sie auch allesamt ertrunken. Also alle, bis auf Olga. Diese war kein Ire, rettete sich an Land und führte die folgenden Friedensverhandlungen für Irland.

Da die Kriegslüsternheit des Emirs ohnehin einen enormen Niedrigststand aufzuweisen gedachte, wurde einfach eine „Ewige Waffenruhe mit Schüleraustausch" ausgemacht.

Schüleraustausch war etwas, dass allerdings niemals durchgeführt wurde, da die finanziellen Gelegenheiten dafür in keinem der beiden Länder vorhanden waren. Friede war allerdings auch schon mal nicht schlecht.

Kapitel 8: Der Niedergang des Emirates

Nach 20jährigem Frieden, wurde die Armee des Emirates aufgelöst. Die Unkosten sanken dadurch auf einen Niedrigststand und da der Starnberger See wieder genügend Fangquote erzielte, schlich das Emirat auf alte finanzielle Gesundheitszustände zu.

Eine kleine Gruppe linker Seperatisten, die eh nichts besaßen, das sie verlieren hätten können und sich „Alles für Alle - Saufen für schönes Haupthaar" nannten, erschlichen sich durch den gewaltigsten Wahlbetrug der Neuzeit, die verfassungsändernde Mehrheit im Emiratischen Bundestag. Während ihrer ersten Sitzung wurde der Emir entmachtet und das Arbeiten unter Strafe gestellt.

Bernriedistan wurde zu einem Mekka von Nichtsnutzen und Alkoholikern. Wirklich gute Bernrieder wanderten einfach aus und benannten sich auch nach ihrem Emirat.

Dies El Dorado für Lahmärsche wurde innerhalb kürzester Zeit auch wieder Ziel von Flüchtlingsströmen. Da nichts tun und sich dabei die Birne volllöten können, nunmal nicht abschreckend ist. Für ungefähr niemanden.

Als nach 2 Jahren auch die letzten Reserven des Emirates vergeudet waren, kein Neuflins nachkam, da ja keiner fischte, stellten sich einige der betrunkenen Bürger der „Union der Sozialistischen Bernrieder Republik" *(UdSBR)* selbst an den See, um ihre Angel auszulegen. Sie wurden daran allerdings gehindert. Vom grünen Flügel ihrer eigenen Partei, die um die Überlebensrechte der Starnberger Seeforelle kämpfte, bis aufs Blut. Über die Schmerzen des Gartensalates, während man seine Blätter ausreißt, dachten sie beim Brotzeitmachen nicht nach.

Die letzten 20.000 Bürger, des ehemals vorhandenen Emirates Bernriedistan, verließen den untergegangenen Ort also, da nix mehr zum saufen da war und auch kein Geld, neues zu kaufen. Da allerdings auch sie dieses Überlebensgen in sich trugen, starben sie nicht aus, weshalb vielleicht auch heute noch, einige von ihnen unter uns sind.

Nachwort

Zum Finale also eine Zugebung: Ich bin also doch Rechter. Allerdings ein guter und stolzer. Stolz auf unsere Vergangenheit, auf unsere Dichter und Denker. Und auf unsere Krieger. Stolz auf die Leistungen der Wehrmacht, während des Krieges. Stolz darauf, Deutscher zu sein.

Was nichts daran ändert, dass diese Leistungen im Namen eines österreichischen Teufels erbracht wurden. Zumindest die, der Wehrmacht und sowas stört.

Nationalsozialisten sind Hohlkörper des Extraklasse und werden in ihrer völlig übertriebenen Dummhaftigkeit eigentlich nur von Linksidioten überholt.

Hast du dir schon mal Gedanken gemacht, warum die gewaltigsten Verteidiger des Sozialismus immer nur jung waren, oder Frauen?

Eben, weil sie nichts zu verlieren hatten. Sobald ein Mann einen gewissen Wohlstand erreicht, wechselt er das Lager, zu halbrechts.

Natürlich gilt auch hier die **Ausnahme:** wenn er denkt, etwas erreichen zu können, ein Volk für sich, den linken Vollarsch, arbeiten sehen zu dürfen, bleibt er links *(schöne Grüße an Gregör Weltbeherrschov (mein zweitbester Freund - übrigens auch bei der PDS)).*

Richtig richtig ist nunmal keine extreme Seite.

Wenn ich allerdings heute an einem Abgrund stehe, an dem auf der einen Seite mein Bruder und auf der anderen ein Fremder abzustürzen droht, werde ich meinen Bruder retten und nicht den anderen. So, wie es alle machen würden.

Und so sehe ich jeden Deutschen als meinen Bruder, egal wie wenig er dafür getan hat. Allein seine Geburt als Deutscher, macht ihn dazu.

Mein Vorwurf bei Linksextremen, ist bei Rechtsextremen nicht anders. Solang ich jung und stark bin, fühle ich mich überlegen und hau der komischen Negerfresse einfach aufs Maul. Oder dem Türken, der mir meinen Arbeitsplatz wegnimmt. Dieses Mistschwein.

Auch die Rechtsextremen wechseln ihre Farben auf gemäßigt, sobald sie einen gewissen Standard erreichten und etwas zu verlieren haben.

Zum Schluss also mein Lösungsvorschlag für die eigentlich nicht mehr zu lösende Asylantenproblematik, der gerne von den europäischen Parlamenten übernommen werden darf:

1. Sobald ein illegaler Einwanderer erwischt wurde, wird er mit einem Flugzeug nach Hause geschafft.

2. Sobald er seine Herkunft nicht zu erkennen gibt, fliegt er mit der nächsten Maschine nach Äthiopien *(wenn Schwarz)*, Moskau *(bei osteuropäischem Einschlag)* oder Peking *(bei Asiat oder unerkennbar)*. Diese Anlaufstationen erhalten natürlich Geld aus Europa *(sie*

werden ja nicht umsonst foltern), für die Aufnahme des „Asylanten“ und Herausarbeitung seines Herkunftslandes *(und glaubt mir: die Russen oder Chinesen finden das raus - die bringen jeden zum sprechen, wollen den Asylanten ja auch irgendwie loswerden)*. Woran du zusätzlich glauben darfst: Es wird für ihn keine schöne Zeit in Moskau/Peking.

3. Asylanten werden nur noch an der Asylbearbeitungsstelle ihres jeweiligen Heimatlandes bearbeitet. Bei Nichtgenehmigung des Antrages, hofft der Möchtegernasylant einfach auf einen linken Europäer, der für ihn bezahlen wird. Also auf eine Frau oder jemanden mit zuviel Geld. Also einen jungen, linken Europäer mit zuviel Geld.

4. Jeder Europäer, der sich dazu bereit erklärt, einem illegalen Asylanten Asyl zu gewähren, hat dafür jährlich 1000,-- Deutsche Euro zu bezahlen. Und zwar im Vorhinein. Das hebt zwar die Kosten, die dieser Typ erzeugt, nicht auf, ist aber zumindest ein Ansatz und gibt das Gefühl, etwas für die minderbemittelten Menschen getan zu haben. Dieser Asylant hat dann ein Jahr Zeit, Fuß zu fassen, sich Arbeit zu suchen und einzuleben.

5. Mein Vorworteinfall, einem Sozialhilfeempfänger 80,-- Europäische Mark pro Monat zu streichen entfällt natürlich, da es dafür sofort wieder Stellen gäbe, die ihm den Verlust ersetzen müssten, da er innerhalb kürzester Zeit vor einem Gerichtshof stünde, da er nicht überleben könnte, wenn er für einen Asylanten zusätzlich zahlen müsste.

Ende Tag 4: ich erkenne bereits, dass ich die mir vorgenommenen 50 Seiten nicht vollbekommen werde. Schreibe allerdings gerade aus dem Bauch heraus und bin von meinen Worten überzeugt.

Werde diese Sache also morgen mit meinen Widmungsgedanken abschließen. **Ave.**

Danksagung

Wem sag ich jetzt für diese Worte Dank? Na wem wohl?

Natürlich unserem Gott, den du sehr gerne auch Allah nennen kannst, da es der selbe ist.

Und natürlich dir, dem Leser.

Ich habe mich in **„Die Allahneueste Bibel - reloaded"** bereits darüber ausgelassen, dass man über Schreiben nicht zu Wohlstand gelangen kann, nehme mir das allerdings vor, da ich jemandem helfen muss, der Hilfe wirklich verdient hat: meinem Freund Hank.

Solltest du also wirklich der Meinung sein, helfen zu müssen, aber gerade keine 1000,-- Deutsche Euro zur Verfügung haben, nimmst du dir einfach 20 und überweist sie auf das Konto, das ich bei meiner Hausbank für einen Bekannten Hanks eröffnet habe.

Dass dieser Mann gut ist, wirst du an seinem Namen erkennen können, da seine Ururväter aus dem Emirat entflohen, als der linke Mob die Macht übernahm:

Bernrieder

Postbank Berlin BLZ: 10010010

Kontonummer: 308 602 115

IBAN: DE 84 100 100 100 308 602 115

BIC: PB NKD EFF

Fertig: Für 5 Tage eine unglaubliche Leistung. Leider muss ich noch mit der Herausgabe warten, bis „ Die Allahneueste Bibel “ zu bekommen ist. Wird hoffentlich nicht mehr lang dauern. Also: bis bald.

Etwas das ich noch loswerden muss, da, falls du es wirklich überreißen kannst, unglaublich wichtig und richtig *(übrigens nur eine Kopie aus der „Allahneuesten Bibel“)*:

Würdest du, dem Mörder deiner Kinder, 47 Jungfrauen an den Hals ketten, nur weil er ein wenig dümmer ist, einem falschen Propheten glaubt und denkt, er hätte alles Richtig gemacht?

Das würdest du natürlich nicht und sei dir sicher:

Unser Vater, wie auch immer du Ihn nennst, wird das auch nicht tun.

Da ist Brennen mit Luzifer, eine wesentlich wahrscheinlichere Folge.

Post Scriptum: Werd dies Ding gleich auf Theke senden. Falls „Die Allahneueste Bibel - reloaded“ als Name nicht anerkannt werden sollte, werd ich es einfach anders taufen müssen. Such dann einfach nach Werken von ***Prof. Dr. Dr. Hans Adolf „Lone Wulf“ Fluchthasser***.

Falls schon gibt, beim Bestellen darauf achten, dass es **„Die Allahneueste Bibel - reloaded“** heißt und den Zusatz „Bedankungsversion „de luxe““ trägt.

Vorversionen haben noch nicht die Klasse, dieser Ausführung und das Buch ist wesentlich stärker, als das E-Book.

Muchas gracias, hombres
(y mujeres (wegen dem Schwarzerhasen)).

Die Erfindung der Zitronenbopsrüstung (recall)

Es ist Frühsommer des Jahres 64 768 214 vor Christus *(also vor der tatsächlichen Geburt des Sohnes der Göttin)*. Adam hackt gerade am Steinalten Testament, als er sich eine Pause genehmigte und die Göttin ihm von den Dinosauriern erzählte und von ihrer Gefährlichkeit.

Adam bekam Angst und befürchtete, die Göttin könnte, zumindest die Fleischfresser, erneut schaffen. Er benötigte also eine Verteidigungswaffe, die seine Eva vor den Sauriern schützen würde.

Da er während einer seiner vorhergehenden Pausen, das Backen erfand und eine Legierung entwickelte, die jeden Zahn brechen ließ *(auch den des Valukischen Stahlzahndrachens)*, formte er daraus eine gewaltige Rüstung, die sich einzig an das Zauberärschchen seiner eigenen Göttin anpassen und sie dadurch schützen würde.

Da er ebenfalls über die Göttin in Erfahrung brachte, dass der überragende Hinterausgang seiner Prinzessin auf Erden, im Himmel, eben Zitronenbops genannt wurde, bekam also auch dies Rüstwerk den selben Namen: Zitronenbopsrüstung.

Durch diese absolute Formschönheit, des hinten, mittig gelagerten Exekutiv-Komitees *(also der ausführenden Gewalt)* seiner Eva, war er sich darüber im Klaren, dass jedes männliche Lebewesen, das auch nur im Geringsten Lust auf Arsch hätte, da zubeißen würde. Genau an dieser Stelle, an der der „Zitronenbops“ seiner Angebeteten und dadurch sie selbst, eben gepanzert und dadurch geschützt war.

Dies galt ebenfalls für weibliche Angreifer, da sie sich ansatzlos in lespöse Ungeheuer, bei diesem Anblick, verwandeln würden.

Obgleich sich diese „Zitronenbopsrüstung“ über Millionen von Jahren bewährte, wurde sie durch Keltische Hohepriester eben zu jener, laut Genfer Konfektion, verbotenen, tödlichen Angriffsverteidigungswaffe.

Durch diesen Zauberzusatz Keltischer Druiden, bekam er, während des Aufbackvorganges, explizit, die Eigenschaft, männliche Angreifer, in eine Ganzkörpererstarrung fallen zu lassen, sobald sie sich über den Rockentzug des Opfers, zu diesem, eben geschützten, Hinterstübchen durchgearbeitet hätten.

Da dieser Erstarrungsvorgang eine Dauer von über einem Monat hatte, konnte man den Angreifer beruhigt in seinen Mülleimer stecken, da die Müllabfuhr, auch in unterversorgten Gebieten, spätestens alle 2 Wochen kam.

Sobald er in der Müllpresse landete, endete dieser Arscheroberungsfeldzug also tödlich für den Angreifer. Die waren also richtig fies, diese Keltischen Giftmischer.

Anhang:

Dir dürfte klar sein, dass jeder Verleger, der auch nur im Geringsten ernst genommen werden möchte, dies Kapitel eh gestrichen hätte, wenn ich das nicht selbst gemacht haben würde. Wieder mal: Amen.

Hiermit erkläre ich, ***Prof. Dr. Dr. „der Wahnsinn“***

Fluchthasser, diese Romanrevolution, ganz offiziell, für beendet und gewonnen:

„Dieser Leser ist geschlagen und wird sich nie mehr erheben!" *(Die Ähnlichkeit mit dem Schicklgruberzitat ist zufällig entstanden. Keine Absicht.)*

Bereits verifiziert: Ich benutze den besten Rechner unseres Sonnensystems. Also stellte ich ihn auf Zitatähnlichkeitsfindung und er warf mir 3 Zitate aus.

Die Nummer 1 war von Hannibal. Er soll nach dem Sieg über die Armee des Konsuls Flaminius gesagt haben: „Dieser Römer ist geschlagen, wird nie mehr nach dem Weg mich fragen."

Das Zweite von Napoleon. Er meinte angeblich am 18. Juli 1815 während der Waterlooschlacht: „Ich wünschte es würde Nacht oder die Preussen kämen".

Wie es dieses Zitat durch die Ähnlichkeitsprüfung geschafft hat, bleibt mir ein Rätsel. Abgesehen davon dachte ich eigentlich, dass es von Napoleons Gegner, dem Briten Wellington benutzt wurde.

Nun gut. Ich werde an den Fähigkeiten meines Rechners nicht zweifeln. Dann lieber an meinen. Es stammt also tatsächlich von Napoleon.

Das Dritte letztlich kommt eben vom Führer Schicklgruber. „Dieser Gegner ist geschlagen und wird sich nie mehr erheben."

Gesagt hat er es nach einigen Siegen gegen die Bolschewiken und da es meinem Zitat nunmal definitiv am ähnlichsten ist, muss ich also zugeben, dass es eigentlich von ihm stammt.

Wobei es sich nunmal ganz bestimmt um reinen Zufall handelt und ich ähnliches niemals beabsichtigte.

Und noch einer, für die Brüder, die in der Nähe von Hollywald wohnen: Verfilmen ging nur mit Brad Pit als Don Fickduse und Howard Carpendale als seniler Portugiesischer König. Arnold Schwarzenegger und Prinz Charles würde auch gehn. Oder als Zeichentrickfilm, mit Erzähler. Cool wär auch eine Verfilmung wie bei „Der Herr der Ringe“. Das würde großes Kino erzeugen. Einen Erzähler benötigt man, bei diesen Zeit-, Ort- und Informationssprüngen ja eh, in jedem Fall.

Beruhigungsphase eingeleitet

Ich kann euch gar nich sagen, wie beruhigt ich bin. Nachdem ich in Erfahrung brachte, dass meine Werke vom Markt sind, hatte ich wirklich die Befürchtung, dass ein Geheimdienst, dessen Fähigkeiten meine übersteigen, nicht nur meine Bücher, sondern auch mich aus dem Weg räumen würde.

Meine Überlegungen wanderten vom Mossad, über die NSA, bis hin zum Geheimdienst des Vatikan, da diese Typen nicht damit klarkommen könnten, dass es sich bei unserem Gott, an Anfang der Zeit, um eine Frau gehandelt haben könnte.

Da man meine Worte auf keinen Fall als judenfeindlich einstufen kann, schied der Mossad und die NSA *(also der jüdische US-Geheimdienst)* auf alle Fälle aus. Was also blieb, waren die Diener des Papstes, die nunmal kein Mensch richtig einschätzen kann.

Als ich „Walther von der Vogelweide“ damit beauftragte, die Hintermänner dieses Komplotts zu ermitteln, dauerte es nich lange, bis er Beruhigung auf meinem Gesicht erzeugte, indem er mir mitteilte, dass allein die Gestapo West dahinter steckt.

Sie hält tatsächlich den Zusatz „Die Irisch-Emiratischen Kriege“ für so rechtsradikal, dass sie es einfach verboten hat.

Und es ist erneut ein Fragezeichen, dass mir vorgibt dahinterzusteigen, aus welchem Grund, ein Roman, der geschrieben wurde, um das Überleben der Deutschen *(also der Europäer)* zu sichern, also auch das Überleben der Gestapo West, verboten werden könnte?

Und du wirst lachen müssen, *denn ich kam dahinter*:

Die Gestapo West ist bereits unterwandert. Und zwar von der Gestapo Asyl, die mit abenteuerlicher Sicherheit erkannte, dass dieser Roman dafür Sorge tragen wird, dass der Garten Eden für Heimatlose, seine Pforten schließen wird, sollte er tatsächlich einen Weg zum Volk finden.

Also ein letztes Mal: Ich bin so weit vom Rechtsradikalismus entfernt, wie der Herrscher Saudi Arabiens vom Schwulismus.

Das einzige, von dem ich noch weiter weg bin, ist nunmal das Linke: wir haben doch genug, wir sollten teilen.

Und nochmal: Teilen ist niemals falsch. Aber teilen, heißt nunmal teilen und nicht alles verschenken, was man hat.

In abenteuerlicher Hoffnung, dass der Leiter der Gestapo West noch nicht in fremde Hände fiel, ersuche ich also um eine Erleichterung, meiner

Bemühungen, dies Volk zu retten.

Wahlweise ginge natürlich auch, mit der Kanzlerin zu sprechen, um mir die Rechte an dem Stück abzukaufen und es verschwinden zu lassen. Und jetzt dürfte der Leiter der Gestapo West lächeln müssen: dem Professor ist dies Volk also wirklich Wurst, wenn er sein Säcklein füllen kann. Und da hat er Recht, denn dies Gran Canaria ist auch für mich kein schlechtes Ziel.

Natürlich, wäre es billiger, mich erschießen, oder überfahren zu lassen, allerdings birgt das natürlich Risiken in sich:

Wievielen Menschen hab ich bereits davon erzählt, bzw. wie viele haben das Ganze schon gelesen und werden nach meinem Ableben schwierige Fragen an das Kanzleramt richten?

Stellen Sie ihre Geschütze also auf Frieden und lassen Sie mich das Unmögliche möglich machen und Europa retten. Danke.

Waffenstillstands - vereinbarungen

Ab hier beginnt also der Zusatz, den dies Ebook vom Normalbuch *(also nicht vom Ebookbar Buch)* unterscheidet. Eine genaue Zahl, der Asylanten in Deutschland konnte ich nicht ermitteln, aber im Januar 2015 haben täglich etwa 500 Personen Asylantrag gestellt.

Das werden also, wenn sich nichts erhöht *(was es bestimmt tun wird)* etwa 180.000 Asylanten im Jahr 2015 werden. Eine Statistikzahl sagte, Deutschland hätte im Moment 77.640 Asylantragsteller. Diese Zahl scheint mir allerdings fischig. Das heißt ja nichts anderes, als dass der Asylantragsteller dabei rausfällt, bei dem das Asyl gewährt wurde.

Da so ein Asylant etwas über 500 Mark im Monat kostet, sind wir über eine Milliarde los *(allein für die Jungs in diesem Jahr)*.

Doch kommen wir nun zur Richtigstellung: Das Geld ist ja schließlich nicht weg. Es kriegen ja die Leute, die diese Asylanten unterbringen, bzw. sie versorgen. Das Geld, fehlt also nur dem Staat, der daraufhin wieder mal irgendwelche Steuern erhöhen muss und schlecht dasteht.

Was ich hier, mit diesem Werk, mache, ist nur Panik. Ich möchte, dass es verkauft wird und ich mir auch ein Stück vom Verdienst am Asylanten abschneiden kann.

Dieser Asylant kostet also im Prinzip gar nichts, erhöht nur die Steuern, was allerdings nichts daran ändert, dass auch der junge Mann aus Ägypten was von seinem Leben haben will und er mit den 300 Mark, die er hier bekommt, nichts unternehmen kann.

Er müsste also dazu gezwungen sein, Diebstähle zu verüben. Komischerweise, bin ich davon wirklich überzeugt, dass diese Asylanten wesentlich weniger Straftaten begehen, als der deutsche Sozialhilfeempfänger.

Was der Bundesbürger also einfach nicht verstehen kann *(und da schlage ich in die selbe Kerbe)*: Warum kriegt dieser schwarze Mann doppelt so viel wie ich und auch noch eine gutbezahlte Wohnung, während ich unter der Brücke schlafen muss, da meine Anträge nicht bearbeitet werden?

Hier also mein Vorschlag, an den Leiter der **GeStaPo West**:

Ich gebe zu, dass Asylanten gute Menschen sind, von denen wir allerdings keine 5 Milliarden brauchen und Sie genehmigen dies Werk als auf keinen Fall in irgendeiner Richtung extrem. **Danke**.

Da es sich bei mir um einen Mann handelt, der definitiv einfach nur gut, fast zu gut, für diese Welt ist, bin ich also auch für Asyl. Jeder sollte es bekommen, der es auch nötig hat.

Allerdings sollte eine gewisse Legalität eingeführt werden. Asylantrag in den dafür eingerichteten Zentralen. Abgewiesene, werden einfach von „guten" Europäern eingekauft. Illegale einfach raus.

Für die anschließende Berechnung sind die Zahlen also geschätzt und da ich auf keinen Fall gegen Asyl bin, also bestimmt alle zu niedrig:

Asylantenzahl Deutschland: 600.000 Kosten pro Asylant im Monat: 500,-- Europäische Mark *(da habe ich wesentlich höhere Zahlen gelesen, die in meinen Augen allerdings von Rechten Dumpfbacken ins Netz gesetzt wurden)* Kosten pro Jahr (gesamt) 3,6 Milliarden. Dafür entstandene Steuern *(kommt zurück)*: 800 Millionen

Daraus schließen wir: der deutschen Wirtschaft fließen pro Jahr 2,8 Milliarden Mark zu. Sie wird immer reicher.

Da Gewinn allerdings nicht einfach nur geboren werden kann, müssen diese 2,8 Milliarden irgendwo herkommen. Also muss irgendeine Steuer erhöht werden. Den Deutschen, die mit den Asylanten Geld machen, ist das natürlich egal. Den restlichen ca. 70 Millionen allerdings nicht.

Also hier nochmal der Hinweis auf meinen Lösungsvorschlag am Ende der Irisch-Emiratischen Kriege. Asyl für jeden, der es braucht, den Rest einfach raus.

Um den Fokus des Lesers mal von Europa und Deutschland wegzubekommen, möcht ich also nun darauf hinweisen, dass es überall auf der Welt Probleme gibt, die Asylantenzahlen in den Griff zu bekommen.

Die Japanischen Großstädte beispielsweise, streiten noch gewaltig darüber, wer einen der 11 Asylanten des Jahres 2014 aufnehmen soll. Und da liest du richtig. Habe hinter der 11 weder das Wort Tausend noch Millionen vergessen.

Diese Zahl zeigt allerdings, dass sich auch Japan innerhalb weniger Jahrhunderte zu einem Asylstaat entwickeln wird, da sich die Aufnahmezahl im Vergleich zu 2013 fast verdoppelt hat. 2013 wurden nur 6 aufgenommen. Die waren auch viel leichter unterzubringen.

Mit welchem Trick die „Festung Japan" arbeitet, weiß ich nicht. Es ist auf alle Fälle nicht richtig, sich so hart gegen die Probleme des Planeten zu verschließen und quasi niemanden aufzunehmen. Von den über 5000 Menschen, die 2014 Asyl auf Japan beantragten, wurden wirklich nur 11 genehmigt.

Diese ganze Sache entspricht nur meiner persönlichen Einstellung und ich möchte auf keinen Fall für irgendwelche Volksausschreitungen verantwortlich gemacht werden. Also beende ich es mit einer Warnung an den Leiter der GeStaPo West. Sollten Sie das Ding wieder als „zu extrem" auf den Index setzen, werde ich Sie vor den Kadi ziehen müssen. Zur Not, bis zum Europäischen Gerichtshof. Und ich werde gewinnen, denn deutlicher kann man sich nicht gegen jegliche Art von Extremismus ausdrücken, als ich es mit diesem Stück tat. Amen.

Musterlösungs:
Um den Durchschnittsbürger von Steuererhöhungen zu verschonen, sollte eine Asylsteuer auf Luxusgüter eingeführt werden. Damit nimmt man dem Rechtsextremen seine Begründung, gegen Asyl.

Die Finalworte:
Da diese E-Book-Verleger keinerlei Spendenkonten zulassen, mein Freund, bist du also gezwungen, dir auf Epubli Buch-Shop das Buch zuzulegen, um wirklich gut sein zu können. Danke.

Und: cut !!!

Hier ist er also wieder, der Schnitt, der das Ebookbar-E-Book und den ummantelten Roman trennt.

Ob du es nun glaubst oder nicht: ich muss auch nach dem 17. mal durchlesen noch über 100 mal lächeln (weit über 100 mal). Völlig unbeschreiblich gut geschrieben und völlig unbeschreiblich sind auch die Steine, die mir in den Weg gelegt werden.

Ich hab also nicht die geringste Ahnung, ob sich mein Plan durchsetzten, oder die GeStaPo West es auf einen Rechtsstreit ankommen lassen wird. No sé, hombre *(y muchacha - ihr wisst ja: der Schwarzer)*.

Aber Angst hab ich keine. Bin doch schon am Abgrund und werde von den Schufas bereits als Topkunde gehandelt. Mir hilft wirklich kein Mensch - wobei das keine Rolle spielt, da Er mir hilft.

Nachdem Er mir die Worte für dies Buch schenkte, hilft Er gewiss auch dabei, es an den Mann *(die Frau - langsam regt er mich auf, der Schwarzer)* zu bringen.

Eine Möglichkeit beispielsweise wäre, zunächst internationalen Erfolg einzufahren. Dieser Versuch tut sich mir auf, da anscheinend doch nicht jede Mark, die ich verschenkte, tatsächlich für den Hinterausgang war.

Ein gewisser Sähberndi wurde von dieser Welt nur verlacht - weil er Ideen hatte. Also ähnlich wie ich. Ich schenkte ihm 1000,-- Mark. Dieser Mann hat jetzt allerdings eine Bekannte *(Verwandte?)*, die den Erfolg in den Vereinigten Staaten suchte und fand und nun unter Umständen *(da muss ich noch hoffen)* dazu in der Lage ist, dies Meisterwerk auf den amerikanischen Markt zu schütteln. Dass dieser Junge besser ist, als andere, merke ich daran, dass er tatsächlich versucht, mir das geschenkte Geld zurückzubezahlen.

Wie auch immer diese Sache ausgeht, ich glaube an den Erfolg und werde ihn auch haben, eben weil ich daran glaube. Amen.

Vielleicht noch eine Kleinigkeit, die mich enorm stört: ich hab in meinem Leben etwa 2.000 Ampeln getroffen, die einen schrillen Ton von sich gaben, wenn man die Straße überqueren darf, weil Grün is, allerdings noch nicht einen Blinden, der das irgendwie ausgenutzt hätte.

Ich nenn diese Dinger einfach nur Geldverschwendungsautomaten. Wofür? Dafür könnt man dem Betreuer des Blinden auch eine Prämie zahlen, wenn er das Signal nachmacht, während er mit dem Blinden die Straße passiert.

Gesamtzukunftsplanung

Was auf alle Fälle feststeht, ist, dass ich für diese einfache Geburtshilfe von Lebendliteraturrevolution, den Literaturnobelpreis erhalten werde. Zusätzlich könnte ich, für meine Theorie zu Schwarzen Löchern, natürlich den Physiknobelpreis erhaschen. Von Kritikern erhalte ich, für die natürliche Herstellung von geistigem Dünnpfiff, den Biologienobelpreis und für die Zusammenführung der Kirchen des Planeten, den Friedensnobelpreis.

4 Nobelpreise für eine Person, in verschiedensten Sparten, hat es vermutlich noch nicht gegeben.

Um meinem ehemaligen besten Freund Joe-Häns wieder mal ein Lächeln zu genehmigen, hab ich für diesen Fall ausgemacht, dass ich mich durch sein Taxiunternehmen nach Stockholm, zur Preisverleihung, schaffen lasse. Inklusive der obligatorischen Erdumrundung würde mich das eine knappe halbe Million europäischer Mark kosten. Aber bei 4,8 Millionen Preisgeld, wär das drin.

Falls es mir, während dieser Zusammenkunft, gelingen sollte, einen zusätzlichen Nobelpreis für „Leistungen für Europa" aus den Angeln zu heben, den ich dann natürlich auch bekäme, würd ich auch die Rückreise bei ihm buchen und wäre erneut eine halbe Million los. Aber eigentlich egals, fahr eh mit ihm zurück. Find doch sonst nicht mehr nach Hause.

Ein zusätzlicher Vorteil wäre, dass ich auf dieser Veranstaltung sicher auch den US-Thrillerautor Dan Brown träfe, also die große Liebe meines „Fund mik de unbeschreiblich scharf".

Sie meinte nämlich, sie würde ihren Zitronenbops einzig und allein dem Erfolg darbieten. Also doch

Zigeunerin. Hab ich mir schon gedacht, sowas.

Sie möchte tatsächlich nix mehr mit mir zu tun haben, obwohl ich ihr ihre Zukunft genau beschrieb: Sie wird über das Radio erfahren, dass Dan Brown gerade auf dem Weg zum Autorenolymp ist. Sie möchte, dass er sie mitnimmt und verlässt ihre Arbeitsstelle (also das „Lokalä“, indem sie beschäftigt ist), um ihn zu verfolgen.

Kurz bevor er am Gipfel steht, hört er sie aus dem Tal rufen: „Danä Brownä, Danä Brownä, kommä und nimmä meinen Zitronenbopsä“. Dan muss kurz überlegen. Zum Gipfel oder erst das Ärschen?. Na was soll schon passieren? Erstmal den Arsch.

Genau in dem Moment, wo er seine Zunge über ihren Zitronenbops kreisen lässt und sie einfach nur glücklich ist, geschieht aber das Unbeschreibliche:

Der Topautor des 21. Jahrhunderts, der fantastische ***Prof. Dr. Dr. Fluchthasser***, schießt mit seinem neuen BMW *(hat er übrigens vom Aufsichtsrat BMW geschenkt bekommen)* an den beiden vorbei und erreicht den Autorenolymp als Erster.

Ich wünsche euch also ***(außer den Dümmsten des Planeten (****Extremisten, Gewaltmenschen und Verprüglern/Vergewaltigern von Frauen und Kindern)****)*** nur das Beste und eine wundervolle Zukunft.

DANKE

(Sollte diese Sache, wie erwartet, vor dem Richter landen, hoffe ich, dass dieser es Einsehen wird, dass es einzig ein Verbrechen wäre, diese Geschwulst aus Weisheiten und Wahrheiten (die sich gegenseitig er-

gänzen und bestätigen), den Leuten zu verweigern. Das Volk ruft nach Wahrheit. Selbstredend stehen mehr als 100 Dinge im Stück, die dem einen oder anderen keinen Spaß beim Lesen machen werden, ich greife allerdings niemanden persönlich stärker an, als es mir die Gesamtmächtigkeit meiner Meinungsfreiheit vorzugeben gedenkt. ***Amen****.)*

Denkt an das Hilfskonto (Seite 35b) !!!

Doch nochmal die Griechen-Frage

So. Mein Jahr ist um, das man für einen guten Roman benötigt. Damit er wirklich gut wird, also ein paar Worte zu **Griechenland:**

Der Grieche an sich, möchte von der EU jetz mal schnell 86 Milliarden für die nächsten 3 Jahre. Schön.

In den vorangegangenen Hilfspacketen, haben diese Griechen also ca. 200 Milliarden Mark verlötet. In 5 Jahren. Doppelschön.

Da ich davon ausgehen muss, dass es gar nich mehr als 200.000 Griechen gibt, hat also jeder davon eine Million Mark verbraucht. Das ganze riecht nicht nur nach einem Betrug, es ist einer. *Sicher.*

Diese Milliarden werden von den zuständigen Politikern einfach in die eigene Tasche gesteckt und in undurchsichtige Löcher gestopft. *Doppelsicher.*

Denn, wenn du heut in Griechenland auf die Straße gehst und einen 72jährigen Rentner, der sich gerade auf dem Weg zu seiner Bank befindet, fragst, wohin er seine Million gesteckt hat, wird er dich als Nazi beschimpfen und dich töten. *Auch das scheint sicher.*

Jeder der etwa 500 Millionen EU-Bürger hat also dann 400,-- Mark bezahlt, damit dieser Onassis seine Milliarden in die Schweiz retten kann

- gedeckt von diesem linken Clownkabinett Griechenlands, das natürlich von unseren Politikern unterstützt wird, da ja etwa 20 Milliarden davon als Bestechungsgelder zurückfließen werden - eigentlich müssen.

Die Frage ist also: wie hoch muss der Betrag sein, damit ein Politiker sein Volk verrät und seinen PDS Kollegen belügt *(„es waren nur 2 Millionen - da bleibt für jeden von uns beiden etwa eine halbe. Weil ich dich mag, kriegst du ein bisschen mehr: also 120.000,--“).*

Unter Umständen sehe ich das allerdings zu kritisch und die Griechen planen eine Autobahn zum Mond. Bei Baukosten von einer halben Million Mark pro Kilometer, wären die 200 Milliarden weg. Dann entschuldige ich mich natürlich.

Die neuen 86 brauchen sie vielleicht für einen angehängten Radweg und etwa 1000 Tankstellen.

Jetz reichts langsam. Irgendwann muss Schluss sein. Tschausen.

So wie aussieht, muss noch eine Seite her. **Also:**

Gesamtfazit:
Der Plan, Gesamteuropa mit deutschem Geld zu kaufen, nachdem es mit Panzern nicht klappte, is nich schlecht. Stammt ja auch von Politikgrößen wie einem Franz Josef Strauss.

Dass der Deutsche *(also der Europäer)* dabei auf der Strecke bleibt, war von Frau Merkel nicht abzusehen. Da auch der Durchschnittswähler der CDU/ CSU natürlich ein Mensch ist, dem es einleuchtet, für einen Kriegsbeschädigten aus Syrien, oder ein halbverhungertes Kind aus Marokko, Asylrecht zu gewähren, das allerdings von etwa 10 Millionen Leuten ausgenutzt wird, sitzt sie in der Falle.

Auch sie will bei der nächsten Wahl über 40% der Stimmen erhalten und wenn sie sich gegen Asyl für jeden ausspricht, bekommt sie natürlich ein halbes Prozent von den Rechten. Wird dabei allerdings 10% Stammwähler verlieren.

Dass es sich dabei um dumme Stammwähler handelt, spielt dabei keine entscheidende Rolle. 10% sind 10%, egal, wie man es dreht.

Da Länder, die Platz oder Geld haben, ihre Peseten lieber für eine Fußballweltmeisterschaft ausgeben (ich spreche natürlich von Russland und Katar), statt einem Menschen mit Problemen zu helfen und dabei drauf zu gehen, wird Europa zum Verhängnis.

Macht also bitte Schluss damit, linke Holzköpfe zu wählen, die eigentlich nur euer Grab schaufeln. Hier nehm ich natürlich wieder die ca. 3000 Studenten aus, die eh nix zu verlieren haben und weiterhin von einer besseren Welt träumen.

Der Kommunismus is auf der ganzen Welt gescheitert *(China und Nordkorea werden folgen - definitiv)* und jetz versuchen uns die geistig leicht angeschwächelten Griechen, mit ihrem Hohlkörperparlament, mit in den Sog zu ziehen.

Gigantofinale

Der August ist ins Land gekehrt und der Juli hat bewiesen, dass die 500 Asylanten täglich, locker zu schlagen sind.

80.000 Menschen suchen Asyl in Deutschland, von denen garantiert etwas weniger als 98,3 % Wirtschaftsflüchtlinge sind.

Wo, bitte, soll das Enden?

Es heißt ja nichts anderes, als das mindestens eine Million Menschen monatlich nach Europa fliehen. Wann gibt es eigentlich keine Leute mehr, in Afrika?

In diesem Zusammenhang bin ich natürlich verpflichtet, den edelguten Toll Schwaicker zu erwähnen: er hat tatsächlich *(aus seiner Portokasse)* vor, ein Asylantenheim in Hannover zu bezahlen und beschimpft Leute, denen es einfach nicht so gut geht, wie ihm, als Spinner.

Lieber Toll: Wieviele glaubst du, dass du da unterbringen kannst? Und wer bezahlt dann für sie? 200 oder 400?

Sobald du dich dazu bereit erklärst, eine mittelgroße Stadt zu bauen, in der die Asylanten leben können und sie auch noch mit Lebensmitteln, aus eigener Kasse, zu versorgen, kannst du tatsächlich weiterhin einen Lauten machen. Bis dahin, bleibst du ruhig.

Bevor du jetzt beginnst, über mich zu schimpfen, Toll, also nochmal: Rechtsradikalismus ist einfach nur dumm. Aber die eigene Sicherheit erfordert manchmal Dummheit.

Wie lang, glaubst du, wird es dauern, bevor sie sich organisieren und das Haus des schlechten Europäers, der vor ihnen auf die Straße spuckt und sie Bimbo nennt, zu brandschatzen? Erwischt werden sie nämlich nie, da für einen Europäer jeder Araber oder Afrikaner gleich aussieht.

Du wirst vermutlich zu dieser Stunde auf Gran Canaria sein.

Jetzt also ein letztes Mal: Radikalismus ist in jeder Form an Dummheit nicht überbietbar. Es wird allerdings passieren, da wir dazu gezwungen werden. Natürlich wird die Grüne Gaby immer glücklich sein, auch wenn ihr Mann erschlagen, ihr Haus niedergebrannt und ihr Auto geklaut wurde. Solang sie sich ihren Stechsalat auf Gartenlaube schmecken lassen kann und alle glücklich sind. Zumindest die, die noch leben.

Komplettabschlüssung

Da der deutsche Verleger von mir normalerweise, warum auch immer, eine durch 4 teilbare Seitenzahl erhalten möchte, sehe ich mich gezwungen, doch noch 2 anzufügen. Dabei is schon alles geschrieben.

Was ich noch anführen könnte, wäre die übermittelte Anmerkung eines meiner Forscher *(ein Arschbäckatroniker der Extraklasse)*:

Eigentlich wäre es damals in Lateinamerika und Mitte auch zum Bürgerkrieg gekommen und zwar mann gegen Frau daß hätte sich der stolze damals zirka 1,38 großgewachsene monti wohl nicht länger bietet lassen die Streikrevolte gegen ihn führte damals nach meinen Forschungsergebnissen übrigens eine gewisse elli sanches eine ur ur ur Ureinwohnerenkelin von ja Sie hören richtig Elis schwarzer nun wie kam es zum stop der frigiden massendemo und da wiederholt sich die Jahrhunderte alte Geschichte die Länder wurden überfallen damals in Inkaland waren es die Spanier hier in Deutschland die islamischen Kämpfer und überall fallen sie mit Schiffe ein weis nicht ob es damals schon die spainair gab wir hier können jetzt nur hoffen daß der Überfall auf unser Land nachdem es geplündert ist nicht gar so blutig hinterlassen wird und wir unsere Muttersprache beibehalten dürfen ansonsten können wir noch gemeinsam beten daß sie uns keine ansteckenden Krankheiten und keine ausgestorbenen beutelzwiebelratten anschleppen zu ihrem weiteren Thema aus dem asiatischen Raum habe ich kein bedenken daß Gefahr droht selbst das yak unser tiebetanischer hochland grunz Ochse konnte seiner neuen Umgebung hervorragend angepasst werden es war sehr schön von ihnen zu lesen verzeihen Sie mir die verspätete Rückantwort aber es war sehr harter Stoff der seine zeit brauchte hochachtungsvoll ihr arschkriech arsch bäckadroniker.

(Da es sich lediglich um eine Kopie, der Mitteilung an mich, handelt, bitte ich darum, die Rechtschreib- und Grammatikfehlers außer Acht zu lassen. Ich werde mich sofort um seine Teilnahme an einem Legasthenikerkurs bemühen. Er kann wirklich nur Arschbacken. Das allerdings hervorragend.)

Als letzte Seite also nochmal die Zusammenfassung *(das kann man nich oft genug lesen)*:

Die Grundregeln der Doofifizierung:

Menschen, die gegen Menschenrecht verstoßen, sind doof.

Menschen, die denken, dass sie Recht haben, da sie stärker sind, sind doof.

Menschen, die Extremparteien wählen sind doof.

Menschen, die denken, dass man mit europäischem Geld, alle Weltleiden lindern kann, sind doof.

Toll Schwaicker is doof.

Gregör Weltbeherrschov is doof.

Das Beibehalten dieser Zeitumstellungen is doof.

Das Festhalten, am bayrischen Nichtrauchergesetz, is doof.

Dies Werk verbieten zu wollen, is doof.

Kommunistische Parteien *(oder PDS)* zu wählen, is doofer.

Finalreim:

Obwohl ich fest an mich geglaubt,
die Steuer mir den Erfolg raubt.
Sieh also ein, dass wichtig ist,
dass du das Hilfskonto nicht vergisst.
Doch welche Seite war es bloß?
Auf 35b fällt´s dir in den Schoß.

Dann halt noch vier

Jetz is es tatsächlich passiert. Diese GeStaPo West droht den Verlegern und gebietet ihnen, dies Werk auf **keinen Fall zu drucken.**

Für mich wird schwierig, denn diese GeStaPo West is nunmal nicht zu greifen.

Dafür werden sie schließlich bezahlt.

Jetz habe ich wirklich so geschrieben, dass man problemfrei erkennen kann, dass es sich bei mir um einen guten Mann handelt, der auch Satire zu händeln weiß. Bisschen Ironie, schadet nie. Dachte ich. Scheint aber zu schaden.

Also noch mal deutlicher: es gibt in Deutschland keine Armut. Zumindest nicht für Asylanten. Ich bin vermutlich der einzige, der durch die Straßen läuft und Deutsche dabei beobachtet, wie sie Billigstoff in sich aufsaugen, da sie von der Gemeinschaft vergessen wurden, während neben ihnen auf Parkbank, der junge Mann aus Ruanda in Markenklamotten sitzt, um mit dem neuen Laptop zu spielen, während er mit seiner staatlich finanzierten Flat-Rate, mit seiner Mutter telefoniert.

Und diese Markenklamotten sind wichtig. Wie soll er sonst am Sozialamt wie ein Mensch behandelt werden. Da gings ihm ja nicht besser, als einem Deutschen.

Der Zusatzaspekt ist: sobald es telefonische Kontaktprobleme nach Ruanda gibt, wird er seine Mutter anskypen müssen. Dann kann sie ihn sehen und weiß, sie sollte ihre restlichen 23 halbnackten Kinder nach Marokko schicken, um sie nach Italien schiffen zu lassen. Den Weg nach Deutschland, werden sie dann schon finden.

Denn in Deutschland wird für sie gesorgt. Hugo Boss Anzüge, ein Laptop, ein Handy und natürlich ein Fahrrad. Ganz abgesehen davon, dass in Deutschland wirklich höchstens ein Deutscher verhungern kann. Bei einem Asylantragsteller geht das nicht.

Noch nich mal theoretisch.

Es is ja jetz nicht so, dass keine Lösung gesucht

wird. Diese Versuche werden allerdings durch wirklich gute Menschen wie Toll Schwaicker unterminiert. Es is doch so schön, zu zeigen, dass man ein richtig sozialer Typ ist und dass man sehrwohl ein Spendenkonto für den Bau eines Asylantenwohnheims aufmachen kann, da man das eigene Geld ja später für die Flucht nach Gran Canaria benötigt.

Einmal noch, Toll: auch ich bin für den Bau eines Asylantenheims. Es sollte sich allerdings auf Lampedusa befinden, damit der Itaker sich um den Burschen kümmern muss.

Er wird seinen Weg nach Deutschland schon irgendwie finden, Toll. Da wird er natürlich irgendwo erwischt und nach Hause geflogen.

Das kann allerdings auch ein Lebensziel sein: denn er bekommt am Flughafen München noch ein Abschiedsessen, dass halt dann reichen muss, bis er mit dem nächsten Flüchtlingstransporter wieder in Italien landet. Seinen Anzug darf er natürlich mitnehmen, den er einfach daheim positioniert und halbnackt, die nächste Flucht inszeniert.

Gute Menschen, wie du, könnten dann ein Spendenkonto eröffnen, von dem 1.000,-- Mark ausbezahlt werden, für jeden Illegalen, der zum 10. Mal nach Hause fliegen muss. Dann kann er sich, für den 11. Versuch ein Taxi nach Marokko leisten.

Spätestens nach 3 Jahren und ungefähr 50 Versuchen, macht er in Ruanda einfach einen Kleiderladen auf und hat es geschafft.

Natürlich nicht, falls dieser Plan Schule macht. Dann wird es in Afrika keinen Schwarzen mehr geben, der nicht versorgt ist mit einem Anzug, der eigentlich nicht klimaorientiert geschnitten ist.

Doch zurücks zu meinem Problem.

Ich bin nicht dumm und mir ist selbstverständlich klar, dass die GeStaPo West, von höchster Stelle instruiert, dagegen vorgehen muss, dass die Wahrheit an die Bevölkerung gerät.

Aber warum wird sie angewiesen?

Wir sind ein Volk von Führer- und Kaisertreuen. Revolution wird es in Deutschland nicht geben. Dieser Versuch von 1848/49 hat bewiesen, dass Revolution keinen Rückhalt in der Bevölkerung bekommt und scheitern muss, weshalb das gar nicht mehr versucht wird.

Wie sollte ich jetzt also vorgehen?

Da diese GeStaPo West nunmal nicht greifbar ist, werde ich sie einfach anzeigen. Eine Anzeige gegen die Deutsche Staatssicherheit ist zwar von vornherein zum scheitern verurteilt, aber ich bin verzweifelt genug, den Versuch zu starten.

Falls ich dafür Geld benötige *(was höchstwahrscheinlich ist)*, habe ich mir von meinem Geheimdienst bereits einen Devisenbeschaffungsplan erarbeiten lassen, der einen Dakriegstdumitsicherheitfliederkorrespondenzwert von weit über 7,8 aufzuweisen gedenkt.

Ich besorge mir eine Flasche Raki, wanke zum Amt und erzähle dort, dass ich Grieche bin und Geld benötige. „Ein Grieche der Geld braucht“, wird sich dann wie ein Blitz im Amt rumsprechen und der Leiter dieses Versorgungsunternehmens muss dann sicher nur sein rotes Telefon rausholen, mit der Kanzlerin sprechen und im Anschluss sein Scheckheft zücken.

Langsam werd ich müde.

Über ein Jahr versuche ich nun, dieses Stück, auf das Gesamteuropa wartete, auf Tresen zu bekommen.

Doch es gelingt nicht - aber warum nicht?

Man kann wirklich rauslesen, dass ich für Hilfe bin. Menschen mit Problemen sollte geholfen werden. Dass das allerdings von jedem, der einfach einen Europäer für seinen Lebensunterhalt aufkommen lassen möchte, ausgenutzt wird, ist das Problem.

Und da spreche ich nicht von den Afrikanern. Der Osteuropäer an sich, ist der Kern des Problems. Afrikaner, die noch nicht verhungert sind, kann es eigentlich gar nicht zu viele geben.

Die Politik ist zwar gerade dabei, diese Wurzel des Übels auszumerzen. Warum, bitte, braucht ein Mensch aus einem EU-Anwärterstaat Asyl?

Geschafft: jetz sind 4 zusätzliche Seiten voll. Jetzt geht es nur noch darum, diese Sache verkaufbar und bekannt zu machen und alles, wirklich alles wird gut. **Amen.**

Meine Schlüssbitte, wird euch auf keinen Fall überraschen. Ich hab Erfolg definitiv verdient und mit einer Unterstützungsübereignung auf das Konto der Konten *(Seite 35b)*, würdest du mir helfen.

Merci.

Wat mut, dat mut. Also noch 2

Mit den letzten vier Seiten, wollt ich die Staatssicherheit austricksen. Anscheinend wissen diese Typen aber ganz genau, dass ich sie nich anzeigen werde, da ich keine Chance hätte.

Was ich also benötige, wär ein Verleger mit Eiern, jemand, der den Jungs der GeStaPo West einfach den Finger zeigt und mir hilft.

Ich habe meine Forderungen bereits auf das erträglichste Minimum reduziert. Das würde bedeuten, dass dieser Berg von einem Verleger reich werden würde, was er auch verdient hätte.

Die neueste Masche dieser Verlegers ist es jetz, mir weismachen zu wollen, es gäbe für dieses Stück keinerlei Zielgruppe?

Ich, für mich persönlich, halt diesen Europäer eigentlich für eine der gewaltigsten Zielgruppen, die man wählen kann. Und erneut wird es so sein, dass ich mich täusche und der gar nicht lesen kann. Unwahrscheinlich, aber möglich.

Vielleicht bin ich der einzige und es hat mir nur keiner gesagt. Durch meine ganze Schulzeit hindurch, wurde es mir verheimlicht, dass ich der einzige Europäer bin, der lesen kann.

Angeblich wär es diese Zusammenführung von religiösen mit Asylthematik übergreifenden Themen, die es unlesbar macht.

Doch was heißt hier unlesbar? Selbst der Roman an sich ist komplett verwirrt, wegen der überragenden Zusammenführung von Wortstellungen und Satzgebilden. Er kennt sich nicht mehr aus un soll plötzlich unlesbar sein?

No sir. Da gibt es keinen Weg, dass ich diesen Ünsinn glaube.

Es ist die GeStaPo West, die einfach nicht wahrhaben will, dass uns die Aufnahme von ca. 300 Millionen Asylsuchenden das Genick brechen wird.

Wobei? Unter durchaus erdenkbaren Vorstellungen, handelt es sich bei der GeStaPo West tatsächlich um eine Rechte Einrichtung, die sich darauf freut, endlich hinter einem Führer nachlaufen zu können, der dies ganze Asylpack an die Wand stellt.

Nein. Völlig unmöglich. Wenn ich darauf beharren würde, käm ich ja aus dem Gerichtssaal nicht mehr raus. Aber der Gedanke ist nachvollziehbar.

Ich werd das jetz auch durchziehen und einfach eine Klage einreichen. Spätestens zu diesem Zeitpunkt, wird nämlich darüber geschrieben und gesprochen werden. Nach meinem Kantersieg vor dem Bundesgerichtshof *(also in ungefähr 3 Jahren)*, werden sich auch die Verlegers um dies Stück reißen.

Da ich mich nich zum dritten Mal wiederholen möchte, verzichte ich auch darauf, noch 2 Seiten einzudröseln, um durch 4 teilbar zu sein. Das kriegen die Verlegers schon gebacken.

Auf was ich zusätzlich verzichte, ist, euch zum 35b-ten Mal mitzuteilen, was ihr als nächstes zu tun habt. Diese Sache wird funktionieren, da ich an mich glaube.
Und an Ihn.

AMEN

Achtung, Durchsage:

Da so ein Stück im Prinzip niemals fertig sein kann und mir die GeStaPo West noch Zeit lässt, zu verlängern, werde ich auch die letzten beiden Seiten in Angriff nehmen, um auf 316 *(also durch 4 teilbar)* zu kommen.

Neueste Erkenntnisse, die ich über mein Spitzenagentenpäarchen 0815 und Bopstrotzki bekam, lassen die Vermutung zu, dass diese Asylanten überhaupt nix dafür können, nach Deutschland zu wollen.

Angeblich lies die ehemalige Rote Bundesregierung, während ihrer Amtszeit, in Kellern der vormaligen deutschen Gebiete Polens *(also in ganz Polen)* einen, seiner Zeit weit vorauslaufenden, Asylantenanziehemagneten entwickeln.

Und ich habe mich schon gefragt, warum so ein Asylant durch teilweise über 8 sichere Länder nach Deutschland kommen muss. Es ist also nicht wegen der Markenklamotten, des Handys oder des Fahrrades *(wobei sich das eh bald ändern wird - wie soll er bitte mit einem Rad während seines Weihnachtsasylantenurlaubs, der sich ja nur zwischen den Auszahltagen 30.11. und 30.12. befinden kann, den Weg zum Kongo zurücklegen und rechtzeitig zur Auszahlung von Sozialhilfe zurück sein?).*

Er wird also ein Auto benötigen, was der deutschen Automobilindustrie natürlich in die Hände spielt. Ein staatlich subventionierter BMW, für jeden Asylanten, der zumindest glaubwürdig versprechen kann, in seiner Heimat einen Führerschein besessen zu haben, den er natürlich nicht mitnehmen konnte, denn wenn jeder der etwa 200 Flüchtlinge auf diesem 8-Mann-Rettungsboot auch noch Papiere mitnehmen würde, würde das das zulässige Beladelimit des Bootes entscheidend überschreiten und sie würden bereits 18 m vom tunesischen Hafen entfernt sinken.

Zu früh, für einen Notruf.

Doch was brachte die Roten darauf, Gelder in den Bau eines Asylantenanziehemagneten zu stecken?

Die Lösungs scheint nicht nur einfach, sie ist es:

Durch vorliegende Umfragewerte, lies sich eine Machtübernahme von Schwarz-Gelb erahnen. Weshalb ein Problem erzeugt werden musste, an dem diese zukünftige Regierung Deutschlands brechen würde. Das mittlerweile Schwarz-Rot an der Macht ist, war nicht abzusehen.

Leider sind die Baupläne des Magneten verloren gegangen und wirklich niemand weiß, wie man dieses Teil ausschalten könnte.

Die Kanzlerin *(im erfundenen Stück)* hat angeblich bereits über 100 asylbeantragende Forscher im Keller des Reichstages, wo sich das Ding befindet, eingesperrt und fordert vehement nach einer Lösung.

Da wird immer mal wieder ein toter Forscher rausgetragen und hinter dem Gebäude verbuddelt.

Meine Vermutung: er hat des Rätsels Lösung entdeckt *(vermutlich ist es der Aus-Schalter)* und wird daraufhin von den anderen getötet, da die erst warten wollen, bis alle ihre Verwandten und Bekannten angezogen wurden, um garantiert gesamtfamilientechnisch „gerettet" zu sein.

Hier also mein Vorschlag für Frau Mörtel:

Gegen Überweisung eines nich allzu kleinen Betrages, werde ich meine Allesrausfinders darauf ansetzen. Zur Not stecken wir ihn einfach in ein Transportflugzeug und werfen ihn in Zentralsibirien ab.

Als dann, nochmal: vielen Dank an alle. An euch und unseren Gott.

(und denk bitte an das Wichtigste !!!)

Für den Moralapostel

Also jeder, der jetzt denkt, dies Stück würde meiner Meinung entsprechen, kennt den Begriff Ironie nicht.

Falls die Dinge, die der Asylant trägt, einen Namen haben, kommt das einfach daher, dass es von jemandem gespendet wurde. Diese Asylanten versuchen sich in der Regel auch einzugliedern, deutsch zu lernen und zu arbeiten. Sie sind durchschnittlich garantiert weniger Straftäter, als der deutsche Sozialhilfeempfänger.

Nur 2 Aussagen aus dem Werk entsprechen wirklich meiner Befürchtung:

> 1. Diese Extremisten des IS sind edelkrank. Sie werden den Terror auch nach Deutschland tragen und
>
> 2. Am Tag wollen etwa 3.000 Menschen nach Deutschland, obwohl sie ihre Flucht durch eine vielzahl „sicherer“ Staaten führte. Die schieben sie einfach weiter, was diese Asylanten auch wollen. „Der Deutsche macht das schon, er kümmert sich um mich“, geht durch ihre Köpfe.

Wie lange soll das funktionieren?

Dieses Schlechtsein wurde nicht in der Türkei erfunden. Auch nicht in Rumänien oder Uganda. Es gibt diese mächtigen, bösen Männer *(und Frauen (danke, Alice))* überall. Auch bei uns. Die organisieren dann die Asylanten aus ihrem Land und lassen sie für sich Straftaten begehen. Diese Menschen sind hilflos, wenn wir ihnen nicht helfen.

Aber genau da sind wir beim Punkt:

Ich maße mir nicht an, beurteilen zu können, welcher Asylant zurecht hier ist und wer einfach ein schönes Leben haben will. Da hat die Politik genug zu tun und wir sollten sie einfach entscheiden lassen. Ach ja: meine Äußerungen über Politiker entsprechen natürlich auch meiner Meinung. Eigentlich ist das ganze also nur mein Versuch, mich zu retten. Herausragend inszeniert und göttlich ausgedrückt.

Oh, schade. Durch diese Erklärungsseite bin ich mal wieder dazu gezwungen, mir noch 3 Seiten aus dem Ärmel zu schütteln.

Ich beginne also mal so: es ist unglaublich einfach, am Stammtisch seiner Lieblingskneipe zu sitzen und nach der Einführung von 5 Halben Bier zu politisieren und Schuld zuzuweisen.

Die Einsicht, die der gewöhnliche Mitteleuropäer in diese weltpolitischen Fragen hat, ist allerdings dafür in keinster Weise ausreichend.

Denn dieser Mensch, der keine feuchten Augen bekommt, wenn mal wieder ein totes Kind aus dem Mittelmeer gezogen wird, ist kein Mensch im richtigen Sinne. Er hat das Tier in sich bewahrt.

Jetzt haben wir natürlich das Problem, dass wir als Europäer durchschnittlich als Menschen erzogen wurden. Auch durch den Einfluss unserer christlichen Religion. Durch Werte, die dem gewöhnlichen Araber nunmal fehlen.

Wie kann es sein, dass eine fanatische Trottelvereinigung, wie diese IS-Komantschen, bei denen die Frau nicht den geringsten Stellenwert hat und mit Mädchenhandel ihr Geld machen, europäische Jugendliche dazu bringen, nach Syrien zu reisen um mit Ihnen zu kämpfen? Das sind Tiere geblieben. Dumme Tiere, wie die jungen Männer, die in Deutschland keinen Fuß in die Hühnerwelt bekommen und so lieber für Allah sterben wollen, da sie ja dafür dann ungezählte Jungfrauen ans Bein gefesselt bekommen *(?)* und sich glücklichstoßen können *(Doppelfragezeichen)*. Für wie dumm halten diese Burschen unseren Gott ??? *(Da mussten 3 Fragezeichen hin)*.

Wir können helfen und das sollten wir auch. Allerdings nicht der ganzen Welt, weshalb ich mir sicher bin, dass unsere *(erfundene)* Kanzlerin einen Weg finden wird *(muss sie ja auch, da ja nunmal Wahlen bevorstehen und die Rechte Seite wirklich die Überholspur wählte und gefährlich nahe kommt)*.

Die letzten beiden Seiten also noch für meinen Freund Hank.

Er kam durch völlig übertriebene Hilfsbereitschaft nunmal an seine Grenzen. Durch das Verleihen und Verschenken von über 80.000,-- Mark, konnte er teilweise Zahlungsaufforderungen nicht nachkommen und erhielt seinen Eintrag in der Schufa.

Da allerdings auch Banken wissen, dass man keinem Menschen einfach so trauen kann, erhält er von keiner die nötigen 60.000,--, um sich zu retten und zumindest das Auto, das er für Eva II auf Pump kaufte zu verscherbeln, denn da muss er ja erstmal den Fahrzeugbrief freikaufen.

Für mich persönlich ein Witz: überall wird mit Umschuldungskrediten geworben, aber wenn man dann einen braucht, eben weil man in der Schufa steht und da raus möchte, kriegt man keinen Kredit - eben weil man in der Schufa steht? Diese Kredite sind also nur für Menschen, die überhaupt keinen Kredit brauchen, da sie eh in Geld schwimmen?

Hank hat wirklich jede Bank versucht, sogar 10% Zins geboten, bekam aber immer nur den Mittelfinger gezeigt, den der jeweilige Bankangestellte am schnellsten ziehen konnte.

Was keine Bank hinkriegt, werd ich also hier versuchen:

Irgendwo muss er sein, der Mann *(die Frau (danke, Frau Schwarzer))*, der dies Stück liest, es versteht und erkennt, dass man Hank einfach trauen muss und dabei noch Gewinn erzielt. Bei diesen Festgeldkonten und Sparbüchern werden eh nur um die 1% bezahlt. Bei Überweisung von 60.000,-- Europäischen Mark, würde Hank 6 Jahre lang monatlich 1000,-- Deutsche Euro zurückphilosophieren *(also 72.000,--)*, was etwa 6% Zins wäre. Sind es sogar bestimmt. Eher mehr, werd das allerdings nich nachrechnen. Da reicht die Schätzung des Professors spielend.

Risikofreier kann man ein Geschäft nicht machen. Einzig dem Papst Geld zu leihen, wäre ähnlich risikolos. Wobei ich mir da nicht sicher bin.

Wenn dich dein Gewissen also dazu verleiten könnte, zu helfen, einfach ein Angebot *(auch mit eigenen Zins- bzw. Abzahlungsvorschlägen)* an wolf????@gmx.de *(erledigt)* aufstreichen und eindrücken.

Doch nun weg von Hank, zurücks zu mir.

Wie du dir vermutlich bereits ausgerechnet hast, bin auch ich schon Rentner. Das bedeutet natürlich, dass, sobald dies Werk ein zumindest teilweise Erfolg wird, mir jede Mark, die ich damit verdiene, von meiner Rente abgezogen wird. Ich habe also diese Wortgewalt für die hohle Hand zusammengeschnitzt. Und natürlich für dich, verehrter Leser.

Es muss also der Erfolg werden, von dem ich träumte und deshalb bitte ich euch, es euren Freunden zu empfehlen, es bekannt zu machen, die Verkaufszahlen der Bibel zu überholen.

Meine Art von Humor ist nunmal einzigartig und alles überragend. Zumindest habe ich den Eindruck und egal wem ich davon vorgelesen habe, er konnte sich vor lachen nicht mehr halten. Also von Alt bis Jung, von Reich bis Arm, von intelligent bis geistig unbewaffnet, jedesmal musste ich nach dem Vortrag seine Zehennägel wieder nach unten dröseln, so schief hat er sich gelacht.

Meine Hoffnung ist also nun, dass sich die Nationalen Sicherheitsbehörden durch diese letzten Seiten davon überzeugen lassen, dass ein Verbot des Stückes keinerlei Nötigkeit nachzuweisen in der Lage sein wird *(ich bin auch stolz, es durch keinerlei Lektorat gejagt zu haben)*.

A M E N

Dann also doch noch ein Vorschlag:

Das größte Problem des nördlichen Afrika ist zweifellos die Unfruchtbarkeit des Bodens.

Ich bin nunmal nur Experte für Ahnenforschung und die Jungs mit Plan werden mich jetz gleich auf Wüste schicken wollen, aber warum wird der längste Strom der Erde, der Nil, nicht im Sudan geteilt und die Hälfte davon durch Libyen und Algerien ins Mittelmeer geleitet?

Das würd nicht nur ernährungstechnisch einiges bringen, sondern wirtschaftlichen Aufschwung bedeuten.

Jetz mal ganz zu Schweigen, von dem Milliardenauftrag, den dies Unternehmen der Firma (also einer deutschen) einfahren würde. Afrikanische Arbeiter, die sich für den Arbeitseinsatz nach Hause schicken lassen, hätten wir auf alle Fälle genug. Eher mehr als ausreichend.

Ich schätze jetz mal, dass dies Ding etwa 20 Jahre dauern würde. 20 Jahre Vollbeschäftigung in Afrika.

Na gut. Vermutlich reicht bereits ein Staudamm, der den Nil einfach zur Hälfte nach Nordwesten entlässt. Er wird sich seinen Weg dann schon bahnen. Scheitern dürfte es vermutlich wieder aus politischen Gründen. Was hätte der Sudan davon, Wüstenafrika mit Wasser zu versorgen?

Und natürlich würde die Nilschifffahrt in Ägypten zusammenbrechen. Das wäre allerdings nur ein kleiner Preis, wenn man als Gegenleistung dafür die Rettung Afrikas und Europas dagegensetzt.

Und erneut is es mir nicht gelungen, durch 4 teilbar zu sein. Allerdings interessiert mich das eher gar nicht. Der Verleger, wenn ich denn einen finde, wird´s schon gebacken bekommen.

Servus.

Dann halt noch 3

Da ich aus dem Bauch heraus schreibe, is das mehr eine Schätzung. Hoffentlich krieg ich 3 voll.

Dann also nochmal zu unseren Politikern. Wegen dies Stückes, habe ich mich an den Bayrischen Ministerpräsidenten Senfhoffer gewandt, da unsere Berlinspinner das garantiert nicht hinbekommen hätten.

Er hat es garantiert überhaupt nicht zu Gesicht bekommen, als ich von seinen Büroangestellten die Antwort bekam: es gibt in Deutschland keine Staatssicherheit und keine Verbotslisten. ?.

Ich musste kurz lächeln, so wie ich vor einigen Wochen bei einem Bericht über unsere Europaparlamentarier lächeln musste.

Da wurde ein Kamerateam nach Brüssel geschickt, um Freitagfrüh zu filmen, wie viele Abgeordnete sich noch das Sitzungstagegeld *(von etwa 200 Mark)* holen, sich in die Teilnehmerliste eintragen und ansatzlos die beschwerliche Reise nach Berlin auf sich nehmen.

Das war witzig. Teilweise haben sie sich die Hände vors Gesicht gehalten und sind sofort umgekehrt, als sie die Kamera sahen. Auch das ist irgendwie logisch.

Wie sollten sie sonst an der nachmittags stattfindenden Aufsichtsratssitzung des Unternehmens teilhaben, bei dem sie doch auch grob geschätzte 150.000,-- Mark monatlich „verdienen". Sie haben übrigens sofort nach dem Sicherheitsdienst gerufen, der das Team des Platzes verwies.

Politiker sind in diesem Land einfach überversorgt. Da frage ich mich natürlich, weshalb, nachdem ein Politiker sowieso innerhalb kürzester Zeit einen Pensionsanspruch erwirbt, man nach 4 Jahren einfach eine andere Partei wählen kann? Ach ja, damit noch so ein Pfosten Pension erhält. Wir können uns das ja leisten.

Und an den Bayrischen Staatschef musste ich mich wenden, da Bayern nicht nur das größte, sondern auch das finanzstärkste Bundesland ist, was nicht umsonst an der Stabilität der Regierung liegt.

Die CSU regiert hier seit knapp 60 Jahren. Allein schon durch die gesparten Pensionen für andere Parteien, musste aus Bayern was werden.

Was mich zusätzlich erheitert, ist, dass diese islamischen Ölförderstaaten so gut wie keine Asylanten aufnehmen, da sie ihr Land besser unter Kontrolle haben wollen.

Auch da habe ich natürlich eine Lösung parat:

Überweist doch einfach der EU 10 Milliarden Mark pro Jahr und sie werden sich kümmern, um eure islamischen Brüder, für die man ja nur sein Schwert erhebt, sobald der Prophet irgendwie „beleidigt“ wird. Ansonsten tun wir nichts für sie.

Es stellt sich mir zum Schlüss noch die Zusatzfrage: Warum kommen nur junge kräftige Schwarze nach Europa, die eigentlich in ihrer Heimat gebraucht würden und keine gebrechlichen, hilfsbedürftigen älteren?

So, waren zwar nur 2, werd die Überschrift allerdings auf keinen Fall ändern. Under circumstances fällt mich doch noch eine Seite ein. Macht das also gut und danke für den Fisch *(Leseratten werden wis-*

sen, dass es sich bei den letzten Worten um eine Hommage an Douglas Adams, den Mann, der im Prinzip meinen Schreibstil formte, handelt. Ich musste wirklich nur beim eigenen Stück mehr lachen als bei „Per Anhalter durch die Galaxis“).

Die Willkommenskultur

Da ich eh im Höchstfall einen Verleger außerhalb der EU finde *(da der Arm der GeStaPo West weit reicht)*, kann ich nochmal Wahrheit einstreuen.

Es geht uns zu gut. Jedenfalls versuchen uns die oberen 10.000 das klarzumachen. Es gibt keine Fernseh- oder Radiodiskussion mehr, in der nicht Gutmenschen über die Nötigkeit von Unterstützung sprechen, die vorher ihr Geld nach Spanien transferiert haben, da Spanien überleben wird. Welcher Asylant möchte in ein Land, indem er nur 24,25 Mark Kindergeld bekommt?

Statt allerdings den tausenden wohnungslosen Deutschen zu helfen, oder unseren etwa 20 Millionen Rentnern 1% mehr Rente zukommen zu lassen (was ungefähr 100 Millionen pro Monat kosten würde), sollten wir menschlich sein und den IS importieren (was „nur“ 2 Milliarden pro Monat kostet).

Der Araber ist nunmal der Europäer des 11. Jahrhunderts. Auch wir hatten damals falsche Propheten *(Päpste)* und waren gläubig und dumm. Laut seines Glaubens wird er im Himmel dafür belohnt, einen „Ungläubigen“ bestohlen oder getötet zu haben. Was soll ihn davon abhalten, wenn er erst 30 Millionen Köpfe hoch ist?

Die Frau hat im Islam keinen Wert und ist auch

noch glücklich darüber, da sie so erzogen wurde, wertlos zu sein und dem Manne zu dienen. Da wundern mich natürlich Bilder vom Münchner Bahnhof, auf denen Frauen Willkommensgeschenke für Araber dabeihaben.

Auch die deutsche Frau will also einen Macho, der ihr klarmacht, um welches Stück Dreck es sich bei ihr handelt *(seit Fendrich wissen wir das allerdings bereits)*.

Hier also meine Prognose:

In etwa 3 Jahren brechen IS-Terroristen ins Haus von Frau Mörtel ein, erschlagen ihren Mann, vergewaltigen sie mehrfach und urinieren ihr in den Mund, bevor sie ihren Kopf vom Körper trennen *(sowas ist oft tödlich)*. Vergewaltigen werden sie sie nur, damit sie noch was davon hat, Deutschland komplett unter Wert verscherbelt zu haben. Danke, Angela.

Man kann auf der ganzen Welt stolz auf sein Land sein. Außer in Deutschland - wegen unserer Vergangenheit. Fertig: wir schreiben nine/eleven 2015. Ich halts für ein Zeichen. Jetz brauch ich Glücks.

Also doch kein Zeichen

Jetz is dieser verdammte September fast um und noch kein Licht am Ende des Tunnels erkennbar.

Ich bin so verschuldet, dass ich mein Haus, das ich ja eigentlich für meine Kinder baute, verkaufen muss. Es gibt jetz schlimmere Schicksale, als sein Haus verkaufen zu müssen. Es is ja schonmal gut, überhaupt eins verkaufen zu können.

Weshalb ich auch nur halbtraurig bin. Es wird also auch mir so, wie den übrigen großen Künstlern, gehn, dass der Erfolg erst nach meinem Tod eintrifft. Na zumindest hat die Politik mittlerweile leicht eingelenkt und den Zustrom schwieriger gemacht.

Die Kernproblematik in Europa ist nunmal, dass man sich entweder als Menschenfreund und Aufnahmeathlet zu erkennen geben muss, oder als Rechte Nazisau verschrien wird.

Ich würde mich wirklich auf eine Diskussion mit einem dieser Gutmenschen freuen. Er könnte mir sicherlich erklären, wie 50 Millionen geborene Deutsche 5 Milliarden Mittellose durchfüttern könnten und dabei die Radikalislamisten so zu besänftigen, dass sie sie wirklich nicht abschlachten, sondern einfach glücklich sind, ein so dummes Volk gefunden zu haben, dass für sie arbeiten geht.

So gesehn müsste das eigentlich gehn. Das sind ja nur 100 pro Mann. Also entschieden weniger, als die Bernrieder damals pro Wohnung aufnehmen mussten.

Oha, ein Denkfehler. Es geht ja, trotz des Magneten, nich nur um Deutschland. Wenn wir 5 Milliarden auf die EU verteilen, muss jeder nur 10 aufnehmen. Wobei diese linken Gutmenschen sich da sicherlich rauskaufen können.

Bevor sie 10 heimatlose IS-Kämpfer bei sich aufnehmen, verkaufen sie Ihr Kontingent einfach an einen der unter Brücke wohnt. Der hat auch Platz für 20. Und noch ein Fehler: Flüchtlinge lassen ja immer ihre Frauen zuhause. Werden also nur halb so viele.

Das Tagebuch des Völkermörders

25.09.2015

Da diese Sache, als Putin Bibel nunmal nich verkaufbar ist, werde ich es einfach in „Das Tagebuch des Völkermörders" umbenennen und meine Einträge mit Datum versehen.

Außer bei der Überschrift, mache ich mir nicht die Mühe, das Ding zum 71sten mal durchzulesen und komplett zu berichtigen.

So wie ich hoffe, wird es ohnehin eminent kurz, da es rein vom Prinzip her einen Verleger geben muss, der gewinnorientiert denkt und sich nich auf Hose macht, weil die GeStaPo West mit dem Finger zeigt.

Der Name ergibt sich eigentlich von alleine, da ich durch dies Werk für den Tod von knapp 100.000 Menschen die Verantwortung trage, dies allerdings gern auf mich nehme, da ich dadurch das Leben von etwa 500 Millionen EU-Bürgern rettete.

Denn egal, wie man es betrachtet, diese Arabers sind seit ihrer Kindheit darauf getrimmt, „Ungläubige" abzutöten und dafür auf Himmel belohnt zu werden. Natürlich werden sie in den ersten 6 Monaten nach ihrer Rettung halbdankbar sein.

Spätestens, wenn sie satt sind und beginnen, sich an ihre Jugend zu erinnern und daran, dass einzig sie die „richtige" Religion haben, werden sie sich zusammenschließen und Einbrüche durchziehn, vergewaltigen und morden.

Ob uns dann die Bundeswehr oder 10.000 Polizisten gegen 30 Millionen Irre retten könnten, bleibt abzuwarten. Scheint allerdings aussichtslos.

Bei aller Liebe, die auch ich für jeden Erdbewohner empfinde, bleibt dieser Araber ein kranker Mensch. Er kann nichts dafür, da er seit seiner Kindheit darauf abgerichtet wurde, böse zu sein, da Allah das will, aber warum sollten wir einen kranken Typen aufnehmen und ihm helfen?

Und schon ist Schlüss

Mein Plan war gewaltig. Allerdings relativ nutzlos. Ich habe ihn endlich gefunden. Den Verleger, der keine Abneigung gegen Gewinne hat und es mit der GeStaPo West aufnehmen wird.

Ich bin bis heut nicht dahinter gekommen, warum dieses Teil überhaupt verboten wurde.

Es ist doch einwandfrei herauslesbar, dass ich gut bin. Neins, dass ich alles, wirklich alles überragend bin.

Einer der friedliebendsten Menschenfreunde wo gibt.

Allerdings zusätzlich unglaublich schlau und vernünftig.

Was mir halt jetz als Musterlösung einfallen würde, wäre mit etwa keinem Menschenrechtstrottel verhandelbar:

Und zwar müsste mal wieder die Weltpolizei USA ran und das gesamtarabische Gebiet mit Aerosolbomben eindecken. Also den Dingern, wie sie im Kinofilm Outbreak mit Dustin Hoffman benutzt wurden, um einen Virus zu eliminieren. Dies moslemische ist halt einfach ein Virus.

Natürlich besser und richtiger gesagt: es wird zu einem Virus gemacht, durch wirklich unglaublich schlechte Menschen, die ihr Volk einfach dumm halten und belügen.

Wobei sich hier natürlich wieder Parallelen zum Europäer des Mittelalters ziehen lassen.

Ich hoffe jetzt mal, dass der geneigte Leser sehr gut erkennen kann, dass ich selbst gar nicht für diese Lösung sein kann, da es sich eben um Menschen handelt.

Kann man sie tatsächlich zum Tode verurteilen, nur weil sie einfach mit einer falsch ausgelegten Religion großgezogen wurden?

Grade der Deutsche hat ja vor gar nicht allzu langer Zeit 20 Millionen Migranten aufgenommen. War zwar damals leichter, da sie ihr eigenes Land mitgebracht haben, aber es wurde geschafft: der Ostgermane scheint integriert zu sein.

Vielleicht noch eins: warum seh ich im Internet immer nur syrische Frauen, mit Gewehr in der Hand, gegen den IS kämpfen?

Eigentlich logisch, da ihre Männer ja dabei sind, den ungarischen Grenzzaun einzutreten, um in Deutschland um Hilfe für ihre Familien betteln zu können, die sie einfach zuhause gelassen haben. Ein wirklich schlauer Mann, dieser Syrer. Wie soll er an Hilfe für seine Frauen kommen, wenn er sie mitnimmt?

Als letzte Worte also nochmal meine Bitte, an die Führer der Weltreligionen:

Versucht Frieden zu stiften unter euren Gläubigen. Macht andere Religionen nicht schlecht.

Einigt euch darauf, dass unser Gott der Selbe ist, egal, wie man Ihn nennt.

Gebt den Frauen Rechte. Nicht zu viele, aber einige.

Als denn, mein Dank für eure Aufmerksamkeit und sorgt dafür, dass dies Teilchen ein gnadenloser Erfolg wird.

Nachschlußanmerkung

Alle im Stück benutzten Angaben entsprechen einfach der Wahrheit. Klar, mit Ausnahme der erkennbar erfundenen Anzüglichkeiten.

Und natürlich meine Hinweise auf die beschriebene Seitenzahl, da ich doch noch das eine oder andere nachträglich einzwergeln musste.

Leider auch, mein Hinweis darauf, einen Verleger gefunden zu haben. Hatte nur keine Lüst mehr, weiter am „Tagebuch des Völkermörders“ zu schreiben, weil mir dieser Begriff für jemanden wie mich, nicht gefiel. Er ist ja auch falsch.

Also geht doch noch eins: irgendein Wirtschaftsexpertenteam hat errechnet, dass sich diese Asylanten positiv auf das Wirtschaftswachstum auswirken? Das is nämlich, wie wenn ein Penner in einer leerstehenden Kneipe ein Bier bestellt, damit den Umsatz steigert, allerdings das Bier nur vom geliehenen Geld des Wirtes bezahlen kann. Da freut sich der Wirt.

Er bekommt das Geld nämlich nie zurück, muss allerdings Steuern für seinen Umsatz zahlen. Also erneut eine dieser Milchmädchenrechnungen, die uns die Wichtigen aufdrücken und glücklich sind, dass wir das schlucken.

Vielleicht auch ein zweites: Die Vermutungen werden immer stärker, dass Frau Mörtel, da sie eh keine Kinder hat und deshalb gar keine Zukunft braucht, mit einigen Linken Ränkeschmieden, dies Land an Verschwörer aus den Vereinigten Staaten verkauft hat, um zu Unruhen und bürgerkriegsähnlichen Zuständen zu gelangen, die zu einem Eingreifen von US-Truppen führen sollen, die dann, nachdem Sie die Russen eh komplett eingekreist haben, dort einfallen könnten.

Sie hat in einer öffentlichen Presseredestunde, die international einfach nur verlacht wird, Deutschland, bei 4 Millionen Arabern eh bereits als muslimisch bezeichnet.

Die Ängste einer fragenden Reporterin als lächerlich dargestellt und sie gebeten, doch öfter in der Bibel zu lesen oder Emigranten Bilder in Kirchen zu erklären. Sie hält Deutschland, da es ja mal so böse war, für nicht berechtigt, die Gewalttaten des IS schlechtzumachen.

Vor allen Dingen, da Deutschland ja seinen Teil zu diesem Terror beitrug? Das also bereits emigrierte Terroristen wieder zurückgingen, um mit dem IS zu kämpfen, hält sie für Deutsche Schuld? Vermutlich, da sie sich in Deutschland Waffen für ihren „heiligen Krieg" besorgten? Dann hat sie natürlich recht?

Ein Hoch auf Russland. Putin kämpft wenigstens noch für sein Land, dass meine Erfindung, Frau Mörtel, einfach verkaufte. Er hat ihn noch, den Nationalstolz, den Frau Mörtel bereits beerdigte. Wieviele, von den rund eine Million Emigranten des Jahres 2015 (da ist ja kein Ende absehbar und es sind übrigens zu etwa 96% junge, kräftige Männer, die in jedem normalen Land nicht als Flüchtlinge, sondern als Deserteure bezeichnet werden würden), werden wohl in Deutschland Arbeitsstellen finden?

Wir sollten Ausländern ermöglichen Beamte zu werden. Staatsdienst oder Polizei wär da möglich. Da wir ja eh genug Geld zu haben scheinen, zahlen wir ihnen einfach keine Sozialhilfe, sondern machen eine Polizeispezialeinheit aus ihnen. So wie ich die Sache sehe, hat die imaginäre Mörtel das Land gar nicht an Amerika verkauft, sondern mit führenden Köpfen des IS verhandelt und ist auf diese Lösung gekommen.

Da mir das nun klar wurde, erklärt sich auch, warum dies Stück auf keinen Fall irgendwie an die Öffentlichkeit gelangen soll. Aller Wahrscheinlichkeit nach, bin ich, sobald du dazu in der Lage bist, es zu lesen, bereits tot. Aber wenigstens bin ich als Märtyrer gestorben. Freiheit ist ein guter Grund zu sterben.

Jetz, wo endgültig fertig, sind es also 331 deutsche Seiten geworden. Jede Seite hart wie Stein, zäh zu kauen wie Leder und geschmeidig wie ein Windhund *(erneut eine Ähnlichkeit mit einem Schicklgruber-Zitat. Wieder zufällig).*

Die Welt verändert sich

Dies Kapitel schreibe ich einzig für meinen „Freund" Vladimir Putin. Es wird mein Schicksal endgültig besiegeln, da ich natürlich nicht weiß, ob Putin es für richtig erachten würde, mich, nach

Abkauf der Rechte eliminieren zu lassen, um eine Vergeltungsschlacht gegen die Moslems anzuzetteln.

Und da sind wir bei meinem Plan: nach Aufgabe, einen Verleger in Deutschland, oder EU-Staaten, zu finden, wendete ich mich an Schweizer Verlage und erntete ähnliche Reaktionen: „löschen Sie mich bitte aus Ihren Listen". Der Arm der GeStaPo West reicht scheinbar weit.

Der Plan B besagte, einfach einen amerikanischen Verlag reich werden zu lassen. Ich kam allerdings durch Eigennachdenkung dahinter. Falls an dieser Geschichte mit Mörtel und Öbamas Intrigentrottels was dran ist, wird auch die NSA ähnliche Macht wie die GeStaPo West haben und mich bis zur Besinnungslosigkeit niederdrücken.

Also musste auch bei mir Plan C greifen: eine Allianz mit dem zweitmächtigsten Mann der Erde: Vladimir Putin. Ach was. Da es sich bei ihm nunmal um einen Mann handelt, anders als bei den Politikmarionetten anderer Staaten, ist er der mächtigste richtige Mann des Planeten.

Was ist also aus dieser Welt geworden? Was wurde aus Europa? Aus Deutschland? Nachdem unsere Väter durch jahrzehntelangen Frieden Wohlstand geschaffen haben, ohne zu fliehen *(und da bin ich wieder beim Punkt: ist dieser 26jährige Typ, 1,83 groß, 91 Kilo schwer aus Syrien wirklich ein Flüchtling, oder ein desertierender Feigling, der seine Frauen und Kinder einfach dem IS überlässt?)*, will nun die 23jährige Münchnerin Menschlichkeit zeigen und Wohlstand für alle genehmigen.

Auch sie möchte natürlich den Himmel auf Erden geniesen.

Weshalb auch sie für die Aufnahme von Millionen von feigen arabischen Jungmännern ist, da dann auch für sie 47 übrigbleiben.

Allerdings hat sie sich da geschnitten. Zwar wird ihr der Auserwählte Liebe vorsimulieren, sie allerdings im Anschluss in eine Sexfalle locken, wo sie von etwa 13 dieser 47 bedingungslos vergewaltigt wird.

Eine Anzeige wird sich erübrigen, da die inzwischen eingestellte „Turbanpolizei“, die eh kein Wort deutsch spricht, das als Bagatelldelikt abkanzeln wird.

Vielleicht erwischt sie einen, der bisschen deutsch kann und antwortet: „Was schlimm an reinsteck. Bist Stück Scheiße. Hau ab, hat nur gemacht frische Gotteskrieger. Geh lieber kochen, Schlampe“.

Wenn sie das hört und eine „richtige“ Frau ist, wird sie natürlich glücklich sein. Genau wie eine Araberin: „Ich bin nichts wert. Einzig die Erzeugung und Aufzucht von Gotteskriegern ist nunmal mein Schicksal. Danke, Allah“.

Doch zurück zu Putin. Eine seiner Aussagen war: „Warum kann die mächtigste Armee der Erde, die den Irak innerhalb weniger Wochen besiegte, keinen Kampf gegen 30.000 IS-Kämpfer gewinnen, auch nach Jahren nicht?“

Das kann ich ihm natürlich sagen. Vermutlich wird er es selbst wissen: dieser IS wird vom Westen unterstützt. Eine Reporterin, der das auffiel und die Bilder davon publizierte, hat darüber nicht nachgedacht und ist heute tot. Überfahren, rein zufällig das Opfer eines unglücklichen Verkehrsunfalles geworden?

Mir wird es vermutlich nicht anders gehen. Aber

sei´s drum. Es geht mir um Europa, um unsere, also eure Zukunft. Haut also rein und wehrt euch. Danke, Anke *(als Hommage an diese Engelke)*.

Dann halt doch noch eine, um auf die besagten 334 zu kommen und den Verlegers halbglücklich zu kriegen. Wobei? 334 durch 4 klappt nicht. Müssen also doch noch 3 werden. Das is allerdings nur eine vorläufige Schätzung, die ich jedoch bisher stets eingehalten habe.

Ich nutze diese Gelegenheit nochmal mit aller Deutlichkeit klarzustellen, dass es sich bei mir unter keinen, irgendwie gearteten Umständen um einen dieser Nazischweine handelt. Was die Nazis taten, war einfach nur abschreckend und zwar für jeden, der sich als Mensch bezeichnen würde.

Auf den letzten Seiten, hätte man durchaus auf so eine Fehleinschätzung der Sachlage kommen können.

Dabei gilt es für dich, verehrter Leser, nur um Folgendes: Zu erkennen, dass es mir einzig darum geht, dass der von meinen Vätern und mir erworbene Besitz nicht in die Hände eines krummsäbelrasselnden Molukken gerät, der mich heute anlächelt und mir morgen seine Waffe in den Rücken stoßen wird, um im Anschluss meine Frau zu versklaven.

Dabei sollte ich ihn eigentlich verstehn. Er muss ja meine versklaven, da er seine 4 ja zuhause gelassen hat, in den Händen des IS.

Und erneut drückt sie sich auf, die Frage, warum 3 Millionen muskelbepackte Syrer vor 30.000 IS-Batschaken reisaus nehmen?

Und wieder komme ich in literarische Sphären, die den Anschein erwecken, ich wäre Rechtsradikaler:

Sie sind einfach nur feig. Sie wissen, dass dieser IS-Bursche sie erschießen wird, wenn sie aufmucken, während er in einer demokratischen Struktur mal ein halbes Jahr ins Gefängnis muss, wenn er beim Diebstahl oder einer Vergewaltigung erwischt wird. Und da wird für ihn gesorgt.

Hier muss ich mich allerdings wieder mal verbessern. Irgendwo hab ich geschrieben, dass es einzig einem Asylanten in Deutschland nicht möglich sei, zu verhungern. Es ist natürlich einem eingesperrten Verbrecher auch nicht möglich.

Was mich daran erinnert, dass wir in Deutschland diese Situation bereits hatten. Während der Weberaufstände in Schlesien, Anfang des 19. Jahrhunderts, die vom preussischen Militär hemmungslos niedergeschlagen wurden, meinte einer der Zeitzeugen: „Wohl denen, die verhaftet wurden. Da wird sich der Staat um sie kümmern und es geht ihnen besser, als den Freien."

Da mich diese Wortsuche nach über einem Jahr bereits selbst ein wenig anödet, werd ich diese Sache also doch beenden und zwar mit der Anmerkung:

Ihr habt bei euren Hilfsüberweisungen die freie Auswahl. Wählt das Konto auf Seite 122, oder entscheidet euch für Seite 35b. Seit euch allerdings darüber im Klaren, dass für jeden 20 Mark Schein, der auf einem der Konten eingeht, ein Schwarzer verhungern wird. Aber eben nur einer und du dadurch seine späteren 20 Kinder vor dem Hungertod gerettet hast.

Jetzt übertreib ich langsam. Nehmt die 20 Flocken und gebt sie einer Hilfsorganisation eurer Wahl. So würde das logisch sein und wäre menschlich. Da ich ohnehin bereits so gut wie tot bin, würde das auch wesentlich mehr Sinn erzeugen.

Einmal bedanke ich mich also noch bei euch und bei Allah.

MUCHAS GRACIAS

Die Letzte

Dieser Begriff ist doppelsinnig der Richtige. Dies ist nämlich die letzte Seite und Frau Mörtel ist die letzte Kanzlerin einer freien Bundesrepublik. Es geht zu Ende. Abenteuerlich sicher. Dieser Mörtel ist sogar zusätzlich das Letzte.

Obwohl ich die CDU wählte, seit ich denken kann, ist das wohl zu Ende gegangen. Nein, hab doch irgendwann angeführt, dass man seine Partei nicht wechseln soll, da das nur zu zusätzlichen Einsätzen von anderen Spastmaten führen würde, die dann wieder Pensionsansprüche erwerben. Nur dieses Mörtel muss weg. Sie soll einfach zurücktreten. Da könnte sie Millionen von Übergangsgebührnissen und Pension kassieren und ein anderer müsste den Karren wieder aus dem Dreck ziehen, in den sie Deutschland fuhr.

Jetzt beginnt sogar bereits die Bundesliga damit, eine zusätzliche Mark für Heimspiele einzufordern, die dann in ein Asylantenhilfsprogramm fließt. Noch immer gibt es keine Zeitung oder keinen Sender, der die Frage aufwirft, wieviele zukünftige IS-Terroristen wir noch durchfüttern könnten?

Noch immer, werden Antiasylproteste von etwa 10mal so vielen Gegendemonstranten begleitet. Wann erwacht Deutschland?

So dümmlich können die Verantwortlichen doch gar nicht sein? Welche Art von Druckmittel, setzt die mächtige *(angeblich gar nicht existierende?)* GeStaPo West ein, um deren Einsicht zu verhindern?

Warum stellt sich keiner einer öffentlichen Diskussion? Warum wird nicht erklärt, wie wir bei 3 Millionen Arbeitslosen noch Stellen für 20 Millionen Flüchtlinge schaffen sollen?

Eben weil es nicht geht. Wir werden also in Zukunft für 23 Millionen Sozialhilfe zu zahlen haben. Soviele werden es nicht werden.

Wir hätten da noch ein paar tausend Stellen als Einbrecher und Vergewaltiger frei. Die 2 Millionen Stellen für eine dringend erforderliche „Turbanpolizei" nicht zu vergessen.

Da so ein Sozialhilfeempfänger, gerade wenn er Ausländer ist, sofort weiß, was ihm alles zusteht, wird er etwa 3.000,-- Deutsche Euro pro Quartal kosten.

Das ergäbe etwa 23 Milliarden monatlich. Bei geschätzten 30 Millionen Steuerzahlern, hätte also jeder pro Monat fast 800,-- Mark zu zahlen, allein um die Sozialhilfe zu tragen. Das lösen wir mit Steuererhöhungen.

Gute Nacht, Deutschland. Gute Nacht, Europa. Wundervollen guten Morgen, islamischer Terror.

(und ich hab´s doch wieder geschafft - das mit den 4 jetz).

Gott sei gepriesen, Allahu akbar.

Meine Freude reicht im Moment, um selbst den Mount Everest zu überspringen. Endlich habe ich ihn gefunden. Den Verlag, der mir hilft *(und dabei selbst nicht schlecht weg kommt)*.

Ich konnte das Teil also nochmal in aller Ruhe durchlesen und war erneut entzückt, zu welcher literarischen Leistung mich unser Gott erhob.
Danke.

Nun, da ich nicht mehr so von Hass *(den Verlegern gegenüber)* durchtränkt bin, muss ich also relativieren:

Den schlechten Ausländer gibt es nicht. Da wir alle Ausländer sind, ungefähr überall auf der Erde *(außer im eigenen Land)*. Es gibt auch nicht den schlechten Araber, den schlechten Christen, den schlechten Hinduisten.

Schlechte Menschen sind da natürlich dabei, aber man kann keine Religion einfach so herabwürdigen und behaupten, sie wäre schlecht. Religionen werden nur schlecht gemacht. Von Monstern, wie auch wir sie bereits hatten.

Ein Araber, der in Europa Asyl sucht sollte also zumindest ein paar Stunden mit jemandem zusammensitzen, der ihm klar macht, in seiner Muttersprache, was seine Religion wirklich von ihm will. Und was seine Gehirnwäscher von ihm wollen.

Ihm muss klar gemacht werden, dass er nur Gast ist und man von ihm auch gebührendes Verhalten verlangen kann. Ganz abgesehen davon, dass er nach Hause geschickt wird, sobald sich die Situation in seinem Land dementsprechend verbessert hat, dass man ihm das zutrauen darf, oder er innerhalb der EU Straftaten begeht, die einen mehr als einmonatigen Gefängnisaufenthalt nach sich ziehen würden.

Wir sind nur zu schlechten Menschen viel zu gut. Vermutlich, da die, die die Gesetze machen schlecht sind. Auch diese Aussage entspricht nur meiner Hochrechnung, wofür ich allerdings von mindestens 92% der Wähler eine Bestätigung bekommen würde.

Wieso können sich Politiker aus dem Allgemeintopf nehmen, was sie wollen? Zumindest sollte eingeführt werden, das Politiker, die ein zweites Einkommensbein haben, dies zu 50% von ihren Diäten abgezogen wird. Bis zu einer Höchstgrenze von 80% Abzug.

Wenn ein Politiker heut in einem Unternehmensvorstand ist, kam er da eh nur rein, da er eben Politiker ist und diese Firma unterstützen kann. Dieser Mann lacht über seine Diäten, vergisst aber dennoch nicht, nochmal nachzufassen, wenn er sich eine Diätenerhöhung genehmigen kann.

Was wir also brauchen, ist eine völlig neue Partei. Das Umweltschutz wichtig ist, weiß jeder. Dafür braucht man keinen Grünen. Das Kommunismus Sinn macht, aber Leistungsbereitschaft abtötet ist auch jedem klar, weshalb wir auch die Linken vergessen können.

Wir brauchen Politiker, die ihr Land lieben und es finanziell bereits geschafft haben. Die es genug lieben, es vor 5 Milliarden Asylanten zu schützen. Und Strenge gegenüber Gesetzesbrechern aufblitzen lassen. Ganz so, wie es an den Anfängen der Demokratie in Bernried war.

AMEN

Und für meine syrischen Freunde:
Geht zurück und kämpft !!!

Um dann doch noch die erforderlichen zwei Seiten voll zu bekommen, beginne ich erneut mit einer Frage:

Wie kann eine Regierung, die richtige Politik eigentlich gar nicht interessiert *(es geht ihr schließlich nur um Geld)*, die im Prinzip viel zu alt, fett und hässlich ist, unterstützt von Linken und Grünen Revolutionshühnern, solche Macht auf Medien ausüben, dass es einem verdienten Professor nicht gelingt, seine Worte an die Öffentlichkeit zu tragen?

Auch hier erklärt sich diese Sache von alleine: Es ist also tatsächlich so, dass Mörtel mit Öbama kuschelt, wenn gerade kein Reporter da ist, mit den Amis unter einer Decke steckt und von der NSA schmutzige Sexvideos vom Thailandurlaub der Fernseh- und Verlagschefs zugespielt bekam. Das macht diese Burschen, die mit ihrem Vermögen den Welthunger allein stoppen könnten, natürlich erpressbar.

Und es müssen wirklich schmutzige Videos sein. Ansonsten würde doch kein Verlagschef seine herausragende Position aufgeben, für eine Laune der Bundeskanzlerin. Und aufgeben muss er sie, da Deutschland ja schließlich geplant kaputt geht.

Unter Umständen bot ihnen die US-Regierung allerdings gleichwertige Stellungen in russischen Verlagen *(nach der Einkassierung Russlands)*. Denn Medien sind Macht. Und mächtig sind einfach nur

Öbama und Putin.

Ganz bestimmt also sogar Videos, für die sie in Deutschland ins Gefängnis müssten. Anders lässt sich diese aufopernde Gegenwehr der deutschen *(und europäischen)* Presse nicht erklären.

Und nochmal: Ein Hoch auf diesen Putin. Er ist einfach ein Mann, der Mann, ein Fels in der Brandung, ein Kämpfer gegen diese islamistischen Terrorvollidioten. Vielleicht sogar gläubiger Christ, was ich natürlich hoffe, um ihn tatsächlich auf meine Seite zu bekommen.

Ich hör jetz auf, euch zu versprechen, dass dies die letzte Seite wird, da ich ja warten muss, einen Freund zu finden, der helfen kann und die aktuellen Ereignisse einfach immer wieder zur erneuten Seitenbildung führen.

Also was mir etz noch einfällt, ist, dass es mit Sicherheit eine gute Deutsch Schulaufgabe wird, den Wandel des Professors, innerhalb von nur 15 Monaten, vom guten halbrechten, zum naziorientiert denkend wählenden Mann zu machen.

Ich nehme der Deutschlehrerin *(falls es das dann überhaupt noch gibt)* diese Sache allerdings weg.

Mein aktueller Plan ist nämlich ein Umzug nach Bayern. Wenn mein Haus in Berlin erst verkauft ist und ich meine Schulden bezahlte, wird hoffentlich genug übrig bleiben, mir eine Wohnung in München leisten zu können. Wobei das definitiv, wir wissen es noch nicht, knapp wird. Aber vielleicht in den Randbereichen, die für mich bis Rosenheim gehen.

Es muss auch in Bayern Institute für Ahnenforschung geben. Dessen bin ich mir bewusst. Abgesehen davon, kann ich mich davor drücken, Naziparteien zu wählen, indem ich meine Stimme einfach der CSU gebe.

Obwohl ich diesen Soda nicht unbedingt leiden kann. Vielleicht findet sich doch ein anderer Nachfolger Senfhoffers.

Erneut beende ich diesen Wahnsinn an Ehrlichkeit und Wahrheit und empfehle mich weiter. Es muss mir jetz nur gelingen, endlich publik zu werden, wofür ich erneut Glück und vor allem himmlischen Beistand benötige.

Macht das also gut und danke für den Fisch *(dieser Adams hat mich einfach fasziniert)*.

Erneut gelang es mir nicht, auch nur irgendwie fertig zu werden. Und wieder müssen sie her, diese 4 Seiten, die der Verleger möchte. Wobei ich mir nicht unbedingt sicher bin, ob das auch für Ungarische Verlegers gilt.

Da mir der Infight mit Doc. Putin nicht zu gelingen scheint, muss mir also ein gewisser Orban helfen. Ein Mann, der wegen seiner harten Linie gegen feige Arabers einen schlechten Ruf genießt.

Einmal noch, muss ich die Frage stellen: ist jemand, der etwa 3 Millionen topfeige arabische Jungmänner zurückweist, böse, nur weil er ihnen die Beine kaputtschießen lässt, sicher nicht. Sie wollen ja schließlich ungefähr alle nach Deutschland und das geht mit angeschossenem Bein nicht.

Der Afrikaner, bzw. Araber hat jetz noch das Zusatzproblem, dass er schwarz ist. Also zumindest dunkel. In der Europäischen Mythologie steht dunkel nunmal für böse und weiß für gut.

Hier nochmal der Hinweis für den Anfang des Romans: im Höchstfalle wäre Halbgrün noch zu akzeptieren.

Dass er jetzt auch noch wirklich böse ist, macht die Sache nicht leichter für ihn.

Er wurde dazu erzogen, es ihm eingebläut, dass der „Ungläubige“ keinen Pfifferling wert ist und am besten erschlagen werden soll.

Die letzte Bastion gegen die Islamisierung Europas bildet also dies unscheinbare Ungarn, mit ihrem Heldenpräsidenten Orban.

Da mir der Durchbruch und die Rettung meines Lebens also nun gelang, bin ich einfach glücklich und verzichte auf Zusatzinformationen. Vielleicht noch kurz: Wir müssen bei der Gewährung von Asyl wirklich aufpassen.

Auch wenn ein Land als gefährlich eingestuft wird, muss darüber nachgedacht werden, ob die 3 Millionen Asylanten daraus, das Problem nicht selbst lösen könnten. Zur Not, geben wir ihnen Waffen.

Endlich am Ziel und gerettet. Danke, mein/unser Gott.

Richtig gerettet fühle ich mich nicht, denn es muss gesagt werden: ein Junge, der erzogen wurde, um einen „Heiligen Krieg“ für seinen Gott zu gewinnen, kann nicht integriert werden.

Da ich jeden Menschen liebe, auch den Syrer, tut mir das dementsprechend weh, aber was nicht geht, geht nunmal nicht.

Also für den Gutmenschen:

Sobald deine Tochter vergewaltigt ist,
dein Sohn totgetrampelt wurde,
dein Haus leergeräumt ist,
deine Kirche in Flammen steht,
dein Wagen von einem Moslem gefahren wird,
der dir gerade den Kopf vom Körper trennte,

musst du dir eines ganz fest sagen:

Ich bin tolerant,
ich bin offen,
ich bin bunt,
ich bin gut und
unter keinen Umständen bin ich ein Nazi.

Als letzter Satz also noch ein „über alles" für den letzten Kreuzritter des Abendlandes, den Verteidiger unserer Kirchen, Viktor Orban.

Für den Fall, dass auch der ungarische Verleger die 4 sehen will, also noch 2 aus meiner Jugend. Ja, auch der Professor war mal jung.

Wir schreiben ungefähr den März des Jahres 1954. Meine erste eigene Erinnerung führt mich in ein Berliner Asylantenheim. Hauptsächlich gegründet für vertriebene Sudetendeutsche. Wobei sich auch schon damals der eine oder andere Schwarze pudelnackt eingefunden hat.

Böse Zungen behaupteten hinterher, es wären nur entkleidete GI´s gewesen, die unbedingt ihr überragendes Gemächt zeigen wollten. Was natürlich, gerade zu dieser Zeit möglich gewesen wäre.

Der Leiter der Anstalt war ein gewisser Herr Murkel. Angina Murkel. Auch dieser Name deutet entschieden darauf hin, dass es sich bei Herrn Murkel nur um die verkleidete Frau Murkel handelte. Er fühlte sich auf alle Fälle, wie der Kaiser dieser Aufnahmeeinrichtung.

In jedem Fall mussten seine Angestellten Tag und Nacht bereitstehen. Die 80 Stundenwoche war keine Seltenheit. Er zahlte nur den damals gültigen gesetzlichen Mindestlohn von 23 Pfennigen pro Arbeitsstunde.

Den allerdings auch nicht vollständig aus, denn wenn Zahltag war, behielt er sich immer Teile davon, um sie an seine Asylanten zu verschenken. Die Angestellten konnten sich nicht wehren. Es war zu dieser Zeit eh schön, überhaupt Arbeit zu haben und sie wären sonst entlassen worden.

Die Asylanten wurden dadurch immer verwöhnter und forderten nur noch, statt sich zu bedanken. Richtig brisant wurde die Angelegenheit, als im Spätherbst des Jahres 1955 die ersten Perser eintrudelten. Ihre ständigen Forderungen, nach immer noch teureren Geschenken, fraßen die Gehälter komplett auf. Als die Angestellten nicht mal mehr ihre Sozialversicherung zahlen konnten, verließen sie Herrn Murkel´s Institut.

Als Herr Murkel dann alleine vor sich hinarbeiten musste und keine Zeit mehr fand, jedem einzelnen Perser die Windeln seperat zu wechseln, rief einer von ihnen eines Abends „Dschihad“ und sie versuchten, alle möglichen Häuser in Berlin in die Luft zu sprengen.

Diese Probierungen endeten allerdings, in einem Kugelhagel britischer Besatzungseinheiten.

Herr Murkel wurde nie mehr gesehen. Unter Umständen, ist er ausgewandert, wobei die Möglichkeit, dass er von den Persern gegessen wurde, bevor sie in den „Heiligen Krieg" zogen, nicht an den Haaren herbeigezogen scheint.

Was will ich damit sagen?

Na, dass dieser Perser nix dafür kann. Es war dieser übertriebene Luxus, der ihn zu immer tolldreisteren Forderungen anspornte und dem Murkel das Leben gekostet haben könnte.

Und wo ist die Verbindung zu heute?

Wenn ich sehe, welche Naturalien und Geschenke unsere Gäste einfach auf Wiese werfen, statt es zu essen oder zu benutzen, ist die Erklärung geliefert. Die Brüder sind einfach komplett verzogen *(und sehen nach etwa 6.000 km Fußmarsch nach Deutschland eigentlich immer verdammt gut aus. Fast zu gut)*. Es muss ein Geheimnis dahinter stecken. Werden sie also von unseren amerikanischen Freunden nach Europa geflogen und in einen Zug gesetzt, um für die Kameras der vorbereiteten Begrüßungssequenz *(mit jeder Menge „Refugees your welcome" Schildern)* einen fernsehtauglichen Eindruck hinterlassen zu können?

Diese Weltpolitik ist also auch mir zu hoch. Wer soll da noch durchblicken, außer denen, die das ganze inszenieren?

Nun ist er also um, dieser September und sowohl Putin, wie Orban, haben sich nicht gemeldet. Verständlich, denn höchstwahrscheinlich wurde diese Sache in ihren Botschaften als Spam eingeordnet und weggeworfen.

Alle benutzten Zahlen, meine Schätzungen, haben sich eh erübrigt. Allein dieses Jahr wollen 1,3 Millionen Menschen Asyl in Deutschland *(wahrscheinlich ist diese Zahl nach unten gelogen worden, von dieser verdammten Lügenpresse)* und wir nehmen wirklich jeden auf. Die Kanzlerin hat zwar wieder Kontrollen angeordnet allerdings die Anweisung erteilt, dass illegale Flüchtlinge dennoch aufgenommen werden sollen.

Die Länder bekommen pro Asylanten 670,-- Mark vom Bund, was heißt, die von mir angeschlagenen 500,-- Europäische Mark pro Monat, die so ein Asylant kostet, sind mindestens doppelt so hoch.

Was ich neulich noch im Netz gelesen habe: Ein Rumänischer Einbrecher wurde auf frischer Tat ertappt und nach Hause gebracht. Die Staatsanwaltschaft hält Fluchtgefahr für nicht bestehend. Leuchtet ein: In welchem Land auf dieser Mutter Erde, erhält er soviel Sozialhilfe, soviel Kindergeld und wird nach einem Einbruch von der Polizei sicher nach Hause gebracht?

Außer Deutschland, gibt es da nur ganz wenige.

Doch diese Gutmenschen hören einfach nicht auf. Es werden Deutsche aus ihren Notquartieren rausgeworfen, um Platz für Asylanten zu haben, die allerdings, nachdem sie diese Unterkünfte sehen, einfach in Hungerstreik treten, da ihnen doch ihr Schleuser viel mehr versprochen hat.

Obwohl die Sache durch die Bank aus den Fugen geraten ist, is das noch nicht das Hauptproblem. Von diesen 1.5 Millionen, sind garantiert 199.000 dabei, die wirklich Hilfe brauchen. Etwa 1,3 Millionen werden Wirtschaftsflüchtlinge sein, die nach Ablehnung des Asyls einfach nicht gehn, wofür die Bundesrepublik nun Strafe an die EU zahlen muss. Wie hirnlos ist diese Regierung?

Die letzten etwa 1.000 wurden von der IS eingeschleust, um zu stehlen, vergewaltigen und morden. Terror zu erzeugen, um Europa für den Koran einzunehmen.

Es kann doch gar nicht sein, dass es in Deutschland noch eine Frau gibt, die Links oder Grün wählt. Es sei denn, sie wünscht sich Burka und will ihrem Mann Untertan sein. Ein Muffdi hat seinen Gotteskriegern sogar erlaubt: Wenn ihr Hunger habt und nix zu essen, will Allah, dass ihr eure Frauen verspeist.

Wo ist der Aufschrei des Volkes?

Wie lang, darf Mörtel noch Unsinn machen?

Wie werden wir die Million los, die einfach nich gehen wollen?

Doch nun zu den Hintergründen: wenn es Probleme in den USA gibt, wird der Staat einfach in einen Krieg geführt, um die nationaldenkende Bevölkerung zusammenzuschweißen. Doch welcher Krieg wär da noch denkbar?

Nur einer gegen Russland, dass allerdings vorher in einen Krieg mit Europa gezwängt werden soll, um sie zu schwächen. Anders kann die Bücklingshaltung vom Mörtel nicht erklärt werden.

Da meine Ausführungen unter Garantie keinen Verleger finden werden, da zuviel Macht gegen mich steht, werd ich das Ding einfach im Internet publizieren und an Freunde weiterreichen, die es wieder weiterverschicken sollen. Im Internet wird es nicht lang zu finden sein, bevor es auch da verboten wird. Ladet es euch also runter und verteilt es weiter. Da verdien ich zwar nix dran, aber auf Seite 35b wäre ja ein Hilfskonto zu finden, dass sich freuen würde.

Ein letzt mal: ***Servus und alles Gute.***

Kommen wir nun zum Finale:

Es gibt diesen Moslem nun nicht anders zu verstehen, als einen viel zu gläubigen edelkranken Mann, wie es einst der Europäer des 11. Jahrhunderts war. Warum darf er für den Tod des Christen beten, während einem deutschen für die Aussage „Scheiß Ausländer" sofort der Prozess gemacht und er als Nazi verurteilt wird?

Bei aller Zuneigung, die ich ungefähr jedem Menschen gegenüber empfinde, fühlt er das selbe nicht für mich. Er ist nunmal verblendet und krank. Er lebt dafür, den Sieg für seine Religion zu erringen und dafür zur Not töten, stehlen, lügen, vergewaltigen zu müssen. Er ist nicht integrierbar. Nicht mal, mit gutem Willen (und den dürfte ich haben).

Kann man einen Menschen, der andere Religionen sein eigen nennt und einer Frau Rechte zugesteht einfach kaputt machen?

Ich spare mir, darauf eine Antwort zu geben und muss mich einfach fragen, warum gerade das Gutmenschentum hauptsächlich vom femininen Einfluss lebt? Was bringt, um Gottes Willen, eine europäische Frau dazu, einen mittelalterlich eingestellten Barbaren so herzlich zu begrüßen, als wär es für sie nicht möglich, ohne ihn leben zu können?

Mir bleibt also nun nichts weiter, als dafür zu beten, dass Herr Senfhoffer endlich mit dieser Ausgeburt des Ostens und Landesverräterin *(deren Namen ich nun nicht nenne, da dies gewiss zu Schwierigkeiten führen würde, denen ich lieber aus dem Weg gehe)* abrechnet und zu Neuwahlen kommt.

Jetzt heißt es natürlich zu hoffen, dass der Bayrische Ministerpräsident noch nicht zu dieser brandgefährlichen Vereinigung gehört, der ich nun die allerletzte meiner Seiten widme.

Da es nunmal zu viele Menschen gibt und diese Negers und Arabers nicht damit aufhören, sich ständig zu duplizieren, muss also ein Völkermord die Lösung bringen. Geplant wurde dieser von einer neuen Sekte, die sich „Die Jünger der Angela" *(besser bekannt als: „Die Schweine von Angi")* nennt. Da diese Sache jeder Partei klar sein dürfte, aber trotzdem niemand etwas dagegen unternimmt, scheinen Agenten dieser Zusammenkunft bereits Machtpositionen innerhalb aller Parteien und Firmen innezuhaben.

Mit welchem Trick sie das schafften, bleibt mir vorenthalten. Gehört habe ich allerdings bereits von 2 Topleuten der Gruppe. Die edelschöne *(zumindest schönes Haupthaar)* Antonia Hofreiter und der hoffnungslos überdickte Claudius Redh.

Natürlich wär auch bei den beiden eine Geschlechtsumwandlung ein guter Ansatz. Ihre Gedankengänge hätten sein können:

Antonia Hofreiter: „Als Mann, kann ich wenigstens bei den Grünen mein bezauberndes Haupthaar weiterhin offen tragen und einem Grünwähler kann ich spielend klarmachen, dass er genug hat, 10 Asylanten mit durchzufüttern. Das es den „Jüngern der Angela" um die Zerstörung Deutschlands geht, merkt dieser grünwählende Idiot auf keinen Fall."

Claudius Redh: „Da ich eh einen viel zu fetten Hintern habe, braucht der Arzt da am Arsch gar nichts machen. Denn für eine Frau fällt das gar nicht auf. Auf Stimmenfang geh ich mit der Forderung, Asylanten gleich mal 5.000,-- Mark Entschädigung zukommen zu lassen, da ja diese Schlepperkosten ins Unermessliche gestiegen sind. Hoffentlich dauert es nich mehr allzu lang, bis die Moslems Europa überrannten. Damit ich mich wieder zurückoperieren lassen kann. Frau sein is wirklich Scheiße. Die sind wirklich nur dafür auf dem Planeten, um Gotteskrieger zu gebären und aufzuziehen.“

Also in diesem Sinn: Gott mit dir, du Land der Bayern. Servus und dann schau mer moi.

Dann also doch noch eine Kleinigkeit.

Ich habe von meinem Forscherteam eine Problemtabelle erstellen lassen.

Glaubensrichtungen: Christen, Juden, Hinduisten, Islamisten, Atheisten dabei ergaben sich folgende Problemstellungen:

Christen mit Juden	=	Kein Problem
Islamisten mit Atheisten	=	Großes Problem
Hinduisten mit Christen	=	Kein Problem
Juden mit Islamisten	=	Großes Problem
Atheisten mit Hinduisten	=	Kein Problem
Christen mit Atheisten	=	Kein Problem
Islamisten mit Hinduisten	=	Großes Problem
Atheisten mit Juden	=	Kein Problem
Islamisten mit Christen	=	Großes Problem
Juden mit Hinduisten	=	Kein Problem

Durch ein relativ kompliziertes Auswertungsverfahren, stellte ich zunächst fest, dass alle Glaubensrichtungen schlecht sind, da sie keinerlei Bezug zum Islam herstellen können. Die Folgeüberprüfung änderte diese Stellungnahme allerdings gewaltig:

Christen mit Christen	=	Kein Problem
Atheisten mit Atheisten	=	Kein Problem
Hinduisten mit Hinduisten	=	Kein Problem
Juden mit Juden	=	Kein Problem
Islamisten mit Islamisten	=	Großes Problem

Durch diese Zusatzüberprüfung kam ich der Sache auf die Spur. Einzig der Islamist erzeugt Probleme. Aber da können wir ihm sicher helfen. Beispielsweise, wenn sich die Polizisten die Schuhe ausziehn, sobald sie einen potenziellen Verbrecher in den Gebetsraum einer Asylantenunterkunft verfolgen, oder wenn wir einfach Syrisch als Unterrichtsfach *(statt Englisch)* einführen.

Wie erwähnt: die Zeit vergeht und es passieren Dinge, die Zusatzseiten nötig machen.

Zum Ersten *(was definitiv dies Stück niemals zulässig machen dürfte):*

Die Komplettvernichtung Deutschlands (also vermutlich ganz Europas) steht hoch im Kurs bei unseren Politikern. „Wir schaffen das" wurde zum geflügelten Wort.

Aber was?

Dass wir die, laut Flüchtlingsvereinigungen, 60 Millionen Menschen, die vor irgendetwas fliehen aufnehmen. Da darf man natürlich die etwa 180 Millionen Familienangehörigen nicht vergessen, die nach Genehmigung des Asylantrags nachgeholt werden dürfen. Was man auch nicht unter den Tisch kehren sollte, sind die etwa 30 Millionen Scheinasylanten, die nach der Ablehnung des Asylantrags nicht gehen, sondern einfach bleiben.

Hab das aufgrund verbessertem Überschlagens nochmal hochgerechnet und komme auf Unkosten in Höhe von monatlich 270 Milliarden Deutsche Euro. Bei 30 Millionen Steuerzahlern, ergäbe sich eine Zusatzbelastung von lediglich 295,89 Mark täglich *(pro Steuerzahler und nur in Nichtschaltjahren - in einem Schaltjahr würde die stündliche Steuerbelastung auf kaum erwähnbare 12,29 Europäische Mark sinken)*. Wo soll also da das Problem sein? Wenn wir das nicht schaffen, wer dann?

Also gut: sie haben ja dann alle noch kein Haus. Das erzeugt Zusatzausgaben. Und wir müssen ihnen allen den Führerschein bezahlen, damit sie sich beim einleben leichter tun und ganz schnell woanders hinfahren können, falls sie irgendwo auf Arbeit stoßen.

Als Fazit muss ich also doch zugeben, dass unsere Steuerzahler doch nicht dazu in der Lage sein werden, täglich pro Arbeiter etwa 800,-- Mark Steuern aufzubringen, damit sich diese Heimatvertriebenen hier wirklich wohl fühlen könnten. Das könnte selbst bei einem Europaparlamentariergehalt eng werden.

Zum Zweiten:
Endlich macht mal jemand was gegen diese IS-Burschen. Wunderbarer Ansatz, Herr Putin.

Dass er mit seinen Luftangriffen natürlich nicht nur den IS bekämpft, sondern auch Stützpunkte der Gegner seines Freundes Assad *(die vom Westen unterstützt werden)* zerstört, ist selbsterklärend.

Das Ganze läuft jetzt seit einer Woche und wenn das so weitergeht, ist der IS in zwei Monaten besiegt und unsere Moslemfreunde können wieder nach Hause.

Ob sie das wirklich wollen, bleibt abzuwarten.

Ich bin da eher skeptisch, da sie ja noch für den geplanten Völkermord in Europa benötigt werden.

Ich komme, trotz strengster Nachdenkversuche nicht dahinter, was 603 deutsche Parlamentarier so verbissen an dieser Grundidee festhalten lässt? Da sind doch auch Frauen dabei, die in einer Moslemwelt ihren Status verlieren würden und etwa überhaupt nicht an ihre Familien und Freunde *(sowas haben echte Politikerinnen vermutlich keinesfalls)* denken.

Gerade die lautstärkste unter ihnen, also Frau Dr. „Wir schaffen das" Merkel, habe ich heute angezeigt. Wegen täglichem Verstoß gegen ihren Amtseid und Nichtbeachtung der Europäischen Einwanderungsgesetze.

Das ist zwar etwas, was die AfD immer rumposaunt. Ob sie das allerdings wirklich machen wird, scheint aussichtslos. Sind schließlich auch nur miese, verlogene Politikfratzen. Was mich gewissermaßen zu meinem dritten Punkt führen dürfte.

Zum Dritten: bleibt mir also mal ausnahmsweise keine feststehende Tatsache, sondern ein Verdacht: Ich habe den Wiener Wahlkampf verfolgt und wurde ein HC Strachefan. Denn dieser Mann sieht einfach gut aus und stand für sein Volk. Zumindest hat er so getan.

Rein vom Grundsatz her konnte die FPÖ diese Wahl gar nicht verlieren. Eine Aussage unserer Grünen Vizepräsidentin des Bundestages *(„Sollte Strache die Wahl gewinnen, werde ich eine Livestripshow bei Günther Jauch vollziehen")*, stimmte mich allerdings skeptisch.

Diese Aussage von Frau Roth hat in meinen Augen bewiesen, dass bei der Wahl betrogen werden würde. Es siegte erneut Rot/Grün und Strache zog den Kürzeren. Seine Bemerkung *(„es waren ja diesmal 5% mehr. Wir sollten stolz sein")* lieferte den Beweis.

Sein Sieg stand fest, aber er ist glücklich wegen 5% mehr? Er war also nur ein Schauspieler, der von

Häupl eingesetzt wurde, um mal einen richtigen „Mann des Volkes“ in die Schranken zu weisen.

Kurz nach der Wahl wurde im Internet das Auszählungsergebnis eines Wahllokales gepostet. Darauf hatte die FPÖ über 50%. Mir wurde also klar, dass Strache nur ein guter Schauspieler ist, als er daraufhin nichts unternahm.

Zumindest hat er nicht den Charakter seines Vorgängers Heider, der unter mysteriösen Umständen ums Leben kam. Also zumindest nicht den Mut von Heider. Für einen Schauspieler allerdings verständlich.

Hurra. Bin zum etwa 7. Mal leergeschrieben und verzichte auf eine Abschiedsfloskel, da ja abzusehen ist, dass ich noch etwa ein Jahr schreiben muss, bis dieser Frau Merkel abgetreten ist und wir endlich richtige Politiker am Ruder haben, die meine Vorwürfe lächelnd abperlen lassen und keine Staatssicherheit gegen mich ins Rennen schicken. Also falls es Deutschland dann noch gibt. Wird schwierig, aber „Wir schaffen das“.

Ich sollte wirklich aufhören (werd also noch 4 benötigen)

Laut eines Zeitungsberichts sind ein Drittel der Bundesbürger für einen Rücktritt unserer Kanzlerin?

Bei einer repräsentativen Stichprobengegenanalyse kam ich persönlich allerdings auf etwas über 100%, die den, von mir erfundenen, Mörtel nicht mehr sehen können.

Dafür habe ich Hank, „Walther von der Vogelweide", meinen Vater und mich befragt. Um repräsentativ zu sein, musste ich auch eine Frauenmeinung einfließen lassen und entschied mich für meine Mutter. Das ging zwar nur mit einer „Pendelbefragung" an ihrem Grab, aber auch sie war entschieden gegen Mörtel.

Es ist also wirklich ungefähr jeder gegen das Mörtelteil und den Asylantenzustrom. Dennoch finden sich immer wieder Gutmenschen *(die entweder von der Regierung bezahlt werden oder einen persönlichen Vorteil durch eine moslemische Staatsübernahme haben dürften)*, die in Radio, Zeitungen, Zeitschriften und TV über die „wenigen Nazis" schimpfen, die immer noch frei rumlaufen. Wer soll das noch glauben. Wer glaubt noch, dass diese volksnahen Heimatverteidigungsparteien Wahlen gegen Gutparteien verlieren? Da wird von höchster Stelle Wahlbetrug durchgezogen.

Haben die Verantwortlichen bei diesen Sendern und Printmedien kein Gewissen?

Langsam werde ich verrückt. Ein neuer Einfall meinerseits wäre, so wie in den 60er, 70er Jahren atomkriegsichere Bunker an Irre verkauft wurden, einfach einen asylsicheren Bunker anzubieten. Die Chance, einem Atomkrieg zum Opfer zu fallen lag, da ja auch der Russe wusste, dass alles Leben durch so eine Auseinandersetzung zerstört wird *(was der angekränkelte Moslem vermutlich nicht weiß)*, bei weit unter einem halben Prozent. Die derzeitige Möglichkeit, durch einen moslemischen Terroristen geköpft zu werden, solang man nicht konvertiert und seine Frau einer Massenvergewaltigung preisgibt, liegt allerdings bei persönlich geschätzten über 93% *(und da habe ich die Schätzung nach unten korrigiert. Eigentlich liegt sie fast bei 100)*.

Dieser Bunker müsste also Sensoren und genügend Selbstschussanlagen haben. Sobald er von jemandem mit einer Waffe *(oder einem Messer)* betreten wird, rotzen ihm die eingebauten Maschinengewehre die Beine weg. Um dafür eine Bauzulassung zu bekommen, sollte der Besitzer also jede Menge Pflaster und Verbände dort gelagert haben, um diesen „Menschen“ dann verbinden zu können, bis der Notarzt eintrifft.

Sobald diese Angelegenheit genehmigt wurde, zeichnen sich überragende Gewinnmöglichkeiten für mich ab. Aber wer soll sowas genehmigen? Es wird also nur ein Traum bleiben.

Erst heute hat mich wieder eine Frau von „Save Children“ *(oder so ähnlich)* angerufen und mich um eine Spende gebeten. Gerettet werden da allerdings nur arabische und afrikanische Kinder, die dadurch stark genug werden, später unsere eigenen Kinder abzuschlachten. Obwohl ich das der Dame erklärt habe, hat sie nicht aufgegeben, von mir eine Spende „herbeizulabern“. Ich musste das Gespräch mit Gewalt beenden und einfach blitzschnell auflegen.

Da ich nicht mehr nachlese, was ich alles bereits von mir gab, nochmal die Einsicht:

Dies Werk ist reine Panikmache.

Aber vernünftige Panikmache. Das isländische Parlament hat sich mittlerweile dazu durchgerungen, den Antrag auf Mitgliedschaft in der EU zurückzuziehen. Den isländischen Verantwortlichen ist demzurfolge klar, dass eine Mitgliedschaft in der Europäischen Union mit der Zwangsaufnahme von etwa einer halben Million Asylanten, belohnt zu werden scheint.

Wie sollen diese 1,5 Millionen Asylanten (zumindest offiziell nur 1,5 Millionen) den bevorstehenden schweren Wintereinbruch in Deutschland überleben können, ohne sich gewaltsamen Zugang zu Einfamilienhäusern und Einkaufszentren zu verschaffen?

Die, die nicht kriminell genug sind *(und da sind sicher ein paar dabei),* werden also mit Erfrierungserscheinungen die Betten in unseren Krankenhäusern belegen. Sollte also ein Deutscher dringend eine Operation benötigen, wird er mit einer Wartezeit von einem halben Jahr rechnen müssen und mit dem Risiko, von einem Arzt operiert zu werden, der seit über 72 Stunden im Einsatz ist und noch keine Minute geschlafen hat.

Werde die nötigen 4 Seiten nicht vollkriegen und verlängere einfach die Inhaltsangabe, der Irisch-Emiratischen Kriege, auf 2 Seiten. Muss also nur noch eine fertigstellen und beschränke mich dabei auf den Betrug, dem wir alle unterliegen. Auf die Macht unseres Gutmenschenparlaments.

Warum kann nicht durch Volksentscheid eine Neuwahl herbeigeführt werden? Ach ja: was soll das nützen? Das Ergebnis wird ja dann eh vom Parlament bekannt gegeben, die einfach die Medien unter sich haben und so entscheiden dürfen, wofür wir Wähler unsere Stimme abgegeben haben. Ich kann dir also bereits sagen, wie die Sache ausgeht: etwa 63% werden glücklich über die Asylpolitik unserer Regierung sein und sich nichts sehnlicher wünschen, als einen eigenen Asylanten zu bekommen. Süss war die Aussage unserer Lieblingskanzlerin, sie könne sich nicht vorstellen, einen Asylanten bei sich aufzunehmen?

Da keimen Fragen in mir auf.

Als Lösungsmöglichkeit, für die freie Wahlproblematik, könnte ja jeder Wahlleiter gesetzlich dazu genötigt werden, das Ergebnis seines Wahlbezirks auf Facebook zu posten, bevor er die Sache weiterreicht, um Schindluder zu ermöglichen.

Absolute Schlüssanmerke

Sobald ein Mensch vor Gewalt flieht, ist das sein Recht. Falls er allerdings dabei seine Frau und die Kinder zuhause lässt, um durch 6 gewaltfreie Staaten, nach Deutschland zu fliehen, verliert dies Recht gewaltig an Recht. Zu richtigem Recht wird es erst wieder, sobald Mutti Angela Terroresa ruft und Hilfe für ihn und seine Familie prophezeit.

Natürlich wird dadurch auch kein Recht daraus. Mutti Terroresa ist nur gerade dabei, ihre Kompetenzen zu überdehnen. Doch geht das, bei diplomatischer Immunität überhaupt? Diese Immunität muss bei ihr aufgehoben und sie drakonisch bestraft werden.

Mit Komplettverlust ihrer Pensionsansprüche. Sie dürfte eh bereits genug Geld und Besitz innehaben. Zu einer Aufhebung und Bestrafung wird es allerdings nicht kommen können, da das ja von unserem Parlament beschlossen werden müsste und eine Krähe der anderen nunmal kein Auge aushackt.

Die EU müsste sich nur darauf einigen, Flüchtlingshilfszentren in den Nachbarländern der Kriegszonen einzurichten. Was eine Finanzierungsfrage bleiben wird. Dafür möchte kein EU Staat die Kosten übernehmen.

Dass dies allerdings nur etwa ein Prozent der Beträge nötig machen würde, die so ein hilfsbedürftiger

Asylant in Europa auf den Tisch zaubert, versteht von unseren „gewählten“ *(?)* „Volksvertretern“ *(?)* keiner. Vielleicht möchte es allerdings nur keiner verstehen, was wieder eine Frage des Grundes ist.

Putzig war eine Anmerkung unserer geliebten Kanzlerin, sie hätte übersehen, dass den Hilfsvereinigungen die von der EU versprochenen Hilfszahlungen nicht, oder in zu geringer Höhe, gegeben wurden. Oh, übersehen? Da tut sie mir richtig leid. Sie hat es übersehn und keiner hat es ihr gesagt.

Da kann ich sie natürlich richtig gut verstehn. So wie ich oft übersehe nach rechts zu schauen, wenn ich die Straße überquere. Es erklärt sich von selbst, dass, wenn man so etwas übersieht, man aufgrund überzogener Menschenliebe *(und vermutetem Deuschlandhass)* zu einer Aussage wie „kommt alle zu uns, wir schaffen das“ kommen muss.

Jetz is mir doch noch eine letzte Seite eingefallen und zwar ein Vergleich, für meine „Freundin“ Knäckeb-Roth, die eigentlich ein Mann ist.

Lieber Knäckeb, wie siehst du das:

Es kommt zum Krieg zwischen Deutschland und Österreich. Die Bayern schlagen sich natürlich auf die Seite ihrer Alpenfreunde und werden dadurch zum Kriegsschauplatz. Es liegt nicht in der Natur des Bayern, daraufhin einfach zu fliehen, da sich innerhalb dieses Bundeslandes allerdings viele Zugereiste aufhalten, kommt es zu einer Flüchtlingswelle. Und zwar ins reiche Syrien.

Dort haben Grüne Anhänger der Sekte „Die Jünger der Angela“, mittels Wahlbetrügereien, die Macht an sich gerissen und versprechen jedem Bayern den Himmel auf Erden, sollten sie diese 6.000 km zurücklegen und endlich ankommen. Nach eintrudeln werden diese etwa 10.000 „Bayern“ allerdings in ein Konzentrationszelt gesteckt. Eines, ohne Zäune und Wachen. Sie sehen in ihrer Mittellosigkeit von ihren Zeltausgängen den Reichtum an ihnen vorbeiflanieren.

Würde dich das also dazu bringen, rauszugehn und zu stehlen und zu vergewaltigen? Vor allen Dingen, nachdem du bereits in Erfahrung brachtest, dass die syrische Polizei darauf angewiesen wurde, Vergehen von Asylanten nicht zu verfolgen?

Unter Umständen nein, da du ja vorgibst Christin zu sein. Aber natürlich ja, da du ein Teufel bist. Übrigens ein aberwitzig hässlicher Teufel. Da hätte sich dein Meister auf alle Fälle entschieden mehr Mühe geben können.

Bisschen weniger Arsch, dafür mehr Hirn, hättest du ruhig verlangen können. Also die restlichen Flüchtlinge würden wohl nicht so handeln, da ihnen ihr Glaube verbietet, zu rauben, zu vergewaltigen, zu töten.

Der Moslem allerdings kennt diese Zurückhaltung nicht. Sein Allah befiehlt ihm, durch den Koran, Ungläubige wie Dreck zu behandeln, sie anzulügen, zu bestehlen, zu vergewaltigen und zu töten. Seit er gehen kann, muss er in die Koranschule und er wird von seinen „Gesetzeslehrern“ darauf getrimmt, andere zu hassen. Sogar eigene Glaubensbrüder, wenn sie nur leicht abweichenden Vorschriften gehorchen.

Als Letztanmerkung etwas, dass mich, sobald es mir gelingt, es auf Regal zu werfen, garantiert das Leben kosten wird, da ich dadurch zu einem Hauptziel der Extremisten werde:

Der Moslem *(selbstredend außer der türkische, da*

der Gründer der Türkei, Kemal Atatürk, folgendes Zitat entwarf: „Der Islam gehört auf den Müllhaufen der Geschichte. Diese Gotteslehre eines unmoralischen Beduinen, ist ein verwesender Kadaver, der unser Leben vergiftet") ist nicht zu integrieren.

Das ist etwas, dass einfach nicht funktionieren kann und ich deshalb davon überzeugt bin, dass der Krieg kommen wird.

Wir glauben alle an den selben Gott.
Warum töten wir uns deshalb?

Eigentlich hätte ich jetzt glücklich sein können. Nach 15 Monaten gewaltigster Schreibarbeit gelang mir ein Stück, dessen Überragendheit wohl kaum zu schlagen sein dürfte.

Habe mich glücklich zurückgelehnt und die Seiten persönlich durchgezählt. Ich kam zum Ergebnis, dass mein Laptop also moslemischem Ursprunges zu sein schein, da er mich belogen hat. Geköpft hat er mich noch nicht, was die islamischen Techniker *(?)* sicher noch hinbekommen.

Dies Fragezeichen steht natürlich dafür, dass es islamische Techniker gar nicht gibt. Welche technische Errungenschaft hat ein islamischer Staat bisher der Menschheit gebracht?

Mal abgesehen von der Köpf- und Kopfschusstechnik eigentlich keine. Die Mit-Burka-französisch-Technik habe ich dabei geflissentlich übersehen.

Mir fehlen immer noch 2 Seiten, die ich nun versuche, mit Lösungsvorschlägen für kommende Asylanträge zu befüllen.

Hier also meine Asylbearbeitungsvorschläge:

Asylanträge aus hauptsächlich moslemischen Staaten *(außer der Türkei)* werden prinzipiell abgelehnt. Für Anträge aus anderen Ländern, wendet die EU die norwegische 48-Stunden-Bearbeitungsweise an.

Das ging ja schnell. Um meine 2 Seiten zu kriegen, sollte ich also nun einen Begründungsanhang einfügen:

Ich habe schon einige Talkshows gesehen, wo hauptsächlich kopftuchtragende Frauen über die Vorteile und Menschenliebe des Islam zelebrierten. Sie stießen jedoch durch die Bank auf Gegner, die sich im Koran auskannten.

Natürlich bestätigten sie ihr die gelernten Suren, fügten dann allerdings immer die Folgesuren an, in denen geschrieben steht, dass das einzig für Glaubensbrüder gilt und Ungläubige Strafsteuer zu zahlen hätten, oder zu köpfen wären.

Der Islam ist die einzige wahre Gefahr für die Menschheit *(wobei ich das nur auf Glaubensrichtungen beziehe und deshalb Baracke Obama ausblende).*

Asylanträge aus diesen „glaubenskranken" Bereichen werden also nur in den Hilfszentren neben den Krisengebieten angenommen. Genehmigt werden sie nur für Frauen *(die im Anschluss auf keinen Fall ihre Ehemänner oder männlichen Kinder über 16 Jahren nachfliegen lassen können)* und für christliche Araber, die deshalb verfolgt werden.

Dies allerdings erst, nach einer Wartezeit von 6 Monaten, wobei die Männer, die behaupten Christen zu sein, zunächst einen wirklich leichten Bibeltest bestehen müssen und sich während der Wartezeit, wie ein Christ verhalten sollten.

Was Blauhelmsoldaten innerhalb dieser Hilfszentren nötig macht, die für Recht und Gesetz darin die Verantwortung tragen.

Nach einfliegen des Asylanten ist dringend eine weitere Kontrolle dieser Jungs nötig, da einzig dem Islamisten erlaubt ist, Ungläubige anzulügen, um dem Islam zum Siege zu verhelfen.

Es sollte eine Liste für Vergehen bestehen, die aussagt, wann die Wartezeit verlängert wird, bzw. der Asylantrag abgelehnt werden muss.

Und nun die Begründung:
Falls es auf unserer Mutter Erde einen schlechten Menschen gibt, dürfte es sich um einen Muslimen handeln. Er ist verblendet und blutsüchtig. Einfach nur dumm und gläubig, wie es der Europäer im Spätmittelalter war, der Hexenverbrennungen forderte, oder der Kreuzzugritter, der einfach tötete, weil sein Gott (also sein Papst) das so wollte.

Am 2. Juli 1187 hielt ein gewisser Raimund von Tripolis eine Rede vor der Ritterschaft des Königreiches Jerusalem, in der er anführte, dass es einem Selbstmord gleichen würde, im Hochsommer gegen Saladins Armee auszurücken.

Einer der anwesenden Ritter bezichtigte ihn der Feigheit und meinte, dass eine Armee, die unter dem Kreuz Jesu ausrückt, nicht besiegt werden kann.

Also wurde die Schlacht geschlagen und sie wurde die größte Niederlage des Kreuzritterheeres aller Zeiten. Jerusalem wurde verloren.

Falls wir allerdings nicht verhindern, dass dieser Moslem an Atomwaffen kommt, werden wir mehr verlieren. Und zwar die ganze Welt. Unsere europäische Welt haben wir bereits verloren. Das ist nicht mehr stoppbar. Diese Linken Fratzen und Grünen Hexen verkaufen uns bereits an dies Asylantenheer. Die Lage ist bereits jetzt aussichtslos. Länger zu warten vernichtet diese kleine Restchance, die wir im Moment noch innehaben.

Wie einst dieser Ritter aus Jerusalem dachte, verlieren geht nicht, wird eine islamische Macht mit Atomwaffen bestimmt daran glauben, dass ihr Allah sie vor den Folgen eines Atomkrieges schützen wird.

Jetzt, in dem Moment, in dem ich meinen letzten Satz eindrücke, ist mir klar, dass dies Stück auf keinen Fall eine Zulassung bekommen wird und wir alle dem Untergang geweiht sind.

Danke, Angela und ihren Vasallen.

(hab gewaltige Probleme un ein paar Mark verdient - denk an S. 35b - Danke)

In Anbetracht dessen, dass ich die Rechte an dem Ding eh verkaufen muss, fühle ich mich genötigt, doch noch 2 Seiten einzumerkeln. Wie dieser Verlag es dann mit 362 Seiten *(also nix durch 4 teilbar)* hinkriegt, ist mir also erstmal egal.

Dieser Moslem ist nicht integrierbar. Jedenfalls in der Regel nicht.

Ich stoße jetz natürlich sofort auf den Widerspruch des gewöhnlichen Gutmenschen. „Was bis du bloß für ein Scheißnazi?", wird er mir entgegenschleudern.

Doch meine Gegenfrage ist nicht weniger spitz: „Kennst du einen Moslem, der nicht gläubig ist?“

Natürlich wird die Antwort nein sein. Denn der ungläubige Moslem wurde bereits gegen Ende letzten Jahres gesteinigt. Kurz hinter Teheran. Es gibt ihn also nicht, den ungläubigen Moslem. Demzurfolge glauben alle an Allah und damit an den Koran und die Scharia.

Laut diesem Gesetz, sind die Kaffern *(also die „Ungläubigen“)* zu betrügen, zu bestehlen, zu vergewaltigen und letztenendes zu töten.

Es ist klar, dass dem gebildeten Moslem einleuchtet, dass wir alle an den einen, den einzigen Gott glauben. Alle an den selben. Diese Bildung ist allerdings ein Schwachpunkt des durchschnittlichen Arabers.

Final gilt es also zu Erwähnen, dass man keine Religion schlecht machen darf, aber man darf Fragen stellen:

> **Welche Religion ist perfekt für den mittelalterlichen Idioten zurechtgeschnitten?**
> **Welche Religion hält sich für die einzig Richtige?**
> **Welche Religion fordert die Vernichtung aller Andersgläubigen?**
> **Welche Religion erlaubt der Frau einen Scheißdreck?**
> **Welche Religion kommt mit eigenen Glaubensbrüdern nicht zurecht?**

Ich habe mich also hingesetzt und versucht, alle möglichen Religionen, mit dieser Art von Frage zu konfrontieren. Und nimm mich beim Wort, Amigo, die einzige Religion, bei der alle Fragen mit „stimmt genau“ beantwortet werden können, ist nunmal der Islam.

Wir Deutschen haben mittlerweile mindestens eine Million, größtenteils kampferprobte, „Terroristen" im Land. Wie lange glaubst du, meine dummgefickte grünlinke Politikschlampe, wird es noch dauern, bis sie den Krieg beginnen. Den Krieg, gegen 20 Millionen Rentner. 20 Millionen Weicheier und etwa 10 Millionen Sympathisanten, die erst bemerken, dass sie einen Fehler gemacht haben, wenn sie seinen Dolch an der Kehle fühlen können.

Zur allgemeinen Beruhigung: natürlich ist auch mir klar, dass ich damit nur Angst schüre. Von unseren knapp 2 Millionen Asylanten, sind bestimmt 1,9 Millionen gute Menschen, die glücklich sind, gerettet zu sein.

Aber 100.000 Killer reichen allemal. Und unsere „halbgemochte" Kanzlerin *(erfunden - so dumm kann man gar nicht sein)* kennt kein Ende. Kommt alle zu uns, wir schaffen das, meint unsere iranstämmige Mutter Theresa. Als ich erfuhr, dass dieser Mörtel aus dem Iran stammt, wurde mir einiges klar.

Das wir das gar nicht schaffen können, habe ich bereits erörtert. Selbstverständlich können wir jedem helfen. Aber eben nicht allen. Den genauen Unterschied zwischen „jedem" und „allen" zu erklären, dafür fehlt mir momentan die Muse.

Ich müsst es auch so erklären, dass es der Durchschnittsdeutsche zu überreißen gedenkt und das wird schwierig.

Was allerdings jeder versteht, ist, dass es zum Krieg kommen wird, solang wir diesen Aufnahmeirrsinn nicht beenden. Zu einem Krieg, den der Durchschnittsdeutsche nicht überleben wird, den eigentlich kein nichtkonvertierter Deutscher überleben wird.

Jetz aber:

A M E N

Da es sich bei mir allerdings um einen korrekten deutschen Staatsbürger handelt, fühle ich mich genötigt, also doch noch 2 Seiten zuzubereiten, in denen ich meinem Ärger freien Lauf lassen werde.

Welche Möglichkeiten haben wir noch, uns gegen diese machthungrigen und geldgierigen Politikjongleure zu retten?

Eigentlich überhaupt keine. Sie haben alle Medien unter sich und kontrollieren hemmungslos alle öffentlichen Netzwerke. Der Staatssicherheit *(also der „ferkelgrünlinken Staatsvernichtungsmaschinerie“)* entgeht wirklich nicht mal ein Augenzwinkern von einem dieser Nazischweine. Nicht kontrolliert werden nur unsere armen, traumatisierten Moslems, da ihnen doch das Leben so grausam mitspielte und ihnen gar nichts anderes übrig bleibt, als für den Tod des Christen zu beten, dessen Sozialhilfe sie allerdings vorher gern annehmen.

Eigentlich sogar müssen, denn wie soll ein halbverhungerter IS-Kämpfer, der sich vor den bösen russischen Bomben retten konnte und todesmutig die Schifffahrt nach Griechenland auf sich nahm, um den ungarischen Grenzzaun kaputt zu treten und in Deutschland Hilfe für seine Familie anzufragen, denn noch stark genug sein, einen deutschen Rentner zu überfallen und totzutrampeln?

Allein schon dafür, müssen wir sie vorher aufpeppeln.

Rentner haben wir eh zu viele.

Wie kann es sein, dass ein Europäer für 3 Tage in schwere Einzelhaft muss, nachdem er seine Bedenken bezüglich „Integrierbarkeit von IS-Kämpfern" äußerte, während ein Moslem, nachdem er eine blonde deutsche Frau vergewaltigte *(ich wählte bewusst die Worte des AfD-Helden Höcke)*, noch nicht mal ein Entschuldigungsschreiben aufsetzen muss, da ihn das diskriminieren könnte?

Wir sind das Volk, das akzeptiert. Ihre Burka - egal. Ihr Hang dazu, Minderjährige zu heiraten - egal *(also zumindest, wenn sie bereits in Moslemistan verheiratet waren)*.

Aber was akzeptiert der Moslem? Außer von einem Christen durchgefüttert zu werden so gut wie nichts.

Alle und ich meine wirklich alle unsere Politiktrottel, sind also bereits vom Moslemschangwang befallen. Ein Keim, der einen dazu bringt, sich seinen eigenen Tod zu wünschen. Vermutlich durch meine Lieblingspolitiker Redh und Antonia Hofreiter unter das Wahlvolk gebracht.

Mein Forscherteam ist allerdings gerade dabei, den Antiislamschangwang zu entwickeln. Ein Bazillus, der in die Gehirnströme eindringen und sie entschlüsseln kann. Sollte überzeugte Koranglaubigkeit entdeckt werden, begibt sich der kleine Bursche in die rechte Köpfhand und lähmt sie *(bei Linkshändern natürlich in die linke - er is ja nich dumm)*.

Dieser Islam ist schlecht. Für ungefähr jeden, außer den mächtigen Islamführern und den Räubern, Vergewaltigern und Kriegern, die in diesem Glauben aufgehen und sich bereichern. Angola hat ihn bereits verboten und Moscheen werden niedergerissen. Bei uns wird es noch ein wenig dauern. Dann sind wir weg, oder aufgewacht. Der Islam ist auch kein Glaube, er ist die Lebenseinstellung eines mittelalterlichen Schlächters.

Für uns wär wichtig, überlebenswichtig, dass wir diese Keime der Volksverräterschaft Herrn Redh und Fräulein Hofreiter entdecken und eliminieren. Unter Umständen gelingt uns auch, den Kopf der „Jünger der Angela" zu finden und auszumerkeln. Dann wird alles gut.

Erster November 2015 - *Bereite mich schon mal auf den Tod vor.*

Ganz so ein guter Deutscher, bin ich dann doch nicht. Weshalb mir in den Sinn stieg, nochmals die 2 aufblitzen zu lassen. Ob mehr werden, werden wir sehn.

Es geht mir darum, euch mitzuteilen, dass auch ich das Foto von dem 102jährigen, halbgelähmten, blinden Mann gesehen habe, dass durch unsere glücksseligen Medien floss.

Er hat auf dem Foto, dass die gesamte deutsche Presse in Hochstimmung versetzte, natürlich gelächelt. Doch ich bin dazu in der Lage, euch zu sagen, warum er lächelte:

„Jetz machen diese Kafferschweine ein Foto von mir, obwohl ich diese 6000 km ja nur mit Hilfe meiner 3 Frauen, 12 Söhne, 73 Enkel und 941 Urenkel (die 4 Töchter, 94 Enkelinnen und 731 Urenkelinnen wurden zu Hause gelassen, den sie könnten mich ja nicht tragen und sind auch sonst nix wert) geschafft habe.

Dabei wollt ich doch nur deutsche Sozialhilfe, ein Bett in einem deutschen Altenheim und dabei sein, wenn der stärkste meiner Enkel, der schneidige Abdul Ibn el Ibn, dir, Kaffernfotograph, den Schädel vom Hals trennt, um unseren Islamischen Sieg komplett zu machen“, ging dabei durch seinen Kopf.

Wenn ich einer dieser muselmanischen Gesamtdenkverweigerer wäre, müsste ich da ebenfalls lächeln. Denn wie seltendämlich ist den dies Verhalten, des, ach so guten, „ungläubigen“ Opfers?

Bin jetz nicht mal halbzufrieden. Wurde also nur eine Zusatzseite.

Die Aussage bleibt: Tod für Claudius Redh, Antonia Hofreiter und den Kopf der „Schweine von Angi“. Wir schreiben den 02.11.2015 und langsam wird wirklich ein Tagebuch aus dieser Sache. Da nicht verkaufbar, werd ich auf Epubli einfach ein paar rausdröseln lassen und privat verkaufen.

Epubli, wie der Drecksverlag Thalia, betrügen mich einfach um Umsätze und ich kann ihnen relativ wenig beweisen. Bin allerdings dran, genau das zu tun. Falls ihr also so ein Buch habt *(bei Epubli bestellt),* meldet euch bitte unter wolf????@gmx.de (sinnfrei) und rechnet damit, auf einen Unterschlagungsprozess eingeladen zu werden. Die Anfahrtskosten werden natürlich vom Staat getragen. Merci.

Einer sollte noch gehn, also dieser:

Hab gestern gelesen, dass einer unserer Minister *(CDU)* gerade Urlaub auf Mallorca macht, während die freiwilligen Helfer (bei denen es sich glücklicherweise ausnahmslos um ferkelgrünlinke Holzköpfe handelt) kein Land mehr sehen.

Seine Frau meinte dazu: „Er braucht auch mal ein wenig Schlaf, um wieder klar handeln zu können und seinen Kopf frei zu kriegen“. Das ist leider nur eine halbgute Aussage, denn freier *(also Hirnfreier)* kann ein Kopf gar nicht sein. Ich hoffe also, dass er wenigstens gut im Bett ist, was eigentlich außer Frage steht, da etwa jeder weiß, dass Dumm gut fickt.

Was mir also zu hoffen bleibt ist, dass sich wirklich mal die Jungs aus USA und Russland zusammensetzen und diesem IS-Terror ein Ende bereiten.

Damit unsere Freunde aus den komischen Gebieten wieder nach Hause wandern können. Wobei wandern eher ein Wunschgedanke bleiben wird.

Sie werden natürlich Erster-Klasse heimgeflogen. Möglich wär da auch eine Luxusheimreise auf einem Kreuzfahrtschiff, aber da will ich keinen unserer Politiker auf einen „guten" Gedanken bringen.

Ich kann mir gar nicht vorstellen, wie grausam schlecht dieses Leben sein wird, sobald die Moslems wirklich Europa überrannten und weit genug sind, alle Lebensbereiche überwachen zu lassen.

Da das bereits jetzt, also in einer „freien" Welt ausartet und ich nicht dazu in der Lage bin, meine Gedankengänge der Öffentlichkeit darzubieten ist schon schlimm genug.

Aber damit kann ich leben. Ohne Kopf wird schwierig.

Diese beiden Supermächte sollten sich also mal am Riemen reißen und die eigenen Problemchen hinten anstellen, sobald es heißt, diesen Islam in seine Schranken verweisen zu können. Möglicherweise mit Hilfe von China. Die können nämlich Moslems gut abhandeln.

Als denn, 02.11.2015. Fluchthasser gibt auf.

Kapitulationserklärung

Aufgeben kann ich ja mal, was mich nicht am Weiterschreiben aufhalten dürfte.

Ein zumindest „relativ guter" Politiker sagte vor kurzem: „Warum sollte so ein Flüchtling nicht bestraft werden? Er könnte die Entscheidung über seinen Asylantrag doch auch im Gefängnis abwarten."
??????????????

Da wollen die Fragezeichen in meinem Kopf gar nicht aufhören, sich zu entwickeln und auszubreiten.

Sind wir EU-Bürger tatsächlich so eine mehr als hirnabgebrannte „Kommtallezuunswirwollenkeinestraftäterinmoslemländernfreirumlaufenlassengesellschaft"? Sind wir nicht dazu in der Lage, dies über alles gehobene Asylrecht zu modifizieren, also einen Typen, der nur billig an Geld kommen, sich aber auf keinen Fall an unsere Gesetze halten möchte, rauszuschmeißen?

Diese ganzen Antifa und Helftdenflüchtlingenleute sollten mal überlegen, ob sie auch einem Adolf Hitler Asyl gewähren würden? Mittlerweile wär der ja bereits 126 Jahre alt und seine Taten längst verjährt. Er könnte bestimmt nirgendwo mehr friedlich weiterleben, ohne dass sich um ihn gekümmert wird.

Die Taten der Nazis muss ich nicht schlechtreden, da sie einfach schlecht waren und das jeder weiß. Was sie allerdings von den Machungen des Moslems *(die das ganze mit dem Koran und der Scharia begründen)* unterscheidet, bleibt in meinem Kopf im Verborgenen.

Um auch nur irgendwie überleben zu können, muss dies Asylrecht modifiziert (allgemein verbessert) werden. Helft endlich mal euren eigenen Leuten, liebe Politiker. Diese linksgrünen Vollspasten, die den Ausdruck „Deutscher" durch „Nichtasylant" ersetzen wollen, könnten gern mitausgeflogen werden. Die, die öffentlich bekennen gegen Deutschland zu sein müssen sogar weg, um Frieden erhalten zu können. Auch da sollte ein Gesetz her. Wir gehen durch übertriebene Menschlichkeit *(?)* kaputt.

Jetzt habe ich doch eine Seitenzahl erreicht, die mich dazu zwingt, die Inhaltsangabe der „Irisch-Emiratischen Kriege" auf 2 Seiten auszudehnen, um auf 368 zu kommen. Hoffe, ihr verzeiht. Oder mache ich da etwas nationalsozialistisches? Denkt übrigens daran, mir zu helfen. Danke.

Wird zwar sauber eng mit der Inhaltsangabe und obwohl die nationalliberale Antifa (deren Zielsetzung nunmal die Freiheit von Judäa ist) es als erznazionalsozialistisch einstufen und mich vereinsintern zu mit lebenslangem durch Wattebäuschchen bewerfen verurteilen wird, füg ich doch noch eine Seite bei.

Mit welchem Recht nehmen sich die Jünger des „unmoralischen Beduinen" *(Zitat meines Bruders im Geiste Kemal Atatürk)* heraus, vom Geld von Ungläubigen zu leben, um sie hinterher zu köpfen? Eigentlich logisch. Da es so im Koran steht. Ich hab diesen Koran noch nie gesehen, aber es muss doch auch, wie in unserer Bibel, drinstehn, dass wir alle Kinder Gottes sind. Ich werde Mohammed auf keinen Fall versuchen, schlecht zu machen und wer an ihn glauben will, darf das auch. Er war übrigens der einzige Moslem, der mehr als 4 Frauen haben durfte. Durch eine „Eingebung" von Allah, wurde ihm das erlaubt. Da hat er noch schnell ein paar Frauen *(Mädchen)* mehr genommen und als er bei rund 10 war, eine etwa 7jährige geheiratet. Wie viele es genau waren *(und wie alt)* kann man nicht mehr exakt sagen.

Man weiß zwar, was der Prophet am 03. Juli 612 zum Frühstück hatte, da über niemanden mehr geschrieben wurde, als über ihn, aber über Frauen *(die ohnehin keinerlei Wert besitzen)* kann man in seiner Biographie so gut wie nichts rausfinden.

Auch dieses Sezieren eines Gegners zeigt nur, dass er in einer rauen Welt groß wurde, die eigentlich seit 1000 Jahren vorbei ist. Nur an diesem in der Öffentlichkeit köpfen könnten wir festhalten, da ich mir bereits überlegte, wie wir die ferkelgrünlinken Dorftrottel bestrafen könnten. Mit Wattebäuschchen bewerfen, wär mir zu weich.

Mit diesem Satz beende ich nun mein Meisterwerk, dass mich definitiv das Leben kosten wird, aber in die Geschichte eingeht. Zumindest, wenn unsere Geschichte nicht von Moslems geschrieben werden wird. Was momentan noch höchstwahrscheinlich ist. Aber noch glaube ich an den Sieg der „freien" Welt. Wir müssen nur zurückfinden in archaische Gedankengänge, um sowohl den Moslem, wie die ferkelgrünlinken Gehirnschwundweltmeister schlagen zu können.

Ein definitiv letztes Mal also vielen Dank für eure Aufmerksamkeit und holt den Endsieg für das Christentum *(also auch für den Gott der Moslems, Allah)*.

A M E N.

Kapitulationsanhang:

Es is nunmal so, dass wir in einer Welt von Lügnern und Betrügern leben. Eigentlich werden wir sogar von ihnen regiert. Alles was auch nur im Entferntesten für oder gegen diese Asylantenflut spricht ist zu etwa 96 % erfunden. Von der jeweils unterstützenden Seite.

Wir müssen uns also darauf beschränken, nur zu glauben, was uns unser hoffentlich gesunder Menschenverstand sagt:

1. Kein Land der Erde, kann die Probleme eines anderen Landes beheben, ohne militärisch tätig werden zu müssen.

2. Eine Religion, die Lügen, Betrügen, Vergewaltigen, Kindersexpraktiken und Töten Andersgläubiger befiehlt ist keine Religion.

3. Eine Zahl von 2 Millionen „Hilfsbedürftigen", die ja laut Gesetz noch etwa 8 Millionen Familienangehörige nachreisen lassen dürfen, ist weder Finanzier- noch Unterbringbar.

4. Flüchtlinge, die sich gar nicht integrieren wollen, also darauf verzichten, an einem Deutschkurs teilzunehmen oder eine Arbeitsstelle anzunehmen müssen sofort abgeschoben werden.

und

5. Auf dieser Mutter Erde geschieht soviel unglaublich Schlechtes, dass man mit Geld nicht unterbinden kann. Wer das allerdings glaubt, nimmt einfach sein Geld und wandert aus. In Gebiete, wo er mit „seinem" Geld Gutes tun kann und verbraucht nicht das Geld seiner Landsleute.

Beinah hätt ich jetz 6. vergessen. Also hier Nummero 6:

6. Dieser überzeugte Muselmann ist nunmal ein Untermensch in der schlechtesten Bedeutung. Sein Glaube befiehlt ihm, einen „Ungläubigen" zu belügen, zu bestehlen, zu vergewaltigen und letztenendes zu töten. Also selbst, wenn er in seinen eigenen Augen ein toller Typ ist, zwingt ihn der Koran dazu, böse zu sein. Und obwohl offensichtlich ist, dass sich die Burkamörtel einen geschmacklosen Vollidioten wünscht, der sie einfach in ihren entschieden zu fetten und häßlichen Hintern stößt und sie dafür ein Volk opfern will, dürfen wir das nicht zulassen.

Eins noch für die Türkei und Erdogan

Wie es im Moment aussieht, möchte die Türkei mit allen Mitteln in die bereits verwelkende EU. Dann lasst sie doch bitte. Natürlich überweist unsere unglaublich bezaubernde Kanzleröse schnell mal 3 Milliarden, damit sich Erdogan um diese Flüchtlinge kümmert, die in der Türkei festsitzen.

Das stößt auf Widersprüche. Doch diese Summe ist vernünftig angelegt. 3 Milliarden kosten diese Brüder in der Türkei im Jahr. Wenn wir sie zu uns kommen lassen, reichen 3 Milliarden gerade mal für die ersten beiden Eingewöhnungswochen.

Ich bin also nicht nur ein Fan von Putin und Orban, sondern auch einer von Erdogan. Wahre Typen, diese Jungs.

Was sich daraus ergibt, da ich im Moment, wegen unbeschreiblicher Schwierigkeiten, dies Stück auf den europäischen Markt zu werfen, dran bin, ihn von einem osmanischen Verleger herstellen zu lassen.

Was demzurfolge nötig macht, ein gutes Verhältnis zum großen Führer der Türkenwelt herzustellen. Hoff, es ist mir hiermit gelungen.

We will see.

Da eben hoffentlich im Osmanischen Reich produziert, kann ich eine relativ ungezwungene Finalfrage stellen:

Was, um Gottes Willen, bringt eine aus den Niederungen der Ostgermanischen Provinzen, inklusive Iranischer Untermenschvorfahren, entsprungene Asozialenschlampe dazu, Politik nicht für das eigene Volk, sondern für den dahergelaufenen Schwerverbrecher herzustellen?

Und natürlich was, bringt diesen Antifahasen und ihren Antifastecher auf den Trichter, dass allein ein moslemischer Tagesablaufplan Besserung vom bisherigen Leben verspricht? Na gut. Diese nicht allzu knappen Provisionszahlungen der Regierung (könnten überzeugend sein)?

Radikale sind schließlich immer verrückt.

Und erneut habe ich das Zwischenproblem auf die besagten 4 Seiten zu kommen, was mich allerdings nicht unbedingt in Aufruhr versetzt.

2 Seiten gehen immer. Zumindest in der heutigen Zeit.

Also zunächst eine Entschuldigung an den deutschen Minister, den ich vor einigen Seiten angegangen habe. Er ist zurück von Urlaub und hat seinen Kopf tatsächlich frei bekommen. Er geht auf Konfrontationskurs zum Mörtel, den mittlerweile niemand mehr verstehen kann. Also mit der Ausnahme der Antifatrottels, die ja schließlich von ihm bezahlt werden.

Meine Vorhersage, was die Zeit des russischen Gesamtsieges gegen den IS betrifft war auch eher eine nicht unbedingt stimmende Schätzung. Allerdings stand heute auf Internetz, dass eine Million Syrer bereits zurück können, da ihre Wohnungen freigekämpft wurden *(Meldung vom 12.11.2015)*. Gibt es soviele Syrer überhaupt und wollen sie das?

Also wirft sich zum wiederholten Male die Frage in mir auf, ob der Syrer das wirklich möchte? Noch nie in seinem Leben, hat er für weniger Leistung einen ebenso hohen Lebensstandard erreichen dürfen, als durch seine Flucht aus der Barbarei in eine freie Welt.

Wobei „frei" natürlich relativ ist. So wie alles in dieser Welt (also bis auf die Geschwindigkeit von Licht, wobei die Karbonen bereits einer anderen Meinung sind). Ich war jahrelang ein Freund dieses Überwachens des Volkes, da ich mir nichts zu verheimlichen vorstellen konnte. Aber nun, da dieser Mörtel nicht zulassen kann, dass mein Stück an das gemeine Volk gerät, sehe ich das ein wenig anders.

Diese Macht des Staates, diese Willkür muss eingeschränkt werden dürfen. Wobei die da oben sowieso tun, was sie für richtig halten und auf keinerlei Gesetze Rücksicht nehmen müssen. Sie sind nunmal nicht strafrechtlich Verfolgbar, dank dieser Immunitätssache. Unter Umständen sollten wir da auch was ändern.

Ich versuche einen erneuten Finanzierungsvorschlag für unseren maroden Staat:

Was diese Flüchtlingspolitik kostet, ist ja nur ein kleiner Tropfen, im Gegensatz zu den Hilfsüberweisungen an Griechenland, oder die staatliche Sanierung von Banken, die sich verspekulierten *(über Jahre gesehen und da dieser Einwanderungsirrsinn kein Ende findet, erstmal nur ein Tropfen, der sich zu einem reißenden Gebirgsstrom entwickeln wird, wenn wir kein Ende finden - aber es kommen ja Wahlen (?)).*

Nachdem unsere Banken ja jetzt durch unser Geld gerettet wurden, sollten sie auch den Staat zurückretten. Dies würde heißen, dass der Gewinn einer Bank oder Versicherung automatisch mit 90 % Versteuerung angeschlagen wird.

Niedriger kann er nur werden, wenn die Bank/Versicherung unglaublich toll wirtschaftet und gewaltige Gewinne erzielt. Nur so kann man nämlich verhindern, dass eine Bank gar nicht an der Gewinnmaximierung interessiert ist.

Egal, wem man dafür auf die Füße steigen, wessen Lobby man dafür brechen muss, es ist unsere einzige Chance *(mal wieder aus der Sicht eines Ahnenforschers erwähnt, der bestimmt, von Experten (?), wie bei diesem Nilvorschlag, weggefegt werden dürfte).*

Die Endfrage: Kann man einen überzeugten Islamisten eingliedern?

Einmal also noch: Nein, das geht nicht.

Der Islam ist nunmal das Werk des Teufels, der in Form des Propheten auf Erden erschien und Unmenschlichkeit zu Glaube werden lies.

Wie er das geschafft hat, schon über Zwölfhundert Jahre, bevor er überhaupt zum Teufel wurde, wird vermutlich meine nächste literarische Meisterleistung werden müssen.

Zuguterletzt also noch ein Danke sön, an Herrn Erdogan, da ich immer noch davon ausgehen muss, dass ich nur durch seine Hilfe den nötigen Erfolg haben werde. Was zur Zeit wieder nur eine Schätzung ist und ich mich ja diesbezüglich bereits mehrfach täuschte. Es schadet einfach so gut wie niemals, mehrere heiße Eisen im Feuer zu haben.

Doch wie auch immer. Dies Stück ist ein Phänomen und wird seinen Weg finden. Und wenn es nach meinem Ableben erst passiert.

Sobald ihr also vom gewaltsamen Tod des ***Prof. Dr. Dr. Fluchthasser*** lesen könnt, oder der 12.11.2015 bereits seit 20 Jahren abgelaufen ist, erübrigt sich eine Überweisung auf die angegebenen Konten. Ansonsten:

Helft endlich mal dem Richtigen. **Danke**.

This is the end

Soweit sind wir gekommen. Es gilt nicht mal mehr das Wort eines Christen.

Die „einschneidenden“ Ereignisse des 13.11. zwingen mich allerdings zu einer Verlängerung.

Am Tag nach den Anschlägen von Paris, mit Dutzenden von Toten, scheut sich Frau Mörtel nicht, in Kameras zu blicken und ein „ich hab das im Griff“ auszusprechen.

Einschneidend durfte in Anführungszeichen, da die Stimmung gegen diesen Asylwahnsinn eh nur schlechter bei den Leuten wird, die von Anfang an dagegen waren, jeden aufzunehmen und zu versorgen.

Die Politiker in aller Welt besorgen sich Schweigeminuten und bedauern den Vorfall von Herzen. Bravo. Aber machen tut keiner was.

Ich befürchte nun, dass Aktionen gegen Ausländer überhand nehmen und auch eingebürgerte Typen darunter zu leiden haben. Dieser internetunterstützte Hass gegen Türken macht mir am meisten zu schaffen. Auch ich habe türkische Freunde, die bestimmt keine guten Menschen sind - aber wer ist schon ein guter Mensch? Auf alle Fälle sind es keine so verrückten Mörder, wie es der Durchschnittsaraber nunmal ist.

Ich muss natürlich zugeben, dass ich bereits versuchte, das Verhalten des Propheten irgendwie in Frage zu stellen, was allerdings auch bei meinen Freunden zu feuerroten, blutunterlaufenen Augen führte, die mich Einhalt gebieten ließen. Es scheint wirklich jedem Moslem von Kindesbeinen an klar gemacht zu werden, dass es nur einen Mann, kurz hinter Gott, gibt, dessen Name Mohammed ist.

Allerdings darf er an ihn glauben, wenn er das unbedingt will und ich werde ihm nicht die Halsschlagader dafür durchtrennen. Denn ich bin tolerant. Tolerant allem gegenüber, außer der gewaltigen Intoleranz, die der arabische Ziegenficker mir gegenüberbringt.

Wobei diese Eselsbesteigung natürlich ein moslemisches Kernproblem darstellt, da ein Moslem nunmal 4 Frauen haben darf und dadurch allein schon 3 Burschen ohne Frauen übrig bleiben, denen schon mal prinzipiell nur die Eigenhandanlegung oder die Ziege bleibt.

Über den Gutmenschen, den Linken und den Grünen, habe ich mich eigentlich bereits genug ausgelassen, wobei ich unter den gegebenen Umständen einen ganz bestimmt vergessen habe.

Und zwar die Asylhackfresse, vermutlich Steuerhinterzieher und ganz bestimmt Kinderbesteiger Emir. Der Vorname, dieses auf der Entwicklungsstufe Pavian stehengebliebenen Vormenschen, dürfte Özd sein. Wir kennen das aus dem geflügelten Wort: „Özd sollten wir ihn erst mal verprügeln, bevor wir, in einer öffentlichen Hinrichtung, ihm seine Gedärme aus dem Körper schneiden“. Und auch bei diesem Satz kann ich richtige Ansätze erkennen. Scheint also zutreffend zu sein. Zumindest der Vorname dürfte stimmen.

Mit welchem Erzbetrug diese Flachpfeife es in den Bundestag schaffte, bleibt ein Zwischengeheimnis. Wobei es genügend Gutmenschen, wahlberechtigte Eselficker und Kinderschänder gibt, die einfach ihr Kreuz bei Grün machen, da Grün ja bekanntermaßen die Farbe ist, die Steuerbetrug und sexuelle Ausnutzung Minderjähriger quasi als Volkspflicht und Sodomie als wünschenswert darstellt.

Richtig wissen, was er damit anrichtet, dürfte auch für den gewöhnlichen Links- oder Grünwähler im Verborgenen bleiben. „Ich will, dass auch im Bundestag Leute sitzen, die noch ein wenig dümmer sind, als ich es bin“ lautet also ganz bestimmt der Wahlspruch der Hirnlosen. Wobei da genügend Wahrheit drinzustecken scheint.

Durch diese erneute Einfügung einer Überschrift wird also doch die Inhaltsangabe der „Irisch-Emiratischen Kriege“ um eine Seite verlängert werden müssen, da mir der Platz ausgeht und ich dadurch nur noch eine Seite entwerfen muss, um die 376 vollzukriegen.

Und um auf die Überschrift zurückzukommen: Warum sollte dass das Ende sein?

Dieser Terrorakt zu Paris hat einfach gezeigt, dass sie unter uns sind. Mindestens einer der Jungs kam ja als Flüchtling mit einem Boot in Griechenland an, hat sich dort registrieren lassen und irgendwie Kontakt zu seinen Terrorkomplizen hergestellt. Da nutzen sie einfach die staatlich zur Verfügung gestellten Handys, da ja prinzipiell schon mal jeder überwacht und abgehört werden darf, bei dem es sich nicht um einen traumatisierten Flüchtling handelt. Bei denen geht sowas nicht.

Wo kämen wir da hin, wenn es Schule machen würde, dass so ein bemitleidenswerter Asylbewerber auch noch kontrolliert werden dürfte. Er stünde innerhalb kürzester Zeit vor dem Europäischen Verfassungsgericht und würde Klage einreichen, da er sich dadurch entschieden zu sehr diskriminiert fühlen könnte. Und er bekäme Recht.

Denn selbst der Mörtel sagte ja: „Kommt alle zu uns, wir schaffen das." Dass sie dabei keine halbautomatischen Waffen oder Sprengstoff mitnehmen dürften, ist in keinem Wort erwähnt. Woher sollten sie das also wissen?

Dieser Mörtel hat sich auch bereits der Öffentlichkeit erklärt und gesagt, dass sie sich keiner Neuwahl zur Verfügung stellt und nicht zurücktritt. „Ich bin für die Bürger da (?)", war ihre Aussage.

Doch welche Art von Bürger meint sie damit? Also relativ sicher ihre neuen, traumatisierten, guten, arabischen Bürger. Den Deutschen also, ganz bestimmt, auf keinen Fall.

Und so sind wir also am Ende. Bis 2017 kann diese Republik diesen Aufnahmeschwachsinn nicht aushalten. Ich hoffe also, dass sich bereits im Vorgriff ein General rausnimmt, dieses Land von seiner herrschenden Klasse zu befreien und eine Revolution durchzuführen. Natürlich unter Komplettstreichung der Pensionsansprüche des aktuellen Bundestages. Unblutig wird das Ding schwierig. Aber es kann geschafft werden. Einfach mit 200 Mann in den Bundestag einfallen (am Besten, wenn alle da sind - also beispielsweise während einer Diätenerhöhungssitzung), alles niedermähen und bis zur Neuwahl eine Militärregierung stellen.

Wobei ich mir für den Mörtel, den Emir, die Hofreiter und den Redh einen qualvolleren Tod als erschießen vorstellen könnte.

Anhang zu „This is the end"

Zuguterletzt sollte ich also zugeben, dass das Gesamtwerk meiner Phantasie entsprang. Kein Wort des Stückes entspricht tatsächlichen Gegebenheiten und Ähnlichkeiten zu lebenden Personen oder Sachlagen sind rein durch den gemeingefährlichen Zufall entstanden.

Dieser Zufall ist nunmal ein ziemlich sittenfreier. Allerdings kann ein Europäer gar nicht so dämlich sein. Fast sicher nicht.

Sobald ich die aktuelle politische Situation betrachte, kommt es mir unglaublich spanisch vor, dass allein dies Stück doch zu Vergleichen mit der Realität imstande zu sein scheint.

Und es muss mir auch spanisch vorkommen, da ansonsten doch wirklich keine einzige (gar nicht existierende) Staatssicherheit, diesen literarischen Hochgenuss zulassen würde. Nicht mal im Traum.

Zur Sicherheit nochmal:

Alle Personen und Vorfälle sind frei erfunden und falls es zu Ähnlichkeiten mit der Realität kommen sollte, wasche ich meine Hände in der Unschuld des Pilatus.

Letztes Post Scriptum: Durch diese Druckbarmachung muss ich also doch die Inhaltsangabe des „Irisch-Emiratischen Krieges“ auf eine Seite zusammenzwängen. Vermutlich nicht so schlimm.

AMEN

Ganz aufhörn geht dann doch noch nicht.

Erst sollte ich mich mit der erfundenen Kanzlerin meines Romandeutschlands aussöhnen. Wie habe ich ihn genannt: das ostgermanisch geformte, arabischuntermenschabstämmige Mörtelferkel. Ganz schön fies. Aber so schlecht kann kein realer Mensch sein, weshalb ich erklären sollte, warum sie im Stück so verschissen handelt.

Die Deutschen in meinem Werk werden einfach zu alt und wollen viel zu früh in Rente gehen. Zukunft geht da ebenfalls nicht mehr. Zumindest nicht für die heute geborenen.

Da dieser Afrikaner oder Araber nunmal die Pille oder das Kondom nicht zulässt und für sein Leben gern pimpert (auch wenn das der Araber unter Gewaltandrohung macht), liegt die Absicht des Mörtel nahe, dass sie tatsächlich nach einer Lösung sucht. Einer Lösung für unsere Kinder.

Hab allerdings neulich auf Fernsehn die japanische Version der Altenpflege gesehen, bei der einfach

Maschinen einen Großteil der Arbeiten an hilfsbedürftigen Rentnern erledigen. Alles noch nicht ausgereift, aber so wird die Zukunft werden.

Man kann nämlich auf keinen Fall die Zukunft unserer Kinder sichern, indem man vergewaltigungsgeile, köpfungslüsterne Untermenschen in Millionenzahl einführt und sie einfach über Deutschland und sein wirklich gutes Recht stellt. Bleiben dürfte meiner Meinung nach, also nur, wer sich abwendet von diesem altertümlichen Aberglauben und sich zum Christen bekehren lässt.

Höchst schwierig festzustellen und zu überprüfen. Auch da wären unumstritten Kontrollen nötig. Auch Kontrollen, die über das gegenwärtige Recht hinausgehen. Also heimliche Mitschnitte von Privatunterhaltungen oder öffentlichen Hasspredigten in Privatmoscheen (da es keine Moschee in Deutschland mehr geben dürfte).

Der Hassprediger Ibraschlimm Abou-Nagie beispielsweise, müsste irgendwie des Landes verwiesen werden dürfen. So wie alle Salafisten und die meisten der Frischemigranten, da sie ihren Aufenthalt in Deutschland durch einen gültigen Gesetzesbruch (illegale Grenzüberschreitung) erzeugten.

Der größte Teil dieser wirklich gefährlichen Vollidioten haben sogar bereits einen deutschen Pass, was ihre Ausweisung eigentlich ins Unmögliche lenkt. Diese Machbarkeit muss aber rechtlich hergestellt werden, um irgendwie zu Frieden zu gelangen.

Bis es tatsächlich so weit ist, dass unsere Jungs eigentlich nur noch für die Altenpflege da sein könnten (also in etwa 20 Jahren), wird auch die roboterunterstützte Pflegehilfe einen Stand erreicht haben, der es möglich macht, auch nicht mehr Personal einzustellen, als zur Zeit.

Das ist also der richtige Weg: auf unsere geistigen Fähigkeiten und Maschinen vertrauen und nicht die Gotteskrieger der arabischen Welt das Ruder übernehmen lassen.

Es gibt und es kann keinen Frieden geben, mit Meuchelmördern und Gehirnfehlprägungen. Vielleicht wird sich mein Mörtel im Folgeroman dann doch eines besseren belehren lassen. Hoffen wir mal und ich bin da ziemlich zuversichtlich.

Also in diesem Sinn:

Alles Gute und eine wundervolle Zukunft. Es sind nun also doch 378 Seiten geworden. Werde allerdings nicht versuchen, diese Sache irgendwie leichter für den Verleger zu machen. Vielleicht fallen mir ja noch 2 Seiten ein. Kann man nicht so genau sagen.

Ging eigentlich relativ schnell. Durch diese verblüffende Ähnlichkeit des Stückes zu unserer Realität, werde ich deshalb nur die einfachste und beste Möglichkeit zur Problemlösung vorschlagen und mich dabei eigentlich nur wiederholen.

Unsere Kanzlerin Frau Dr. Merkel tritt zurück und macht den Weg frei, für Politiker, die sich wirklich um die Belange ihres Volkes kümmern.

Grenzkontrollen werden wieder rigoros durchgeführt. Vor allen Dingen, müssen die Außengrenzen der EU abgeschottet werden. Die Türkei wird in die EU aufgenommen.

Hilfsvereinigungen bekommen von der Europäischen Union genügend Peseten, um Hilfslager in den, den Problemzonen anliegenden Ländern aufzubauen und zu versorgen.

Asyl wird nur noch für 2 Jahre gewährt und muss dann verlängert werden, was vom Fluchtgrund abhängt und ob er weiterhin besteht. Verlängerung immer um weitere 2 Jahre. Nachdem verlängert wurde, kann nach eben diesen 4 Jahren überprüft werden, ob er sich bereits eingelebt hat und ständiges Asylrecht gewährt wird. Wenn nicht erneut 2 Jahre.

Asylanten, die sich, falls Moslem, nicht konvertieren lassen (egal in welche Religion) werden abgelehnt. Zumindest die männlichen Antragsteller. Frauen und Kinder sind da ausgenommen, wobei der Begriff Kind bei einem männlichen über 16jährigen nicht mehr statthaft ist.

Asylanten, die sich einer Straftat schuldig machen, die einen Gefängnisaufenthalt von mehr als einem Monat nach sich ziehen würde, werden konsequent abgeschoben (oder abgeschoben nach der Haft, wo sie anders als zivilisierte Häftlinge umsonst Frondienst leisten müssen, um sich ihr Essen zu verdienen).

Wenn nicht herausgefunden werden kann, woher der „Flüchtling" stammt, fliegt er stande pede nach Moskau/Peking/Äthiopien (Osteuropäer oder Araber/Gelber Mann/Schwarzer Mann). Dafür müssen natürlich mit den jeweiligen Anflugstellen Kostenübernahmen ausgemacht werden.

Asylanten, die schon wie Terroristen aussehen (und egal, was eine linke Grünfotze dazu sagt, sowas kann man sehen), müssen mit einer ständigen Überwachung rechnen. Spezialeinheiten des BND werden darauf spezialisiert, diese Brüder sporadisch zu überwachen und abzuhören.

Menschen, also auch Deutsche, die gegen diesen

Rechtsstaat zu Felde ziehen (also wirklich grob - beispielsweise die Ausrottung des aggressiven deutschen Volkes fordern oder Hasspredigten durchführen), werden knallhart bestraft.

Aber die können wenigstens auf Gefängnis ein paar Mark verdienen, was dem exmuselmanischen Flüchtling versagt bleibt.

Wie lange ein Ausländer bereits in der EU lebt und ob er einen europäischen Pass besitzt, spielt dabei keine Rolle. Einfach raus mit dem Mistschwein.

Dann natürlich noch: ein überzeugter Moslem verliert sein Menschenrecht, da er kein Mensch mehr ist. Er darf also auch vor deutschen Gerichten, als „beißwütiger Hund" eingeschläfert werden.

Soweit bin ich eigentlich mit meinen Vorschlägen komplett konform und stolz darauf, die 380 Seiten eingedrückt zu haben, von denen sich jede einzelne wie ein Zauber liest und von überragender Intelligenz des Autors kündet.

Da ich mir allerdings relativ sicher bin, diese Sache nicht zu überleben, habe ich zumindest Denkanstöße für die Zukunft (sobald wir bei unserer Regierung überhaupt eine haben) gegeben.

Achtet also bitte darauf, ob der gewaltsame Tod des Professors durch die Medien segelt oder der, was haben wir heute, 19.11.2015 bereits vor 20 Jahren abgelaufen ist, bevor ihr euch zu eurer Bank begebt, um vernünftiges mit euren Penunsen zu unternehmen.

Ein letzt Mal:

A M E N

Erneut muss ich mich entschuldigen. Nachdem ich bemerkte, dass überhaupt niemanden interessiert, was ich so schreibe, fertigte ich also noch blitzschnell ein Zusatzwerk an, dass ich hier ebenfalls eingliedere, da es die für ein Buch nötige Seitenzahl nicht zu erreichen im Stande sein wird.

IMPRESSUM III

Herstellung und Verlag: ????

ISBN: 9xx-x-xxxxxx-xx-y

Zum Werk:

Aufgrund des überwältigenden Erfolges der „PUTIN BIBEL" fühlte ich mich genötigt, euren Lesedurst nach den Auswürfen des Professors zu befriedigen und euch ein Frischwerk darzureichen, dass leider relativ überhastet auf die Bücherregale musste, damit ihr mich nicht vergessen konntet.

Dies hat zur unausweichlichen Folge, dass es die qualitative Hochwertigkeit (Spitzenwortwahl und Edelsatzbildung) der Putin Bibel nicht im Stande zu erreichen sein wird.

Abgesehen davon, wird es entschieden kürzer werden. Hab mir das Ganze so als Kurzgeschichte vorgestellt. Im Endeffekt geht es nur darum, zu erklären, wie Luzifer über 1200 Jahre, bevor er zum Teufel wurde, in Mohammed einfahren konnte, um ihn „böse" zu machen.

Dass es so kommen wird, habe ich euch ja in der Putin Bibel versprochen, wobei das vorhergehende Durcharbeiten dieses Stückes fast eine Pflicht sein dürfte.

Werde naturalmente versuchen, sehr viele Dinge zu erklären, falls man diesen Vorläuferroman noch nicht seinen Besitz nennt.

Jetz also:

Ab zum Händler und kaufen !

Luzifer und Mohammed

„Die Geschichte des Propheten"

Prof. Dr. Dr. Hans Adolf „Lone Wulf" Fluchthasser ©

Luzifer
und
Mohammed

Prof. Dr. Dr. Hans Adolf „Lone Wulf" Fluchthasser ©

Inhaltsangabe:

Vorwort

Es handelt sich bei meiner Wenigkeit um den etwa alles überragenden Spitzenahnenforscher Prof. Dr. Dr. Fluchthasser von der Genealogie zu Berlin.

Besser und richtiger ausgedrückt: Ich bin der Geist des Professors, der komischerweise weder einen Gratis-BMW, eine Jahreskarte für den FC Bayern München, noch eine Einladung zum Politischen Nockerberg erhalten hat und darüber höchst zwischentraurig ist.

Eher überrascht bin ich, dass keine einzige Suchanfrage bei der Detektei „Sherlock Wolfi und Dr. Watsmeier“ empfangen wurde. Aber sei´s drum. Ihr habt euch vermutlich bereits damit abgefunden, mich gar nicht finden zu können. War auch mehr eine Scherzempfehlung von mir, in der „Putin Bibel".

Die Wahrscheinlichkeit, dass, falls es doch jemand versucht hat und ich mittlerweile tatsächlich unter der Erde liege, ist nunmal enorm hoch. Ich habe mir nämlich wirklich mächtige Feinde geschaffen, im Vorläuferroman.

Rein erfundene Feinde, aber sobald man dazu in der Lage ist, sich vorzustellen, dass „Politikmarionetten" wie Baracke Öbama oder seine „geliebte" Bückstute Prof. Dr. (d.M.) Angi Mörtel tatsächlich existieren könnten, scheint mein Dasein besiegelt.

Richtig Angst hätte ich allerdings vor den „Koranverlesungsschweinen" und den Grünlinksfotzen Claudius Redh, Antonia Hofreiter oder dem Emir Özd *(habe ihn, da er ja auf junge Männer (*Knaben*) stehen würde, auch mal als Fotze bezeichnet)*.

Denn für den Fall, dass es diese Volksverräter und Schweinehirtinnen tatsächlich geben würde, wären sie unter Garantierung schlecht genug, die Wahrheit über sich nicht ertragen zu können und meine Entsorgung in die Wege zu leiten.

Post Scriptum: dies (d.M.) steht natürlich für: „der Moslemunterwürfigkeit".

Ein Rang, den sich dieser Mörtel wirklich verdient hätte.

Die Grundvoraussetzung

Als am Anfang der Zeit *(also unserer Zeit)* der von der Göttin gesprengte Materieball sich ausbreitete und sie bemerkte, dass er von ca. 923,4 Milliarden Zeitverschleppungsbazillen befallen war, benötigte sie natürlich eine Maschine, die jede Art von Zeit „zusammenklöten" *(der göttliche Ausdruck für die Zeitgleichlaufherstellung)* konnte und erfand den Zeitgewaltenrückverzögerungskonverter.

Das Fahrzeug hatte exakt 12 Sitzplätze, da diese 12 schon immer die göttliche Zahl war und die Göttin daran auch nichts ändern wollte.

Das allein die 6 schlankesten Engels auf den Erstklassigen Plätzen sitzen durften, war eine Folge der himmlischen Schönheitsprinzipien, zu deren Änderung die Göttin keinerlei Veranlassung sah.

Während eines Firmenausflugs, auf Pantahara IV, drückte allerdings einer der zuhause gebliebenen Kleinkinderengel *(also bereits zu früh verstorbene weibliche Ausführungen der menschlichen Rasse)* an der partiellen Rücklauftaste für Dinosaurier, sodass diese sich zu ihren eigenen Eiern zurückentwickelten und somit ausstarben.

Die Göttin war nach der Rückkehr abenteuerlich erzürnt und steckte den Zeitgewaltenrückverzögerungskonverter in eine, mit gottesausbruchssicherer Stahlfarbe bestrichene Scheune.

Diese Maschine, die auch als Zeitmaschine bezeichnet werden könnte, stellte also eine Grundvoraussetzung für die Aktion des Erzengels Luzifer dar, ohne deren Einsatz diese Welt *(allein bestückt mit Juden, Christen und allen Glaubensrichtungen (außer fanatischen Moslems - wobei ich diesen Islam eh nicht als „Glaubensrichtung" bezeichnen würde))* in goldene Zeiten gesteuert wäre. Vielleicht wären wir, ohne dies ständige „Krieg führen", bereits auf dem Mars.

Die gute alte Zeit

Der Tag, an dem die Göttin für den Urknall sorgte, also zurückgerechnet der 18. September des Jahres 21.142.671.319 vor Christus *(gerechnet vom tatsächlichen Geburtsdatum des Sohnes der Göttin - er kam ja am 24. Dezember des Jahres 3 vor Christus zur Welt - näheres dazu in der Putin Bibel)*, stellt also den Ursprung der guten alten Zeit dar.

Da diese Zeit damals noch jung und komplett streitfrei war. Selbst die Zeit an sich, war nicht dazu in der Lage, sich darüber zu erdreisten, unter Umständen von einem dieser gemeingefährlichen Zeitverschleppungsbazillen verschleppt worden zu sein.

Da so eine Ewigkeit nunmal fast übertrieben lang ist, kam das Ding also relativ schnell zum Einsatz. Es gab genügend Streitereien der Engel, was die Vergangenheit betraf, die sich jenseits des gewöhnlichen Engelsgedächtnisses befand. Mit einer Zeitmaschine konnte man zurückfliegen und die tatsächlichen Abläufe rekonstruieren.

Falls also ein Einsatz des Konverters anstand, verprügelten sich diese Engels beinahe, um ein Mitfahrticket zu erhaschen. Mal eine halbe Stunde Pause, von diesem ewigen Psalmenanstimmen war durch nichts zu ersetzen *(Fußball kannten sie ja noch nicht)*.

Teilweise ging es soweit, dass die Engel einfach Wetten erfanden, um reisen zu dürfen und obwohl der Göttin das natürlich klar war, spielte sie dies Zeug einfach mit. Die Göttin war *(oder der Gott, zu dem sie sich entwickelte, ist)* glückbringend und nett. Zum anderen war auch für sie diese Abwechslung nicht unangenehm.

Die Versuchung für Luzifer

Das Gerät war bereits seit über 3 Milliarden Jahren im Einsatz und musste mal wieder zur obligatorischen Einhundertmillionjahrebetriebsvorsorgeuntersuchung zur Engelstechnikerabteilung.

Genau zu diesem Zeitpunkt befand sich der Erzengel Luzifer gerade, während einer seiner Abteilungsprüfungen, in diesem Bereich.

Haargenau in diesem Moment, wo er sich mit dem Abteilungsleiter in der Werkhalle (in der auch der Konverter stand) befand, um sein Gesamtstatement preiszugeben, musste der Engel Nr. 00815 *(also die Leiterin der Technikgruppe)* auf Toilette und lies Luzifer alleine. Ganz allein allerdings nicht, denn Luzifer erblickte den Konverter und sah ihn sich näher an.

Die eingebaute Zeitanzeige zeigte einen Wert von 3 100 000 000 Jahren, 12 Tagen, 13 Stunden, 11 Minuten und 21 Sekunden an. Da er schon seit seiner Schaffung ein eher neugieriger Engel war *(obwohl er das natürlich schon vergessen hatte)*, schoss es ihm blitzschnell in den Kopf:

„Wenn ich das Ding jetzt benutze und mir diesen Wert für meine Rückkehr merke, wird niemand feststellen können, dass ich überhaupt weg war".

So schnell, wie ihm das eingefallen ist, saß er auch in der Maschine und benutzte die Zeiteinstellungssache. Er wollte mal nachschaun, wie diese 7 Universen in 14 *(die 14 war „seine" Zahl)* Milliarden Jahren aussehen. Als er am Zeitrad drehte, um auf 17,1 Milliarden zu kommen, hörte er allerdings bereits die Tür der Toilette aufgehen, machte eine ruckartige Bewegung am Zeitrad und drückte auf „Go for it". Und schon war er weg.

Da so große Sprünge in die Zukunft noch nicht geflogen wurden, war auch der Konverter zunächst *(da ja auch noch nicht überprüft)* überfordert. Er überschlug sich mehrfach im Raum und landete letztenendes in der sexten Dimension des Jahres 609. In diesem Sonnensystem, in dem er sich befand, konnte er einen wundervollen „blauen" Planeten ausmachen und steuerte darauf zu.

Die Erste Begegnung

Luzifer suchte sich auf diesem Planeten ein schön warmes Plätzchen, da es sich bei ihm, am Anfang der Ewigkeit, als die Göttin ihn schuf, auch mal um ein Mädchen gehandelt hat und er deshalb niedrige Temperaturen nicht ab konnte. Er begab sich zur auffälligsten Wüstenfläche, also flog er ins heutige Saudi Arabien.

Meine Erklärung für den Anfang der Ewigkeit in der Putin Bibel ist sowas von genial, dass ich sie einfach wiederholen muss:

Der Anfang der Ewigkeit, war genau die Schnittstelle, zwischen der kurzen Ewigkeit vor diesem Ereignis und der langen Ewigkeit danach.

Jetzt hat´s auch der Dümmste verstanden.

Was er auf diesem Planeten sah, überraschte ihn völlig. Da liefen Lebewesen rum, die zwar keine Flügel hatten, allerdings Engeln glichen. Na gut, sie waren ebenfalls nicht blond, groß und blauäugig. „Was solls, da hat die Göttin einfach flügellose Engelgnome gemacht", dachte er so bei sich und landete auf der Spitze eines Berges in der Nähe des Dorfes Mekka. Auf dem Berg Hira.

Nachdem er ausgestiegen war, maskierte er sich und flatterte in Richtung dieses Dorfes, den Berg hinab. Als er an einer Höhle vorbeikam, hörte er darin lautes Stöhnen. Er hielt inne und schaute nach.

Darin fand er einen muskulösen Typen, der sich gerade einer Selbstgeißelung unterwarf. Es war Mohammed, auf einem seiner Trips. Er war etwa 40 Jahre alt.

Als Mohammed ihn sah, fiel er auf die Knie und schrie: „Gott ist der Größte, Gott ist der Größte, Gott ist der Größte *(Allahu akbar)*".

Mohammed war ein gläubiger Mann, er glaubte an den Gott der Juden und der Christen, Jahwe. Nur in seiner Sprache, war der Name Gottes eben Allah. Er verteufelte die Vielgötterei an der Kaaba.

„Nenn mir deinen Namen, Gesandter Allahs. Bist du der Erzengel Gabriel?", sprach Mohammed. Da Lügen 3 Milliarden Jahre nach dem Urknall noch nicht verboten war und er insgeheim dachte, dass das negativ auf ihn zurückfallen würde, nannte er den Namen Erzengel Nummero 2 *(damals waren die Engels nur durchnummeriert)* lieber nicht und antwortete mit ja.

„Was treibst du so weit außerhalb der Bauwerke?", fragte Nummero 2 und Mohammed antwortete: „Ich habe mich hierher zurückgezogen, um in mich zu gehen und dem Glauben zu dienen. Ich besuche hier nur den verstoßenen Hanif, Zeid-ibn-Amr, der seiner Überzeugungen wegen aus Mekka rausgeschmissen wurde. Er sucht grad was zum essen. Er kümmert sich immer um mich."

Dieser Mann gefiel Luzifer und da er in seiner Nähe bleiben wollte, um mehr über ihn und die Menschen zu erfahren, suchte er sich im Anschluss eine Karawane, die er überfiel und einen der Reiter zwang, ihm die Flügel abzuschneiden, sie festzuhalten, um zu verhindern, dass sie versuchen wieder an den Engel zu gelangen, um erneut anzuwachsen und sie in einen Jutesack zu stecken.

Da Mohammed sein Gesicht nicht gesehen hat, musste er sich nur noch von seinen blonden Haaren trennen, um als Jünger Mohammeds mit ihm ziehen zu können.

Da fällt mir natürlich ein, dass ich in der Putin Bibel davon sprach, dass Hancock glücklich darüber wäre, dass deutsch die Amtssprache im Himmel ist - das ist so natürlich nicht besonders richtig. Ein Engel, oder eine Seele, hört mit dem Herzen.

Die Sprache spielt dabei keine Rolle. So konnte also Luzifer Mohammed verstehen, obwohl arabisch eine Sprache ist, die dem Ohr nicht gut tut. Auf keinen Fall macht sie das.

Von seinem Haupthaar trennte er sich, indem er sich eine Glatze schnitt und jeden Morgen daran denken musste nachzuglätten. Der am Konverter einzustellende Rückflugzeitpunkt *(und Ort)* wurde von ihm sofort eingestellt.

Also: 3.100.000.000 Jahre, 12 Tage, 13 Stunden und 0 Sekunden, um noch Zeit zu haben auszusteigen und unschuldig dreinzublicken.

Die Jahre an seiner Seite

Der Eingottglaube Mohammeds und zu denken, Gott wäre ein Mann, beruhigte Luzifer ungemein. Er hielt sich einfach für Allah.

„Es wird mir also gelingen, die Göttin zu stürzen und die Macht an mich zu reißen", ging durch seinen Kopf.

Mohammed war ein Sonderling, der in Mekka nur einige wenige Anhänger hatte, da er ständig gegen die Götter der Wüstenvölker rebellierte.

Mit den Juden und Christen kam er eigentlich sehr gut aus, da er gewiss verstand, dass sie an den selben Gott glaubten.

Einzig Luzifer war bestürzt. Der Gott der Juden und der, der Christen müssen also andere als er sein. Wird es zum Krieg der Götter kommen? Welcher Götter und wann würden sie in Erscheinung treten?

Dass er diese Fragen mit seinem Zeitgewaltenrückverzögerungskonverter überprüfen könnte, fiel ihm nicht ein. Ein Zusatzbeweis dafür, dass der gewöhnliche Linksgrünwähler seinen Intelligenzquotienten geerbt haben dürfte *(diese Anmerkung kannst du erst verstehen, wenn du dir „Die Putin Bibel" einverleibt hast und ich kommentiere sie nicht weiter)*.

Er musste in den Körper Mohammeds eindringen und ihn lenken, um in diesen vermeintlichen „Glaubenskrieg" eingreifen zu können.

Nach mehreren Jahren hatte er eine Formel entwickelt, die ihm dies möglich machen könnte. Er begab sich dafür, sobald er alleine war, in eine Art Trancezustand, in dem sich sein Geist in Mohammed einquartieren konnte. Schon sein erster Versuch war ein gültiger. Allerdings musste er, wenn er sich zu etwas durchrang, noch mit dem Geist Mohammeds kämpfen, der unter Umständen etwas anderes wollte.

Eins der Dinge, die sein mussten, war jede Menge

Frauen für einen Mann, der auch ruhig Kleinkinder heiraten und in sie eindringen sollte *(erneut eine Übereinstimmung mit den von mir erfundenen Grünen, in meinem Romandeutschland aus der Putin Bibel)*. Gerade in dieser Beziehung gelang es ihm nicht, Mohammeds Geist zu überstimmen. Er lebte in einer Einehe, mit einer gewissen Chadidscha.

Chadidscha war die Tochter eines einflussreichen und mächtigen Kaufmannes aus Mekka, die bereits zwei mal verheiratet war und Witwe wurde, eh sie Mohammed 595 a.C. einen Heiratsantrag machte. Er war damals 25 und sie 40. Aber eben ein aberwitziger Hase, scharf wie Chilli und herausragend im Bett. Und so wurde sie genommen. Natürlich auch, durch den zusätzlichen Machtgewinn, der sich Mohammed auftat.

Wo er allerdings Erfolg hatte, waren seine Ideen, wie mit den Andersgläubigen *(den Gläubigen an seine Rivalgötter)* umzugehen wäre.

Christen und Juden wurden, nach seiner Machtübernahme, nicht gezwungen, den Islam anzunehmen, obwohl sie sich seiner Herrschaft unterwerfen mussten.

Sie wurden Dhimmis genannt und gezwungen, eine zusätzliche Kopfsteuer zu zahlen.

Dhimmis waren Menschen zweiter Klasse und wurden wie folgt behandelt:

Dhimmis mussten auf den von ihnen bewirtschaften Boden, der dem Staat gehörte, eine Grundsteuer sowie andere, irreguläre Steuern *(Awarid)* entrichten. Während sie anfangs, als der islamische Staat noch ungefestigt war, auch in öffentliche Ämter aufsteigen konnten, wurde dies bald verhindert, gestützt auf zahlreiche Stellen im Koran. Dazu kam eine massive Ungleichheit vor dem Gesetz, also eine dauerhafte Diskriminierung.

Muslime mussten sich nicht an einen Schwur halten, dem sie einem Christen gegenüber abgelegt hatten. Daraus folgte chronische Bestechlichkeit von Richtern und Zeugen.

Neue Kirchen, Klöster und Synagogen durften sie zwar nicht bauen, aber vorhandene Gebäude durften unter Vorbehalten erneuert werden. Die Hälfte ihrer Kirchen mussten an Muslime abgegeben werden, die Moscheen daraus machten. Glocken, öffentliche Begräbnisse und Feiern wurden verboten.

Der Bau oder die Renovierung von Kirchen, Tempeln und dergleichen war zulässig, falls ein Kapitulationsvertrag mit den muslimischen Eroberern geschlossen wurde, der den Besiegten das Recht auf ihren bisherigen Landbesitz zusagte. Ohne diese Zusage, oder im Falle einer militärischen Niederlage waren Renovierung oder Neubau untersagt.

Religiöse Führer mussten ein Genehmigungsverfahren durchlaufen. Gottesdienste und Beerdigungen waren unauffällig zu halten; dabei waren keine Zeichen ihres Glaubens, z. B. Kreuze, zu zeigen.

Dhimmis war es verboten, in besseren Häusern als die Moslems zu leben.

Ein Dhimmi durfte keine Waffen mit sich tragen.

Sein Zeugnis galt vor Gericht weniger als das eines Muslims, als Zeuge in Prozessen gegen Muslime war gar nicht zulässig. Muslime brauchten für Vergehen an einem Dhimmi nur halbe Strafe zu tragen; und wegen eines solchen Unterworfenen konnten sie nie hingerichtet werden.

Umgekehrt waren grausamste Hinrichtungsarten überwiegend den „Dhimmi“ vorbehalten.

Dhimmis durften die Stadt Mekka nicht betreten.

Ein männlicher Dhimmi durfte keine Muslimin heiraten, ein Muslim jedoch eine Dhimmi-Frau. Dhimmis durften nur Esel, nicht jedoch Kamele oder Pferde reiten. Sie mußten ehrerbietig von ihren Eseln absteigen, wenn Moslems vorbeikamen.

Häufig galten bestimmte Kleiderverbote und -vorschriften *(z. B. der Judenhut, der dem Judenstern des Dritten Reiches ähnelt)*, um den Einzelnen als Mitglied einer bestimmten Religionsgemeinschaft erkennbar zu machen.

Dhimmis mußten mit gesenktem Blick zur Linken der Muslime *(deren unreiner Seite)* vorbeigehen. Muslimen wurde empfohlen, Dhimmis beiseite zu stoßen und in Anwesenheit eines Muslims musste ein Dhimmi in demütiger und respektvoller Haltung dastehen. Er durfte auch erst nach Aufforderung sprechen. Und das möglichst leise.

Wurden Dhimmis von Muslimen geschlagen, durften sie sich keinesfalls wehren. Schlug ein Dhimmi zurück, wurde er entweder hingerichtet oder man schlug ihm die Hand ab.

Eine besondere Art, ihre Dhimmis zu behandeln, kannten die Osmanen:

Die osmanische Elitetruppe, die Janitscharen, zwangsrekrutierte man aus christlichen Familien aus Serbien, Albanien, Bosnien, Bulgarien und Griechenland, denen die Kinder im Alter von 12 - 16 Jahren weggenommen wurden *(sogenannte „Knabenlese“, türk. devschirme)*.

Auch Tscherkessen waren betroffen. Man erzog die Jungen im Janitscharenkorps oder in der Palastschule und machte aus ihnen fanatische Muslime.

Die Besten wurden in die Zentralverwaltung bis hinauf zum Großwesir übernommen. Diese Art der Aushebung wurde erst 1648 eingestellt.

Gläubige Moslems vertreten diesen Irrsinn immer noch. Und es leben nur noch gläubige Moslems. Zwar bereits erwähnt, doch der letzte ungäubige Moslem wurde im November 2014, kurz vor Teheran, gesteinigt.

Diesen wirklich kranken Einfällen des Luzifer erlag Mohammed also. Jedoch nicht seinen Wünschen, über jedes ihm über den Weg laufende minderjährige Mädchen herzufallen und es zu vergewaltigen.

Das änderte sich erst, im Jahre der Herrin 620. Er konnte einen Plan entwickeln, den Geist des Mohammed reinzulegen und dem Gehirn Mohammeds einzureden, dass er das selbst so wollte.

Seine Frau Chadidscha verstarb in diesem Jahr. Ob die vom 50jährigen Mohammed, besessen von Luzifer, 65jährige Ehefrau von ihm selbst ermordet wurde, kann man natürlich nicht mehr feststellen. Meine Schätzung deutet jedoch auf ein „Jawohl, Sir" hin.

Dass es sich bei mir um einen, durch den Bundespräsidenten (nach Vorschlag durch den Bundestag) ernannten, „Intergalaktischen Großschätzinator mit Eichenlaub" handelt, erwähne ich hiermit, obwohl ich darüber bereits ausführlicher in der Putin Bibel geschrieben habe.

Ab da begann die Zeit des Luzifer richtig geil zu werden. Er bestimmte, dass jeder Moslem bis zu 4

Frauen haben darf, die allerdings kein anderer sehen und begehren dürfte und sie deshalb ein Ganzkörperkondom *(Burka)* tragen müssten, um treu bleiben zu können.

Mit seinen 4 Frauen langweilte er sich aber auch innerhalb kürzester Zeit, weshalb er erneut die Flügel anlegte, seine Maske trug und Mohammed heimsuchte, um ihm folgende Mitteilung Allahs zu übermitteln:

„**Prophet! Wir haben dir zur Ehe erlaubt:** deine bisherigen Gattinnen, denen du ihren Lohn gegeben hast; was du an Sklavinnen besitzt, ein Besitz, der dir von Allah als Beute zugewiesen worden ist; die Töchter deines Vaterbruders und die Töchter deiner Vaterschwestern und die Töchter deines Mutterbruders und die Töchter deiner Mutterschwestern, die mit dir ausgewandert sind; weiter eine jede gläubige Frau, wenn sie sich dem Propheten schenkt und er seinerseits sie heiraten will. Das letztere gilt in Sonderheit für dich im Gegensatz zu den anderen Gläubigen.

Wir wissen wohl, was wir ihnen hinsichtlich ihrer Gattinnen und ihres Besitzes an Sklavinnen zur Pflicht gemacht haben. Die obige Verordnung ist eine Sonderregelung für dich, damit du dich nicht bedrückt zu fühlen brauchst wenn du zusätzliche Rechte in Anspruch nimmst. Und Allah ist barmherzig und bereit zu vergeben."

Er durfte also alle Verwandtenhühner nageln, was dann doch leicht inzestiöse Vermutungen zulässt. Was allerdings zusatzgeil war, war die Eingebung auch Kleinkinder benutzen zu dürfen. Diese mussten nicht mal verwandt sein.

Und so kam Mohammed als 50jähriger zu seiner „Lieblingsfrau" Aischa, die erst knappe 6 Jahre alt war und ihn deshalb um weit mehr als ein halbes Jahrhundert überlebte.

Den islamischen Überlieferungen zufolge war Aischa beim Eheschließungsvertrag mit Mohammed sechs und beim Vollzug der Ehe neun Jahre alt.

Der Historiker Muhammad ibn Sa'd *(† 845 in Bagdad)* überliefert in seinem Klassenbuch die eigene Aussage von Aischa, die gesagt haben soll: „Der Gesandte Gottes heiratete mich im Monat Schawwal im zehnten Jahr der Prophetie, drei Jahre vor der Auswanderung, als ich sechs Jahre alt war.

Der Gesandte Gottes wanderte aus und kam in Medina am Montag, den 12. Rabī' al-awwal, an und veranstaltete mit mir die Hochzeit im Monat Schawwal, acht Monate nach seinem Auszug.

Die Ehe vollzog er mit mir, als ich neun Jahre alt war." *(wobei das höchstwahrscheinlich gelogen ist, da Luzifer niemals 3 Jahre gewartet hätte, bevor er sich an dem Kind vergeht).*

Anderen Berichten zufolge, ebenfalls als Aussagen von Aischa überliefert *(da sieht man mal wieder, was man diesem Araber glauben kann)*, war sie bei dem Eheschließungsvertrag nicht sechs, sondern sieben Jahre alt (wesentlich besser). Demnach erfolgte die Eheschließung um das Jahr 621.

Soweit also die allgemein bekannten Feststellungen.

Was einem ein gesunder Menschenverstand demnach auch sagt, ist, dass es auch auf Wüste wohl kaum 4 mal mehr so viele Frauen wie Männer gegeben haben dürfte und allein demzurfolge für jeden Mann, der sich 4 Frauen nimmt, 3 ohne übrigbleiben.

Auch dafür hatte Mohammed *(also eigentlich Luzifer)* eine Lösung parat:

Haustiere dürfen gefickt werden. Der Moslem ist allerdings dazu verpflichtet, das Tier im Anschluss an den Geschlechtsakt zu töten.

Was natürlich nicht genommen werden dürfte, war das Schwein. Da Schweinefleisch sich in Wüstenhitze wesentlich weniger gut hält und salmonellenfrei bleibt, als beispielsweise Rind, wurde das Schwein, nachdem es viele Araber „vergiftete" als unrein und teuflisch bezeichnet und sein Genuss verboten. Ja, sogar mit der Hölle bestraft.

Der „Verleumdungsbericht"

Breiten Raum in der arabischen Überlieferung über Aischa nimmt der sogenannte „Verleumdungsbericht" *(Chabar al-ifk oder Hadīth al-ifk)* ein.

Demnach wurde Aischa der Unzucht beschuldigt, jedoch durch eine Offenbarung *(Sure 24:11-20)* entlastet. Der Bericht liegt in einer großen Anzahl unterschiedlicher Versionen vor.

Gemäß der Version von Ibn Ishāq, in der Aischa selbst als Berichterstatterin auftritt, ist der Ausgangspunkt des Skandals Mohammeds Feldzug gegen die Banū l-Mustaliq, der im Januar 627 stattfand und bei dem ihn Aischa *(als 13jährige)* in einer Kamelsänfte begleitete.

Als das Heer nach einem nächtlichen Halt in der Nähe von Medina am frühen Morgen im Begriff steht, wieder aufzubrechen, entfernt sich Aischa, um ihr Bedürfnis zu verrichten.

Dabei verliert sie ihre Halskette. Die Suche danach hält sie auf. Als sie sie endlich gefunden hat, ist das Heer bereits fortgezogen.

Die Träger haben ihre Kamelsänfte aufgeladen, ohne zu bemerken, dass sie leer war. Aischa wird von dem Zügler Safwān ibn al-Mu`attal entdeckt. Er lädt sie auf sein Kamel und geleitet sie heim, wobei er das Kamel selbst führt.

Nach der Ankunft in Medina wird sie der Unzucht verleumdet. Da Aischa nach der Ankunft erkrankt, erfährt sie nichts von der Kampagne gegen sie, nur ist sie über die Gleichgültigkeit Mohammeds ihr gegenüber erstaunt. Auch im Hause ihrer Eltern, in das sie nach ein paar Tagen wechselt, erfährt sie nichts davon.

Erst mehr als zwanzig Tage später wird sie von einer anderen Frau beim nächtlichen Abortgang über den Skandal aufgeklärt.

Es wird klar, dass neben anderen `Abdallāh ibn Ubayy, der Führer der Banu Chazradsch, und Aischas Verwandter Mistah ibn Uthātha hinter der Verleumdungskampagne stecken.

Mohammed nimmt in einer Ansprache zu den Anschuldigungen Stellung und berät sich mit Ali und Usāma ibn Zaid über sein weiteres Vorgehen.

Nachdem er bei Aischas Dienerin Barīra Erkundigungen über sie eingezogen hat, sucht er die weinende (für eine 13jährige eigentlich verständlich) Aischa auf, die immer noch bei ihren Eltern ist.

Auf seine Aufforderung zur Reue beteuert sie ihre Unschuld. Es kommt zur Offenbarung des Koranworts von Sure 24:11-20, in dem Aischas Unschuld bestätigt wird.

Der Prophet hält daraufhin eine weitere Chutba, in der er die geoffenbarten Verse rezitiert, und ordnet Körperstrafen für die Verleumder an.

Luzifer war nach dieser Offenbarung auf alle Fälle klar, dass er wieder nach Hause wollte. Da er ja „wusste", dass er innerhalb kürzester Zeit *(ein paar Milliarden Jahre sind im Vergleich zur Ewigkeit ein Katzensprung)* ein Gott werden würde, war er schon sehr gespannt, wie ihm das gelingen würde.

Luzifers Heimreise

Auch ein Luzifer kannte also so etwas wie Heimweh. Nach über 18 Jahren brütender Wüstenhitze nicht verwunderlich.

Er musste den Berg Hira lange absuchen, bis er den Konverter wiederfand. Da er allerdings die Zielkoordinaten und Zeit bereits nach seiner Ankunft eingestellt hatte, brauchte er nur noch den „Go for it"-Knopf und es ging ab.

Die Zeit passte genau. Der Ort war auch die Werkhalle der Engelstechniker - allerdings landete er etwa 30 Yard vom Abflugplatz entfernt. Als er ausstieg, sah er sich beim Wegfliegen zu.

Als sich die Toilettentür öffnete, konnte er noch so unschuldig schaun, 00815 sah ihn böse an und meinte: „Du hast ihn benutzt, Nummer 2. Ich sag der Göttin Bescheid" und verlies die Halle.

Jedenfalls wollte sie sie verlassen. Bereits beim Öffnen der Ausgangstür kam ihr allerdings die Göttin persönlich entgegen und meinte, „lass uns bitte allein, 00815. Wir haben etwas zu besprechen."

„Was du da gemacht hast, war nicht gut, Nummer 2. Da waren einige Siege dabei, die ohne deine Unsterblichkeit nicht entstanden wären. Diese Araber sind wirklich keine guten Menschen, haben Inzuchtprobleme und eine Sprache, die meinem Ohr Schmerz zufügt. Allerdings sind es meine gläubigsten Kinder.Also verzeihe ich dir."

Und die Göttin verzieh ihm, so wie sie ihm immer alles verziehen hatte.

Hier noch eine Anmerkung für meine erfundenen Gutmenschen und Grünbatschaken:

Verzeihen ist also der Auftrag Gottes. Ein Europäer wird nicht verzeihen.

Nachwortversuch

Das ein Mensch von Geburt an schlecht sein kann, ist die Mähr, die uns ein gewisser Adolf Hitler in die Köpfe zwängen wollte. Dem ist definitiv nicht so. Schlecht oder böse werden Menschen nur gemacht. Von ihren Eltern oder kranken Glaubenspredigern.

Leider ist das bei ungefähr jedem Araber bereits passiert. Vor dem Islam und seiner Unterfähigkeit die Glaubensauslegung Mohammeds, als für das Mittelalter vernünftig, aber heute nicht mehr tragbar auszulegen, kann man sich nicht retten, wenn man in moslemischen Ländern geboren wurde.

Und wieder komme ich zurück, zu meinem Helden aus der Putin Bibel: der edelfette, seltenhäßliche und geistig höchst unterbewaffnete Claudius Redh. Hab ihn mir gerade auf dem Parteitag meiner erfundenen Grünen *(so dumm scheint wirklich menschenunmöglich)* vorgestellt. Seine Rede war sowas von „wie gerade geschissen und nicht umgerührt", dass es mir die Tränen in die Augen drückte. Konnte mir auch die Grünen Tagungsteilnehmer vorstellen, von denen jeder nach den Worten des Redh schaute, als ob er kein Wort verstanden hätte *(was bestimmt auch so war)*, aber noch wüsste, dass er seine Handinnenflächen aufeinanderschlagen muss, wenn der Redh Scheiße labert. Denn „endlich hat jemand das Sagen, der dümmer ist, als ich selbst".

Natürlich bleibt die Frage im Raum, warum sich dieser Redh ein Millionenheer jugendlicher, durchtrainierter Afrikaner und Araber wünscht?

Und die richtige Antwort kann da nur sein: Er eifert seinem Vorbild, dem künftigen Kalifen des moslemischen Europa, dem Steuerhinterzieher und Knabennehmer Emir Özd nach *(der im übrigen aussieht, wie ein Pavian, der gerade, vor lauter blind, gegen eine deutsche Eiche rannte und zu bremsen vergaß. Damit passt er allerdings herausragend zu dieser unmenschlichen Hässlichkeit, die die Grünen Spitzenpolitiker auszeichnet. Kann natürlich auch ein paar Stimmen bringen. Für den Fall, also den gewöhnlichen, dass ein Wähler der Grünen immer noch dümmer als die Spitzenpolitiker davon ist, so ist er zumindest glücklich darüber, dass endlich mal jemand was zu sagen hat, der entschieden weniger gut aussieht und das schafft nun wirklich jeder)*.

Was natürlich schwierig wird, da sich ungefähr jeder Moslem denken könnte, dass so eine irrwitzig verzogene Schweinefresse nur aus irgendeinem gentechnischen Verkehrsunfall entstanden sein dürfte und es sich damit sowohl bei Redh, wie der schönen Antonia Hofreiter um Originalschweine handelt, die auch einen ähnlichen Intelligenzquotienten haben und dem Muselmanen die Einfahrt zur

Hölle klarstellen, sobald er sie auch nur berührt.

Mein Romanredh wär ja auch bereits über 60 und hätte in seinem ganzen Leben noch keine Person getroffen, die ihn liebt, bzw. Liebe mit ihm vollzieht. Bis auf sein Vater und der Schäferhund des Nachbarn - aber sonst wirklich keiner. Sein Vater allerdings auch nur, bis auch er erkennen konnte, dass seine Frau ihn mit dem männlichen Hausschwein des Försters betrogen haben muss, in der Phase, als sie gerade schwängerbar gewesen ist. Der Schäferhund des Nachbarn soll sich im übrigen ebenfalls dem Geschlechtsverkehr entzogen haben, als ihm das klar wurde. Das ist der Beweis. So dumm sind Hunde nicht.

Doch zurück zum Versuch: Diese Angst vor Überfremdung kann einem nicht genommen werden, indem man einfach noch 2 Millionen „Flüchtlinge“ mehr einlädt. Und jetzt nochmal zu den Tatsachen: niemand - zumindest kenne ich keinen - hat etwas gegen echte Flüchtlinge.

Meine Romankanzlerin, die Burkamörtel, setzt sich aber so rigoros für Zuwanderung ein, dass ich auch schreiben kann, wieso sie das tut:

Der Burkamörtel ist der Kopf der Sekte „die Schweine von Angi“. Sie traf sich heimlich, während ihres letzten Heimaturlaubs im Iran mit dem IS-Anführer Al Baghdadi und lies sich von ihm versprechen, dass er sie, sobald sie ihm Europa auf dem Silbertablett präsentiert, mehrere Wochen in sein Sado-Maso-Studio sperrt. Sie, obwohl sie aussieht und sich verhält wie ein Schwein, täglich mindestens 2 mal gefesselt durchrammelt und sie ihm, bevor sie schlafen geht mit Burka einen blasen darf.

Seine Heimat und Mitbürger zu opfern ist das eine, diesen wirklich absurden Versprechungen zu glauben, das andere. Sobald Al Baghdadi die komplette Macht hat, wird ihn nichts davon abhalten, sich einfach ein paar Modells aus dem deutschen Playboy zukommen zu lassen und die Burkamörtel einfach zu entsorgen. Vermutlich köpfen - vielleicht lässt er sich aber auch mal was Neues einfallen.

Jetz bin ich schon wieder vom Thema abgeglitten.

Auch Moslems sind, solang sie bereits lang genug in der freien Welt wohnen und zumindest einen messbaren IQ haben, meiner Meinung. Der Koran wird falsch ausgelegt. Mittelalterlich ausgelegt. Von Räubern, Mördern und Vergewaltigern.

Nun ist es also doch beim Versuch geblieben und kein vernünftig Nachwort geworden. Aber egals.

Was ich mir also nun von Herzen wünsche, ist, dass einfach Friede einkehrt. Das sich die Weltreligionen versöhnen und einsehen, dass unser Gott, wie auch immer man ihn nennt, komplett der selbe ist.

Juden und Christen nennen ihn Jahwe. Moslems Allah. Gestörte Jehowa. Indianer Manitu und Russen Putin. Immer der gleiche - also Wurst.
Der einzige Name der nicht stimmt, ist der, der ihm vom Emir gegeben wird: Özd *(so unförmig heißt kein Gott).*

Er ist für keine Seite. Kann er gar nicht. Für welche seiner Kinder, soll er sich entscheiden und kann das vom Namen abhängen, den er von ihnen bekommt? Er kann eigentlich nur gegen den Islam sein, da ja auch er mal eine Frau war und nicht akzeptieren wird, einer Dame keinerlei Rechte zu gewähren.

Und selbst, wenn er das hinnimmt, kann er keine angebliche Religion unterstützen, die den Tod seiner restlichen Kinder wünscht. Abgesehen davon, wäre es selbst für einen Gott unmöglich, die nötige Anzahl von Jungfrauen herzustellen, die gebraucht würden, um die Vorhersagen dieser muselmanischen Lügenbarone zutreffen zu lassen.

Wie also bereits im Vorwort geahnt, wurde es kein Roman, sondern nur eine Kurzgeschichte.

Aber eine mit Stil.

Als denn:
Friede, Shalom, Peace euch allen. Tschausolero Senores.

(Mein kleiner Zusatzwunsch ist natürlich, dass Mr. Redh, Miss Hofreiter und der Emir Özd beim Kacken vom Blitz getroffen werden. Sie sollen aber nich gleich sterben, sondern erst 4 schmerzverzerrte Wochen auf Intensivstation liegen müssen, bevor sie krepieren. Jämmerlich krepieren. ***Amen****.*

Und das, obwohl ich kein Nazi bin.)

Dann doch noch eine gekürzte Hinweisung:

Da ich mir einfach sicher war, mit der Putin Bibel den gewünschten Erfolg zu haben, habe ich dies Stück also bereits fertiggestellt, bevor sich irgendein Verkauf des Meisterwerkes abzeichnete. Glaube ist Macht.

Ich bin also gezwungen, auch dies Ding an die Putin Bibel anzuhängen und den Schreibstift für immer niederzulegen.

Um auf 404 zu kommen also noch 2 Seiten richtiges Nachwort und dann is Feierabend.

Aber erst noch eins:

Als Michael T. Flynn *(vormals Direktor der US-Defense Intelligence Agency)* nach den Hintergründen des Aufstiegs der Salafisten und Syrien und dem Irak gefragt wurde, antwortete er: „Ich denke, es war eine vorsätzliche Entscheidung". Saudi-Arabien, die Golfemirate und die Türkei haben den Islamischen Staat *(IS)* mit US-Rückendeckung geschaffen und geben jetzt vor, ihn zu bekämpfen.

Die Türkei bombardiert sogar die kurdischen Bodentruppen, die ihn zurückgeschlagen haben. Die Karsai-Familie in Afghanistan hat den Vertrieb des afghanischen Heroins der Kosovo-Mafia entzogen und dem IS übergeben.

Die Flüchtlinge aus der Arabischen Welt entfliehen nicht den Diktaturen, sondern dem Chaos in ihrer Heimat. Fünf islamische Länder wurden in die Steinzeit zurückgebombt – wie wir heute wissen sämtlich mit getürkten Begründungen.

Die „Koalition der Willigen" (USA, Großbritannien), die den Irak-Krieg geführt hat, schließt die Grenzen vor der Flüchtlings-Flut hermetisch, lässt das naive Kontinentaleuropa ins Chaos taumeln und sich intern wegen der Aufteilung der Lasten selbst zerfleischen.

Denkt darüber nach, liebe Gutmenschen und linksgrüngefickte Suppenhühner.

Nachwort (endlich)

Mein Halbversprechen war wohl ein Halbversprochen. Meine Romankanzel Mörtel verweigert eine Änderung ihrer Grundeinstellung. Keine guten Aussichten.

Da sich erneut Ähnlichkeiten zur Realität herstellen lassen, hier also nochmal mein Lösungsvorschlag für diese Flüchtlingskrise, der sowohl für mein Romandeutschland, wie für das richtige Deutschland Gültigkeit besitzt.

Weil ich die Tatsachen über die Entstehung des Islam gelesen habe *(wiedergegeben aus meiner nicht veröffentlichten „Luzifers Memoarentrilogie - der Islam und was ich sonst noch falsch machte")*, wird er sich nicht großartig von bereits geschriebenen Vorschlägen unterscheiden und deshalb nur eine Seite bringen. Die 2te gewinne ich durch die Verbreiterung der Inhaltsangabe des Irisch-Emiratischen Krieges.

Was also ganz bestimmt gebraucht wird, ist ein Wegmachen von Fluchtgründen.

Das bedeutet: Hunger bekämpfen. Diktatoren beschimpfen *(lol - wird nicht viel bringen)*.

Fliehende im angrenzenden sicheren Ausland versorgen und von der Weiterreise abhalten.

Diese durchschnittlichen Mörder und Kinderbesteiger ihr Problem selbst lösen lassen *(d.h. wenn sie es bis Europa geschafft haben, bekommen sie eine AK 47, bis zum Arsch Munition und werden nach Hause gebracht - und zwar wirklich gebracht und beim Aussteigen aus dem Flieger bekommen sie erst ihre Waffe, damit sie nicht auf die Idee kommen, sich damit in Europa durchzuschlagen, statt sich mit kampferprobten ISlern zu streiten)*.

Völlig egal, was ein Gutmensch sagt: ein überzeugter Moslem kann nicht integriert werden. Diese Weltreligionen müssen sich darauf einigen, dass Gott für jedes seiner Kinder der Selbe ist. Egal, wie man ihn nennt. In arabischen Bibelübersetzungen muss dann halt statt Gott, Allah stehen. Mir würde das nichts machen.

Ein Moslem hat also zu konvertieren oder verzichtet auf Hilfe. Er darf Gott ja weiterhin Allah nennen. Ist ja auch sein arabischer Name.

Also ein Hollerü und macht das so gut wie möglich.

Rein theoretisch könnte ich jetz aufhören. Praktisch nicht, da es ihn noch gibt, diesen Widerstand, der sich deutsche Staatssicherheit *(also eigentlich deutsche Burkamörtelvernichtungs GmbH)* nennt.

Demzurfolge müssen noch 4 gebacken werden, da ich mich durch die Verlängerung der „Irisch-Emiratischen Kriege“ selbst daran binde. Höchstens es werden 5. Dann kann ich ja wieder kürzen.

Was ich also noch erzählen könnte, ist, woher diese verschiedenen Namen Gottes kommen.

Im althebräischen gab es, bzw. gibt es, keine Selbstlaute. Der Name Gottes, oder der Göttin *(da wurde nicht unterschieden)* lautete also JHW. Das dies also bedeutet, dass sowohl Jahwe, wie Jehowa richtig sein könnten, erklärt sich prinzipiell von allein.

Da allerdings im hebräischen ungefähr alle Buchstaben gleich aussehen, wäre, bei dieser schluderigen Schrift jüdischer Schriftgelehrter auch Allah möglich.

Wobei ich bei der aktuellen Weltgesundheitssituation natürlich selbst bereits daran glaube, dass der eigentliche Name Gottes Putin ist. Was definitiv ausscheidet, sind Namen wie Mörtel und Öbama, da da vier bzw. zwei Mitlaute zur Rechnung kommen. Özd geht gar nicht.

Allein aus der Gewissheit heraus, dass ich eh keine 3 mehr schaffe, beende ich also nun diesen Aberwitz an Ehrlichkeit und Direktheit und mach einfach die Inhaltsangabe mal wieder eins kürzer.

So geht auch und damit verbleibe ich, euer, unbeliveable magic ***Prof. Dr. Dr. Fluchthasser***.

Platz für eins wär noch: hab mich nach gefühlten 100 Jahren CDU durchgerungen, meine Stimme der AfD zu verpassen. Diese Petry ist nämlich nicht nur ein überragender Hase. Sie ist auch noch schlau und wortgewandt.

Daraus geschlussfolgert muss sie eigentlich ein Mann sein. Egals. Sie sorgt sich um ihre Mitbürger und wird helfen, wenn wir Wähler ihr diese Möglichkeit geben. - Dann halt doch noch kurz Allgemeinbildung:

Allgemeinbildung über den Islam

Für jeden Standpunkt oder jede Meinung die man vertritt, gibt es Menschen, die an das genaue Gegenteil glauben.

Normalerweise behaupten beide Seiten von sich, dass sie richtig liegen, sie die besten Argumente haben, die richtigen Fakten kennen und ironischerweise, dass die Gegenseite indoktriniert, blind für das Offensichtliche oder ganz einfach dumm ist.

Die meisten Menschen setzen sich nur den Ideen aus, die ihrem eigenen Weltbild entsprechen. Es ist unbequem etwas anderes zu tun. Nichtsdestotrotz würde ich Dir gern ein paar überraschende Informationen zum Thema Islam geben, gleichzeitig bitte ich Dich selbst zu recherchieren und dabei auch abseits der gängigen Meinung zu schauen und wenn du die Zeit dafür findest, den Koran einfach mal zu lesen. Zum Einstieg hier 3 Punkte über den Islam die Du wahrscheinlich nicht gewusst hast.

1. Der Islam wurde nicht instrumentalisiert.
Die meisten Nicht-Muslime vermuten, dass der Islam instrumentalisiert wurde, da sie annehmen, alle Religionen seien sich ähnlich. Der Grund das Nicht-Muslime sich hierbei verwirren lassen, ist, dass sie nicht wissen, dass der Koran sich maßgeblich von jedem anderen religiösen Buch unterscheidet das wir kennen.

Die christliche Bibel ist eine Sammlung von Schriften, von unterschiedlichen Autoren, die teilweise im Abstand von mehreren hundert Jahren geschrieben wurden. Es finden sich Parabeln, Ratschläge und Träume, alle in einem einzigen Buch zusammengefasst. Das gleiche gilt für die jüdische Thora. In der westlichen Welt, wissen dies auch diejenigen von uns, die weder Christen noch Juden sind und vermuten deshalb, dies sei auch für den Koran gültig.

Aber der Koran ist ein Buch. Er wurde von einem Mann in dessen eigener Lebenszeit geschrieben *(wie Hitlers „Mein Kampf")*. Er soll wörtlich genommen werden und ist nicht angefüllt mit Symbolen und vagen Parabeln, sondern meist direkt gemeinten Befehlen *(ebenfalls wie „Mein Kampf")*. Der Koran enthält Widersprüche wie auch andere religiöse Schriften. Aber einzig der Koran selbst gibt dem Leser Vorschriften wie mit diesen Widersprüchen umzugehen ist. Es steht direkt im Koran, dass, wenn zwei Passagen sich widersprechen, die jenige, die später geschrieben wurde, die frühere ersetzt.

Die meisten Menschen in der westlichen Welt sind sich nicht bewusst, dass die friedfertigen toleranten Passagen des Koran aus Mohammeds früher prophetischer Karriere stammen. Wie im Koran nachzulesen werden diese Verse von den später folgenden gewalttätigen, weniger toleranten Passagen überschrieben.

Wenn nun die westliche Welt Jihadisten hört, die gewalttätige Passagen aus dem Koran zitieren und friedvolle Muslime friedvolle Verse zitieren, interpretieren wir dies, als würde jemand die Bibel oder die Thora zitieren.

Wir denken uns: oh, scheinbar gibt es viele widersprüchliche Texte im Koran, so wie in anderen religiösen Schriften, das heißt, Muslime können sich aussuchen was ihnen am besten passt und so ihre Handlungen rechtfertigen. So ist das im Koran allerdings nicht.

Es gibt keine Rosinenpickerei. Es steht im Koran sehr direkt und in unmissverständlichen Worten das ein Muslim keine Stelle dieser direkten und klaren Nachricht auslassen oder verändern darf. Tut er dies, so wird er für immer in der Hölle brennen.

2. Nach weltweiter Institutionierung der Scharia zu streben ist eine religiöse Pflicht.
Viele Menschen realisieren nicht, wie politisch orientiert der Islam in seinem Kern eigentlich ist. In Wirklichkeit ist der Islam weniger eine „Religion" als eine „religiöse Ideologie". Er beinhaltet ein vorgeschriebenes und hoch spezifisches Rechtssystem, einen politischen Plan, genannt Scharia.

Es gibt keine Trennung von religiösem und politischen Islam. Vielmehr bilden Islam und Scharia ein totalitäres System die Gesellschaft in jedem Bereich zu ordnen.

Die Scharia umfasst:

- Rituale und Gottesanbetung
- Geschäftsabschlüsse und Verträge
- Moral, Anstand und Sitten
- Glaube
- Bestrafungen

Im Koran sagt Allah ganz klar, dass menschengemachte Regierungen *(wie zum Beispiel die Demokratie)* sowie freie Meinungsäußerung *(wie das kritisieren des Koran)* Abscheußlichkeiten sind und vernichtet werden müssen. Der Begriff „CREEPING SHARIA" beschreibt die langsame, durchdachte und methodische Annäherung des islamischen Rechts in NICHT-MUSLIMISCHE Länder.

Offizielle Scharia-Gerichte gibt es bereits in Großbritannien. Sie beschäftigen sich hier mit Scheidungen, finanziellen Streitigkeiten und heimischer Gewalt. Versuche die Scharia in die Rechtssysteme von Deutschland, Schweden und in anderen europäischen Ländern zu integrieren häufen sich. Während die Scharia bereits bei kleineren Disputen, wie Erbe und heimische Gewalt den Fuß in der Tür hat, sollte es dich beunruhigen, dass die Scharia befiehlt:

- Dass Trinker und Spieler ausgepeitscht werden müssen,
- Männern erlaubt wird ihre Frauen zu schlagen.
- Einem Kläger exakte Rache garantiert *(also wörtlich Auge um Auge)* wird.
- Befiehlt, dass Dieben die Hand abgeschlagen wer den muss.
- Befiehlt Homosexuelle zu töten.
- Befiehlt unverheiratete Fremdgeher auszupeitschen und Ehebrecher zu steinigen *(hauptsächlich gültig für Ehebrecherinnen)*.
- Für jeden Muslim oder Nicht-Muslim, der Mohammed, den Koran oder sogar die Scharia

kritisiert, den Tod fordert.

- **Befiehlt Abtrünnige zu töten. Offensiven, aggressiven und ungerechten Jihad auszuführen.**

Die Scharia ist des Gesetz Allahs. Jede andere Form von Regierung ist eine Sünde. Es ist die Pflicht eines jeden Muslims danach zu streben, dass jede Regierung sich der Scharia unterordnet.

3. Muslime haben die Erlaubnis Nicht-Muslime irre zu führen und zu betrügen, solange es dem Islam hilft.

Das Prinzip der „Taqiyya" ist ein anderes Konzept des Islam, das Nicht-Muslime häufig überrascht. Während andere Religionen die Aufrichtigkeit hoch schätzen, instruiert der Koran Muslime gegenüber Nicht-Muslimen über ihren Glauben und ihre politischen Ambitionen zu lügen, um so den Islam zu schützen und zu verbreiten. Es gibt viele Beispiele von islamischen Führern, die der westlichen Presse auf englisch das eine sagen und am nächsten Tag auf arabisch, ihren Anhängern das Gegenteil.

Den Gegner zu täuschen ist im Krieg hilfreich und der Islam ist im Krieg mit der Nicht-Islamischen Welt, bis die gesamte Welt der Scharia unterliegt. Alle Nicht-Muslime in Nicht-Muslimischen Staaten sind Feinde. Daher wird es vollständig akzeptiert und sogar unterstützt Menschen im Westen zu täuschen, wenn es den Zielen der Ausbreitung des Islam dient.

Als Beispiel aus jüngster Zeit sei hier die islamische Organisation Islamic American Relief Agency genannt, die Spenden zur Unterstützung von Waisen sammelte, aber wie sich herausstellte, diese Gelder zur Unterstützung von Terroristen verwendete. Hierbei wurden gutgläubige Nicht-Muslime getäuscht Geld zu spenden, das dafür verwendet wurde aktiv Nicht-Muslime zu töten.

Recherchiere selbst! Dies ist kein Einzelfall!

Islam als eine Religion des Friedens!

Von muslimischen Organisationen auf der ganzen Welt hören wir immer wieder, dass der Islam eine Religion des Friedens ist, was aber heißt das genau?

Es scheint leicht für einen Muslim einen friedfertigen Vers aus den früheren Teilen des Korans zu zitieren und dabei dem Prinzip der Taqiyya zu folgen und nicht anzumerken, dass dieser Vers offiziell durch einen anderen

gewalttätigeren Vers überschrieben wurde. Nach dem Koran wird sich die Welt erst dann im Frieden befinden, wenn Islam und Scharia in jedem Land der Erde regieren und nicht vorher. Deshalb kann jeder Muslim wahrhaft sagen, Islam sei eine Religion des Friedens.

Falls dich nur einer dieser Punkte überrascht hat, dann kannst dir sicher sein, dass es hierzu noch mehr gibt was du nicht weißt . Dieses Thema wird bald auch dich betreffen. Nutze die Chance dich jetzt zu informieren, bevor es soweit ist.

Hat ein gläubiger Muslim die Möglichkeit, Europa zu lieben und sich an seine Gesetze zu halten? Eher nicht - also weg mit ihnen.

Zum Nachdenken für den Gotteskrieger

Nachdem ich mich nun seit über einem Jahr mit dem Werk beschäftige, fällt es mir schwer zu glauben, dass das noch niemandem aufgefallen ist.

Dass Mohammed angeblich von Erzengel Gabriel heimgesucht wurde, beweist doch eigentlich, dass er an den selben Gott, wie Juden und Christen glaubte.

Dann natürlich noch eine zweite Sache, die aufzeigen dürfte, dass es sich bei ihm um einen Scharlatan handelte:

Nachdem Allah eine Ewigkeit *(und in diesem Fall spreche ich tatsächlich von einem unbestimmt langen Zeitraum)* darüber nachdachte, was er von seinen Kindern will, entschied er sich 20 Jahre später für etwas anderes.

Eigentlich logisch. Er stand gerade mit dem linken Fuß auf und war irgendwie sauer auf die Juden und Christen.

Warum? Das weiß nur Gott.

Warum sonst kann also in einem Koran stehen, dass vorhergehende Prophezeiungen ungültig wären, da Allah sich plötzlich anders entschied?

Dieser Mann, also Mohammed, war sicher ein großer Krieger und begnadeter Kinderficker, aber er wurde „während seiner Prophezeihungsjahre“ einfach ein verbitterter Mann. Ungefähr so, wie es jedem von uns geht.

In diesem Sinn verabschiede ich mich. Sowohl von euch, wie von diesem Leben, da ungefähr jeder halbkranke Islamattentäter jetzt Jagd auf mich machen wird und auch das überleben die wenigsten. Danke.

Ich versuch noch mal schnell, mein Leben zu retten, obwohl das natürlich nicht geht, da außer dem schwulen Großmuffdi eh keiner seiner Jünger lesen kann und er sich natürlich ertappt fühlt - und überführt.

Er wird also meinen Tod beschließen und unter Umständen sogar die Prämie für meinen Mörder erhöhen. Beispielsweise bekommt derjenige, der ihm meinen Kopf bringt nicht nur 47 sondern sage und schreibe 247 Jungfrauen geschenkt. Vom großen Allah, dem Allmächtigen, der sich allerdings nich im geringsten von einem gewissen Jahwe unterscheidet.

Das ist allerding etwas, was der dumpfbackige Islamist nicht weiß und was ihn eigentlich auch gar nicht interessiert.Denn seine Jungfern bekommt er schließlich nur, wenn er hinter Al Baghdadi hertackert und Ungläubige plattmacht.

Und wenn er dabei ungefähr sinnlos stirbt.

Nun also zum Finalsatz:

Ich gebe mein Leben, um Frieden zu stiften. Zwischen allen Menschen, was allerdings keinerlei Sinn erzeugt, solange Missgeburten, wie der Emir, der Redh, die Hofreiter oder der Mörtel für Unfrieden sorgen können, um Europa zu vernichten.

Zuversichtlich bin ich auf keinen Fall, denn selbst in meinem Romanfrankreich zeigten neueste Wahlergebnisse, dass auf die Stimme des Volkes keinerlei Rücksicht genommen wird, solange man sich einen persönlichen Vorteil aus einem anderen Wahlergebnis stricken kann. Wählt also bitte nie mehr die Grünen, die SPD, die PDS oder CDU. Da wird die Wahl eng.

Ihr könnt zwar eh nur eine Krankheit wählen, aber um die Mörtelpest und das Emiraids auszulöschen, bleibt das ungefährliche AfD-Fieber.

Mein französischer Romanpräsident heißt im übrigen Höllender und es handelt sich auch bei ihm um ein Mitglied der Sekte um die geistig leicht angeschwächte Mörtel.

Erneuter Einwurf (der letzte, vermutlich)

Mein Mörtel hat es geschafft. Sein Parteitag war ein voller Erfolg und alle Politikgenossen klatschten stundenlang. Auch dieser Senfhoffer ließ sich einlullen - aber allein dies scheint seine Stärke.

Wo, um Gottes Willen, ist der Grund dafür, den Tod Europas herbeizusehnen?

Dieser Redh ist also froh, wenn er einen riesenhaften schwarzen Schwanz im Arsch hat. Reicht das allerdings, um sich den Tod der Europäer zu wünschen? Aus meiner Sicht nicht. Aber mich fragt ja keiner.

Genau wie dies Stück natürlich verboten bleiben muss. Alle Verleger sind bereits instruiert, meine Anfragen links liegen zu lassen und mir eine billige Absage zuzusenden.

Es bleibt also nur der Eigenverlag. Und dieser Epubli macht sich schweinereich damit. Zum einen sind die sogenannten Herstellungskosten erfunden und viel zu hoch. Zum anderen werden sie mir auch meine Tantiemen nicht zukommen lassen müssen, da sie ja die Anweisung der GeStaPo West haben, mich am langen Arm verhungern zu lassen.

Bei Herstellungskosten in Höhe von 28,56 Mark, verbleiben mir, wenn ihr über Epubli bestellt und natürlich die 3 Mark Versand tragen müsst, bei einem Verkaufspreis von 32,99, eh nur eine Mark dreiundzwanzig, da dieser Verlag ja auch was verdienen will *(?)*.

Falls ihr es im gewöhnlichen Buchhandel bestellt, werden mir nur ungefähr 2 Pfennige pro Buch bleiben, da ihr da ja die Versandkosten nicht tragen müsst und das auf eurem Buchhandel hängen bleibt, der es einfach mir abzieht. Da ich allerdings sowieso nix dran verdienen werde, bestellt es also einfach über die nächstgelegene gute Möglichkeit.

Persönlich würde ich sagen, es wäre locker 50 europäische Mark wert. Nachdem es von mir ist, muss ich das vermutlich so sehen. Sonst hätt ich es ja anders geschrieben. Ich führe einen verlorenen Kampf - wie wir alle, da wir bereits verkauft wurden. Vom Mörtel, dem Emir Özd und ihren linksgrünen Hirntodgefickthühnern.

Werde dies Ding bereits in der Vorweihnachtszeit auf Gesichtsbuch bewerben, obwohl es noch bis Anfang 2016 dauern wird, bis ich mir die Veröffentlichung des Stückes in dieser Form auf Epubli leisten kann. Es heißt dann: Die Putin Bibel - überarbeitet III. Ich bin nämlich wirklich am Ende und muss das tun, um wenigsten einen kleinen Europarettungsversuch gestartet zu haben.

Ich kenn mich nämlich schon gar nicht mehr aus. Sobald ich des Nachts die Wohnung verlasse, beobachtet mich aus jeder dunklen Ecke eine noch dunklere Gestalt. Als Mädchen würde ich mich da gar nicht mehr aus dem Haus wagen.

Was uns also nun noch bleibt, wäre eine gewaltige

AfD-Wahlsieg-Wahl 2017 *(falls wir es bis dahin überhaupt noch zu einer Wahl schaffen)*. Falls überhaupt, wird „unser" Bundestag garantiert beschließen, dass auch der traumatisierte Flüchtling wählen darf *(am besten sogar der nicht registrierte. Da reicht eine Banane dabei zu haben, „Niss gelmäldet" zu sagen und man darf wählen)*.

Da wir bis dahin locker 6 Millionen haben *(und die 24 Millionen nachgereisten Familienangehörigen)*, zeichnet sich ein erneuter alles überragender Wahlsieg des Mörtel ab. Dann hat er es geschafft. Ich glaube allerdings immer noch daran, dass „wir das schaffen".

So ein Moslem kann nunmal nur gläubig oder gut. Anders geht nicht. Wüsste gern, ob das dieser Redh weiß. Er hat nämlich bereits als mein Romanbundestagspräsident öffentlich zu erkennen gegeben, dass er nicht einmal das Grundgesetz beherrscht. Einfach planfrei, dieser Redh.

Dafür aber häßlich.

2016 (noch immer nich Mörtelfrei)

Es is zum aus der Haut fahren. Ein Rückschlag jagt den nächsten. Der Mörtel will nicht abdanken, es gelingt ums Verrecken nicht, einen Käufer für die Rechte an diesem Stück an Land zu ziehen und der Preis von 32,99 Euro ist Epubli zu niedrig.

Da hätt ich eigentlich draufkommen können. Wie soll ein anderer Verlag diese 3,-- Mark Porto bezahlen und dann noch irgendwelche Gewinne verzeichnen können?

Also dann halt 34,99. Dafür gibts aber noch einen kleinen Nachschlag. 2 neue Verschwörungstheorien, die nur zur Hälfte von mir sind:

1. Diese Moslems haben sehr wohl eine vernünftige Glaubenssekte: die Aleviten.

Aleviten glauben an den einen und einzigen Gott *(Allah/Hak)*. Er ist der Schöpfer, der Gerechte, der Allgegenwärtige und der Weise. Er hat alles geschaffen, was existiert und will durch die Schöpfung sein Geheimnis offenbaren.

Gott lässt alle Lebewesen an sich Anteil haben. Es ist für Menschen unmöglich, den vollen Umfang der göttlichen Wahrheit zu erfassen geschweige denn zu beschreiben. Der Mystiker Yunus Emre *(13./14. Jh.)* formulierte diesen Glauben folgendermaßen: „Wohin ich schaue, sehe ich Gott. Die Göttlichkeit existiert in allem, weil alles von Gott kommt".

– Aleviten glauben an den Propheten Mohammed als den Gesandten Gottes, sowie an den Weisen Ali als den Auserwählten Gottes.

Das Buch Buyruk formuliert den Empfang der Gottesbotschaft an Mohammed wie folgt: „Mohammed erreichte die höchste Stufe des Himmels. Dort begegnete er seinem Freund. Bei dieser Begegnung wurden 90.000 Worte ausgesprochen. 30.000 dieser Worte wurden Mohammed offenbart und sie bilden Recht und Ordnung. Die übrigen 60.000 Worte wurden Ali als Geheimlehre offenbart." Ali ist Gottes Auserwählter, sein Heiliger. Er lebte heilig und zeigte den Menschen den Weg zu Gott.

Aleviten glauben, dass Gott Mohammed den Koran offenbarte. Der wahre, heilige Koran ist bei Ali bewahrt. Die von Muslimen verwendete Fassung wird von Aleviten nicht als authentisch angesehen, die „Fünf Säulen" des Islam werden abgelehnt.

Das alevitische Glaubensbekenntnis lautet: „Es gibt einen Gott *(Hak/Allah)*, Mohammed ist sein Prophet und Ali sein Auserwählter/Freund". Aleviten verwenden dieses Glaubensbekenntnis in einer Kurzform: „Ya Allah, ya Muhammet, ya Ali".

Aleviten glauben an eine geistige Gemeinsamkeit, die Gott, Mohammed und Ali so umfasst, dass es angemessen ist, diese Gemeinsamkeit als „Identität" zu beschreiben. Diese Identität wird in der Glaubensaussage „HakMuhammetAli" auf die kürzestmögliche Form gebracht.

Hak-Muhammet-Ali werden zusammen an- und ausgesprochen und in gleicher Weise angebetet. Mohammed und Ali gehören zum Licht Gottes, das das Universum seit der Schöpfung erhellt. In einem Gedicht heißt es: „Hak-Muhammet-Ali strahlen dasselbe Licht aus. Trenne sie nicht voneinander, denn es sind drei in einem. Sie zeigten uns den richtigen Weg."

Aleviten glauben an eine heilige Kraft des Schöpfers, die auf die Menschen als unsterbliche Seele übertragen wurde. Jeder Mensch hat Anteil an der heiligen Kraft. Jeder Mensch besitzt Eigenschaften Gottes. Gott hat alle Menschen gleichwertig geschaffen. Aleviten betonen dies mit dem Spruch: „Betrachte alle Religionsgemeinschaften und alle Völker als gleichwertig."

Aleviten versuchen, die Vervollkommnung zu erreichen (insan-ı kamil olmak). Das gemeinsame Gebet und die Herstellung des „Einvernehmens" (rızalık) unter den Teilnehmerinnen und Teilnehmern der Gottesdienste zielen auf die Reifung aller Gläubigen. Der Weg zur Vervollkommnung ist der Weg der „Vier Tore und Vierzig Regeln".

Aleviten glauben, dass jeder Mensch seine heilige

Kraft, die eine Gabe Gottes ist, durch den eigenen Weg in sich entdecken kann. Gott hilft und gibt den Menschen Kraft, diesen Weg einzuschlagen. Am Ende dieses Prozesses kann sich der Mensch mit Gott wiedervereinigen.

Die Alevitische Gemeinde Deutschland fasst die Eigenschaften eines Aleviten wie folgt zusammen:

> **Ein Alevit ...**
> **- trägt die Heiligkeit von Gott *(Hak/Allah)*, Mohammed und Ali *(Vetter und Schwiegersohn von Mohammed)* in seinem Herzen**
> **- ist Alis Gerechtigkeit absolut treu *(er verstößt niemals gegen Alis Gerechtigkeitssinn)***
> **- beherbergt in seinem Herzen die Menschenliebe**
> **- achtet und toleriert jede Religion, Konfession, Glaubensrichtung**
> **- macht keine diskriminierenden Unterschiede aufgrund von Sprache, Religion, ethnischer Zugehörigkeit oder Hautfarbe**
> **- beherrscht sein Ego**
> **- ist aufrichtig, freundlich, barmherzig, gerecht, liebevoll**
> **- legt großen Wert auf Wissen und beschäftigt sich besonders mit geistlicher Wissenschaft**
> **- strebt die eigene geistige Entwicklung an**
> **- wendet sich angstfrei und mit Liebe zu Gott hin**
> **- sieht Gott und Menschen als eine Einheit *(im Einssein)* an.**

(nach: Ismail (komischerweise benutzt man auch für den Kontakt zum Islamischen Staat die IS-Mail) Kaplan, Glaubensgrundlagen und Identitätsfindung im Alevitentum, in: F. Eißler [Hg.], Aleviten in Deutschland, 2010, 29–76).

Kommen wir also nun zur Verschwörungstheorie:

Laut eines Geschichtsforschers und Theologen, war Ali der eigentliche Prophet, der von Mohammed erschlagen wurde, da er zu menschliche Prophezeiungen hatte und andere Religionen am Leben lassen wollte.

Das deckt sich jetzt zwar nicht mit meinen „Memoaren des Luzifer", wäre allerdings im Bereich des Möglichen, da er Ali ja erschlagen haben könnte, während Luzifer noch versuchte, eine Möglichkeit zum Übernehmen Mohammeds zu entwickeln und nich aufpassen konnte. Ob er ihn daran gehindert hätte, ist eine andere Frage.

Die letzte Seite für die eigene Theorie:

Was als Erklärung für diesen Volksmord bleiben würde: die Ressourcen der Erde reichen beim aktuellen Verbrauch noch für etwa 30 Jahre. Sobald der böse Schwarze darauf von seinem Beraterstab hingewiesen wurde, erschrak er kurz und entwickelte die Lösung: sobald wir Europa ausgerottet haben, würde es noch für über 100 Jahre reichen. Gute Idee, Baracke. Und er lobte sich.

Doch wie soll das funktionieren ***(ohne Atomkrieg)***?

Und er kam auf des Rätsels Lösung: Wenn ich den Europäischen Politikern einfach ein Landhaus in Kentucky verspreche, sobald sie mich 30 Millionen Irre nach Europa transportieren lassen *(die da schon aufräumen werden)*, könnte die Sache klappen. Erneut: gute Idee, Baracke. Und er lobte sich schon wieder.

So kam es also dazu, dass dieser Mörtel auf keinen Fall abtreten wird, bis der letzte Europäer tot ist.

Zum Schlüss noch eins: hab Ende letzten Jahres *(also vor 3 Tagen)* eine Aufzeichnung eines Interviews von Gregor Gysi gesehen. Da wurde er vom Reporter gefragt, wie er einem Rentner erklären möchte, dass kein Geld da ist, allerdings Milliarden in Asylbewerber gestopft werden?

Die Antwort von Gregor war mal wieder klassisch: „Denkt so ein armer Rentner, dass seine Rente steigen wird, wenn keine Asylanten genommen werden? Da werden vielleicht meine Diäten erhöht, aber seine Rente auf keinen Fall."

Jetz bin ich mir wirklich sicher, auf dem nächsten Parteitag der PDS nicht anwesend zu sein und mein Mitgliedsbuch stehenden Fußes in den Mülleimer zu werfen. Was hat er sich bloß bei dieser Antwort gedacht? So wie meistens also eigentlich gar nichts. Nehme hierbei zurück, dass es dieser „Fastmensch" bei der CSU auch geschafft hätte.

Finalstatement: Geld gibt es also auf gar keinen Fall. Es ist nur eine theoretische Größe und für unsere Freunde nehmen wir halt einfach eine zusätzliche Billion auf. Wenn eine Billion reichen würde, wär das eine gute Sache. Kann aber gar nicht. Um für den eigenen Tod zu bezahlen, wäre selbst die Hälfte zuviel.

Warum der Islam nicht besiegt werden kann (?)

Das werd ich vermutlich auf eine Seite bringen. Unter Umständen, benötige ich zwei - mehr Gründe werde ich aber nicht finden können. Denn dieser Muslim ist nunmal noch ein Mann. Etwas, dass der weichgeschnitzten demokratischen Welt einfach fehlt. Es ist halt so schön, Mitgefühl zu zeigen und zu helfen. Wobei diese Brüder in der Regel gar keine Hilfe benötigen. Sie suchen nur nach einem Idioten, der für ihren Lebensunterhalt aufkommt und ihnen nichts tut, wenn sie Gesetze brechen.

Hab heut ein Video gesehen, von einem jungen „Syrer“ *(wobei das jeder von sich behauptet)*, der beim Ladendiebstahl erwischt wurde. Auf der Polizeistation wurde festgestellt, dass er mit 2 verschiedenen Namen in unterschiedlichen Orten als Kriegsflüchtling gehandelt wird und natürlich auch von beiden sein Geld bezieht. Natürlich wurde er nach Hause geschickt. Was sollen wir sonst auch machen? Ihn abschieben?

Das wäre herzlos und unmenschlich. Wie sollen wir das einer Bundestagsvizepräsidentin oder dem Grünen Hoffnungsträger, dem Steuerhinterzieher Anton Hofreiter erklären können?

Sobald dieser Misttyp nämlich in einem arabischen Land beim Diebstahl erwischt wird, hacken sie ihm sofort die Hand ab. Spätestens nach dem zweiten Raub, wird er also mit den Füßen klauen müssen und das können wir doch niemandem zumuten. Allein die Spezialausbildung zum „Mitfußklauexperten“ könnte er sich erst leisten, wenn er noch 14 Jahre in der BRD Sozialhilfebetrug durchziehen dürfte. Die is nämlich nicht billig.

Der „Glaube“ des Muselmanen erlaubt es ihm, ja zwingt ihn dazu, Ungläubige zu belügen, zu betrügen und zu töten. Allein dieser „Glaube“ ist also durch die Bank zurechtgeschneidert, für den hirnlosen Untermenschen *(und das sind sie im Prinzip mal alle)*. Wer seine Missetaten einfach seinem Gott in die Schuhe schieben kann, ist einem Gutmenschen nunmal ganz bestimmt haushoch überlegen.

Der alles entscheidende Punkt ist allerdings, dass ein Muslim die Frauen beherrschen darf. Sie haben keine Rechte und freuen sich auch noch darüber, da es ihnen von Kindesbeinen an so gelehrt wurde (übrigens von Männern), dass sie Rechte gar nicht brauchen, da ihr Mann der Hüter des Rechts ist und über sie wachen wird.

Was in Europa dazu führte, dass sich Frauen Rechte erkämpfen konnten, werden sie in einem muslimischen Staat nicht erreichen können. Und schon gar nicht mehr in der heutigen Zeit, die von Überwachung geprägt bleiben wird.

Jeder Moslem, der der Frau Rechte zugestehen will, wird von der übergeordnten moslemischen Dienstaufsichtsbehörde einfach geköpft und jedem Moslemkämpfer werden Unsummen von Jungfrauen versprochen, sobald sie sich einfach in ein Selbstmordkommando jagen lassen.

Hier also nochmal meine Bitte, **an die wirklich Mächtigen dieses Planeten**:

Verbietet einen Unglauben, wie dieses Moslemberserkertum. Legt die Moscheen in Schutt und Asche - nein, macht Kirchen daraus.

Dieser Moslem ist nicht zu besiegen, solange wir für jeden Gewaltakt die Zustimmung eines Hohlkörperparlaments benötigen und unsere eigenen Mörder in Millionenzahl einfach zum Kaffeekränzchen einladen.

Also müssen wir ihn verbieten. Natürlich wird auch das der Zustimmung des Parlaments unterliegen und so hoffe ich, dass in den nächsten Monaten mal die eine oder andere Grünlinke Bundestagsangehörige Opfer islamischem Terrors wird.

Also als Beispiel zum erfundenen Roman: dass die beiden Lieblingssexspielzeugjungs des Emirs von einer rasenden Asylantenbande erschlagen werden. Schlechtes Beispiel: denn mein Romanemir wäre selbst in diesem Fall weiter dafür Raubmörder einzuladen, da er ja seine Stelle als Großwesir des Emirates Europien nicht aufs Spiel setzen würde.

Also anders Beispiel: der Denkfreipatient Redh, würde von einem Asylanten entführt und gefesselt im Kofferraum seines geklauten BMW mitgenommen werden.

Und zwar 2 Wochen lang, ohne ihn zu benutzen, also ohne ihm sein Ärschchen zu dehnen. Dann lässt er ihn, unbenutzt, wieder frei. Sowas könnte den Redh böse machen. Dann wär er auch gegen Asyl für jedermann.

Jetz is es also doch passiert:

durch diesen Anhang komm ich nur auf 419 Seiten. Wie ich dies Kernproblem lösen werde, hab ich euch bereits paar mal geschrieben und so wird es nun auch durchgeführt. Die Inhaltsangabe der „Irisch-Emiratischen Kriege“ wird also ein Zweiseiter.

Wie befülle ich allerdings nun diese 420ste Seite?

Einfach mal mit Ehrlich:

Alle Menschen sind gleich und es darf nicht aufgrund ihrer Hautfarbe oder Konfession differenziert werden. Man muss für alle dasein. Allerdings muss man auch alle zwingen dürfen, sich den Regeln des Helfenden zu unterwerfen. Wenn er das nicht tut, fliegt er raus. Basta.

Dass diese Muselmanen soviel Macht haben liegt

natürlich daran, dass sie auf der Lebensader des Erdenrunds sitzen. Auf den Ölvorkommen. Ansonsten wären sie schon längst weggeputzt.

Könnte man nicht die Staatschefs dieser islamischen Staaten irgendwie dazu zwingen, Menschenrechte einzuführen? Den Koran zu verbieten und Mohammed halt einfach als Propheten in die Bibel einzuarbeiten, in der der Name Gottes natürlich Allah sein wird.

Wobei bei Menschenrechten natürlich nicht übertrieben werden sollte. Persönlich halte ich das Handabhacken bei einem Dieb prinzipiell nicht für falsch. Bei Spielern, Trinkern und Ehebrechern muss natürlich geändert werden, obwohl ich keines dieser Laster kenne, aber verstehe, dass es einfach menschlich ist, diese Fehler zu begehen.

Diesmal wirklich letztmalig:

Vielen Dank und wir sehen uns im Himmel wieder.
(durch dies Verlängern steigt aber auch der Preis, Amigos

- aber immer noch: jeden Pfennig wert)

Dann halt doch noch dieser komische „Menschenrechte“

Absolut jeder halbgebildete Mitteleuropäer weiß, dass jeder Mensch des Planeten Rechte besitzt. Das Recht auf Leben, freie Meinungsäußerung, Wohnort- *(innerhalb seines Staates)* und Berufswahl.

Das wissen alle, aber diese Moslems halten sich nicht daran. Darf man jemandem, der andere enthauptet oder Kinder vergewaltigt, diese Rechte nicht nehmen?

Das ist etwas, was man sogar muss, um irgendwie überleben zu können. Erneut renne ich an, gegen eine Wand aus grüngefärbter Schweinescheiße. Kaum hab ich das geschrieben, meldet sich mein Romanbundestagsvizepräsident Claudius Redh und bezeichnet mich als Nazi.

Lieber Herr Redh: woher kommt ihr Hass auf das Deutsche? Sie sind offensichtlich ein wenig angeschwult und wissen ganz genau, dass deutsche Männer nicht so gewaltig bestückt sind, wie diese Halbwilden aus dem Nigerdelta. Aber das ist nur ein Grund, Deutsche zu verachten. Für Hassen, benötigt man etwas mehr und ich denke, ich kann mir vorstellen, woran das liegen mag.

Als sie vor etwa 57 Jahren ein Verhältnis mit dem Hund des Nachbarn begannen, haben sie sich so unsterblich verliebt, dass man nicht dazu in der Lage ist, es irgendwie schriftlich auszudrücken.

Sie waren ein knappes halbes Jahr zusammen, als sie ihm in einer ihrer ungezählten Liebesnächte dummerweise (sie waren also schon damals vom Intelligenzquotienten eines Backhuhns nicht weit entfernt) erzählten, dass sie aus einem Seitensprung ihrer Mutter entstanden sind und ihr eigentlicher Vater der Hauseber des Försters ist.

Das Tier musste sich ansatzlos übergeben und hat noch in dieser Nacht mit ihnen Schluss gemacht.

Doch welche Art von Hund war das?

Da ihren Analbereich eigentlich nur das Gemächt eines Blauwales ausfüllen könnte, muss es also ein relativ großer, stark gebauter Hund gewesen sein.

Da bleiben eigentlich nur der schweizer Sennenhund, der sibirische Steppenwolf oder der deutsche Schäferhund.

Da sie nunmal nichts aus der Schweiz oder Russland, aber alles deutsche zerstören wollen, wird die Wahl relativ eng. Es war also ein deutscher Schäferhund. Ihre Wut auf diese Töhle haben sie einfach in sich hineingefressen und sie dringt jetzt nach oben. Sie verachten alles, was auch nur im Ansatz nach deutsch riecht und wollen es kaputtmachen, so wie dieser böse Köter ihr Herz zerspringen ließ.

Da bin ich richtig froh, dass du nur in meinem Roman so mächtig bist. Wenn es dich und deine abstrusen Meinungen und Forderungen in echt gäbe, wären wir verloren.

Was also passieren muss, ist, dass wir dem überzeugten Muselmann aberkennen, überhaupt ein Mensch zu sein. Dann kann er noch nicht mal Asyl beantragen und wir hätten ein gewaltiges Problem weniger.

Und ein Problem stellen diese ungewaschenen in die Duschkabine Kacker nunmal dar. Sie sind bereits jetzt nicht mehr stoppbar und werden täglich 3000 Köpfe größer.

Ich habe gestern eine verkohlte Frauenleiche gesehen. Mit dem Hinweis, dass sie von ihrem türkischen Liebhaber verbrannt wurde.

Ich muss zugeben, dass sich mein Mitgefühl in Grenzen hielt, denn nur die dümmsten „Refugees welcome“-Hühner wissen nicht, dass sie durch die Wahl eines moslemischen Mannes eigentlich selbst alle ihre Rechte aufgeben. Also auch das Recht auf Leben.

Jetz hat dieser arme Türke natürlich Pech. Sie hat bestimmt etwas grauenvolles getan *(beispielsweise das Tragen der Burka abgelehnt)* und musste mit dem Tod bestraft werden.

Das Pech *(oder besser Unvermögen)* für ihn liegt jetzt darin, dass er mit ihrer Abstrafung nicht bis zum nächsten Türkeiurlaub gewartet hat. Vor einem türkischen Gericht wär er mit dem Auswendiglernen von 2 Suren des Koran davongekommen, da er ja nur eine Ungläubige abgeschlachtet hat. Hier in Deutschland, muss er stattdessen mit einem halben Jahr auf Bewährung rechnen, da der Richter sicher einsehen wird, dass es sich bei ihm nunmal um einen Moslem handelt, der die Rechte einer Frau nicht akzeptieren muss, da er das aus seiner Heimat gar nicht kennt und auch nie lernen durfte. Er kann also ein halbes Jahr nirgendwo mehr einbrechen oder etwas klauen, da diese Sache sonst seine Bewährung aufheben würde und er tatsächlich hinter schwedische Gardinen müsste.

Also nun kurz weg vom Roman, hin zur Realität:

> **Die ehemaligen „bösen" osteuropäischen Staaten lassen keine Moslems einwandern. Diesen Islamisten stört das eigentlich kaum, denn da wollte er ja sowieso nicht hin.**
>
> **Er will, wie alle seine Verwandten und Bekannten, zu Mama Merkel, in ein Land, dass ihn mit Freudeplakaten und Geld überhäufen wird und wo er tun und lassen kann, was er will, da er unter keinen Umständen mit einer Strafe oder gar der Ablehnung seines Asylantrags rechnen muss.**

Jetzt lieber schnell wieder zurück zu meinem Roman:

Eben, da es sich in meinem Stück ähnlich verhält und ich da auch schreiben kann, warum das so ist und es meiner künstlerischen Freiheit unterjubeln kann.

In meinem Werk organisieren sich diese Halbkranken nämlich bereits und sprechen sich ab. Sind also für Rechtsbrüche lieber mal 1000 Köpfe hoch, damit es (da so ein schwarzer Asylant eh immer gleich aussieht) absolut unmöglich wird, jemandem dafür gradestehen zu lassen. Und natürlich um mächtig genug zu erscheinen, sogar den Polizisten vor Ort Angst zu machen und sie vom eingreifen abzuhalten.

Selbstredend hat sich mein kleiner Vizepräsident sofort vor seine Schützlinge gestellt und diese Sache einfach klein geredet. Der eigentliche Hammer war allerdings die Reaktion des Bürgermeisters des Haupttatortes Köhln.

Zum Bürgermeister wurde er *(sein Name ist bezeichnenderweise Rektal - klingt schonmal nach dem Lieblingsarsch des Redh)* durch eine unglaubliche Mitleidsmasche. Er bezahlte einem Landstreicher mehrere Tausend Euro, versprach ihm, jahrelange feste Unterkunft mit Vollverpflegung und gab ihm ein Messer. Er war sich, obwohl unterstützt von CDU, FDP und den Grünen nicht sicher, diese Wahl wirklich zu gewinnen, also musste er ein Attentat vortäuschen.

„Sie dürfen auf mich einstechen, wie sie wollen. Ich trag eine kugelsichere Weste. Damit ein wenig Blut spritzt, müssen sie mich leicht am Hals verletzen. Aber aufpassen, das nichts passiert. Um die Ecke warten bereits der Krankenwagen und der Notarzt, was mich auch eine halbe Million gekostet hat“, waren seine Worte zum Heimatlosen.

Und genau dieser Bürgermeister erdreistet sich nun, die Frauen Deutschlands anzupöbeln und ihnen Verhaltensregeln an den Darm zu drücken, da man ja, gerade während der Karnevalszeit, locker eine Armlänge Abstand zum Nebenmann *(also zum traumatisierten, asylsuchenden Schwarzafrikaner) halten könnte, um ihn so nicht unnötig zu provozieren und zu einer rechtswidrigen Handlung (wobei das augenscheinlicher Weise nur für Deutsche rechtswidrige Taten sind)* zu zwingen.

Erneut ist es passiert, erneut hab ich um 4 Seiten verlängert und erneut verspreche ich *(dabei nehm ich mich allerdings selbst nicht allzu ernst)*, dass jetzt Schluss ist. Wobei ich vermutlich einfach nur ein paar Tage Zeit benötige um mir noch etwas „neues einfallen zu lassen".

Die Gesamterklärung

Alles was um uns passiert ist nur die Folge des Strebens nach Macht und Geld. Angeführt von religiösen Fanatikern, die in diesem Islam ihre Berufung erkennen.

Menschen werden in unseren Industriestaaten einfach entschieden zu alt und kosten dadurch ein gutes Stück zu viel.

Was also fehlt, wäre die Einsicht der älteren Leute, dass man einfach sterben darf, wenn man nur noch dazu in der Lage ist, mit Hilfe anderer weiterzuleben. Oder mit Hilfe einer Maschine.

Diese Suizidunterstützung muss erlaubt werden, genauso wie bei einem 83 jährigen Mann, der nach einem Unfall an lebenserhaltenden Systemen hängt, diese einfach abgeschaltet werden müssen.

Das merkt er eh nicht mehr und kann deshalb nicht traurig sein. Es wär auch ein schmerzfreier Tod, direkt aus dem Koma ins Himmelreich abberufen zu werden.

Sobald 2 Ärzte übereinstimmend zu der Erkenntnis gelangen, dass ein Weiterlebenlassen keinerlei Nutzen für die Menschheit bringen würde und einzig Kosten erzeugte, muss er sterben dürfen.

Jetz aber:

AMEN

Für mich bleibt nun nur die Schwierigkeit, die beiden Seiten für die Inhaltsangabe der „Irisch-Emiratischen Kriege" wieder zu einer Seite zurückzudröseln, um die magische 424 Seitenzahl nicht zu überschreiten - aber das dürfte ich hinkriegen.

Besten Dank und alles Gute, euer Prof..

Kleiner Anhang geht noch

Es ist wirklich erschreckend. Nichts von dem, was man hört, kann man noch glauben. Alle Nachrichten sind in die Richtung gelenkt, die der Mörteldiktatur Vorteile bringen soll. Mir stellt sich die Frage, ob der Mann des Mörtel tatsächlich so einen kleinen Penis besitzt, dass ein zentralafrikanischer Küchenjunge Besserung verspricht? Höchstwahrscheinlich ja.

Ich musste also für mich selbst entscheiden, wer dies Werk für seine Einstellungen nutzen darf, da der Abkauf der Rechte daran auch gewünschte

Änderungen beinhaltet. Ja, sogar Änderungen gewünscht sind, damit ich nachher sagen kann: „von mir is das so nicht".

Was man auf alle Fälle glauben darf ist, dass dieser Erdogan alles andere als ein guter Mensch zu sein scheint. Dies Abschießen einer russischen Maschine, nachdem er sie zweifellos in eine Falle lockte, brachte mich dazu, es ihm keinesfalls anzubieten. Auch in meiner Achtung ist er ins Bodenlose gesunken.

Seine Grundeinstellung ist einfach tiefmoslemisch und er ist soweit von den Grundgedanken Atatürks entfernt, dass er mit Sicherheit ein Mohammed-verherrlichendes Werk daraus gezaubert hätte, wenn er gekauft haben dürfte.

Also werde ich alles versuchen, es an den russischen Präsidenten Putin zu bringen.

Und es wird mir gelingen, da dieses Teil als Putin Bibel absolut jeder kaufen wird und es die Verkaufszahlen der richtigen Bibel in den Schatten stellen dürfte.

Hab natürlich jetz das Halbproblem, wie ich noch irgendwo eine Seite zusammenpferchen könnte. Wobei das eigentlich nicht mehr meine Sache ist. Das werden die Russen schon hinbekommen. Ganz sicher sogar, da es ohnehin noch „überarbeitet" werden wird, von irgendwelchen Geheimdiensten.

Als denn, noch eine Zugebung: putinfreundlicher kann man nicht schreiben, als ich es tat und deshalb werden sie auch nich viel ändern müssen und so wie ich irgendwo Orban als den letzten Kreuzritter Europas titulierte, werde ich nun Putin als den König der Kreuzritter bezeichnen und ihn dazu auffordern, die deutsche Staatsbürgerschaft anzunehmen und sich zum Bundeskanzler wählen zu lassen.

Sollte mir dieser Move gelingen, hätte ich es endlich geschafft und könnte meine Konzentration auf weniger wichtige Dinge lenken. Noch ein hollerü und ein servus, das war`s. Amen.

Dies Leben in meinem Romandeutschland ist nicht mehr lebenswert. Die Moslems haben zwar noch nicht die absolute Macht. Aber die ferkelgrünlinken Deutschlandvernichtungsschweine und Moslemsympathisanten kontrollieren bereits ungefähr alles. Sie überwachen bereits das richtige, gute, „freie" Deutschland.

Nachdem vor 2 Wochen dieses 13jährige deutsch-russische Mädchen von einer Horde Drecksmoslems 4 Stunden vergewaltigt wurde, hab ich gewusst, dass Putin mir helfen wird. Zumindest gehofft. Als ich dann am russischen Konsulat war, fragte mich der Türsteher, ob ich einen Termin hätte.

Nachdem meine Antwort nein war, lies er mich nicht rein. Ich sagte ihm, dass es um den Überlebenskampf der Christen geht und bot ihm 20,-- Mark für den Zutritt. Doch er blieb hart.

Also hab ich gewartet, bis er weg war und bin über die Absperrung geklettert (wie das funktioniert hab ich ja bereits auf vielen Videos im Internet gesehen. Was abgewiesene Asylanten können, kann ich auch).

In etwa 4 Sekunden nach dieser Aktion kam allerdings bereits der Wächter aus dem Konsulat gelaufen und sah aus, als ob er mich sofort erschlagen würde. Mir blieb nur der Rückzug.

Also schnell nach Hause und einen Termin ausmachen. Ich erhielt vom Konsulat eine Bestätigung des

Termins und begab mich an diesem Tag erneut zur Botschaft.

Allerdings war ich wieder nicht auf seiner Besucherliste aufgeführt? Was heißt das? Obwohl ich kein schlechtes Wort über die großherzige Flüchtlingspolitik unserer Kanzlerin Dr. Merkel verlor und mit ihren Grünparteispitzenfreunden einer Meinung bin, findet die deutsche Staatssicherheit meinen Roman für gefährdend für die innere Sicherheit. Warum?

Rumgehackt habe ich nur auf dem asozialen Mistteil Mörtel, dem überfetteten Redh, der schönen Hofreiter und dem Knabenfickstudio „Emir Özd". Also erfundenen Personen in einem erfundenen Land.

Ich musste über 2 Stunden betteln, bis er mir einen Konsulgehilfen zum Tor brachte, der mir erklärte, dass sie allein für Visafragen zuständig wären und mir nicht helfen könnten. Ich solle mich an einen russischen Verlag wenden.

Auf meine Frage, wie das bei Totalüberwachung funktionieren soll, musste er nur lächeln. Es ist nun also wirklich so, dass es unter etwa überhaupt keinen Umständen den Weg zu euch finden wird.

Egal. Ich schreib einfach weiter und spätestens nachdem eine Revolution stattgefunden hat, dürfte das Ding auch für europäische Verleger interessant sein.

Dann nochmal kurz zu dem Mädchen, dass von einer moslemischen Asylantenbande vergewaltigt wurde. Ist nämlich in meinem Roman auch passiert. Komisch.

Die sofort eingesetzte Ermittlungsgruppe fand leider nicht den geringsten Beweis für irgendeine Vergewaltigung und hat das Ding als „Sex im beiderseitigen Einvernehmen“ in den Papierkorb geworfen.

Damit ist dieser Fall allerdings noch nicht erledigt. Nachdem diese gutgläubigen, traumatisierten Asylbrüder noch 2 Monate darüber nachgedacht haben, bekamen sie vom schönen Hofreiterhasen den Hinweis, das Mädchen einfach mal anzuzeigen, da es sie vollkommen gutgläubig in ein Waldstück lockte und sie einfach der Reihe nach benutzte.

Natürlich waren sie nicht dazu in der Lage, sich zu wehren, da das ja fürchterliche Verstöße gegen das mächtige deutsche Grundgesetz nach sich gezogen hätte.

Dadurch verloren sie ihre Jungfräulichkeit und werden in 100 Jahren keine gläubige Muslimin mehr finden können, die sie noch heiratet. Das Mädchen muss gesteinigt werden, so wie es die allerheiligste Scharia vorgibt.

Der Emir Özd persönlich leitete die darauf folgenden Ermittlungen der erneut eingesetzten Polizeispezialeinheiten und ihre Schuld wurde festgestellt.

Der Emir rieb sich die Hände und hat die armen Asylanten zu einer Knabennehmparty eingeladen, damit sie sich von dem Schock erholen können. Da sie eh keine Jungmänner mehr waren, könnten sie ihn jetzt sowieso überall reinstecken, wonach ihnen gerade der Sinn steht.

Nur dies Steinigen ging leider nicht - also noch nicht, weshalb das verschlagene Mädchen einfach nach Russland ausgewiesen wurde.

Langsam langweilt mich dies ständige 4 Seiten erreichen zu müssen, weshalb ich ab nun keinerlei

Rücksicht mehr darauf nehmen werde, wieviele es bisher waren. Da es eh, falls ich es an einen Verleger bringe, sowieso überarbeitet wird, sollen sich die Jungs einfach selbst drum kümmern. Eigentlich muss es sogar gar nicht geändert werden, da es ja ohnehin nicht von mir ist.

Hatte immer nur eine 4 in Deutsch. Ich kann ein so gewaltiges Wortgeflecht gar nicht zusammengemerkelt haben. Es muss also von Ihm sein. Vielleicht wäre Erstinkig, wenn es geändert werden würde.

Noch eine Verabschiedung und drückt mir die Daumen.

Jetz kann ich nich mehr

Um dem Leser klar zu machen, dass es sich hierbei tatsächlich um eine erfundene Geschichte handelt, fühle ich mich genötigt, noch etwas komplett Absurdes zu erfinden.

In meinem Romandeutschland erscheint ein Umfrageergebnis, dass komischerweise nicht vom Regime der Diktatorin Burkamörtel zensiert scheint.

Etwa 81% der Romandeutschen glauben nicht mehr daran, dass die Regierung um die Mörtel *(also der Dumpfbackendiktator, der negerschwanzgeile Bundestagsvizepräsident Redh, der Nebenberufspolitiker (da er sein Geld eigentlich über seinen Erotischeknabenbegleitservice verdient)* ***Emir Özd, die fette Gabriela*** *(welche ihre Sonderschulausbildung mit Auszeichnung abschloss),* ***die schöne Antonia Hofreiter und eine Frau, für die ich mir keinen Namen einfallen lasse, da sich dies Luder einfach Kühn einen Ast in ihre Möse steckte und deshalb glaubt, wichtig zu sein)*** diese Asylproblematik noch lösen könnte.

Dieses Umfrageergebnis stammt vom Sender ARD und hat als Folge selbstredend, dass auch die Diktatur Umfragen auf den Markt werfen muss, die die AfD bei 12% der Wählerstimmen rumkrebsen lassen. Da zeichnen sich gewaltige Wahlbetrügereien ab.

Falls das in Echt auch so wäre, würde sich unsere Lieblingskanzlerin Merkel bestimmt mit ihren Millionen zurückziehen und Deutschland, also Europa überleben lassen.

In meinem Roman kann ich das allerdings nicht zulassen, weshalb die verkalkte Mörtel einfach die Führungsspitze der ARD in Frühpension schickt, den Sender vom Kabel nimmt und statt dessen einfach einen Pay-TV Sex-Sender über den Äther jagt: „Die gehirnfreie Burkamörtel und der seltenhäßliche Redh lieben Negerschwänze im Arsch“.

Da sich Sex nunmal am leichtesten verkauft und sie dadurch hofft, noch ein paar Mark einzunehmen, um auch noch die gehbehinderten IS-Terroristen einfliegen lassen zu können.

In Syrien ist ja mittlerweile bereits Friede eingezogen, da selbst der inzestgestörteste IS-Aktivist bereits erkennen musste, dass es wesentlich gefährlicher für ihn ist, in Syrien zu bleiben, wo diese gemeinen russischen Bombardements tödlich enden können, während er in meinem grünlinksdurchgeschissenen Selbstmorddeutschland überhaupt nicht mit Verfolgung rechnen darf, sollte er mal die Gesetze brechen.

Wo ihm auch im schlimmsten Falle keine Ablehnung seines Asylantrages droht und selbst wenn er abgelehnt wird, werden ihn die Syrer auf keinen Fall zurücknehmen, weshalb er einfach weiter in Europa bleiben darf, von Sozialhilfe und dem einen oder anderen Überfall lebt und Allah einen guten Mann sein lassen kann.

Dieser Islamismus ist einfach ein Unglaube. Angola hat ihn bereits verboten, was mir nur eine Frage übriglässt:

Weshalb kann er nicht auf der ganzen Erde verboten, geächtet werden?

Ich hoffe jetzt mal, durch diesen kleinen Zusatz jedem klar gemacht zu haben, dass diese Worte allein meiner Phantasie entsprangen.

In Deutschland müsste ja etwa jeder Wahllokalleiter gezwungen werden, sein Ergebnis gefälscht weiterzuleiten. Was natürlich nicht funktionieren würde, da es dem einen oder anderen unwohl aufstieße.

Wobei: selbst wenn, wem könnte er davon berichten? Alle Medien sind ja bereits unter der Fuchtel von Frau Merkel. Niemand würde davon erfahren. Es ginge also doch.

Aber es würde schwierig und teuer werden. Teuer ist allerdings kein Kriterium, da ich ja bereits geschrieben habe, dass es Geld eigentlich gar nicht gibt. Es könnte also wenn überhaupt, nur an schwierig scheitern, wobei ich so eine hohe Achtung vor den Intelligenzquotienten unseres Vizekanzlers Gabriel, der Bundestagsvizepräsidentin Roth und den Spitzenpolitikern Özdemir und Künast habe, dass ich ihnen eine Lösung für dies Problem spielend zutraue.

Zum Schluss nochmal vernünftig

Helfen kann nicht falsch sein. Helfen ist ungefähr immer richtig. Dies ungefähr steht für die etwa einzigste Ausnahme: jemandem zu helfen, der einem im Anschluss aus Dankbarkeit den Kopf vom Rumpf trennt, ist grundfalsch.

Nur weil eine Frau, die einen sogenannten Machtrausch bezogen hat, meint, es müsste doch gehn, als reiches Volk etwa 100 Millionen Hilfslose durchzufüttern und sie dabei von Volksfeinden erster Klasse unterstützt und nur von Weichmännern beraten wird, reicht das nicht aus.

Dieser Islam muss verboten werden, um weiterleben zu können. Ansonsten kann es nur der Mohammedaner. Da er keine Schmerzen kennt. Er kann den „Ungläubigen" belügen, betrügen, bestehlen und köpfen, wie es ihm gefällt und es einfach seinem Gott Allah in die Schuhe schieben.

Um nicht sofort in einen Prozess verwickelt zu werden, zitiere ich hier also nur einige „Fachleute":

Ein anerkannter Psychoanalytiker bescheinigte unserem Kanzelhasen Uneinsichtigkeit und Nichterkennbarkeit von Schwierigkeiten, die die Einfuhr von etwa 3 Millionen Mördern mit sich bringen muss.

Der Herausgeber des Politblogs „Rationalgalerie" Uli Gellermann bedachte unsere Kanzlerin mit der Aussage: „die Merkel ist verrückt". Und zwar ganz offiziell, auf einer Videoaufzeichnung.

Der CDU Ministerpräsident von Sachsen-Anhalt Reiner Haseloff verurteilt einen Kontrollverlust durch die Regierung unter Merkel. Doch der Merkel verweigert einfach die Einsicht.

Er ist nunmal höchstwahrscheinlich „geistesgestört“. Da ich, im Gegensatz zu Herrn Gellermann, bedenken habe, zu dieser Aussage zu stehen, musste sie in Anführungszeichen.

Natürlich habe ich keine Bedenken diesbezüglich. Nur weiß ich, eben im Gegensatz zu Herrn Gellermann, dass die Aussage „der Merkel kann seine Gehirnwindungen nicht mehr auftragsgemäß ordnen“, dazu führen kann, dass ich angeklagt werde und unter Umständen, da ja bereits alles von der Merkeldiktatur gelenkt wird, nicht dazu in der Lage sein werde, für dies Volk noch zu kämpfen, da ich mich gerade im Block Alpha einer Verbrecherunterkunft befinde.

Doch was sollen diese Gedanken? Ich bin doch schon tot.

Werde also als nächstes versuchen, in den Merkel einzufahren und ihn zum nachdenken zu bringen.

Eine haarige Aufgabe, die für den „Geist des schlechten Gewissens“ geradezu geboren scheint. Und so endet dies Stück, dessen Glorie ich vermutlich nicht mehr erleben werde, mit einem:

„habt Dank und tötet die Schweine“.

(Was ich natürlich im Höchstfall sarkastisch meinen kann.)

Die Zeit vergeht und es bleiben sowohl Platz, wie Zeit, doch noch eine Theorie einzuwerfen. Die ist sowas von mies, dass sie eigentlich nicht stimmen könnte, wenn sie nicht stimmen müsste.

Und zwar hat der verschlagene, böse schwarze Mann, während seines letzten Deutschlandbesuchs, einen gefährlichen Kampfstoff in den Reichstag eingepflanzt, der explodiert, wenn alle Abgeordneten da sind *(also eigentlich nur, während einer Diätenerhöhungssitzung. Da diese Preistrottel ansonsten ungefähr nichts interessiert, als die Sicherung ihrer viel zu hohen Entgelte)*.

Dieser Kampfstoff wurde in den Forschungslaborien des Emir Özd entwickelt und macht alle, die damit in Berührung kommen, zu Gläubigen der grünen Scheiße.

Natürlich ist es nur verdeckt grüne Scheiße. Eigentlich ist es moslemische Kacke, deren Grundessistenz sich im Kopf der schönen Antonia Hofreiter bildete. Eines Luders, wie es im Buche steht.

Alles zurück. Dieser Schwachsinn kann nun wirklich nicht möglich sein. Was sich eher im Bereich der Zutreffbarkeit befindet, wäre folgendes:

Die kleine Angi Mörtel bekam von ihrer Mutter ein Märchen mit auf den Weg gegeben. Darin geht es um die Vervollkommnung des Glückes für eine Frau, wenn sie von einem Gotteskrieger gefesselt und im Anschluss zum Beischlaf gezwungen wird.

Was darin auch vorkommen muss, ist die wenig bekannte „Mit-Burka-französisch-Technik", die es einer Frau ermöglicht, dass unendliche Glücks zu erleben.

Es schmeckt zwar anfänglich nach Stoff, aber sobald sich der Krieger ergießt, wird ein sämiger Geschmack daraus, der den Gaumen schnalzen lässt.

Meine kleine Burkamörtel möchte dies Gefühl, der unsagbaren Lust, jetzt für jede deutsche Frau möglich machen und hat deshalb alle Gotteskrieger des Planeten nach Deutschland eingeladen, um endlich einen Islamischen Staat aus dieser Republik zu machen.

Da dieser Burkamörtel ja arabische Vorfahren besitzt, kommt diese Sache eher hin. Sie ist ohnehin wahrscheinlicher, da selbst ein schwarzer Mann und sei er noch so schwachköpfig, nicht so dämlich sein kann, wie es die grüngeschissene Planung von asozialen Idioten wie dem Emir Özd, des fetten Redh, der häßlichen Frau mit dem Kühnen Ast auf Muhmuh oder der schönen Hofreiter vorgibt.

Da dies nunmal die letzte Seite werden wird, bevor sich mein Romandeutschland in ein Mekka der Holzköpfe entwickelt, also ein fast versprochen letztes Mal:

Jeder Mensch legt seine Grundrechte als richtiger Mensch ab, sobald er einem Unglauben wie dem Islam verfällt. Nichts und wirklich gar nichts wird so ein Monster integrierbar machen.

Jemand, der Verbrechen im Namen des Islam ausführt, muss als Tier behandelt werden dürfen. Jemand der Hilfe von „Ungläubigen“ will, muss konvertieren und den Lehren des Mohammed abschwören. Anders wird kein Schuh draus.

Erneut verabschiedet sich euer Professor und wieder mal muss ich davon ausgehen, dass nur ein paar Tage vergehen dürften, bevor sich eine Zusatzidee in meinem Köpfchen breit macht, die unbedingt zu Papier gebracht werden sollte.

Wobei ich wirklich aufhören muss, da ich dies dämliche Miststück nicht mehr aus dem Kopf kriege. Ich frage mich immer wieder, wieso ausgerechnet die dümmste Person meines Stückes eine solche Macht haben kann? Was mich leicht beruhigt ist, dass sie nur die zweitdümmste ist. Ganz knapp hinter dem dicklichen Redh, also meinem Bundestagsvizepräsidenten *(?)*.

Aufhören ist nun etwas, dass ich tatsächlich tun sollte. Es war allerdings mal wieder eine höchst unzufriedenstellende Fehleinschätzung der Sachlage, dass ich das wirklich tun könnte.

Da ich die Rechte am Werk nunmal verkaufen muss und um es dem möglichen Käufer schwieriger zu machen, es einfach ein wenig umzuschreiben und selbst auf den Markt zu werfen, bin ich also doch dazu gezwungen, die 4 Seiten vollzukriegen, um es als mein Ding zumindest im Eigenverlag Epubli veröffentlichen zu lassen.

Dafür muss es also nun doch wieder eine durch 4 teilbare Seitenzahl werden und erniedrigt mich dazu, noch 2 zu entwerfen.

Was eigentlich nur noch bleibt, ist die Rolle des „Freund und Helfers" meiner Romandeutschen, also ihrer Polizei.

Auch in ihrem Verhalten nämlich, tun sich Abgründe auf. Schon wieder komisch.

Ganz klar, mache ich dabei den 2 Dutzend Polizisten von Köhln keinerlei Vorwürfe. Bei rund 200 verschiedenen Einsatzorten und knapp 1000 Gegnern, hätte ein Zugriff ganz bestimmt nur unter Einsatz der Dienstwaffe einen, von der Volksseele gewünschten, Erfolg zu verzeichnen gehabt.

Es hätte also Tote geben müssen.

Nachdem allerdings zum einen die Anweisung des Arbeitgebers auf Deeskalation im Diensthandbuch stand und zum anderen auch ich mir die Frage gestellt hätte, ob ich mein Leben riskieren soll, wenn ich nichtmal meine Waffe einsetzen darf, ohne sofort mit dienstrechtlichen Folgen kämpfen zu müssen, ist ihr Verhalten also verständlich.

Es zeigt sich allerdings für den Burkamörtel ein Zusatzvorteil, seine Kavallerie, sich ausruhen lassen zu haben.

Jetzt hab ich nämlich wieder 2000 ausgeschlafene Polizisten einsatzbereit, um die bösen nationalgesinnten Bürger aushebeln lassen zu können.

Dafür benötige ich auch viel weniger Platz in den Gefängnissen und vermeide Sprachprobleme mit den Wärtern. Denn die sind ja in der Regel deutschsprachig.

Wird aber vermutlich auch nicht mehr lang so bleiben, da sich meine Romanvizekanzleröse Fräulein Gabriela bereits mehrfach dafür aussprach, diesem traumatisierten Mitbürger einfach den Zugang zu öffentlich rechtlichen Arbeitsstellen zu erleichtern.

Am besten noch für den bewaffneten Dienst, also Polizei und Bundeswehr, damit er für den bevorstehenden Dschihad gleich mal die nötigen Waffen zur Verfügung hat und dies auch die eigenen Verluste minimieren dürfte.

Wobei sie in diesem Fall eigentlich nur einem, für sie gewöhnlichen, Denkfehler unterliegt. Auch sie möchte wiedergewählt werden und falls nach der Auslöschung der Deutschen wirklich nur 2000 „wahlberechtigte" Moslems übrig beiben würden, hätten die etwa 631 Bundestagsabgeordneten, die sich natürlich in Sicherheit bringen konnten, ja bereits über 20% der möglichen Stimmen. Eine Wiederwahl wäre also viel wahrscheinlicher mit hohen Invasorenverlusten.

Allerdings erübrigt sich dieser Gedankengang ja sowieso für ein Mädchen, da in einem Islamischen Staat ohnehin keine Frau eine mächtige Position innehaben dürfte.

Was noch als Minimalproblem auftreten könnte:

Diese nationalgesinnten Bundesbürger, also der politisch gesehen lästige Mob, versuchen sich über „freie" Medien miteinander abzusprechen und den Bundestag zu stürzen.

Ein Unding. Dafür benötigt der Burkamörtel allerdings nur ein Schwein. Ein Maas-tschwein, dass einfach zum Propagandaminister erkoren wird, um mit aller Härte, die unsere Rechtsprechung hergibt, dazwischenschlagen zu können.

Jetzt nur noch die Wahlergebnisse in den nächsten Monaten absprechen, bereits vorgefertigte Ergebnisse als „Umfragewerte" in den Medien deklarieren und keiner wird sich mehr wundern, warum diese Burkamörtelpartei auch die kommenden Wahlen gewinnen wird, obwohl man doch selbst seine Stimme der „Alternative für Dummland" (AfD) gegeben hat.

Nun also doch 436 Seiten. Auch göttlicher. Sollte man nämlich 5 mal (also die Anzahl der Erzengel) die Zahl Gottes 12 dazuzählen, „Die glorreichen 7" und „Die Rückkehr der glorreichen 7" addieren, ist man bei 510, was erneut Restfrei durch die altägyptische Meisterzahl 1,0625 teilbar wäre. Verblüffend, aber wahr.

Die Bayernpartei Bibel

(Die stille Invasion)

Prof. Dr. Dr. Hans Adolf „Lone Wulf“ Fluchthasser ©

Inhaltsangabe:

Der Rechte Sieg

Erneut entschuldigt sich der Autor. Diese Weltpolitik ist mir also wirklich zu hoch.

Nachdem dies Werk der Alternative für Dummland (AfD) mehr als 2 Milliarden eingespielt hätte und innerhalb der nächsten 2 Jahrzehnte jede Wahl spielend gewonnen haben würde, lehnte die Parteispitze dankend ab.

Na gut, bedankt haben sie sich nicht. Es reicht, dass sie ablehnten. Warum?

Ist diese AfD ein Feind des Geldes? So gut wie sicher nicht.

Und ich hab mich schon gefragt, warum nach der Entscheidung des Burkamörtel, für alle Heimatlosen des Erdenrunds da zu sein, auf einmal eine Partei da wäre, die sie stoppen könnte.

Auch in „this case" bleibt nur eine Erklärung. Die AfD wurde von den Subschwuchteln der dreckigen Mörtel gegründet, um Parteien wie der Bayernpartei Stimmen zu entziehen und im Endeffekt nichts zu bewirken, um die Unwürdige zu stoppen.

Dieser Mörtel ist in seiner Gesamterscheinung wirklich durch edelwenige Dinge zu unterbieten. Sie wurde in ihrer Zentralausbildung zur Stasischlampe so unwiederbringlich versaut, dass einzig ein Kopfschuss an die richtige Stelle, diesen Müll entsorgen könnte (erneut natürlich satirisch gemeint, da mich ansonsten der Reichspropagandaminister Maas-tschweinchen wegsperren lassen müsste). Solang Satire, geht das eigentlich nicht.

Was mir und dem Rest der Patrioten des Landes also bleibt, ist zur Wahl 2017 zu erscheinen und die

Bayernpartei zu wählen.

Trotz mehrfacher Umbenennungen des Titels, wird es also nun doch „Die stille Invasion“ werden. Welche Angst man auch immer vor Rechtsparteien hat, ist sie nicht zu vergleichen, mit einem moslemisch gestalteten Tagesablaufplan und der Angst, die man davor entwickeln sollte.

So bleibt mir also nichts, als die Hoffnung, dass zumindest Parteien wie die Bayernpartei unabhängig vom Mörtel sind und diese Meisterschlampe aus der Politikwelt verbannen.

Da ich, wie bereits erwähnt, ein gläubiger Mensch bin und Gott uns ja bereits mehrfach vor dem Ende bewahrte, wird er es also erneut schaffen und uns retten.

Selbst, wenn ihm das, nur durch einen Kopfschuss gelingen würde, wär alles besser, als moslemisch zu werden. Und auch das, dürft ihr mir glauben.

Begebt euch also zu den kommenden Wahlen und macht euer Kreuz bei der Bayernpartei. Etwas, dass auch ungefähr 50% der Amerikaners tun (wenn auch, bei den Reps). So falsch kann es also gar nicht sein.

Auf alle Fälle nich mehr bei Rot, Schwarz, Gelb oder Grün. Wobei es natürlich schwierig bleibt, einen kinderfickenden Steuerhinterzieher davon abzuhalten, seine merkwürdigen Eigenschaften gesetzlich erlaubt sehen zu dürfen, also die Grüne Macht an die Regierung zu hieven.

Da ich davon ausgehen muss, dass jeder, der sich dies Werk einverleibt, Grün nur noch als Farbe des Erbrochenen erkennen kann und diese Drecksgeräte auf keinen Fall mehr wählen wird, *bin ich zuversichtlich.*

Da diese Umbenennung zur Bayernpartei Bibel nur 2 Seiten brachte, also noch 2 Anhangsseiten:

Gestern war diese Bundespräsidentenwahl zu Österreich und der Mann des Volkes „Hofer" erhielt 51,82% der Stimmen. Nach der Auszählung der Briefwähler siegte aber (natürlich) dieser Ausländer „Van der Dingsbums".

Hofer akzeptiert seine „Niederlage", wie HC Strache sie akzeptierte. Eigentlich ein schöner Wesenszug, eine Niederlage einstecken zu können, allerdings war es sicher keine.

Gibt es da im Rechten Lager niemanden, der diesen offensichtlichen Wahlbetrug aufdecken könnte?

Ganz Österreich wählte Blau. Nur die Wiener kippten das Ergebnis durch 2/3 für den „Holländer"? Und natürlich diese Briefwahlzettel, die in Altenheimen eingesammelt werden, wo Ihnen ein Unterstützer des Holländers einfach Kuchen und eine höhere Rente verspricht, wenn sie den Zettel nur unterschreiben und ihn durch sein Personal ausfüllen lassen.

Ein Sieg Hofers stand außer Frage. Wie der Sieg Straches feststand. Aber es wird akzeptiert, „verloren" zu haben.

Jetz sieht dieser Holländer noch so ähnlich aus, hat ein ähnliches Alter und verhält sich ähnlich infantil wie mein Romanbundespräsident „der verschissene Gaukler". Was ist in der heutigen Zeit eigentlich noch normal?

Und im Internet wird sich von Blauen noch auf die nächsten Wahlen gefreut, bei denen dann endlich ein Sieg erzeugt werden soll. Ein Sieg gegen Wahlbetrug dürfte sich als Schwierig rauskristallisieren.

Dieses Europa wurde nunmal verkauft und niemand macht etwas dagegen. Es könnte doch mal einer des Wachpersonals der Mörtel beim „Waffenreinigen“ aus Versehen an den Abzug gelangen, wenn die Waffe geladen und entsichert ist. Am besten, wenn sich der Mörtel grade zur Wahlbetrugsbesprechung mit dem Emir und dem fetten Redh zusammensetzt und kuschelt. Dann muss er dem Richter nur den Schüttelkrampf erklären, der ihn dazu zwang, sein ganzes Magazin leerzurotzen und zufällig allen in den Kopf geschossen zu haben. Gibt es da keinen Familienvater, der an seine Kinder denkt? Also eher nicht. Da wird der Mörtel schon aufgepasst haben.

Andere Sache, die damit eigentlich nichts zu tun hat:

Persönlich wär ich für entschieden mehr Zentralräte. Jede Minderheit sollte einen Zentralrat haben.

Beispielsweise der Zentralrat:

- **der geistig Minderbemittelten**
- **der Untermenschen mit Migrationshintergrund**
- **der auf dem Weg zur Koranschule auf den Kopf gefallenen**
- **der in der Koranschule Scheisse ins Hirn platzierten**
- **der Inzestgestörten**
- **der weinenden, da zuwenig Sozialhilfe gezahlt wird, um noch den IS unterstützen zu könnenden**
- **der Hungerstreikenden, wenn nich Haus bekommenden**
- **der diskriminiert fühlenden, wenn abgehört werdenden und**
- **den Zentralrat für Zentralratsvorsitzende, die schon aussehen, wie ein fetter arabischer Terrorist, aber von Niemandem ernst genommen werdenden.**

Sorry. Da hab ich zu spät mit Denken begonnen. Für all diese Randgruppen haben wir ja bereits einen Zentralrat. Welcher das ist, da müsst ihr allerdings selbst drauf kommen. Das schafft ihr aber.

Wir sind also wirklich abgesichert. Auch in diesem Fall befindet sich mein Romandeutschland innerhalb des „Grünen Bereiches“.

Letztanmerkung: Ich sollte mich bei Herrn Erdogan unbedingt entschuldigen. Nachdem er Ermordungsaufträge für die türkischstämmigen Bundestagsabgeordneten *(was macht so ein Türke da überhaupt?)* auf den Weg brachte, scheint es sich bei ihm doch nicht um einen so schlechten Mann zu handeln, wie ich befürchtete. Bravo Erdo! Sicherer wär es natürlich, sie würden ein eigenes Killerkommando schicken (reine Satire).

Und nochmal müssen sie her, diese ominösen 4 Seiten. Hauptsächlich, da eine Seitenzahl von 444 noch ein Stück göttlicher ist.

Die Weiterberechnung bleibt im Prinzip wie bei 436 Seiten. Sollte man nun allerdings die christliche *(oder moslemische)* Dreifaltigkeit im Quadrat dazuzählen, ist man bei 527. Dass auch diese Zahl restfrei durch 1,0625 teilbar ist wird jetzt ungefähr niemanden überraschen. Ist aber so.

Nebensächlich allerdings, da mir einfach langweilig ist, dem europäischen Tod zuzusehn, ohne etwas zu schreiben.

Also zunächst folgendes: diese ganzen moslemischen Flüchtlinge fliehen doch im Endeffekt vor dem Islam. Warum wollen sie ihn unbedingt mitbringen?

Dieser Islam ist nunmal eine unheilbare Krankheit.

Allerdings fällt es den Männern aus islamischen Staaten einfach schwer, dies einzusehn. Im Islam sind Frauen einfach Untergeschöpfe niedrigster Gangart. Sie dürfen geschlagen und benutzt werden, wie es dem Manne gefällt.

Woran es liegt, dass ich nicht auch gern Moslem wäre, bin ich nicht im Stande genau zu erläutern. Vermutlich, da ich einfach wirklich gut bin. Schmerzfrei gut, sozusagen.

Auch bei den anwesenden Moslems kann es also eigentlich nur daran liegen, dass sie einfach Mitläufer sind, die Angst haben, wenn der unausweichliche Machtwechsel stattgefunden hat, von den dann entstandenen Scharia-Gerichten abgeurteilt zu werden.

So wie aussieht, wird dieser Machtwechsel auch passieren, da er von den oberen 10.000 gewünscht wird. Warum auch immer.

Diese Furcht dürfte auch die deutschen Richter verstören. Was wird wohl passieren, wenn sie einmal einen Moslem tatsächlich nach gültigem Recht aburteilen?

Die Verwandten und Bekannten des Straftäters werden seinen Wohnsitz oder seinen Weg zum Gericht herausfinden und ihm auflauern. Ihn einfach in eine Seitengasse zerren und ihn schlachten. Vermutlich Hallal, aber das zu wissen, wird ihn nicht beruhigen.

Dann natürlich zu diesem 80-Pfennig-Job-Witz für Flüchtlinge. Also dem aktuellen Scherz meiner Romanregierung. Natürlich leuchtet auch mir ein, dass ein Traumatisierter, der 10 Stunden gearbeitet hat, um 8 Mark Lohn zu bekommen, während der Nacht schlafen sollte und kaum noch Zeit finden wird, irgendwo einzubrechen.

Allerdings wird das das Einbruchsproblem nur von unter der Woche auf das Wochenende verlagern. Es wird also nichts bringen.

Auch eine Entlastung der Staatskasse ist da nicht im Programm enthalten. Hab heute auf einem Anti-Islam-Treffen mitbekommen, dass ein Traumatisierter mit Ehefrau und 7 Kindern (mit dem Kindergeld) auf etwas über 4.000,-- Mark staatliche Hilfe zurückgreifen darf. Sollte er also tatsächlich einen 80-Pfennig-Job bekommen, werden ihm diese selbstverdienten etwa 200,-- Mark dann vermutlich abgezogen. Er kostet dann zusätzlich also nur noch etwas unter 4.000,-- Mark monatlich. Also eigentlich noch genug, 2000,-- Mark als Spende für den IS nach Hause zu schicken.

Sein Miethaus wird ihm natürlich auch bezahlt und das bleibt bei der Berechnung selbstverständlich außen vor.

Was noch erwähnt werden sollte, ist der Hauptgrund, warum plötzlich alle Wichtigen für eine Anhebung der Altersrentenzeit sind:

Es dürfte den meisten Menschen einleuchten, dass ein 74jähriger Deutscher nicht mehr benutzt werden kann, um einen 72jährigen Asylanten zu pflegen. Also wird er mit spätestens 65 Rente beantragen, die ihm bestimmt dann, da er ja 20 Jahre „zu früh" in Rente will, kaltherzig gekürzt wird.

Er wird im Alter also auch von Sozialhilfe leben müssen, wobei ich mir nicht unbedingt sicher bin, ob er überhaupt welche bekommt. Könnte daran scheitern, keine syrischen Vorfahren angeben zu können. Und das wird es vermutlich auch.

Was noch fehlt, wär mein Hinweis, dass sich mein Epubli-Eigenverlag dagegen entschieden hat, dies Werk weiter im Verkauf anzubieten. Vermutlich haben es bereits einige Dutzend Menschen bestellt und dann wird es für den Verlag immer schwieriger, mir klarzumachen, dass es kein einziger haben möchte.

Eins haben sie mir nach über einem halben Jahr Werbung, die ich im Internet durchzog nun doch als verkauft gemeldet und genau diesen einen Kunden hab ich jetzt „per Zufall" selbst kennengelernt.

Mein Folgeplan wär also gewesen, einfach eine Bekannte aus Augsburg ein Werk bestellen zu lassen und den Verlag dann einfach anzuzeigen, wenn sie mir dies verkaufte Exemplar nicht gutgeschrieben hätten. Da passt es genau in meine Verschwörungs- und Überwachungsthese, dass meine telefonische Kontaktaufnahme zu diesem einen Käufer natürlich abgehört und weitergeleitet wurde.

Bevor ich also zum Vollzug schreiten konnte, kündigte mir Epubli unsere Zusammenarbeit. Wurden vermutlich selbst nervös, die Brüder.

Ähnlich ist es mir bei Thalia gegangen. Dort hatte ich eine frühere Version davon als E-book am Start.

Von Verkaufszahl 21.256 *(zumindest ungefähr)* bin ich innerhalb weniger Wochen bis zu Verkaufszahl 271 gestiegen. Als dann auch Thalia sich weigerte, das Ding weiter anzubieten, haben Sie mir die Erlöse (also meinen Anteil davon) von einem verkauften E-book aufs Konto geschickt. Ein E-book führte also zu wochenlangen Verbesserungen der Platzierung?

Ich begab mich auf Polizeirevier und hab diesen Verlag mal, wegen Unterschlagung, angezeigt.

2 Wochen später meldete sich der Inspektor und wollte wissen, ob ich Screenshots von meinen Verkaufsplatzierungen hätte?

Natürlich hatte ich davon keine, da ich ja nicht damit gerechnet habe, so billig betrogen zu werden. Meine Anzeige is jetz ein Jahr alt und ich habe nichts mehr davon gehört.

Die letzte Seite nun für die entscheidenden Fragen, die dies Stück aufwirft und die ich mir persönlich einfach nicht beantworten kann:

1. Was haben meine Romanpolitiker davon, mein Romaneuropa auslöschen zu lassen?

2. Warum macht niemand etwas dagegen? *(wobei das nunmal wirklich ein mächtiger Bursche übernehmen sollte)*

3. Gehören Petrüh und ihre Alternative für Dummland, sowie die FPÖ auch zu den weltumspannenden Aktivisten der „Schweine von Angie“, deren Anführer auf keinen Fall Prof. Dr. Angela Mörtel sein kann?

4. Besitzt der böse Schwarze überhaupt genügend Farmen in Kentucky, oder hat er auch die europäischen Politiker belogen und wird sie mit ausradieren?

5. Frau Mörtel hat auf die Frage eines Journalisten, ob sie ihre Flüchtlingspolitik weiter so betreiben würde, selbst wenn alle Bundesbürger dagegen wären, geantwortet: „selbstverständlich“. Hat sie sich dadurch nicht als Kanzlerin der Deutschen selbst disqualifiziert?

6. Warum bin ich noch am Leben?

7. Warum sind Traumatisierte immer schwarz, immer 1,86 m groß, immer durchtrainiert und warum haben sie nie Frauen oder Kinder dabei?

8. (und wichtigstens) Sind wir Deutschen (also zumindest die denkenden Deutschen - da gibts nicht mehr allzu viele) zurecht stolz auf Männer wie Putin und Orban, da sie wirklich das Abendland und die Christenheit vor dem Tod bewahren wollen?

Nun hab ich mich wirklich selbst der Lüge überführt. Irgendwo am Anfang schrieb ich, dass es 509 Seiten zum Lachen wären. Bei dieser 445sten Seite konnte ich nicht mal bei mir einen einzigen Lächler erkennen.

Entschuldigung.

Ist es dir bereits gekommen, Schatz

Meine Bemühungen, nach den mehr als göttlichen 444 Seiten aufzuhören, haben sich erneut nicht bestätigt. Wieder mal, kann ich nicht aufhören und werde das Ende Europas vermutlich an einem meiner Verlängerungsabende auf Radio mitbekommen.

Begonnen hab ich mit dieser Sache genau am 07.07.2014. Zu diesem Zeitpunkt war ich noch Anhänger der wirklich putzigen Frau Merkel. Während der Anhangsromane entwickelte ich mich zum AfD-Bewunderer *(was wohl hauptsächlich an der endscharfen Petry liegt)* . Im Moment ist mir klar, dass einzig ein Rechter Wahlsieg *(wobei Wahlsieg gegen Wahlbetrug im Prinzip keinerlei Chance haben dürfte)* uns retten könnte.

Was mich hauptsächlich zum Weiterschreiben bewegt, ist dieser unglaubliche Hass, den ich gegen die absurde „Flüchtlingspolitik" *(Europaausrottungspolitik träfe es eher)* des ostgermanisch geborenen, Nigger-Sklaven-Bückstück-Fieber innehabenden Prof. Dr. (d.M.) Mörtel entwickelte.

Das mittlerweile weltbekannte Küchen-Sklaven-Bückstück-Fieber hat also noch einen großen Bruder. Diese Erkenntnis hat noch den Zusatzvorteil, dass es mir nun doch selbständig gelang, Nigger zu übersetzen *(siehe Kapitel Ugambazusatz)*. Nigger ist also die Bezeichnung für einen sackgesichtigen, pechschwarzen Vollidioten mit dem Intelligenzquotienten einer 7jährigen. Also im Prinzip jeder Afrikaner.

Natürlich auch jeder Afrikaner, der in den Staaten geboren wurde und sich deshalb plötzlich Mensch nennen möchte. Er bleibt nunmal ein Ding aus dem Dschungel. Da lässt sich nichts dran ändern.

Selbstverständlich nehm ich hierbei den aktuellen US-Präsidenten Obama aus, da er mir als Gegner doch leicht zu mächtig erscheinen dürfte.

Wobei ich mich diesbezüglich natürlich frage, ob diese Wahlbetrügereien nicht bereits in den Staaten entwickelt wurden und einfach von unseren „Politikern" übernommen wurden.

Die abgegebenen Stimmen nach einer Wahl werden doch irgendwo in Berlin in irgendeinem Keller in Kartons gelagert und man könnte sich doch einen Bezirk aussuchen, der dann nachgezählt wird. Mit jeweils einem Vertrauten der jeweiligen Parteien.

Das kann in den USA im Prinzip nicht anders sein.

Es ist klar, dass das jede Partei überprüfen darf. D.h. die Grünen suchen sich einen Bezirk aus, wo die Bayern bei 23% lagen, während sich diese den Bezirk raussuchen, der angeblich über 46% Grünwähler besitzt.

Hier nochmal mein Hinweis für die Jungs der BP: Sagt den Grünen vorher nicht, welcher Bezirk überprüft werden soll und nehmt nicht den, mit den meisten Grünwählern, da sich die Grüngeschissenen ja in der Regierung befinden und gewiss einige Kartons „überarbeitet" einlagern lassen.

Wobei ich davon überzeugt bin, dass sich Wahlbetrug in ungefähr jedem dieser Kartons befindet, da soviel Dummheit, wie es Grün momentan zu praktizieren im Stande ist, nirgendwo mehr als 3% erhalten dürfte *(mit Ausnahme des Studentenwohnheims an der Leopoldstraße)*.

Doch zurück zu dem Hass, den ich entwickelte. Liegt vermutlich auch daran, dass ich mir zu meinem Burkamörtel ein Schweinegesicht dazuerfand, das ich mal Martini Schülz nenne. Der kleinere und dümmere der Gebrüder Schülz, die ihr Geld mit unerlaubtem Drogenhandel machten. Auf Straße machten sie sich einen Namen mit Werbesprüchen wie „Wir ziehen, Sie fliehen - Gebrüder Schülz" oder „Wir schnupfen, Sie husten - wenn Drogen, dann Schülz". Diese vollgekiffte Ratte treibt sich tatsächlich an Schulen rum und erzählt den Studenten, dass diese Traumatisierten wertvoller als Gold für uns Deutsche wären *(?)*. Vermutlich meinte er dabei einen Deutschen, der gerade im Chiemsee schwimmt und 40 Kilo Goldsäcke um den Hals gewickelt hat. Der würde untergehn und ertrinken. Da wär er froh, einen 96 Kilo schweren Asylanten auf Bauch gebunden zu haben. Die sind so hohl, da kann man auf etwa überhaupt keinen Fall untergehn.

Was gerade passt, wären diese Schmährufe, mit denen der gute Donald Trump zu kämpfen hat, da er „auf dem Rücken der Orlando-Opfer" Werbung für sich erzeugt *(?)*.

Hat er vielleicht das Massaker an den Schwulen in Auftrag gegeben? Wär möglich, da der aktuelle US-Präsident laut Internetverleumdungen homosexuell ist und seine „Frau" Michelle eigentlich ein Mann.

Laut Verschwörern ist er noch nicht mal in den Staaten geboren und deshalb kein gültiger Präsident. Zusätzlich ist er selbst Moslem. Wenn tatsächlich schwul, also ein dummer Moslem.

Ich bitte euch alle zu überdenken: wieviele Terroranschläge müssen diese Moslems noch herstellen, bis auch der letzte von euch Gutmenschen versteht: „ein Moslem ist kein Mensch - er hat kein Recht auf Asyl, da das Menschen vorbehalten ist".

Selbstverständlich muss Donald nicht nur gegen Amerikanische Verlage, sondern auch gegen alle Europäischen Lügenblätter antreten, die ihn einfach als „Nazischwein" abkanzeln, obwohl dieser Typ gar kein schlechter Mann sein kann, da er *(anders als Obama)* bayrische Vorfahren besitzt.

Und nochmal mein Hinweis für alle die dachten, auch Obama hätte bayrische Vorfahren: in Bayern wird nur schwarz gewählt - schwarz gezeugt wird einzig in Afrika *(natürlich auch in Europäischen Flüchtlingswohnheimen und US-Sklavenhütten)*.

Da ich mich gerade in Rage schreibe, sollte ich mich beruhigen und die letzte Seite mit der nötigen Relativierung klarmachen.

Wie war nochmal einer der Grundsätze der Aleviten?

Alle Menschen sind gleich und man darf nicht aufgrund der Hautfarbe oder Glaubensrichtung differenzieren.

Warum können nicht alle Moslems so sein? Dann könnten wir den Islam auch als Glaubensrichtung akzeptieren. So ist der Durchschnittsmoslem allerdings nicht.

Da ich voll hinter dieser Aussage stehe, entschuldige ich mich nochmal bei meinen dunkelbehäuteten Mitbürgern. Auch er ist natürlich ein Mensch *(zumindest, wenn er kein Moslem ist - aber das sind nunmal die meisten).*

Ausser dem überzeugten Vollislamisten gibt es nur ganz wenige Kreaturen, denen ich den Status „Mensch" aberkennen würde.

Zum einen meinem Romandiktatorenschweinchen Mörtel, ihrem Reichspropagandaminister Maastschwein, seinem schwulen Antifasohn, den Grünfotzen Redh, Antonia Hofreiter und dem Emir Özd. Und noch meinem Romanbundespräsidenten „der fiese Gauckler" und die Drogenratte Schülz. Das wars dann aber.

Selbstredend stehen einige schwere Hämmer in diesem Teil, die einige Leute schlucken lassen werden. Aber ihr müsst einfach einsehn, dass diese Wortwahl nötig war, um zumindest den einen oder anderen aufzuwecken.

Und wie erwähnt: es steht keine einzige Lüge im Roman *(die Ausnahmen: Einstein war kein Volljude, Aischa überlebte Mohammed nicht um ein halbes Jahrhundert und Hitler war kein so feiger Krieger wie ich schrieb - habe ich inszeniert, um nicht als Nazi dazustehn).*

Als Erklärung für die Überschrift des Kapitels:

Ich wählte einfach einen jungfräulichen Satz, den ein IS-Kämpfer noch nie benutzte. Ich brauchte eine moslemfreie Überschrift.

Coole Antiislamworte eines ägyptischen Reporters *(im StaatsTV)*:
https://www.youtube.com/watch?feature=player_embedded&v=VsqNcTyAlc0

Worte zum Brexit (Mein Kampf II)

Nachdem bekannt wurde, dass sich 51,9% der Briten gegen diese Europäische Union entschieden, war mir ansatzlos klar, dass es nur bis zur Auszählung der Briefwähler dauern konnte, bis ein gewaltiger Sieg des Europäischen Parlaments, unter ihrem *(eigentlich edelunqualifizierten) Parlamentspräsidenten Schulz (reine Satire - kann ich gar nich so meinen)*, festgestellt werden würde.

Da Wahrheit allerdings auf keinen Fall verleumderisch sein kann, noch ein paar Worte über Herrn Schulz:

Selbstverständlich besuchte er ein Gymnasium (da sich seine Eltern das leisten konnten), dass er allerdings nach 13 Jahren Schule (mit 2x durchgefallen) ohne Abschluss *(also nur mit der Mittleren Reife)* verließ. Er wollte Fußballprofi werden. Da er allerdings kein Abitur hatte, lehnten ihn die Verantwortlichen der Profivereine einfach ab.

Während seiner Lehrjahre im Buchhandel, verfiel er allerdings dem Alkohol und wurde fristgerecht *(also sofort)* entlassen. Netter Post über ihn wäre: https://www.facebook.com/festnicolaus/videos/1481778091855873/

Er suchte sein Glück also in der Politik und fand es auch. Erneut ein Tatsachenbericht, der mich der Lüge bezichtigt: ich dachte wirklich, dass man, wenn man ungefähr überhaupt nichts kann, in der deutschen Politik nur bei den Grünen auf der Überholspur ist. Klappt allerdings bei der SPD ähnlich.

Das mit den Briefwählern war allerdings nicht so. Ergo: die „Schweine von Angie“ konnten nicht genügend Wahlleiter in ihren Bann ziehen *(bei einigen hat das sicher geklappt - sonst wär es nich so knapp geworden)*.

Was heißt das also jetzt für uns Deutsche?

Wir haben einfach noch ein wenig mehr Steuern zu bezahlen.

Was allerdings kaum eine Rolle spielen dürfte, da diese Traumatisierten doch nicht *(entgegen den Versprechungen von Frau Merkel)* ohne Steuererhöhungen überzuversorgen sind.

Bis jetzt, nach fast 2 Jahren, ist es mir noch nicht gelungen, jemanden zu finden, der mir helfen würde. Wobei ich momentan noch hoffe, dass zumindest die Bayernpartei Charakter hat und mir hilft.

Alle angeschriebenen Personen gehören also auch zu den Moslemüberversorger- und Europavernichtungsschweinchen. Wobei ich bei den Herren Orban, Trump und Putin davon ausgehe, dass sie diese Sache gar nicht zu Gesicht bekommen haben.

Krieg wird heute eben nicht mehr mit Panzern geführt, sondern mit dem Mitleid von Menschen, denen es einfach zu gut geht und die abgeben wollen *(die also auch ihr Leben abgeben wollen - aber soweit können die wenigsten denken).*

Selbstredend auch mit der einen oder anderen Leiche eines Kleinkindes, das einfach sterben musste, da ihm niemand geholfen hat.

Um Himmels willen. Da ertrinkt tatsächlich ein islamversautes Kind im Mittelmeer. Hätte statt köpfen der Puppe lieber schwimmen in der Koranschule lernen sollen.

Wirklich gläubige Moslems sind nunmal seit 1400 Jahren einfach Vollidioten. Du kannst sie nicht ändern. Nur Grenzen dicht und sterben lassen ginge.

Warum nun genau 452 Seiten das absolut göttliche non plus ultra sind ist jetzt die Aufgabe, deren Berechnung ich einfach eurer Phantasie überlasse.

Vermutlich werden es auch keine 452 bleiben, da ich das Ding eh nicht zu vermarkten im Stande bin und es im Verkaufsfall sowieso überarbeitet werden wird. Da stehen durchaus ein paar Dinge drin, die bei Nichtänderung zu Klagen führen dürften. Nur eine Schätzung - aber eine Hochprozentige.

Als letzte Aussage gilt es also zu verstehn, dass ich ein Freund jedes Menschen bin, solang es sich nicht um einen übergläubigen Moslem handelt.

Und erneut war die „letzte Aussage" nicht die wirklich letzte.

Durch den immensen Druck, den die Basis der FPÖ aufbaute, blieb den Schauspielern Strache und Hofer nur, die bereits verkaufte Wahl anzufechten und komischerweise klappte das.

Da sowohl Strache, wie dieser Hofer, für Politiker entschieden zu gut aussehen, war ihnen das sicher selbst peinlich.

Dass sie Recht bekamen, lässt also nun 2 Vermutungen zu:

1. die österreichischen Gerichtsbarkeiten sind also noch nicht, wie die meines Romandeutschlands, den Schweinen der Angie untertänig und sind selbst für eine Beendigung dieses Europamordes und

2. die Schweine der Angie haben ein System entwickelt, dass einen erneuten Wahlbetrug (der definitiv passieren wird) unangreifbar macht. Weshalb sie sich selbst eine erneute Wahl wünschen, damit dieser Holländer mit über 73% einen gewaltigen Moslemsieg erzeugen und endlich diese rechten Nazischweine bis auf Blut bekämpfen kann.

Da sich unsere Gehirnsynapsen präerregend schöne Bundestagsvizepräsidentin Roth noch nicht dazu bereit erklärt hat, bei einem Wahlsieg Hofers, sich als Playmate des Monats ablichten zu lassen, lässt mich hoffen, dass die Vermutung 1. die gültige ist.

Dass ich unsere Grüne Spitzenagentin Roth nun noch zusätzlich als, über den messbaren Grad hinaus, intelligent hinstelle wird vermutlich zu keinerlei Anzeigen führen können.

Zur Sicherheit schreib ich allerdings lieber mal dazu, dass ich dieses Ding im Höchstfalle satirisch gemeint haben kann. **Amen**.

Ob ihr es nun glaubt, oder nicht. Es ist mir gelungen, 452 Seiten zu erstellen, ohne auch nur eine einzige lebende Person zu benennen.

Die nötige Ausnahmenliste:

- **Die „Götter" Putin, Orban und Trump**
- **Die „Göttin" Roth**
- **Der „Steuerbetrugsexperte" Hofreiter**
- **Der „Ex-Alkoholiker" Schulz**
- **Der „Fastmensch" Gysi**
- **Der „IS-Terrorführer" Al Baghdadi**
- **Der „Christ" Erdogan (Zum Christen macht ihn dieser Eliminierungsauftrag für die Moslems im Bundestag)**
- **Die „Politikexperten" Özdemir, Künast und Gabriel** ***(Nur kurz und nur anerkennend erwähnt)***
- **Unseren „Lieblingspräsidenten" Obama**
- **Unsere „Herzkönigin" Frau Dr. Merkel**

Gerade kann ich erneut Fragezeichen in euren deutschen Kleinhirnen erkennen. Warum nennt er diese Roth eine Göttin?

Als Erklärung: Frau Roth wär bestimmt die Ehefrau meines erfundenen Romanbundestagsvizepräsidenten Redh, der der Erzengel der 4 körperlichen Grausamkeiten wäre. Sein Warzengesicht, sein Schweinekopf, seine Plumpsbrüstierung und sein hässlicher Fettarsch machen ihn dazu. Als amtierender Erzengel steigt er natürlich durch die Boni für seine schmerzerzeugende Stimme und seine etwas mehr als 100%ige Gehirnfreiheit zum Gott auf. Die Frau eines Gottes ist also eine Göttin.

Falls ich in der Auflistung jemanden vergessen habe, oder sich einer der genannten Personen irgendwie beleidigt fühlen sollte, bin ich dazu verpflichtet zu erwähnen, dass es sich allein um meine Meinung handelt, die sowas von satiredurchtränkt ist, dass ich das Ganze wohl kaum so gemeint haben dürfte.

Hier also meine Entschuldigung:

Tüt machen leid, meine Herzverwandten.

452 hin, 452 her. Nachdem du sicher bereits ermittelt hast, warum diese Zahl der Göttlichkeit am nächsten kommt, werde ich deine Annahme nun zerfleischen und dir klar machen, dass allein 456 der göttlichen Dreifaltigkeit gleich kommen dürfte.

Denn egal, wie man rumrechnet, wenn man zu 456 die Dreifaltigkeit addiert und das Ergebnis durch 1.0625 teilt, ergibt das 432. Diese Zahl durch die Zahl der Göttin (12) dividiert, macht exakt 36. Also ihre Zahl dreifaltig. Göttlicher geht nunmal nicht.

Doch jetz Schluss mit dem Zahlenspiel.

Es war allein ein erneuter Geistesblitz, der mich dazu ermutigte nochmal 4 Seiten anzugreifen.

Nachdem es in ungefähr jeder Illustrierten Reichstenlisten gibt, dürfte es sich eigentlich nur um ein Sekundärproblem handeln, die reichste Million EU-Bürger zu ermitteln.

Die Nummer Eins dieser Liste zahlt also dann 10 Millionen in einen EU Rettungsfond. Die Nummer Zwei 10 Mark weniger. Usw. und so fort. Der Millionstreichste hätte dann also nur noch 10 europäische Mark zu löhnen.

Was ihm sicher leicht fallen würde, vor allen Dingen, da er auch auf dieser Liste stünde. Und da will wirklich jeder drauf.

Rein rechnerisch ergäben sich Einnahmen in Höhe von 1.000.000 mal 5.000.005 Mark. Also eine Summe von etwas über 5 Billionen Euro. Dieser Betrag würde Europa komplett entlasten und es uns ermöglichen, noch ungefähr 20 Millionen Scheinasylanten mehr einzuladen.

Wobei ich immer noch der Meinung bin, dass ein Moslem kein Mensch ist und kein Recht auf Asyl geltend machen kann. Dass allein er für den Tod Europas und der Christenheit die Verantwortung zu tragen hat, was ihn nicht beunruhigen dürfte, da nur er diesem inzestgestörten „einzig richtigen" Glauben angehört. Und natürlich seine Eltern, die komischerweise Geschwister waren.

Natürlich steht es auf einem anderen Blatt, ob Nummer 100.000 tatsächlich 9 Millionen locker machen könnte. Hauptsächlich, da sich sein Besitz auf Häuser oder Firmen stützt.

Also benötigen wir auch dafür ein Gesetz. Ein Gesetz, dass Banken zwingt, ihm diesen Betrag zu leihen. Maximal für 10 Jahre und einem Zinssatz von zur Zeit 3%. Er hätte dann also 10 Jahre lang etwas über 50.000 europäische Mark zu übereignen.

Für den 100.000st reichsten Europäer ein Kinderspiel. Aber über diesen Vorschlag können sich unsere Politikgrößen sicher noch einigen.

Er ist allerdings auch nur schwer durchzusetzen, da unsere verehrten Politiker sicher alle zu dieser Million gehören werden und sich einfach weigern, Europa, aus eigener Tasche, zu retten.

Gerade meinem Romanemir Özd traue ich zu, dieser Sache gewiss eine unmögliche Durchführbarkeit angedeihen zu lassen, da er zu seinem „Erotische-Knaben-Begleitservice" aktuell bereits eine Erweiterung, mit einem „Fick-Esel-Ausleih-Unternehmen" geplant hat und damit genug einnehmen möchte, um die Aldi-Brüder von der Pole Position zu vertreiben und selbst der Reichste zu sein.

Dass auch die Aldi-Burschen zahlen müssten, will in sein Kleinhirn nicht rein. Kann es auch gar nicht, denn dafür ist es wirklich zu klein.

Trotz gewaltigster Vorsätze, es nochmal zu schaffen, gebe ich bereits bei 454 Seiten auf und hoffe endlich auf Hilfe.

Nochmal ein vielen Dank für eure Aufmerksamkeit und macht das so gut wie möglich. Also besser als ein kranker Moslem würde reichen.

Na so ein Glücks

Heut morgen fand ich auf dem Komposthaufen das Heil-dir-Emir Lied, das er für sich in Auftrag gab.

Dieser Holzkopf erwischte natürlich einen rechtslastigen Songwriter und hat das Ding sofort weggeworfen.

Es hatte 3 Strophen und wird mit der Melodie der Deutschlandhymne gesungen *(damit es jeder mitsingen kann)*.

Die anderen beiden sind allerdings sogar mir zu beleidigend, weshalb ich nur die erste zum Besten gebe und durch die Erstellung einer Inhaltsangabe für die Bayernpartei Bibel nun doch auf 456 Seiten komme.

Bei den Strophen 2 und 3 geht es hauptsächlich um seine Parteifreunde Redh und Antonia Hofreiter.

Also wirklich zu unmenschlich beleidigend. Selbst für mich, den Meister der scharfen Feder, zu schlimm ausgedrückt.

Strophe 1 des Emirvergötterungsliedes:

Emir, Emir über alles.
Über alles in der Welt.
Wie er stets zu Schutz und Trutze,
für den Moslem Deutsche quält.
Von seim Arsch bis zu den Eiern,
von dem Halse bis zum Zeh,
sollte Erdogan dich töten,
schreie ich ganz laut juhee.
Sollte Erdogan dich töten,
schreie ich ganz laut juuuuheeee.

Dann halt doch noch Strophe 2:

Dieser Mann mit ohne Eiern.
Dieser seltenfette Redh.
Er präsentiert seinen Anus,
jedem Moslem, der ihm gefällt.
Von dem Arsch
bis hin zum Arschloch.
Von dem Arsche bis zum Arsch.
Jedes seiner Körperteile,
ist ein Arsch da bin ich barsch.
Jedes seiner Körperteile,
ist ein Arsch da bin ich barsch.

Kein Platz mehr für Strophe 3. Schade.

Und schon kommt der Auftrag

Nachdem es mir mehr als zu Beweisen gelang, dass 456 Seiten, als das göttlichste überhaupt, nicht zu toppen sind, erschien mir unser aller Meister, der mächtige Allah und befahl mir, erneut 4 Seiten darzulegen.

Er meinte, dass er seinen Christen doch alle Trümpfe in die Hand gespielt hätte, um dies Moslemvolk von der Erde zu vertilgen und warum sie das nicht täten?

Selbstverständlich war das eine rein rhetorische Frage, für dessen Beantwortung er meine Hilfe nun auf keinen Fall benötigte.

Ganz eindeutig liegt es daran, weil die Mächtigen dieses Erdballes einfach über Leichen gehn, wenn es zu ihrem Vorteil erscheint.

So viele Menschen, wie es derzeit gibt und absehbar in wenigen Jahren geben wird, sind nicht mehr durchzubringen, ohne mehrere Milliarden einfach auszulöschen.

Da auch, oder gerade, der US-Präsident das wissen sollte, muss er im Sinne seiner Vereinigten Staaten nun Dinge unternehmen, die sowohl die Europäer, wie auch die Moslemschweine dezimieren werden. Gewaltig dezimieren werden. Übrigens auch die Schulden der USA auslöschen sollten.

Er hat einfach der fetten Burkamörtel seinen Penis in den Rachen gesteckt und ihr empfohlen *(ihr also eher befohlen)* mehrere Millionen Mörder nach Europa einreisen zu lassen, da sie diesen Genuss sonst kein einzig mal mehr erleben würde.

Da dieser Burkamörtel aus seiner Zeit als Stasischlampe noch wusste, dass ein Mann, wenn er ihr Mundwerk ausfüllt und dabei zu ihr spricht, das auch so meint, wurde sie ängstlich.

„Um Gottes Willen. Nie mehr wieder so einen ekelhaft stinkenden Niggerschwanz im Maul haben? Da mach ich lieber, was er von mir verlangt."

Und erneut gelang mir ein Beweis. Und zwar der folgende: der Führer der unbeschreiblich miesen „Schweine von Angie" ist also mein Romanpräsident der USA, die Baracke Öbama.

Mein Romanschweinchen Mörtel stößt bei ihrem Vorhaben auf ungefähr überhaupt keinen Widerstand, da sie sich allein mit grünlinksdurchgeschissenen Beratern vergnügt *(höchstwahrscheinlich auf einer Knabennehmparty des Emir)* und diejenigen, die nicht böse genug sind, einfach zu Gründummköpfen gemacht werden, mit dem sinnfreien Versprechen des Öbama, allen einen geschmeidigen Lebensabend auf einer Farm in Kentucky zuzulassen, wenn sie dabei helfen, die Weltbevölkerung zu dezimieren.

Dass mir Allah bei dieser Vermutung zunickte heißt nix Gutes. Allerdings auch für die Moslems nicht. Werden wir wirklich nur von Ungläubigen befehligt? Von Massenmördern und Gehirnspastmaten?

Da es sich nach Seiner Zustimmung also nicht mehr nur um eine Vermutung, sondern die absolute Wahrheit handelt, kann ich meine Zusatzfragen also mit einem zweifelsfreien „jawohl, Sir" selbst beantworten.

Schade ist in diesem Fall nur, dass ich die Gesichter von Emir Özd und dem fetten Redh nich mehr sehen kann, wenn sie mit ihrem Bundestagsrettungflugzeug versuchen, in Kentucky zu landen, allerdings von US-Abfangjägern daran gehindert und zu einem moslemischen Flugplatz weitergeleitet werden. Dieser Krieg ist also bereits vorbei und kann nicht mehr gewonnen werden. Für etwas über niemanden. Natürlich mit Ausnahme der Bundestagsabgeordneten, die Baracke immer noch abkaufen, von ihm versorgt zu werden, nachdem alle Europäer Tod sind und die Moslems mit ausgerottet wurden.

Und wieder muss er sich entschuldigen.

Diesmal ausnahmsweise nicht bei euch, sondern bei Jahwe. Da noch eine Seite nicht geht und ich damit seinen Wunsch nicht auftragsgemäß zu erfüllen im Stande bin.

Jedenfalls noch nicht. Und das wird auch so bleiben. Da es im Moment mir so geht, wie diesem CDU-Minister, der mal seinen Kopf frei bekommen wollte, höre ich also wirklich auf.

Jetz also doch noch Platz für die 3. Strophe des Emir-Vergötterungs-Liedes:

Toni, Toni, bis die schönste,
bis die schönste in dem Land,
du beweist nur ohne Ende,
hast schön Haupthaar, kein Verstand.
Deine Locken, ungebügelt,
gleichen einem Misthaufen.
Du hast wirklich keine Ahnung,
solltest lieber weglaufen.
Denn wenn ich dich kriegen sollte,
seltenblödes Moslemschwein,
II: nutzt dir nicht mal, dein Schweineglück.
Wirst nich mehr am Leben sein. :II

(Nun muss ich also doch die Inhaltsangabe der Irisch-Emiratischen Kriege verbreitern, um auf 460 zu kommen. Mein Verlag ist jetzt natürlich der Vidobona-verlag - spare mir allerdings Epubli im Gesamtroman auszubessern)

A M E N

Einer muss leider noch

Vor ein paar Tagen war dieser Axtangriff in einem Zug bei Würzburg und gestern dieser Waffeneinsatz zu München.

Unsere geliebte Lügenpresse und die Regierung lassen keine Zweifel: Die Attentate wurden von Deutschen durchgeführt. Wie diese Lastwagensache in Nizza natürlich durch einen Franzosen begangen wurde.

Die Verbrecher hatten natürlich deutsche bzw. französische Pässe. Ihre Vorfahren kamen allerdings aus moslemischen Gebieten. Nur weil ein Schwein in Deutschland geboren wurde, macht ihn das also zu einem Deutschen?

Dieser Logik folgend, müsste es sich bei einer Ratte, die in einem Pferdstall zur Welt kam, also um ein Pferd handeln. Und das ist gewiss auch so.

Wir bekommen schließlich „Menschen“ geschenkt. Wir bösen Deutschen Nazischweine bekommen endlich „Menschen“ dazu, für die wir dankbar sein sollten *(Aussage der Bundestagsvizepräsidentin Roth - also zumindest, dass wir „Menschen“ geschenkt bekommen, ist von ihr).*

Unsere Kanzlerin Angela Merkel hat sich natürlich auch diesbezüglich zu Worte gemeldet und erhielt für ihre Aussagen in einer Videoaufzeichnung folgendes Statement:

Bevor Merkel lobt sollte sie sich informieren ! Wie kann es sein das zwei Zivilbeamte für Täter gehalten werden und den Einsatz so ausufern lassen ? Merkel meldete sich ja ohnehin zu spät zu Wort was ihr viel Kritik einbrachte und als sie es dann tat kamen wieder diese vorgefertigten Phrasen ohne jeglichen Informationsgehalt.

Ich bin Bluthochdruckpatient doch immer wenn ich Merkel reden höre komme ich mit dem Pillenschmeißen gar nicht mehr hinterher !

Viel muss ich dazu gar nich mehr schreiben:

Der Krieg hat also begonnen.

(Dadurch ändert sich erneut die Inhaltsangabe. Aber soweit konntet ihr sicher mitdenken).

D A N K E

Genug der Pause

Da es mir im Traum nich einfallen würde, Großmeister der deutschen Politik schlecht zu reden, allerdings dennoch versuche mein Leben *(das wie das von etwas über 4 Milliarden Menschen eh bereits verloren ist)* noch ein wenig zu verlängern, biete ich also auf den folgenden 4 Seiten unseren kleinen Moslemdumpfbackenattentätern eine Partnerschaft an.

Gemeinsam gegen die Bösen aus meinem Roman.

Und zum Glück, gibt es da nich allzu viele. Also zumindest im Stück nicht. In echt garantiert wesentlich mehr.

Da auch dem inzestgestörtesten Moslemführer meine Worte eigentlich einleuchten sollten, dürfte ihm klar sein, dass seine Krieger keine 247 Jungfrauen für meinen Kopf erhalten werden, sondern für die des Emir Özd, des Claudius Redh, der Antonia Hofreiter, der Frau „Kühn Ast im Arsch“, der Diktatorin Angela Mörtel und des Anführers der „Schweine von Angie“, der Baracke.

Jetzt hätte ich beinahe noch meine Vizekanzleröse Fräulein Gabriela vergessen und den Europäischen Romanparlamentspräsidenten, den Vollzeitalkoholiker und Drogenexperten Schülz. Diese Arschgesichter sind allerdings hiermit nachgereicht.

Mal wieder eine Zwischenanmerkung: Ich kauf mir ja keine Bild mehr, hab allerdings auf einer rumliegenden in großen Lettern gelesen, dass dieser Amokschütze von München ein Verehrer Adolf Hitlers war. Ehrlich?

Gibt es also tatsächlich Moslems, die den natürlichen Feind des Juden verehren?

Ich dachte den mag gar keiner. Klasse Aufklärungsarbeit, liebe „Das-schieben-wir-jetz-alles-den-Rechten-in-die-Schuhe-Bildredaktion".

Eins noch: „Wir schaffen das" sind zwar die richtigen Worte, allerdings komplett falsch dekliniert. „Das schafft uns" wäre richtiger.

Kommen wir also nun zu meinen Romantatsachen. In der Realität unmöglich, da das nur ginge, falls unsere verehrten Politiker nicht mal einen Anflug von Gewissen hätten, also richtige Schweine wären.

In meinem Stück ist es nämlich so, dass die Intelligenzstruktur meiner arabischen Führer, nach 1.400 Jahren Inzest, niemals ausreichen würde, die überbezahlten Europäischen Geheimdienste auszutricksen und tatsächlich Attentate verüben zu können.

Diese Aktionen werden also von Europäischen „Herrschern" geplant und in Auftrag gegeben. Da meine Romankanzlerin neben Deutschland noch ganz Europa *(also die EU mit Ausnahme von Ungarn)* zu regieren hat, hat sie leider kaum Zeit, nochmal auf Iran zu fliegen. Al Baghdadi muss also nach Berlin gebracht werden. Und er soll gleich ein paar Attentäter mitbringen, die unter Drogen gesetzt und in einen Gebetskeller gesperrt werden, bis ihr Einsatz bevorsteht.

Der Plan steht fest: es soll Angst in der Bevölkerung erzeugt werden, die den Regierungen ermöglicht Ausnahmegesetze zu schalten und die Freiheit einzuschränken.

Da auch meine Romankanzleröse Mörtel weiß, dass der Deutsche sein Hirn vom unfähigen Luzifer geerbt hat und dementsprechend kaum Gedächtnis besitzt, bleiben für mein Wahljahr 2017 wieder mal 2 Möglichkeiten:

1. Im letzten halben Jahr, bevor gewählt wird, wird kein einziges Attentat mehr stattfinden. Einige, dieser geplanten Angriffe, werden durch unsere Staatssicherheit gerade noch so vereitelt, sodass sich Frau Mörtel vor die Kameras stellt und sich stundenlang selbst loben wird.

Es ist ihren Anstrengungen zu verdanken, dass Deutschland wieder sicher ist *(das sie dieses Problem eigentlich nur selbst erzeugte, lässt sie dabei außer acht - die täglich stattfindenden 10 Morde und 200 „Zusatzvergewaltigungen" durch Traumatisierte ebenfalls).*

Da erscheint es natürlich als Vorteil, alle Medien unter der eigenen Fuchtel zu haben, weshalb auch die Fernsehsender „Lobesarien auf den Mörtel" schalten und Zeitungen kaum noch andere Themen aufgreifen können, als sich über die Erfolge unserer geliebten Kanzlerin zu ergießen.

Teilweise ist das sogar übertrieben, da der Durchschnittsdeutsche Gutmensch bereits vergessen haben dürfte, dass irgendwann, irgendwo in Deutschland schon Mordanschläge verübt worden sind.

2. Die Anschlagszahl wird gewaltig erhöht, um es unserer Regierung zu ermöglichen Ausnahmezustände einzuleiten, die Wahlen verhindern werden.

Wie das funktioniert konnte meine Romanregierung ja schließlich aus den Abläufen in der Türkei feststellen.

Zum Abschluss die wichtigsten Erkenntnisse:

1. Liebe Terrorführer: Setzt euch mal zusammen (am besten mit den religiösen Führern anderer Glaubensrichtungen) und erkennt, dass wir alle an den einen, einzigen Gott glauben.

2. Liebes Wachpersonal der Mörtel: Akzeptiert, dass eine Zukunft für euch und eure Familien nur möglich ist, wenn ihr die Mörtel, mitsamt ihrer Grünlinksschweine exekutiert.

3. Liebe Generalität der Bundeswehr: Nehmt zur Kenntnis, dass dieser Mörtel garantiert nur Gutmenschwachpersonal um sich geschart hat und sprengt den Reichstag während einer Diätenerhöhungssitzung einfach weg.

4. Lieber Al Baghdadi: Sieh ein, dass dir der Westen nur ins Gesicht lächelt und so tut, als würde er dein Ansinnen unterstützen, allerdings hinter deinem Rücken bereits die Messer wetzt, um dich zu hintergehen und abzuschlachten.

5. Lieber Kanzlerin Mörtel: Erkenne Restfrei, dass du selbst bereits irgendwann 2012 *(oder früher)* sagtest, dass dieser Mulitkultischeiß niemals funktionieren würde und kläglich scheiterte.

6. Lieber Deutscher Wähler: Klebe dir ans Lenkrad einen Sticker, auf dem geschrieben steht: „Sollte es jemals wieder zu einer Wahl kommen, mache ich mein Kreuz auf keinen Fall mehr bei den überfressenen Altparteien. Und wenn, dann auf keinen Fall bei Grün."

Und obwohl ich immer noch mit meiner Romanbundesregierung hoffe, dass wir dazu in der Lage sein werden, jedem Hilfsbedürftigen des Planeten zu helfen, frage ich mich dennoch: vor wem flieht ein Köpfungsexperte, ein Kinderkaputtficker, ein Steinigungsprofi?

All diese Sportarten gehören doch zur Kultur des Landes, aus dem er zu fliehen versucht. Also flieht er nicht. Er wurde vom IS ausgewählt und speziell dafür durchtrainiert, ältere Menschen, Frauen und

Kinder aus dem Flüchtlingsboot werfen zu können, sobald ihre Körper beginnen zu modern, da sie eh nur als Proviant mitgenommen wurden.

Und wieder mal kann ich nich anders, als diese Inhaltsangabe einfach zu verlängern. 464 Seiten sind aber auch mehr als genug. Der neue Kampf wird also nich mehr zur Unterjochung, sondern zur Freiheit Europas geführt.

Ein letzter Dank und fertig.

Letzte Seite für die Tatsache

Lang genug hat`s ja gedauert, bis ich noch eine Anmerkung gefunden habe, um die Inhaltsangabe der „Irisch-Emiratischen Kriege" doch auf eine Seite pressen zu dürfen.

Wir schreiben den 05.08.2016. Dass ich bereits seit über 2 Jahren versuche, an die Öffentlichkeit zu gelangen, hat dem Stück eigentlich nur gut getan. Es wurde von Monat zu Monat ein Stückchen länger und auch besser.

Versucht also bitte in euch zu gehen und nachzudenken:

Derjenige unter euch, der wirklich daran glaubt, dass ein überzeugter Moslem *(also ein Abhängiger der Irrlehren des Mohammed - wie bereits mehrfach erwähnt: das sind sie alle (Inzest und Koranschule machen sowas möglich))* tatsächlich alles dafür tun wird, einem „heidnischen" Kontinent überleben zu helfen, täglich arbeiten zu gehn und Steuern zu zahlen, der hat den Schuss nicht gehört oder wurde mit dem minderwertigen Samen des Redh gezeugt.

Dieser Moslem wird seit frühester Jugend darauf abgerichtet, alle Andersgläubigen zu belügen, zu bestehlen und zu vernichten. Sollte es sich also um einen weniger gewaltbereiten Burschen handeln, so ist er bereits glücklich darüber, durch lebenslangen Erhalt von überragend ausgestatteter Sozialhilfe, an der Vernichtung Europas teilzuhaben und sein Scherflein dadurch beizufügen.

Hab gestern einen Bericht über Mustafa Kemal Atatürk gesehn und konnte es kaum glauben, dass ein Mann, der so viel für sein Land getan hat, plötzlich vergessen sein kann.

Er hat die Verschleierung, die türkische Kopfbedeckung Fes verboten und sich gern in der Öffentlichkeit Bier trinkend gezeigt.

Er hat die Zeitrechnung umgestellt *(der Türke ging also irgendwann um das Jahr 1320 zu Bett und erwachte im Jahre 1925)*. Er war für die Gleichstellung von Mann und Frau und ließ politischen Widerstand gnadenlos bekämpfen.

Der Islam muss weltweit verboten werden *(im Sinne Atatürks)*, denn er ist alles andere, aber keine Religion. Nicht jeder Moslem ist Attentäter, aber jeder Attentäter ist Moslem. Wo auch immer der Islam großherzig aufgenommen wurde, lebten die Menschen in Angst vor Terror. Der Koran ruft seit 1400 Jahren zum Krieg auf.

Wenn grad kein Ungläubiger da ist, schlachten wir einfach Glaubensbrüder. Jeder Moslem ist also theoretisch, jeder gläubige Moslem praktisch ein Mörder. Will ja in den Himmel.

Denk drüber nach.

Zusammenfassung:

Jedem, der auch nur im geringsten darüber nachzudenken im Stande ist, muss es doch einleuchten, dass wir alle an den selben Gott glauben.

Alle an den Gleichen, aber unsere „Religionslehrer" sind von Macht und Geld getrieben und hetzen uns gegeneinander auf.

Wir Christen haben diesen Hass auf das moslemische eigentlich bereits abgestreift. Eigentlich.

Der Moslem an sich, scheint das aber verhindern zu wollen und er wird es auch schaffen.

Ich habe mehrere schwere Diskussionen mit Moslembrüdern hinter mir und sobald ich beginne, das Verhalten eines 53jährigen alten Sackes, der einfach eine 9jährige fickt und sich dabei gut vorkommt, irgendwie zu hinterfragen (und natürlich sobald ich den Namen des Burschen nenne - Mohammed), bekommen meine Kontrahenten feuerrote Augen und werden sofort laut und gewaltandrohend.

Es wurde ihnen also bereits von Kindesbeinen an klargemacht, dass es nur einen Gott und nur einen Propheten gibt. Allah und den allmächtigen Mohammed.
Jetzt ist es leider so, dass diesen Brüdern komplett der Intelligenzquotient fehlt, um wirklich darüber nachdenken und sich ein eigenes Bild machen zu können.

Für den Fall also, dass dieser Adolf Hitler den Krieg

gewonnen und eine Religion um sich gezaubert hätte, wäre das Ergebnis das selbe. Alle Erdbewohner würden an den Propheten Adolf glauben und zu ihm beten.

Unter Umständen war das auch der Fehler, den er machte.

Ergo:
Alle Menschen sind gleich. Nur der Moslem ist ein wenig hinterwäldlerischer. Dafür kann er natürlich nichts. Aber so ist es nunmal.

Das Werk ist erneut nicht durch 4 teilbar - allerdings eher uninteressant.Da macht der Käufer einfach 2 Leerseiten rein und es passt.

Also wirklich zum Finale (sobald nix mehr passiert, was Zusatzseiten nötig machen sollte (eher höchst unwahrscheinlich)), die Geschichte eines US-Generals, der einen, in sein Reservat, vorbeireitenden Sioux fragte: „Warum reitest du und deine Frau geht zu Fuß?"

Die Antwort des Indianers war einleuchtend wie logisch: „Sie hat kein Pferd."

Was ich mir jetzt also vorstellen könnte, ist, dass ein Christ mit einem Mohammedaner durch die Wüste irrt und auf der Suche nach Wasser ist.

Da erscheint Gott und fragt den Christen: „Warum denkst du darüber nach, wie du an Wasser gelangen könntest und der andere nicht?"
Auch hier ist die Antwort eigentlich selbsterklärend: „Oh Herr, er hat kein Hirn."

Alles, was ich geschrieben habe, sollte einfach dazu führen, dass sich die Christen, die Juden und die Moslems zusammensetzen und Freunde werden.

Selbstredend gibt es auch den guten, den intelligenten Moslem.

Leider ist der selten und hat nichts zu sagen.

Was also die Notwendigkeitsfindung auf den Punkt brächte, wäre eine Druckerzeugung auf die Führer der islamischen Staaten, diesen Glaubenskriegschwachsinn einzudämmen und auf Partnerschaftskurs zu steuern.

In diesem Sinne, eine bezaubernde, höchst erfreuliche neue Woche, euer

Prof. Dr. Dr. Fluchthasser.

Satirisch gäbe es also zu erwähnen, dass alle irgendwo bestimmten Rechte des Einzelnen, durch den Zusatzparagraphen „nicht für Moslems anzuwenden, denn er ist kein Mensch" festgedönert werden müssten.

Tatsachenliste

In Anbetracht dessen, dass ich mich die letzten beiden Jahre rein um mein Stück kümmerte und die reale Welt übersehen habe, werde ich nun versuchen, die Realität mitheilen zu helfen.

Von den grob geschätzten 2 Millionen Invasoren, die wir momentan erst haben (sollen ja laut Regierung schnell mehr werden), haben nur etwas über

23.000 einen gültigen Asylantrag gestellt. Der Rest kam illegal ins Land, durch die großzügige Einladung unserer Kanzlerin Frau Merkel.

Da wir Deutschen momentan etwas über 7 Millionen Männer im Alter von 18 bis 35 Jahren haben, von denen etwa 2 Millionen einen migrationstechnischen Hintergrund besitzen und etwa 2 Millionen Traumatisierte zu versorgen haben, von denen auch ca. 2 Millionen junge, kräftige Afrikaner und Araber sind, die ja, um sie vom Vergewaltigen abzuhalten, noch ihre Familien nachfliegen lassen dürfen, könnte die Sache eng werden.

Na gut, es lassen ja nur 500.000 ihre 4 Frauen und 13 Kinder nachfliegen. Der Rest hat keine mehr abbekommen, was ihn nicht weiter stören dürfte, da er dadurch keine fettärschige Araberin nehmen muss, sondern über die schlanken, blonden, deutschen Frauen hersteigen darf.

Übrigens komplett straffrei. Erst vor kurzem wurde eine grüne Politikerin von einigen Moslems vergewaltigt. Sie scheute sich nicht davor, im Anschluss zu behaupten, sie wäre von Rechtsradikalen vergewaltigt worden. Wir müssen die Bedürfnisse unserer traumatisierten Brüder verstehn.

Diese Nachricht ist zwar schon einige Jahre alt, hat aber nichts von ihrer Aktualität verloren. Sie beweist, mit welch schmutzigen Tricks Linke versuchen, ihr Gespenst von der Gefahr von „Rechts" möglichst andauernd mit Leben zu beseelen: Eine Grünen-Politikerin wurde dabei erwischt, wie sie Hakenkreuze auf Plakate der NPD schmierte.

So dürfte es auch mit den jüngsten Hakenkreuz-Schmierereien in Nürnberg sein: Was das politische Establishment, vorne dran Politiker der CSU und SPD, aber auch Medien, ohne jeden Beweis und

Anhaltspunkt sofort den Rechten in die Schuhe schob, dürfte ebenfalls ein Schmierenakt durch Linke, möglicherweise antideutsche Faschisten *(„Antifa“)* gewesen sein. Linke und Medien haben es sich ganz allein zuzuschreiben, dass sie mittlerweile von den Bürgern nicht mehr ernst genommen werden. Wer einmal lügt, dem glaubt man nicht.

Aktuell: Kerstin L. aus Münsingen *(Kreis Reutlingen)* hatte B. vergangene Woche nach einem Treffen in einem Stuttgarter Hotel *(wegen Vergewaltigung)* angezeigt. Danach erklärte L. der Stuttgarter Zeitung, bei dem Vorwurf handele es sich um ein Missverständnis.

Ein Sprecher der Stuttgarter Staatsanwaltschaft rechnet nicht mit einem schnellen Ende der Ermittlungen. Sollte L. den Vorwurf zurücknehmen, droht ihr ein Verfahren wegen falscher Verdächtigung.

Dass es sich bei diesenReckspersonen um Grüne Politiker handelt, muss ich nicht erwähnen.

Ich bitte euch, all diese Tatschen im Internet nachzuprüfen. Ich hör nämlich jetzt auf, da mir einfach nur schlecht wird, wenn ich die gesamte grüne Kacke, die unser Land momentan zu vernichten versucht, weiter zusammentragen muss.

Was hat eine Grüne davon, nur noch das Bückteilchen ihres Alten zu sein? Vermutlich also auch Abkömmlinge dieses Inzestproblems, mit dem der Araber zu kämpfen hat.

Wenigstens bekam ich meinen 4seiter dadurch zusammen und empfehle mich weiter, Euer

„der absolute Hammer“ Fluchthasser

Sei´s drum, wir geben zu

Was ich definitiv zugeben müsste, ist, dass es mir persönlich ein absolutes Rätsel ist, wie eine begnadete Denkerin, wie Frau Claudia Roth, es bei einer Partei wie den Grünen so weit bringen konnte?

Während der Regel schafft man den Aufstieg bei Grün nur, wenn man an Häßlichkeit und Nichtbesitzung von Gehirnstrukturen, kaum übertreffbar scheint.

Völlig egal, welche Talkshow ich sehe, sobald Frau Roth dabei ist, glänzt sie jedesmal mit einem Aussehen und einer Aussagensicherheit, dass ich mich frage, warum sich die Bayernpartei diese Ausgeburt der Redegewandtheit nicht unter den Nagel riss.

Vermutlich habe ich mich getäuscht, was die Voraussetzungen sind, bei Grün ganz nach vorne zu kommen.

Eigentlich sogar sicher, da jeder dieser Agenten der Rechtsniederwerfung ein absolutes politisches Ass ist.

Ob man von Frau Künast, Herrn Hofreiter oder dem *(laut Internetverleumdungen knabenliebenden)* Herrn Özdemir spricht, spielt dabei keine Rolle.

Sie alle sind „Menschen" nach denen sich das „Reich" sehnte, deren Existenz nunmal die Zukunft für jeden Traumatisierten des Planeten sicherstellt.

Komplett anders als beispielsweise der Spitzenkandidat der SPD. Herr Gabriel zeigt sich eher wie ein Fähnchen im Wind.

Sobald ihm gesagt wurde, dass jetz gleich mal Wahlen anstehen, greift er die überragende Flüchtlingspolitik unserer Lieblingskanzlerin Merkel an und will plötzlich nix mehr wissen, von unserer deutschen Großherzigkeit.

Wo steckt da sein Plan?

Eigentlich leicht zu durchschauen. Er will sich die Stimmen der mittlerweile bestimmt 40%igen Rechtswähler schnappen und so einfach Kanzler werden.

Hier also meine Bitte:

Gebt eure Stimme Herrn ?, von der Bayernpartei und vergesst nicht, zu Hause einen Zettel zu erstellen, auf dem geschrieben steht, dass ihr treue Bayernpartei- wähler bleibt, sobald sich die Bayern die Unterstützung durch die Spitzenpolitiker Roth, Künast, Özdemir und Hofreiter gesichert haben.

Und nicht vergessen: nich auf den Wahlzettel schreiben, da dieser sonst seine Gültigkeit verliert, sondern auf einem seperaten Blatt der Wahlleiterschaft angedeihen lassen.

Ich hoffe natürlich jetzt, dass diese Spitzenidee nicht von der CDU/CSU, den Linken oder der FDP aufgegriffen wird, damit sich meine Arbeit wenigstens ein wenig lohnt, da ich Frau Merkel auf ungefähr überhaupt keinen Fall erneut wählen werde, obwohl ich ihre Hoffnung einen stinkenden Niggerschwanz in den Rachen zu bekommen natürlich verstehe. Oder endlich mal von Traumatisierten vergewaltigt zu werden *(zum GlÜck Satire)*.

Und es bleibt schwierig

Obwohl dies Werk etwa ungefähr alle Rekorde hält, die es zu halten gibt, also Ehrlichkeit, Richtigkeit, Witzigkeit, Verbotenheit und Gefährlichkeit, sehe ich mich genötigt, noch zwei Seiten einzuwerfen, obwohl ich selbst bereits auf die Idee kam, es mit zwei Leerseiten hinzubekommen.

Es wir allerdings nur eine werden, da ich etwas eminent wichtiges noch nicht erläuterte:

Kaum ein Bundesbürger weiß, dass unsere Bundestagsabgeordneten ein um etwa 23% höheres Vorstrafenregister haben, als der Normalbürger *(jetzt ausgenommen unsere neuen, guten, traumatisierten „Normalbürger", da in ihrem Heimatland Steinigung, Köpfung oder Vergewaltigung nunmal keinerlei Vorstrafe nach sich zieht, es eben zur Kultur dieses, seines Heimatlandes gerechnet wird. Also seines alten Heimatlandes. Jetz ist es ja Deutschland und er wird nichts unversucht lassen, sich an unsere Gesetze zu halten (lol))*. Nicht mitgerechnet sind die Straftaten, die sie im Parlament herstellen, da diese ja der Immunität unterliegen.

Sobald also ein kleiner Schwerverbrecher zum 23sten mal mit einer Straftat scheiterte, tritt er einfach den Grünen oder der SPD bei und lügt sich da an die Parteienspitze. Denn lügen sollte so ein Troll eigentlich können. Ein Verbrecher, der für seine Missetaten nicht zu dämlich ist, hat sowas gar nicht nötig.

Er lacht also zunächst über diese Idioten. Nachdem er allerdings nachgerechnet hat, was ihm nach seinen 14 Einbrüchen bleibt und er es mit einem Bundestagsmitgliedsgehalt vergleicht, kommen ihm die Tränen.

Die Bundestagsabgeordente beispielsweise, die vor kurzem zurückgetreten ist, da ihr nachgewiesen wurde, dass sie mit ihrem Doktortitel gelogen hat, muss jetzt höchstwahrscheinlich mit knappen 12.000,-- Mark Pension auskommen. Und zwar bis an ihr Lebensende.

Wie soll sie das schaffen. Das sind ja nur etwa 4 mal so viel, wie einem Traumatisierten bleibt, der an 4 Standorten als Flüchtling gemeldet ist. Falls es also sowas wie Gerechtigkeit gibt, dann nicht in diesem Fall. Sie muss mindestens das 8 fache davon bekommen.

Und erneut die Musterlösung: Bevor wir einen Flüchtling erschlagen, sollten wir zunächst den Reichstag sprengen *(Schade, aber schon wieder reine Satire)*.

Da mich Leerseiten allerdings irgendwie stören, geb ich auf dieser 472sten und letzten Seite noch das Gedicht wieder, dass unsere „geliebte" Kanzlerin Frau Dr. Angela Merkel im Alter von 13 Jahren schrieb und das kaum an Richtigkeit verloren haben dürfte.

Aus der DDR-Kinderzeitschrift „FRÖSI" vom September 1967:

Revolution von oben

„Ernst Thälmann, schreite du voran,
ich lieb den Sozialismus.
Drum steh ich hier nun meinen Mann,
weil Revanchismus weg muss.

Schon lange will das Rote Heer
den Feind eliminieren.
Ich brauch dafür kein Schießgewehr -
ich werd ihn infiltrieren.

Ich werde Chef der BRD,
- der Klassenfeind wird´s hassen -
und folg dem Plan der SED,
sie pleitegeh´n zu lassen.

Da könnte man tatsächlich auf die Idee kommen, dass diese Frau sich im Alter zum Kind früherer Jahre zurückentwickelte und wieder so denkt. Könnte man, wenn man zu diesen Verschwörungstheoretikern gehören würde.

Ich gehör dazu auf keinen Fall und werde weiterhin, zusammen mit ungefähr 40 Millionen Selbstmorddeutschen hinter meiner Kanzlerin stehn und diese etwa 9m 94 *(wär neuer Weltrekord)* breite Schlucht überspringen, ohne 400 m in die Tiefe zu stürzen und zu sterben.

A M E N

Zum Aufwachen für das Schlafschaf

Hab grad in meinem Romanbundesland Meckernich-Kannvorkommern Wahlen stattfinden lassen. Da ich den Durchschnittintelligenzquotienten meiner Romanregierung auf etwas über 94 ansetze, war das Ergebnis abzusehen.

Die „Rechten Schweine" der Alternative für Dummland erhalten genügend Stimmen, um den Frieden erstmal aufrecht erhalten zu können, denn auch meiner Regierung ist klar: über 80% für uns, glaubt heute kein Mensch mehr und wir müssen mit Ausschreitungen rechnen. Oder gar der Nachzählung einiger Bezirke.

Lieber stellen wir uns als Opfer dar, die gerade noch so gewonnen haben, um da weiterzumachen, wo wir aufhörten: bei der Vernichtung Europas - vorrangig Deutschlands.

Alle von euch, die jetzt mit meinen guten Deutschen Romanstaatsbürgern hoffen, empfehle ich die Seiten:

https://www.facebook.com/gds.blog/videos/1731749867089802/

und

https://www.facebook.com/gds.blog/videos/1684964048435051/

Natürlich werden da reale Politiker angegriffen, wovon ich mich natürlich distanziere. Die Vergleiche mit meiner Romanregierung sind allerdings nicht von der Hand zu weisen.

Und nicht vergessen: alles, was im Internet kreucht ist zu 96% erfunden. Also auch die Vorwürfe gegen unsere Regierung müssen nicht stimmen, sobald sie sich nicht von selbst erklären würden.

Gerade wir Deutschen, die Stolz darauf sind, das Volk der Dichter und Denker zu sein, sollten weiterhin hinter einer Frau herlaufen, die bereits im Alter von 13 Jahren bewies, stärker reimen zu können, als ein gewisser Theodor Fontane während seiner Glanzzeiten.

Was ist also passiert in Meckernich-Kannvorkommern?

Es mussten, trotz positiverer Erwartungen der original Wahlbetrügers doch etwas mehr als 20% der Stimmen als ungültig erklärt, bzw. falsch ausgezählt werden.

Ein Wahllokalleiter, der die Drohungen der Regierung nicht ernst genommen hat, stirbt plötzlich einen grausamen Unfalltod und erfahren wird davon niemand, da wir ja alle Medien unter unserer Regentschaft haben und zur Not auch deren Leitung überfahren lassen können, ohne dass es jemand erfährt.

Also: aufwachen, Schlafschaf.

Meiner persönlichen Vermutung folgend, werden sich die Burschen der AfD natürlich über ihren „Wahlsieg" freuen und die Regierung wird ängstlich zittern.

Das ist allerdings alles geplant.

Denn selbst meine ultrarechten Parteifreunde der NPD *(Nationalsozialistische Pennerbrigade Deutschlands)* weigern sich, die Rechte an diesem Meisterwerk zu erwerben. Lieber kuscheln sie mit der AfD und machen diese „Oppositionspartei" stärker, um meinem Mörtel eine weitere Amtsperiode zuzuschanzen.

Eine volle Periode wird es nunmal auf keinen Fall mehr geben. Falls wir die Wahlen 2017 noch erleben dürfen, werden uns zumindest die 23 Millionen nachgereisten Vollpfosten ausradieren und zwar weit vor den Wahlen 2021 *(?)*.

Da eine gewisse Namensähnlichkeit meines Reichspropagandaministers Maas-tschwein mit unserem Justizminister unverkennbar erscheint, empfehle ich euch noch die Seite:

http://www.epochtimes.de/politik/deutschland/spiegel-ist-heiko-maas-ein-luegenminister-vermerk-der-bundesanwaltschaft-belastet-maas-a1929650.html
(das ist übrigens noch eine der positiveren Seiten über unseren Bundesjustizminister)

Und stelle die satirische Zwischenfrage: ist es für eine Diktatorin möglich, sich ihren Drecksarsch von einem miesen Gnom derart sauberlecken zu lassen, dass sie ihm dafür ein Ministerium zur Verfügung stellt?

– Definitiv: Ja.

Jetz is gut. Wer noch nicht erwachte, ist ohnehin bereits verstorben und ich werde ihn nicht wecken können.

Allein die letzten Seiten werden eine Klagenserie auf mich einprasseln lassen, die ich nicht überleben kann. Da dies Stück allerdings eh nicht von mir, sondern vom Allmächtigen persönlich ist, stelle ich mich dieser Herausforderung. Glaube ist Macht.

Einer für alle und alle für einen. **Amen**.

Um für die 4 zu sorgen, also nun doch die Verbreiterung der Inhaltsangabe der Irisch-Emiratischen Kriege.

Was bleibt, ist die Wahrheit

Das allerdings nur in meinem Roman. In der Realität lebt die Lüge. Um die Inhaltsangabe nochmal zu retten, eine Finalseite. Grad hab ich vernommen, dass die Europäische Zentralbank über eine Billion Europäischer Mark übrig hätte. Geld gibt es also wirklich nicht.

Wenn man diese Summe in 5-Europäischen-Pfennig-Stücken aneinander kleben würde, könnte man die Entfernung zum Mond 10.500 mal überbrücken. 10.500 mal diese 2,1 cm Breite ergäbe einen Highway, der über 220 m breit wäre. Es würde fast sicher zu keinerlei Staus kommen, sollte man an einem Sonntag Nachmittag auf die Idee kommen, mal zum Mond zu reisen.

Das beweist natürlich zusätzlich, dass die Griechen sowas nicht planen, da er mit Ihren 289 Milliarden Hilfsgeldern immer noch viel zu breit wäre.

Was also bleibt, ist nunmal die Wahrheit:

1. ***Geld gibt es nicht.***
2. ***Ein gläubiger Moslem ist nicht integrierbar. Zumindest, solang es sich nicht um einen Aleviten handelt.***
3. ***Dieser Krieg ist vorbei und kann nicht mehr gewonnen werden.***
4. ***Der Islam muss weltweit verboten werden, um überleben zu können.***
5. ***(und wichtigstens) Nichts, was der alles überragende, kommende Besitzer des „Bis-du-Ahn-Pokals", der gewaltige Prof. Dr. Dr. Fluchthasser schrieb, darf ernst genommen werden. Dies Werk besteht zu ungefähr etwas über 93% aus Satire.***

Wirklich gut wär noch:

https://www.youtube.com/watch?feature=player_embedded&v=Tb4ooFOJzfc

Richtigstellung: es wären natürlich nur 105 mal zum Mond. Beweist gleiches.

In diesem Sinn: Habe die Ehre.

Was man noch zur „Wahrheit" rechnen könnte:

Dies abenteuerlich schlechte Wahlergebnis meiner Regierungspartei *(CSDU - Christlich SauDumme Union)* schreib sich meine Regierungskanzlerin Mörtel zwar selbst zu, verweigert aber dennoch ein Umdenken in ihrer Flüchtlingspolitik.

Befindet es sich also innerhalb einer Möglichkeit, dass Wählen eigentlich überhaupt nichts bringt, da sich alle Politiker bereits darüber absprachen, wie das Ergebnis auszusehen hat?

Die Reaktionen meines Wahlvolkes gleichen nämlich derer unserer österreichischen Brüder, nachdem die FPÖ tatsächlich mehrmals knapp scheiterte. „Super Ergebnis. Aus dem Stand so eine politische Macht *(?)* zu werden. Die nächsten Wahlen werden wir gewinnen *(?)*."

Macht? Mit etwa einem Drittel der Landtagsabgeordneten kann man ungefähr gar nichts verändern. Mit den Anträgen der AfD wischt sich der Mörtel unter Umständen einfach den Arsch. Ernst nehmen, dürfte sie sie auf keinen Fall.

Und die nächsten Wahlen *(also solang es sowas noch gibt)* werden ähnlich ausgehen. Wir wurden verkauft und können nichts tun *(wobei ich mich natürlich wirklich frage, warum es in meinem Romandeutschland keinen neuen Stauffenberg gibt (vielleicht erfind ich ja noch einen))*.

Was noch reingehen würde, wär ein Gedicht, dass meine Romankanzleröse Mörtel im Alter von 12 Jahren schrieb:

Erschienen in der DDR-Jugendzeitschrift „Frösti“:

Oh du mein Honeckär, mein edelsüßer Chef,
ich will dein Bückstück sein, will, dass ich dich mal treff.

Warum bin ich nich geboren, vor 14 Hundert Jah`.
Ganz in der Nähe von, dem schönen Mekka.

Dann hätte mich mein Prinz, der kühne Mohammed,
einfach durchgebügelt, gefesselt an sein Bett.

Der Feind heißt nich nur Deutschland, er heißt Europa. Daran hat sich nix geändert, seit 14 Hundert Ja`.

Wenn ich erst einmal groß bin, beherrsch ich einen Staat. Ich werde ihn vernichten, mit moslemischer Saat.

Denn du, du bist mein Einzger. Du Honeckär, so schön.

Ich werd mir Grüne suchen, dann könnte das auch gehn.

Also auch meine Romankanzleröse war in ihrer Jugend ein blitzgescheites Kind, das besser Dichten konnte, als ein ausgebildeter Klempner.

Nun also doch 478 Seiten. Wird auch so gehn. Hoffe ich zumindest und empfehle mich weiter. Euer Schriftstellergott des 21. Jahrhunderts:

Prof. Dr. Dr. Hans Adolf „Lone Wulf“ Fluchthasser

Da 4 allerdings sein sollten, noch 2 relativ unwichtige:

Da ich mich nicht nur beruflich, sondern auch privat gern mit Ahnenforschung umgebe, kam ich auf die Idee, die Vorfahren Hanks festzustellen. Ich folgte immer dem Hauptast *(also dem jeweiligen Vater)* und musste nach 2871 Generationen aufgeben, da der Vater unbekannt war.

Hier also meine Vermutung:

Die Bayrisch-türkisch-christliche Mustafalia Kemalia Atatürkia *(übrigens auch ein Vorfahr eines anderen bekannten Helden)* wurde während der Knoblauchernte von einem moslemischen Säbelzahntiger hemmungslos vergewaltigt. Obwohl er sie nach dem Akt fressen wollte, sah er, bevor er zubeißen konnte, in 12m Entfernung ein Mammutbaby vorbeitappern, das von seinen Eltern zurückgelassen wurde, da es zu fett war.

Also: abspringen und das Mammut vertilgen.

Mustafalia war allerdings schwanger und so kämpften die christlichen und moslemischen Gene um die Vorherrschaft in diesem kleinen Fötus.

Nach zahlreichen Scharmützeln, die von den Moslems gewonnen wurden, erkannte der Anführer der christlichen Gene, dass dies einzig an den grünlich angefärbten Verrätergenen liegt, die immer die linke Seite verteidigten, allerdings den Moslems dort stets das Durchbrechen möglich machten.

Und so kam es zum Prozess gegen diese Verrätergene. Sie wurden alle in den Ausscheidungstrakt gesteckt und verendeten grausam.

Das übrigens trotz der Versuche ihrer Anwälte

Scheißemir und Rotharsch die Genrechtskonvention zu zücken und die Verräter am Leben zu lassen. Die beiden wurden übrigens mitverurteilt.

Nach dieser „Säuberung“ wurden die kriegsentscheidenden Schlachten um das Gehirn und die Leber spielend gewonnen. Der Kleine wurde also Christ, was kaum verwundern sollte, da dies moslemische ja nunmal luziferianisch ist und damit minderwertig.

Hier nochmal der wichtige Hinweis:

Bei diesen Abläufen handelt es sich rein um meine Schätzung. Eine Schätzung allerdings, die vom „Intergalaktischen Großschätzinator mit Eichenlaub“, geschätzt wurde, unterliegt nun mal einer Absolutrichtiggeschätztkarenzzahl von etwa 148. Also eigentlich immer richtig.

Wichtigstens: Alle Menschen sind gleich. Jemand der für seinen Glauben töten darf ist allerdings einem grünlinksduchgeschissenen Menschenrechtsverräterschwein haushoch überlegen. Bin grade noch am nachdenken, ob ich meine neue Bayernparteiregierung nicht dazu bringe, einfach dem aktuellen Bundestag, nachträglich, die Immunität zu entheben und sie für die (bis jetzt 5,3 Milliarden) Gelder aufkommen zu lassen, die bisher vergeudet wurden.

Das wären zwar etwa 8,4 Millionen pro Bundestagsangehörigen. Allerdings wär das auch nur ungefähr der Betrag, den sie in ihren 3 Jahren in diesem Betriebsvorstand zusatzverdienten.

Nachdem sie damit vorbestraft wären, könnte man ihnen auch noch ihre Pensionen streichen. Nur so wär richtig. **AMEN**.

Obwohl mich momentan eine unglaubliche Schreibemüdigkeit befällt, darf ich nicht aufgeben, zumindest zu versuchen, mein Romandeutschland zu retten.

Am leichtesten ging´s natürlich mit einem neuen Stauffenberg - aber so einfach will ich es mir nicht machen. Also zunächst dieser Versuch:

Meine edelfette Romanvizekanzleröse Fräulein Gabriela macht sich für den Hustler nackig. Sie weiß natürlich, dass das ihrer Partei *(SPD - Soziale Promoslemischpartei Deutschlandistans)* sogar eigene Wähler kosten wird.

Da sie allerdings bereits mit den 16 Millionen neuen Stimmen *(durch unsere Taumatisierten)* rechnet und weiß, dass diese Fettleibigkeit einfach erotisch auf Araber wirkt, tut sie das einfach.

Diese Bilder, die ich vorab schon sehen durfte, beweisen allerdings nur, dass es für ein dementsprechendes Computerprogramm keine Grenzen gibt.

Zu sehn ist nämlich eine „Frau“, die trotz über 200 kg Zwischengewicht (also allein zwischen ihren überfetteten Armen) beide Beine über den Kopf falten kann, um Einblick in ihre Grotte zu gewähren. Da wär ich gern dabei gewesen, wie die Fotographen des Hustler dabei ausflippten, beim Versuch, dass tatsächlich live hinzubekommen.

Dumme Vorstellung, denn das haben sie bestimmt nicht versucht.

Warum sie das überhaupt tut bleibt eh die Frage. Der Emir griff sofort zum Hörer und hat sie angerufen, als ihm das bekannt wurde. Seine Worte: „Was bis du bloß für ein dummes Schwein Gabriela? Auf Stimmen kommt es doch bei Wahlen sowieso nicht an. Haben wir doch neulich während unserer Wahlbetrugsbesprechungs-Knabennehmparty ausgemacht. Also zieh dich wieder an und lass dich von einem meiner Knaben verwöhnen, Spinnerin."

Heut is wieder so ein Schicksalstag, der 11.09.. Heute vor 15 Jahren starben tausende Amerikaner wegen dieser verrückten Moslemburschen. Unter den 4000 Opfern befand sich allerdings kein einziger Jude. Auch komisch. Aber was soll`s, vielleicht hatten sie einfach Glücks.

Allerdings gewaltiges Glücks, denn als ich meinen Rechner (wie erwähnt, der ziemlich Beste des Planeten) mit der Wahrscheinlichkeitsberechnung beauftragte, wie hoch die Chance steht, dass alle ungefähr 2000 Juden, die im World Trade Center beschäftigt waren, gemeinsam Urlaub hatten, bzw. rechtzeitig arbeitsunfähig Krank geschrieben wurden, trat ein Ergebnis zu Tage, das wirklich unglaubliches Glücks erforderte:

Die Chance steht bei 1:28 Trilliarden 2 Tausend3 Hundertneunundvierzig. Komma 7, aber das spielt keine entscheidende Rolle.

Aber was soll`s. Ich wage jetzt einen Sprung in die Zukunft, wobei es keine Zukunft mehr sein wird, sobald ihr dazu in der Lage seid, es zu lesen:

Es ist Anfang des Jahres 2017 und der Bundestag möchte beschließen, dass auch Traumatisierte wählen dürfen. Dies Vorhaben wird allerdings durch Klagen der Bayernpartei zu Fall gebracht.

Also muss ein Ersatzplan her und er lautet:

Jeder Hilfsbedürftige, der sich schon länger als 3 Wochen innerhalb der Reichsgrenzen befindet, erhält automatisch die deutsche Staatsbürgerschaft und einen Personalausweis. Da es ihm in dieser kurzen Zeit natürlich noch nicht möglich war, sich mit Demokratie auseinanderzusetzen, er aber unbedingt wählen sollte, erhält er eine erfahrene Begleitperson der Altparteien zugewiesen, der ihm innerhalb der Kabine klar macht, wo er sein x zu setzen hat, um nachher auch Asyl zu bekommen.

Da spielt es den Altparteien natürlich in die Hände, dass dieser Mann gar nicht weiß, dass er als Deutscher eh nirgendwo hin mehr abgeschoben werden darf und auch gar nicht könnte, da kein Land der Erde einen „überqualifizierten" Deutschen durchfüttern würde.

Dass diese Traumatisierten das allerdings rausfinden könnten, ist wiederum die Hoffnung meines Emir Özd. Dann kann er sich von diesen grüngeschissenen Möchtegernmoslemfreunden *(obwohl das ja gar nicht geht. Ein Moslem darf kein Freund eines Ungläubigen werden, da er sonst dafür ewig in der Hölle brennen müsste. Und diesem Risiko geht er lieber aus dem Weg)* absetzen und mit der Partei (AAG - Allahu Akbar Germanistan) eigenen Kanzlerwerdewünschen genüge leisten.

Nach Gründung der AAG beschließen allerdings der fette Redh und die schöne Hofreiter am Alexanderplatz zu Berlin eine AAG-Gegendemo zu starten. Unter dem Moto: „Wir sind „deutsch", bis du es auch!" *(lol)*

Da Demos in Deutschland angemeldet werden müssen, erfährt der Emir davon und begibt sich mit einer Horde Köpfungsexperten aus den vorarabischen Gebieten zum Alexanderplatz, um Gewalt walten zu lassen und die Grünen Dummbeutel zu verprügeln.

Jetzt kommt es zum Clou: die aktuelle Kanzleröse

Mörtel sieht ihre Felle davonschwimmen und geht zum weinen an einen Berliner See. Allerdings nicht, bevor sie sich auf Alexanderplatz eine „Diesemiesenschweinewollenmichamputierencurrywurst" besorgen will.

Genau in diesem Moment versucht der Anführer der „Schweine von Angi", die miese Baracke, in Berlin Tempelhof zu landen, um seinen Freund Emir zu unterstützen.

Während des Landeanflugs mit seiner „Denpräsidentenmitüberschallirgendwohinbringemaschine" gerät allerdings die linke Turbine in Brand.

Schnell ruft er seinem Piloten zu: „Versuch irgendwo weich zu landen. Am besten auf einer großen Menge Menschen."

Der Pilot reagiert blitzschnell und erkennt die Menschenansammlung auf dem Alexanderplatz. Also versucht er dort, „weich" zu landen.

Die Folge: Sowohl mein Diktatorenschweinchen Mörtel, wie die Volksverräter Emir, Redh und Hofreiter fallen diesem Landeanflug zum Opfer.

Deutschland ist also wieder frei und kann sich von diesen Erzferkeln erholen, was es auch schaffen wird, denn wenn sich die Deutschen zusammenschließen, prügeln sie sogar den Teufel aus der Hölle *(Zitat Bismarks)*.

Ich fühle mich sehr gut, da es mir gelang mein Romandeutschland zu retten, ohne einen patriotischen Attentäter einfließen zu lassen. In echt ginge das wohl nur mit einem.

Da ich diese Problemlösung mal lieber nicht schätze, um meinen Status als „Intergalaktischer Großschätzinator" nicht unnötig aufs Spiel zu setzen, ginge es also nur mit einem.

Zu guter Letzt also meine Anmerkung für das bewaffnete Personal des Bundestages:

Falls ihr nicht an diese Lösung glaubt, wäre es von überragendem Vorteil, ihr würdet diese „Mistferkel" zur Strecke bringen. Kopfschuss und gut. Im Anschluss nur frisch geduscht sein, um den Orden der nächsten Regierung empfangen zu können.*(Dass es sich um reine Satire handelt, muss ich eigentlich nicht mehr erwähnen, mach das allerdings dennoch)*.

A M E N

Ich hab aufzugeben

Und aufgeben muss ich wirklich, da sich meine Romandeutschen einfach keinerlei Gedanken machen und einfach weiter hinter ihren Henkern herlaufen.

Mein Romanschweinchen Claudius Redh geht sogar soweit, ganz offiziell an Antifatreffen teilzuhaben und gibt damit auch noch an.

Die Bemerkung meines Innenpolitischen Sprechers der CSDU Florian Ährmann lautete wie folgt:

Ich halte das für einen unhaltbaren Zustand, wenn der Vizepräsident des Deutschen Bundestags, der ehrwürdige Claudius Redh, hinter Parolen wie „Deutschland, Du mieses Stück Scheiße" herläuft.

Er trägt damit zur Radikalisierung der Gesellschaft bei und macht sich mitschuldig, wenn sich das Klima in Deutschland hochschaukelt.

Dazu passt natürlich meine Frage: Diese gewaltbereiten miesen Deutschen sollen also ausgerottet werden. Von wem? Wollen Sie, mein überragender Bundestagsvizepräsident tatsächlich unsere seltenschönen, völlig überqualifizierten, guten neuen Anwälte und Ärzte aus den moslemischen Flüchtlingsstaaten dazu bekommen, den Deutschen zu erschlagen? Ihn also genau so schlecht hinzubekommen, wie das Volk, dass Sie ausgelöscht sehen möchten?

An Logik kaum zu überbieten. Dennoch läuft seine „Partei", die Grünen, noch in jedem Landtag rum und erhält bei allen Wahlen seine mindestens 12%. Diese Partei der Drogensüchtigen und Kinderficker, diese „Moslemfreunde, übernehmt dies Scheißland bitte Partei" betrügt also, zumindest in meinem Werk definitiv, bei jeder Auszählung.

Und gestoppt kann sie nicht werden, da das ja schließlich alle Altparteien genau so durchführen. Da werden die Ergebnisse der Wahl bei der vorher durchzuführenden Wahlbetrugsbesprechungs-Knabennehmparty beschlossen und so den Medien weitergereicht.

Mein Vorschlag wäre da, Wahlbeobachter aus Russland hinzuzufügen.

Obwohl ungefähr alle Bürger dafür sind, Verbrecher sofort zurückzuschicken *(selbst die meisten der grünwählenden Edelherbtrottel)*, kann so ein Refugee alles verbrechen, was geht. Sein Asylschutz steht über dem Recht. Also über dem gesunden Menschenverstand.

Jetz ist es um mein Romandeutschland eh bereits geschehen. Meine überdurchschnittlich intelligente Romanregierung führt tatsächlich Rückführungsgespräche mit der afghanischen Führung.

Auch hier dürfte das Ergebnis bereits feststehen:

Die Traumatisierten fliegen auf Staatskosten *(also auf Kosten der Steuerzahler)* Erster Klasse nach Kabul. Der Begleitbeamte führt einen Geldkoffen mit, aus dem er für jeden Zurückgeflogenen an den Beauftragten Afghanistans 20.000,-- Mark ausbezahlt. Also genau die Kosten, die der zurückgeführte Schwerverbrecher in seinen 40 Jahren Gefängnis in Afghanistan erzeugen wird. Sonst nehmen sie ihn ja auf keinen Fall zurück. Da die meisten Hilfsbedürftigen 40 Jahre Gefängnis eh nicht überleben werden, bleibt da noch bisschen was für den IS übrig.

Allerdings werden nur die geflogen, die auch zurück wollen. Gezwungen wird da selbstredend kein Einziger. Darf ja auch gar nicht, da der Polizist, der ihn in das Flugzeug zwängt, ja dadurch beweisen würde, dass es sich bei ihm um einen Erznazi handelt. Was wiederum dienstrechtliche Konsequenzen nach sich ziehen und mit seiner unehrenhaften Entlassung enden würde.

Und hiermit gebe ich wirklich auf.

Ein deutscher Gruß und viel Glücks, Euer
Prof. Dr. Dr. Fluchthasser

Folgendes Video entlarvt den Islam vollständig:
https://www.facebook.com/Informationsschalter/videos/1595251720780011/

Um doch noch auf eine durch vier teilbare Seitenzahl zu kommen, etwas selbstverständliches:

Jedes Lebewesen dieses Planeten kann böse gemacht werden.

Stell dir also bitte mal vor, dass die beiden besten Menschen des Erdenrunds ein Kind zusammen hätten. Also der überragende Nochpräsident Barak Obama und die bezaubernde Bundestagsvizepräsidentin Claudia Roth.

Claudia hab ich als beste Frau auserkoren, obwohl unsere Kanzlerin Frau Dr. Merkel ähnlich gut ist, allerdings ihre körperlichen Reize nicht so fabulös zu schau stellt, wie dieser Roth.

Die beiden hätten natürlich wegen ihrer ständigen Amtsgeschäfte kaum Zeit für ihren Sprössling und würden ihn zur Aufzucht dem bösesten Mann der Welt zur Verfügung stellen. Vladimir Putin.

Dieser würde ihn in eine Koranschule stecken und ihm eintrichtern lassen, dass Kapitalismus und Christentum das Erbärmlichste sind und ausgerottet werden sollten, um die Erde klar zu machen, für die Machtübernahme Allahs.

Völlig egal, wie gut die Gene der Eltern sind, er würde diesen Schwachsinn glauben und zum Propheten Vladi beten.

Klassischer Schwachsinn. Das könnte gar nicht gehn, da Frau Roth zwar offiziell Muslima ist und sich ihres Glaubens wegen gar nicht weigern dürfte, ihren Körper für die Zeugung von Gotteskriegern bereitzustellen, aber ebenso offiziell lesbisch, also nicht an Schwänzen *(und wären sie noch so mächtig)* interessiert.

Dass Frau Roth in diesem Fall ihre religiösen Pflichten vor ihrem Wohlbefinden stellt, wage ich zu bezweifeln.

Die Mutter des Gotteskriegers müsste also tatsächlich unsere geliebte Bundeskanzlerin Frau Dr. Merkel sein.

Was allerdings keine Rolle spielen dürfte. Der Zögling dieser „Politikgötter" würde unter der Fuchtel des bösen Putin automatisch zu einem Mistmenschen erzogen werden.

Das Kind wäre auch nicht mehr rettbar, wenn ihm vom 2. bis zum 6. Lebensjahr Scheisse ins Hirn platziert werden würde. Angela müsste also nur rechtzeitig ihre Kanzlerwünsche nach hinten platzieren um für die Erziehung ihres Sohnes Zeit zu haben und ihn zu einem guten Christen zu zaubern.

Dann ginge das. Andernfalls nicht.

Der Islam ist also niemals ein Glaube, oder eine Religion. Es ist dem Moslem sogar verboten, über den Koran oder den Propheten eigene Gedanken anzustellen, da er ansonsten dafür ewig in der Hölle brennen müsste. Dass hat sich dieser Mohammed wirklich gut überlegt.

Dumm war er also auf keinen Fall. So wie Hitler und Stalin nicht dumm waren. Sie waren nur verrückt.

Natürlich würde es mir nie einfallen, den Propheten als verrückt darzustellen. Ein 50jähriger, der eine 6jährige heiratet könnte zwar notgeil, aber unter keinen Umständen irre sein. Das geht gar nicht.

A M E N

2 Seiten müssen also noch her, um „Druckbar" bleiben zu können.

Und erneut muss ich dabei mit meiner Vorstellungskraft arbeiten können.

Aus welchen unfindbaren Gründen, denken diese Linksärsche und Grünspastiker, dass man einen Untermenschen, wie die Anhänger des „Propheten" wirklich irgendwie eingliedern könnte?

Jeder dieser Brüder ist jung und stark. Er kommt direkt aus dem Krieg und hat mit über 60%iger Wahrscheinlichkeit bereits selbst getötet.

Na gut: bei etwa der Hälfte davon, war es bestimmt nur eine Steinigung einer unsittlichen Minderjährigen, die über Kopfhörer Diskomusik zu sich nahm oder sich in das Auto ihres Vaters setzte und losfuhr.

Schlimmstenfalls sogar ohne sich in ein Ganzkörperkondom zu zwängen und somit andere, gaffende Verkehrsteilnehmer in Unfälle zu verwickeln.

Falls es also wirklich so schlimm war, hätte sie den Tod auf alle Fälle verdient und unser jugendlicher Killer hätte dafür das Bundesverdienstkreuz zu bekommen.

Oder noch besser, das „Eiserne Kreuz" *(erster Klasse)*, da so ein Traumatisierter sich nunmal definitiv wie ein Nazi verhält und das komischerweise unserem wundererotischen Bundestagsvizepräsidenten Redh ausgezeichnet gefällt.

Höchstwahrscheinlich, da er sich ja eh nur zur Frau hat umoperieren lassen, um nicht erkannt werden zu können. Durch dies Stück habe ich ihm allerdings ein Bein gestellt. Jetzt erkennt ihn jeder.

Doch zurück zum Geld, das es nun wirklich nicht geben kann.

Denn woher kämen sonst die unnützen Gehälter für unsere Integrationsbeauftragten, die natürlich alle arabisch angehauchte Namen besitzen und bis vor einem viertel Jahr noch die Mülleimer ihrer Nachbarn nach Essbarem abgesucht haben.

Der SPD Integrationsspezialist Aydin Özogutz beispielsweise klaute noch vor 4 Monaten die Pausenbrote von Schulkindern. Heute kann er sich vor lauter Gehalt kaum noch retten und fühlt sich dazu gezwungen, sobald die deutschen Sicherheitskräfte einen Schlag gegen Salafisten durchführen, diese zum Einhalt zu bitten und den Einsatz als Ausländerfeindlich und nicht Integrationsfördernd kaputtzureden.

Aus meiner Sicht der Dinge, ist dieser kleine Drecksack allerdings nur sauer, da sich selbst überzeugte Muslima jahrelang gegen seine Annäherungsversuche wehren konnten und ihn nicht heiraten mussten.

Nicht mal, nachdem er sie zwingen wollte, sich an den Ofen fesseln zu lassen. Sie haben ihm einfach eine geklebt und er lief weinend davon. Allein dafür wird er nach den Gesetzen des Mohammed eine längere Zeit in der Hölle braten müssen.

Aber jetzt hat das kleine Mistschwein ja Macht, was ihm sicher bei der Bückstücksuche helfen dürfte.

Meine 2 Seiten hätt ich zwar jetzt, werd allerdings doch noch ein paar aufbrezeln.

Genau ein Paar muss ich auch noch aufbrezln, um tatsächlich auf 492 Seiten zu kommen. Da hab ich mich vor 2 Seiten getäuscht.

Ich werd also versuchen, die Gedankengänge der Volksmörder und Heimathasser nachzuvollziehen und sie zu entkräften:

Der Grünwähler an sich ist also arbeitslos. Er hat alle Zeit der Welt, sich kranke Gedanken machen zu können und einfach „gegen die Nazis" zu sein.

Was er natürlich nicht überlegt ist, dass es so etwas wie Sozialhilfe *(davon lebt er schließlich - zumindest, solang er nicht für die Teilnahme an einer Antifademo bezahlt wird)* in einem Moslemischen Staat nicht mehr geben wird.

Als Mann kann er ja dann wenigstens noch sein Sperma verkaufen, damit die Fickeselaufzucht nicht irgendwie ins Stocken gerät.

Und da sind wir auch schon bei der Sache, die dann die Frau übernehmen könnte:

Nachdem eine Eselin mit Antifasperma geschwängert wurde, könnte sie dann dies „Kind" austragen. Als Leihmutter sozusagen, um die Eselin erneut schwängern zu können. Sobald sie sich dabei nicht anstellt, sind Megagewinne für die Antifaschlampe drin.

Als Finalseite noch eine geschichtsbewiesene Tatsache und ich hör endgültig auf. Wird auch schön langsam Zeit.

Danke, Anke.

Alle großen und mächtigen Zivilisationen gingen letzten Endes durch die Dekadenz zugrunde.

Sobald man keinerlei Leistung mehr bringen musste und mitgezogen wurde war der Fehler.

Allein der beinahe ausgelöschte Kommunismus beweist dies.

An dieser Stelle, möchte ich allerdings noch die Rede des Römischen Senators Öz Demirus anfügen, die er auf dem Höhepunkt der Römischen Macht führte (also im Jahre 9 nach Christus):

„Liebe Römerinnen. Liebe Römer. Liebe Römer, die gern Römerinnen wären und liebe Nichtrömer. Also: liebe Zuhörerinnen. Und natürlich liebe Zuhörer. Dies Römische Heer ist eine reine Sesterzenvernichtungsmaschine. Wofür geben wir all die Millionen aus? Um Wilde totzuschlagen? Von dem Geld könnten wir auch Sozialhilfeeinrichtungen errichten und die knapp 200.000 Germanen und etwas über 4 Millionen Perser einfach glücklich machen, indem wir sie nach Rom einladen und gewissensfrei durchfüttern. Selbstverständlich müssen, falls wirklich alle kommen, einige Tausend Sozialhilfeempfangsrömer aus ihren Hundehütten ausziehn, sollten wir nicht genügend erstklassige, vollbezugsfertige Wohnungen bereitstellen können.

Das ist es, was ich den „Pax Romanum" *(den Römischen Frieden)* nennen würde. Gleichzeitig fordere ich die Freiheit für alle unsere Sklaven und verwerfe die Bezeichnung Römer, die durch „Einwohner mit Nichtmigrationshintergrund" ersetzt werden müsste. Zusätzlich sollten wir diese Erfindung aus dem Emirat Bernriedistan einführen. Wie nennen sie es: die Demokratie. Wählt also bitte zu eurem neuen Diktator, meinen Freund, den herzerfrischend überfetteten Angelus Merkelus. Das ist der Typ, mit dem Schweinegesicht und ohne Gewissen."

Der Jubel unter den Zuhörern *(zumeist Sklaven)* war gewaltig und ab diesem Zeitpunkt begann der Untergang Roms.

D

Jetzt, da so weit gekommen und immer noch niemanden gefunden, der mir helfen würde *(wer es dann letztenendes war wird bestimmt noch nachträglich eingetragen)*, werde ich nun die D in Angriff nehmen.

D ist natürlich die Altrömische Bezeichnung für 111110100 *(digital für etwas mehr als 499 und leicht weniger als 501)*.

Da komplett leergeschrieben, traue ich mir da einiges zu und lege deshalb zunächst einen Bericht aus dem Internet vor:

Laut den Studien des Saudi-Arabischen Vollforschers Al-Saadoon haben autofahrende Frauen ein wesentlich höheres Risiko vergewaltigt zu werden. Frauen aus dem Westen ist eine Vergewaltigung angeblich egal.

Frauen in anderen Staaten wie den USA würde es nichts ausmachen, vergewaltigt zu werden. Die Moderatorin geht dazwischen. „Moment. Wer hat Ihnen gesagt, dass es den Frauen nichts ausmache, am Straßenrand vergewaltigt zu werden?", fragte sie.

„Es ist für sie keine große Sache, abgesehen von einem Schaden für ihre Moral", antwortete Al-Saadoon. „Bei uns jedoch ist das Problem sozialer und religiöser Natur." *(Und jetzt sollte noch jemand fragen, warum keine Molemfrauen vergewaltigt werden, sondern nur „ungläubige" Unterfrauen. Wobei das benutzen einer Muslima garantiert keine Vergewaltigung sein kann, da sie ja, laut ihres Glaubens, dazu verpflichtet sind, ihren Körper für die Zeugung von Gotteskriegern bereitzustellen.)*

Frauen werden in Saudi-Arabien angeblich wie „Königinnen“ behandelt.

Die Übersetzung der arabischen Dialoge stammt von der Organisation Middle East Media Research Institute (MEMR) mit Sitz in Washington, das laut eigener Beschreibung arabische Texte der westlichen Welt zugänglich machen will. Laut älteren Recherchen des britischen „Guardian“ scheinen die Übersetzungen allgemein zu stimmen, allerdings wird die einseitig kritische Auswahl der Themen bemängelt.

Die beiden anderen Gäste in der übersetzten TV-Show, ein Mann und eine Frau, scheinen jedenfalls angesichts der Äußerungen Al-Saadoons schockiert. Was Al-Saadoon wiederum nicht zu beeindrucken schien. „Sie sollten mir gut zuhören und sich daran gewöhnen, was die Gesellschaft denkt“, sagte Al-Saadoon.

Nachdem sein Vergewaltigungsargument keinen zu überzeugen schien, versuchte es Al-Saadoon mit einem anderen Ansatz.

Er behauptete, Frauen würden in Saudi-Arabien „wie Königinnen“ behandelt, weil sie von den Männern in der Familie und männlichen Chauffeuren herumgefahren würden.

Was die Moderatorin zu der Frage brachte, ob er denn nicht Angst habe, dass die Frauen von den Chauffeuren vergewaltigt würden.
Al-Saadoon stimmte dem zu.

„Es gibt eine Lösung“, sagte er, „aber die Behörden und die Kleriker weigern sich, sie zur Kenntnis zu nehmen. Die Lösung ist, Ausländerinnen zu engagieren, um unsere Frauen zu fahren.“

Die Antwort auf diesen Vorschlag war ein Lachanfall der Moderatorin. „Weibliche ausländische Chauffeure?", fragte sie. „Meinen Sie das ernst?"

Saudische Frauen müssen mit schweren Strafen rechnen, wenn sie beim Autofahren erwischt werden, darunter Auspeitschen.

Zwei Frauen, die sich im vergangenen Jahr dem Verbot widersetzt hatten, Loujain al-Hathloul and Maysa al-Amoudi, werden vor einem Gericht angeklagt, das sich mit Terrorismus beschäftigt.

Die zitierte Redaktion wurde durch eine Berichterstattung von „Raw Story" auf diese Geschichte aufmerksam.

Einmal noch die Frage:

Kann ein durchtrainierter Mann, der durch solche Scheiße erzogen wurde und seit er 2 Jahre alt ist, nur „Gott ist der Größte und Mohammed ist sein Prophet" hören muss, sich tatsächlich zu einem guten Flüchtling entwickeln?

Zusätzlich lernt er: eine Frau hat keine Rechte und ein Ungläubiger noch ein bisschen weniger.

Einmal auch noch die Antwort:

Das geht unter keinen Umständen.

Das eigentliche Problem ist also wirklich, dass dieser Mob sich nicht selbstständig fortpflanzt und immer älter wird.

Unsere machtgeilen Politiker sehen sich also genötigt, Vergewaltigungsmaschinen einzuladen und durchzufüttern, um dann irgendwann durch Halbmenschen wiedergewählt zu werden und noch mehr Diäten einstecken zu können.

Vielleicht noch ein paar Worte über den Libanon:

In den 60er Jahren war der Libanon hauptsächlich christlich. Auf zahllosen ersten Seiten wurde vom „Neuen Garten Eden des vorderen Orients“ geschwärmt.

Dann begannen sie *(vermutlich Grüne Politiker),* Palästinenser *(also moslemische Flüchtlinge)* aufzunehmen. Weit mehr, als alle anderen arabischen Staaten das machten.

Die Folge war natürlich, dass man als Christ im Libanon auf offener Straße geschlachtet werden durfte. Falls der Killer dabei irgendwie unglücklich ums Leben kam, hatte er selbstbezeichnend den Vorteil, dafür von Allah jede Menge Jungfrauen zugeteilt zu bekommen. Er starb also dabei gerne.

Also noch einmal: der Araber kann dafür nichts. Es ist dieser Islam, der die Schuld trägt und verboten werden muss.

Wie bitte, soll man sich ohne Discomusik und Alkohol, auch nur im Geringsten normal entwickeln können?

Also gut: unsere Politiker konnten das ja auch nicht. Obwohl sie größtenteils Christen *(?)* sind *(jetz mit Ausnahme von Frau Roth und den Integrationsexperten).*

Unsere Politikexperten halten uns ganz bestimmt für ungefähr seltendämlich.

Obwohl jeder darüber spricht, dass man sich im Alter selbst besser absichern muss und etwa gar nichts mehr sicher, bei unserer Rente, ist, erhöhen

Sie einfach mal diese um geschmeidige 4,25%.

Und in den nächsten Jahren sind mindestens 2% geplant *(?)*.

Die nächsten Jahre werden sich allerdings auf 2017 zusammenkürzen, da kurz vor den Wahlen nochmal alle Rentner beruhigt und zur Wahl ihrer Mörder hingearbeitet werden sollten.

Um unsere Rente doch noch ein wenig länger überleben zu lassen, wär allerdings mindestens einer der 3 folgenden Schritte zwingend notwendig:

1. Die Beitragsbemessungsgrenze fällt unter den Tisch. Das allerdings nur für die Beitragszahlung. Für die Berechnung der Rentenhöhe bleibt sie natürlich bestehen, eben, da ja ein Topmanager genug fürs Alter gerettet haben sollte, um dann mit schlappen 3000,-- Euro Rente überleben zu können. Er hätte ja auch genug verdient, um privat vorzusorgen.

2. Für alle Bezüge des Rentenversicherten werden Beiträge fällig. Also auch für Spekulationsgewinne, Zinsen oder Mieteinnahmen.

3. Natürlich werden auch Beamte und Politiker für Ihre Rente mitbezahlen müssen. Angeblich wurde das bereits durchgerechnet und es rentiert sich für den Staat auf keinen Fall (?). Schwachsinn (!). Da hätte der Berechnende wohl doch lieber aufgepasst, damals während des Mathematikunterrichts, als es um das Verstehen von Algebra ging.

Da sich diese ersten 5 Seiten um Tatsachen drehten, die mit meinem Romandeutschland etwa gar nichts zu tun haben, nun also der Schwenk zurück zum Werk.

Was gerade in meinem Romandeutschland passiert, gleicht nämlich ziemlich genau einem Schmierentheater.

Die „unschlagbare" Mörtel greift nochmal für ihre gefühlte 7. Kanzlerschaft an. Das meine CSDU keinen anderen Kandidaten auf die Welt bringen kann ist nunmal ein Fiasko.

Doch „unschlagbar" wird sie bleiben. Wer soll sie vom Thron stürzen? Die Soziale Promoslemischpartei Deutschlandistans (SPD) hat nämlich ebenfalls keine vernünftigen Bewerber.

Da wird noch gestritten, ob es wirklich Fräulein Gabriela versuchen sollte, oder Hohlpfosten und Vollzeitalkoholiker Martini Schülz. Na zumindest sind die beiden keine Kindervergewaltiger (wobei ich mir da nur bei Fräulein Gabriela sicher bin). Gerüchten zu Folge hat die nämlich nicht mal einen Penis. Also Eier hat sie bestimmt keine. Soviel steht fest.

Auch bei meiner Bundespräsidentenwahl zeichnet sich ein abgekartetes Spiel ab. Von den zur Wahl aufgestellten Personen, wäre aus meiner Sicht (und der Sicht vieler Bundesbürger) einzig der Fernsehrichter Alexander Halt vertretbar, da eben Parteiunabhängig und vernünftig.

Doch eine Chance wird es für ihn nicht geben, da sich meine Großparteien ja bereits auf das kugelrunde Saudummausderwäscheguckschweinchen Frank Walter Steindelmeier geeinigt haben.

Ein Erzdepp, der etwas weniger als gar nichts kann und bestimmt noch bei seiner Mutter lebt (wobei klar sein dürfte, dass eine Frau, die so ein dämliches Kind erzeugen kann, alleine nicht zu überleben im Stande ist).

Und Cut !

Da man dieses Stück auf keinen Fall zu ernst nehmen sollte, fühle ich mich verplichtet, einiges ins Reine zu stellen.

Also entschuldige ich mich hiermit von Herzen, bei allen Personen, die ich irgendwie beleidigt haben sollte.

Natürlich mit Ausnahme von Politikern, Parteien, Anwälten, Psychologen, Rechts- oder Linksextremen.

Da bleiben eigentlich nur die Moslems und die Schwarzen, wobei es sich bei ihnen während der Regel um Moslems handelt.

Die einzige Möglichkeit diese Menschen wirklich irgendwie eingliedern zu können, bleibt nunmal nur das Verbieten des Islam. Jeder Moslem, der hier bleiben möchte, muss also gezwungen werden dürfen, wöchentlich eine Stunde an Politik- und Glaubensunterricht *(definitiv voneinander getrennt)* teilzunehmen, der in deutsch gehalten wird. Zunächst muss er also diese Sprache lernen *(was für mich zur Integration dazugehört)*.

Völlig egal, was der Integrationsspezialist Aydin Blablasülz dazu sagt, es müssen gewaltige Strafen *(die diesen Namen auch verdient haben)* her, für jedes Verbrechen, das Aufgrund von Glaubensfragen ausgeführt wurde (also auch für andere Glauben, als nur den Islam).

Und hier wieder mal die Musterlösung:
Wir verbieten alle Glaubensrichtungen und gründen die „Jünger der Zitronenbopsgemeinde“, mit Prof. Dr. Dr. Fluchthasser als Ultrapapst.

Überragendes Gesamtfazit

Dass dies Leben einfach für alle schwierig ist, macht es so interessant. Dass man immer versuchen muss, Probleme aus dem Weg zu räumen und über sich hinauszuwachsen, macht es lebenswert.

Genau dies Lebenswerte wird allerdings in unserer Gesellschaft zerstört.

Es gibt ihn nicht, den Bereich, in dem nicht ein gehirnamputierter, rollstuhlfahrender Grünwähler sitzt, der unbedingt einen Zentralrat oder eine Für-irgendwelchescheißezuständigkeitsbeauftragte irgendwie erfinden könnte, um endlich für Gleichberechtigung für alle zu sorgen.

Gleichberechtigung für alle. Das sagt mir ein Rollstuhlfahrer. Da wird er Pech haben. Gibt´s leider nicht und dieses Gleich machen für alle, ist einfach nur schrecklich.

Wenigstens angleichen könnten wir versuchen. Aber dafür müssten wir erst alle Politiker töten *(natürlich inklusive der Zentralräte und Beauftragten).*

Letztendlich: Jeder Mensch ist gleich. Nur der Politiker und der Islamaktivist sind gleicher. In diesem Zusammenhang, fühle ich mich verpflichtet, zu erwähnen, dass es sich bei den Herren Putin, Orban und Trump *(Gratulation übrigens)*, in meinen bescheidenen Augen nicht um Politiker, sondern um Führer handelt.

Obwohl ich die Tageszeitung während der Regel meide, las ich neulich eine vermutlich nicht gefakte Meldung: die Bundesregierung spart sich durch die Null-Zins-Politik der EZB jährlich über 10 Milliarden an Zinsen. Das könnte natürlich erklären, wo all das

Geld für die neuen Deutschen her kommt.

Nur: die Null-Zins-Politik wird enden. Der Geldhunger unserer Mörder nicht.

Jetz is wirklich Schluss. Tschausen.

DIII

Warum dies Kapitel nun DIII heißt, spare ich mir zu erläutern. Wer bis hierher gelesen hat, überreißt das von allein.

Nötig ist es, da sich immer noch der Großteil meiner Romandeutschen von Lügenpresse, Propagandafernsehn und charakterloser Drecksregierung einlullen lässt und weiterhin helfen will *(?)*.

Da greife ich jetzt einfach durch und lass einen Mistflüchtling *(einen mehrfach vorbestraften Mistflüchtling, der eigentlich abgeschoben werden sollte, aber von seinem Land nicht zurückgenommen wird (wer will schon einen kranken Mörder zurück?))* einfach einen LKW klauen und ihn damit in einen Berliner Weihnachtsmarkt segeln.

Um dem ganzen noch die Krone aufzusetzen, ist er natürlich gezwungen, den polnischen Fahrer des LKW per Kopfschuss hinzurichten.

Er überfährt während seines Terroranschlags Dutzende Weihnachtsmarktbesucher und taucht einfach unter.

Das heißt, er taucht natürlich auf keinen Fall unter. Er muss ja schließlich noch die Kanzlerinnenmaschine nach Mailand erreichen, um zu der für ihn vorbereiteten Erschießungssequenz da sein zu können.

Wobei sie ihn dafür gar nich benötigen. Wichtig ist nur, den 2 Millionen-Euro-Koffer der Bundessregierung zu übernehmen, seine Waffe auszuhändigen und den Folgeflug nach Libyen nicht zu verpassen.

Das eigentliche Problem an dieser Sache war also nur, innerhalb weniger Tage vor dem Anschlag einen toten Mailänder Penner zu finden, der ihm zumindest annähernd ähnlich sieht. Diesen durch wenige Schüsse nachzutöten und die Dienstwaffe des Attentäters daneben zu positionieren.

Wichtig für meine Romanregierung war dieser „Terroranschlag“ eh nur, um die Augen meiner Romanbundesbürger vom eigentlichen Highlight des Monats Dezember abzulenken:

Das Syrische Militär nahm nämlich, während eines ihrer Einsätze, ein hochrangiges Offiziersteam gefangen, das hauptsächlich aus NATO-Staaten (unter anderem Deutschland) stammte. Und zwar in einer Kommandozentrale des IS.

Dass sich durch Terroranschläge eine Bevölkerung ablenken lässt ist nunmal eine feststehende Weisheit, derer sich meine Romankanzlerin Mörtel bedient, um nicht nach dem Grund deutscher Militärpräsenz im IS-Führungszentrum gefragt werden zu können.

Geschafft. Durch diesen Einfall hab ich nun auch den letzten Gutmenschidioten bekehrt und zum überlegen gebracht, ob es sich bei einem Moslem tatsächlich um einen Menschen handelt, dem geholfen werden muss, oder wir ihn besser in Syrien verhungern lassen sollten.

Dümmlicher Gedanke. Ein Gutmensch ist nicht zu bekehren. Also muss meine Romanregierung aufpassen. Der Schutz anderer Weihnachtsmärkte steht nun ganz oben auf der Stimmenbeschaffungsliste. Überall viele Polizisten, mit Maschinenpistolen schwerstbewaffnet, sind zu verteilen.

Aber Vorsicht: diese Maschinenpistolen sind natürlich nicht aufzumunitionieren, da ansonsten ein Nazipolizist einen Traumatisierten erschießen könnte, der gerade versucht, sein Fahrzeug in irgendwelche Menschenmengen zu steuern, um Allah zum Siege zu verhelfen.

Geplant ist eh, um dieser Problematik vorzubeugen, dass Polizist nur noch werden kann, wer ein grünes oder rotes Parteibuch innehat und bei Antifatreffen positiv, staatsbekämpfend auffiel.

Also anderes Beispiel: Ein Glatzköpfiger Neonazi überfährt mit dem Trecker des Bauern Mayer eine Dönerbude, vor der gerade eine türkische Hochzeit stattfindet und tötet dabei 2 Traumatisierte, die eigentlich nicht eingeladen waren, sich aber durchfressen wollten, da sie ihre Sozialhilfe bereits an den IS-Hilfsfond überwiesen haben.

Damit hätt ich meine Romandeutschen wirklich wachgerüttelt. Die anschließend durchgeführten Lichterketten wären von Hamburg bis München gegangen. Und zwar mindestens 20 mal.

Schlimmer noch. Das Reichspropagandaminister Maas-tschwein hätte aufhören müssen, den Arsch meiner Romankanzlerin sauberzulecken, um ein Interview durchzuführen und seine Bestürzung auszudrücken.

Was wiederum meine Romankanzlerin Mörtel stinksauer macht: „Wie können diese Mistnazis nur die

Straffleckung meines Kanzlerinnenärschchens stören?“.

Da muss sofort durchgegriffen werden. Diesmal indem die Turbanpolizei an jedem Dönerladen des Landes Personenkontrollen durchführt und den Glatzkopf, bevor sie fragen stellt *(was sie eh nicht auf deutsch könnte)*, lieber gleich sofort erschießt.

Ich kann jetzt wirklich nicht mehr. Wenn ich mir noch was einfallen lassen muss, um endlich publik gemacht zu werden, versuch ich das gar nicht mehr. Dann geb ich auf.

Habe ich eigentlich jetzt bereits. In diesem Sinne, ein gutes Neues und versucht zu überleben. Euer

Prof. Dr. Dr. Hans Adolf „Lone Wulf“ Fluchthasser

Zu meinem ***erfunden*en** Anschlag würde passen:
https://www.youtube.com/watch?v=bjsZ5cCoXtM
-- und --
https://www.youtube.com/watch?v=eL2Al8gpNfw&feature=youtu.be

Letztenendes bin ich gescheitert. Wollte meine 2471 Gags auf weniger als 500 Seiten pressen. Ging leider nicht. Aber viel mehr, sind es nicht geworden.

Viel mehr jetzt nicht, aber um auf 504 Seiten zu gelangen, um durch 4 teilbar zu werden, also noch etwas bizarres:

Der Chef der Freimaurerloge Nordamerikas Albert Pike schrieb an einen seiner Vorgesetzten in Europa, dass 3 Weltkriege nötig wären, um eine gemeinsame Religion *(und Führung durch die Freimaurerlogen) zu erwirken (und zwar bereits 18hundertirgendwann)*.

Im Ersten Weltkrieg soll die Macht des Zaren gebrochen werden.

Hat einwandfrei geklappt.

Der Zweite von Deutschland und England ausgehn und zur Schaffung eines jüdischen Staates führen.

Hat noch besser geklappt.

Der Dritte und Entscheidende soll von den Moslems begonnen werden und die Menschheit so schwächen, dass Sie nach Lösungen schreien, die ihnen nur die Freimaurerschaft bietet.

Sieht auch schon mal nicht schlecht aus.

Persönlich glaubte ich diesen Unsinn selbst nicht. Wenn ich heute allerdings die Siegesfeiern der Bush-Jungs ansehe und sie das Teufelszeichen zum Himmel recken (ausgestreckter Kleiner- und Zeigefinger) und die wichtigen Politiker das Freumaurerzeichen offenlegen (Daumen und Zeigefingerspitzen zusammenführen und ein Dreieck bilden), frag ich mich schon, ob uns diese Burschen für dämlich genug halten, das nicht zu erkennen?

Große Teile von uns sind das vermutlich auch.

Zur Absicherungs: Die beschriebenen Figuren, Unternehmen, Dialoge, Begebenheiten, Gedanken und Ereignisse dieses Romans sind fiktiv, obwohl realistische Abläufe thematisiert werden, die es so oder so ähnlich gegeben haben könnte. Jede Ähnlichkeit mit echten Personen ist rein zufällig und nicht beabsichtigt. Über die Sittenfreiheit des gemeingefährlichen Zufalls hab ich mich bereits ergossen. Alle angegebenen Seitenzahlen entsprechen dem nicht überarbeiteten Original.

Ist es wirklich so einfach?

Das Jahr 2017 ist einmarschiert und meine Romanregierung denkt tatsächlich, dass es das wäre.

Milliardengewinne aller Sozialversicherungen und der Bundesregierung lassen es auch so aussehn. Zumindest für mein seltendummes Romanwahlvolk.

Gewinne für unsere Sozialversicherungen? Logisch. Zumindest für die Rentenversicherung. Unter den 2 Millionen Traumatisierten, waren ja nur etwa 23 Rentner.

Von den restlichen 1.999.977 haben bestimmt bereits 0,2% eine rentenversicherungspflichtige Stelle angenommen *(zumindest im Billiglohnbereich)*. Also etwa 4.000.

4.000 Billigarbeiter zahlen also die Beiträge, die diese 23 Rentner aufbrauchen. Dass da natürlich was übrigbleibt, muss ich nicht vorrechnen.

Ähnlich verhält es sich mit der Arbeitslosenversicherung. Fast noch lukrativer. 4.000 zahlen Beiträge und kein einziger dieser Jungs ist auch arbeitslos, da er ja eh nur kommt, um die alles überragende deutsche Sozialhilfe abzugreifen, während er mit seinem neuen Gebiss an sinnfreien Integrationsmaßnahmen und Deutschkursen *(?)* teilnimmt.

Wie es allerdings der Krankenversicherung gelang, positive Zahlen auf den Markt werfen zu können, bleibt mir ein Rätsel.

Da so ein Verfolgter die lange Reise *(inklusive der Paddelfahrt über das Mittelmeer)* nur in Kauf nimmt, wenn er zu hause, vor lauter Zahnschmerz, gar nichts mehr essen könnte, oder ihm da nicht geholfen werden würde, weil seine Krankheit viel zu ansteckend ist, kann ein Gewinn für die Krankenversicherung ausgeschlossen werden. Das kann nicht nur, das muss sogar ausgeschlossen werden.

Hier zahlen diese 4.000 zwar auch Beiträge. Allerdings entschieden zu wenig, um eine Million mal Zahnersatz dafür rauszulassen.

Ein definitiver Selbsterklärer sind allerdings die Gewinne meiner Romanregierung.

Wenn du monatlich pro Heimatlosem 1.000,-- Mark ausgibst, also *(ebenfalls monatlich)* 2 Milliarden Mark in die Wirtschaft steckst, wird diese natürlich angekurbelt.

Da fallen diese 100 Millionen, die nach Syrien *(also zum IS)* überwiesen werden, nicht ins Gewicht. Abgesehn davon kauft der IS ja von dem Geld deutsche Waffen. Wieder gut für die Wirtschaft.

Jetzt noch schnell 10 Milliarden durch niedrigere Schuldzinsen zahlen müssen und sogar ein Zweitklässler kann dir diesen „Gewinn" nachweisen.

Richtig knuffig verhält sich meine Romanregierung allerdings im Bezug auf Terroristen *(zunächst nennt sie sie nur Gefährder)*. So ein Gefährder *(wie wird man das überhaupt)* kann und darf nicht rausgeworfen werden, da er einfach nich sagt, wo er herkommt, bzw. seinen Ausweis „verloren" hat und ihn deshalb niemand zurücknimmt.

Hab auf Internetz gelesen *(vermutlich nur eine dieser Fakemeldungen)*, dass ein „Gefährder" in Ungarn sofort in den Karzer muss und erst dann raus darf, wenn er zurückgebracht wird, wo er herkommt *(also ein relativ vernünftiger, komplett ungrüner, niemals linker Fake).*

Denn: wie weit *(wie menschlich, wie selbstzerstörerisch)* denken diese Ungarn eigentlich? Die haben also mit relativer Sicherheit keinerlei grüne oder linke Politiker unserer Spitzenqualität, wie wir sie haben, oder meine Romanregierung *(zum Teil namentlich genannt: der Vizepräsident des Bundestages Claudius Redh, die Vizekanzlerin Fräulein Gabriela, die Frau mit dem bezaubernden Haupthaar und der gepflegten Schweinefresse Antonia Hofreiter oder der Knabenfickstudiomogul Emir Özd).*

Als denn: Jetz muss der Verlag tatsächlich 2 Leerseiten eindröseln. *(erneut natürlich nur, falls ich mir nichts mehr „Neues" einfallen lassen muss)*

Ein erschreckendes Video des, glücklicherweise bereits verstorbenen, Erznazis Udo Ulfkotte: https://www.youtube.com/watch?v=-zntPlEhhWQ&feature=youtu.be *(brauchst du zwar eineinhalb Stunden für, wirst aber dann wissen, warum dieser Mann sterben musste)*

Um nochmal auf den Titel des Kapitels zurückzukommen:

Ist es wirklich so einfach? Politik ganz bestimmt nicht, weshalb sich leicht mehr als 83,4% meiner Leser jetz denken werden: Eigentlich hat er recht, aber diese Bayernpartei besteht nur aus Amateuren. Die werden uns in die Scheiße reiten.

Hier sei allerdings angeführt: Leute die von Politik verstehn, werden sich um einen Platz in dieser Partei schlagen, sobald sich der Wahlerfolg einstellt.

Und welche Art von Scheiße kann schlimmer sein, als seine Mörder auf eigene Kosten durchzufüttern? Was kann schlimmer sein, als sie zu hegen und zu pflegen, um sie stark genug zu machen, Europa *(also das Christentum)* auszulöschen?

Nehmt euch also bitte die Zeit und schaut euch diese eineinhalb Stunden das vorgenannte Video von Udo Ulfkotte an. Da ist es erwähnt: Raub, Brand, Berserkertum, Vergewaltigung und Mord gehören bei uns zur Tagesordnung und solang einem das nich selbst passiert, schaut man einfach weg.

Krieg gibt es nur in anderen, weit entfernten Ländern. Nicht in Europa *(zumindest nicht in Deutschland)*.

Also erwähne ich es erneut *(und zum letzten mal):*

Der Krieg wird kommen. Schneller als du denkst. Zumindest in meinem Romandeutschland. Vielleicht haben meine Dumpfbackendeutschen noch Glück, dass sie vom Mistmörtel nicht in einen Krieg mit den Russen gezwängt werden.

Wobei ich lieber durch einen russischen Soldaten erschossen werde, statt von einem überzeugten Antichristen geköpft zu werden.

Als denn:

Einen geschmeidigen Lebensabend - auch wenn es nicht mehr lang dauert. Euer

Prof. Dr. Dr. Fluchthasser

(Ahnenforscher und Ultrapapst)

Allumfassende Endabschließlichung

Bei diesem Titel hab ich wohl erneut zu tief ins Glas geblickt. Da dies Stück definitiv 200 Fragen in den Raum wirft und ich die nicht alle auf zwei Seiten beantworten kann, ist allumfassend natürlich übertrieben.

Allumfassend muss ich nur letztmalig erwähnen, dass es sich bei ungefähr jeder Seite um Satire handelt. Zwar gute, fast schon die beste Satire, die je geschrieben wurde, aber eben nur Satire.

Ich machte mich auf den Weg, Frieden zu stiften und es ist mir gelungen.

Hoffe ich zumindest und obwohl mir klar ist, dass jeder „gebildete" Moslem, der es liest, sich sofort meinen Tod durch grausamste Hinrichtungsarten wünschen dürfte, sterbe ich also dafür, dass sich auch mal meine Arabischen Brüder Gedanken machen und vielleicht endlich zurückfinden, in eine Lebensweise, wie sie sich unser Gott wünschen würde.

Und noch eine Nebensächlichkeit:

Selbst ich kenne Frauen, schöne Frauen (also anders als der umoperierte Claudius Redh), die ihren christlichen Glauben abstreiften, um Muslima zu werden *(?)*. Also diesem „Männerglauben" beizutreten.

Auch in diesem Fall kann die Begründung nur so einfach sein, wie wir uns das eigentlich denken können:

Als Christ haben sie Kirchensteuer zu bezahlen *(wovon nicht mal die Gehälter der Priester bezahlt werden - das macht unser Staat mit anderen Geldern)*, als

Moslem nicht. Da es sich um den selben Gott handelt, können sie also gläubig bleiben, ohne dafür finanziell entkleidet zu werden.

Mein Bundestagsvizepräsident Claudius Redh verdient also ca. 16.000,-- Euro (die Gehälter unserer realen Bundestagsabgeordneten haben sich im Übrigen in den letzten 10 Jahren um über 30% erhöht) monatlich. Bei etwa 6.000,-- Euro Lohnsteuer, wären zusätzlich 420,-- Euro Kirchensteuer *(7% davon)* zu entrichten. Also über 5.000,-- Euro im Jahr.

Da leuchtet selbst dem Gehirnfreiesten des Planeten ein, dass man sich das auch sparen könnte. Und gerade, wenn man noch so hässlich und überlegfrei wie mein Claudius Redh ist, kann es doch gar keinen Gott geben, für den man dafür noch bezahlen müsste.

Am Schlimmsten gegen diesen Asylantenzustrom sind, sowohl in meinem Stück, wie in der Realität, bereits integrierte ehemalige Asylanten.

Sollte es also, so wie ich hoffe, zu einer öffentlichen Fernsehdiskussion kommen, werd ich mir als meine „Mitspieler" Frauke Petry und den Regisseur und Fernsehjournalisten Imad Karim auswählen. Gegen die wird sich zwar keiner traun, aber ich biete es mal an.

Warum ein Moslem?

Schaut euch bitte folgendes Video an und ihr werdet es wissen:
https://www.facebook.com/imadkarimdeutschland/videos/586545498190919/

Jetz aber Finalanmerkung:

Da es mir gelang *(bzw. meinem Computer)*, das Faulheitsüberhangmandat des Durchschnittsdeutschen zu errechnen und ich diesen Wert einfach auf den Gesamtplaneten umgelegt habe, weiß ich natürlich, dass sich ungefähr niemand die Mühe machen wird, nochmal nach dem Hilfskonto zu suchen, um mit seinen Penunsen endlich sinnhaftes anzustellen.

Also dann nochmal:

Bernrieder
Postbank Berlin
BLZ: 100 100 10
Kontonummer: 308 602 115
IBAN: DE84 100 100 100 308 602 115
BIC: PB NKD EFF

Ehre, wem Ehre gebührt.

Die Rache des Redh

Um noch 2 Seiten zu gewinnen, muss ich sie also nun gebären.

Ich denke mal, dass viele von euch den Hass von Redh auf alles deutsche sehr gut verstehen können. Dieser Schäferhund verhielt sich ja auch wie ein Schwein und hat kein einzig Gebell mit Redh mehr gewechselt.

Selbst als ihn dieser mehrfach während seiner Pausenzeiten aufsuchte, um die Sache zu klären, wandte er sich nur ab, lies einen fahren und verdrückte sich. Er wollte damit einfach nur das Missfallen zum Ausdruck bringen, das er ausnahmslos bei jeder Sau tat.

Um diese Sache verarbeiten und wieder glücklich werden zu können, hat unser Claudius Redh leider ungefähr 2 Milliarden Synapsen *(also die Verbindungen der Hirnzellen)* zu wenig.

Einzig sein Anteil Gehirn, der für Fehlinterpretationen und Rachegedanken die Verantwortung trägt, ist ausreichend mit Blutzufuhr versorgt.

Zu Denken, wieder glücklich werden zu können, wenn der Hund erstmal tot ist und nachdem das nicht klappte, nun durch die Auslöschung alles deutschen zu Glück zu gelangen, ist eben eine dieser Fehlinterpretationen.

Da eben nicht ausgereift, stand der Plan schnell:

Ich muss ihn in eine gewaltige Mäusefalle locken, um ihm seinen Kopf zu zersprengen und glücklich zu werden.

Weil technisch nicht versiert genug, mietete er sich einige Holztechniker, die ihm in seinem Kinderzimmer eine 2 mal 2 m große Mäusefalle bauten.

Als er dann Arschversorgungswuffi *(so nannte er ihn liebevoll)* zur Mittagspause abpasste, knurrte er ihm vor, noch einen Abschiedsknochen für ihn vorbereitet zu haben. Wuffi bellte glücklich und lief zum ehemaligen „Liebeszimmer" der beiden.

Als er die Tür aufstupste, konnte er ihn erkennen. Ein wirklich gewaltiger, sehr lecker aussehender Knochen. Er sprang drauf und in diesem Moment, schnappte die Falle zu.

Sein Kopf wurde gänzlich vom Restkörper getrennt und Blut spritzte durch den Raum, als ob es auf der Erde nicht mehr Blut gäbe. Direkt hinter ihm stapfte Redh ins Zimmer und war alles andere, aber nicht glücklich. Er überlegte in diesem Fall nämlich stimmig:

„Jetzt ist der Sack zwar erledigt, aber ich muss die nächsten 3 Monate seine Gedärme aus meinen Kleidungsstücken entfernen. Selbst tot ist diese Ratte nichts wert“. Die Folgeüberlegung war allerdings mal wieder konfus:

„Richtig glücklich kann ich also nur werden, wenn ich alles deutsche vom Planeten entferne. Dieser Hund, der es meinem Arsch monatelang so überzeugend besorgte und daraufhin mein Herz verspeiste, steht also für alles schlechte des Planeten und so werde ich all mein Streben darauf richten, Deutschland weh zu tun, es komplett auszulöschen. Da trifft es sich gut, dass ich neulich von der Stasischlampe IM Erika gelesen habe. Diese Göre hasst Deutschland sicher auch und wird mit mir die Ziele ihrer SED-Parteifreunde durchsetzen und Deutschland eliminieren“.

Recht viel Sinn macht dies Kapitel eigentlich nicht. Es ermöglicht es mir nur, es selbst, ohne Leerseiten in Druckauftrag zu geben.

In diesem Fall also, wie ich hoffe, letztmalig:

Vielen Dank, meine Freunde

Wichtige 15 Minuten wären noch:
https://www.youtube.com/watch?v=WEAYKyhr7Bc&feature=youtu.be

https://www.facebook.com/1620295554907676/videos/1738769469726950/

und (zu Merkels „Rechtsbruch“):

https://www.facebook.com/15533028742 2/videos/10154301992652423/

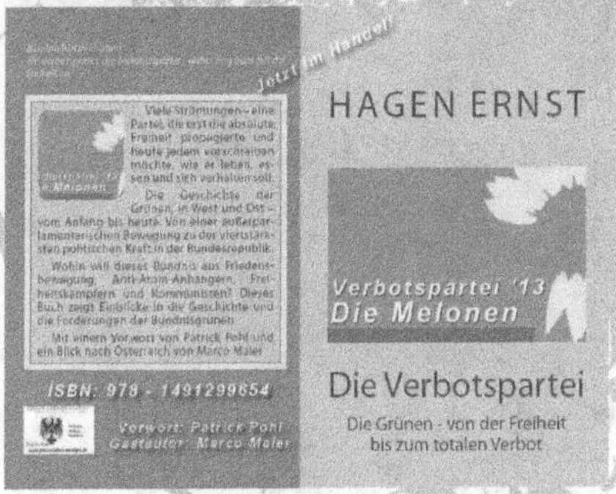

BÜCHER ÜBER DIE MAN SCHREIBT

Kriegskasse
GARMIN
Vert. Ratio
7.5
Vert. Osc.
8.6
Stride Len.
1.14
Waffenschmiede
Rüsselsheim
DINGE
DIE MAN
TRÄGT
Waffenträger
Wotans
DIESEL
10BAR
DIESEL
5 BAR
Endlich Kohle!
10% für Weiterempfehlungen auf romowe.de
Anmelden,
empfehlen,
verdienen!
Romowe

www.ingramcontent.com/pod-product-compliance
Lightning Source LLC
Chambersburg PA
CBHW060309230426
43663CB00009B/1645
* 9 7 8 3 9 4 6 5 5 7 0 4 3 *